Lernerfahrungen

Beihefte zur Ökumenischen Rundschau Nr. 136

Dominik Gautier | Knut Wormstädt (Hrsg.)

Lernerfahrungen

Theologie als Beziehungsort im interkonfessionellen
und interreligiösen Gespräch

EVANGELISCHE VERLAGSANSTALT
Leipzig

Bibliographische Information der Deutschen Nationalbibliothek
Die Deutsche Nationalbibliothek verzeichnet diese Publikation in der
Deutschen Nationalbibliographie; detaillierte bibliographische Daten
sind im Internet über http://dnb.dnb.de abrufbar.

© 2023 by Evangelische Verlagsanstalt GmbH · Leipzig
Printed in Germany

Das Werk einschließlich aller seiner Teile ist urheberrechtlich geschützt.
Jede Verwertung außerhalb der Grenzen des Urheberrechtsgesetzes ist ohne
Zustimmung des Verlags unzulässig und strafbar. Das gilt insbesondere für
Vervielfältigungen, Übersetzungen, Mikroverfilmungen und die Einspeicherung
und Verarbeitung in elektronischen Systemen.

Das Buch wurde auf alterungsbeständigem Papier gedruckt.

Cover: Kai-Michael Gustmann, Leipzig
Coverbild: unsplash.com
Satz: Steffi Glauche, Leipzig
Druck und Binden: Hubert & Co., Göttingen

ISBN 978-3-374-07283-5 // eISBN (PDF) 978-3-374-07284-2
www.eva-leipzig.de

Inhalt

Gastfreundliche Theologie. 7
Einleitung
Knut V. M. Wormstädt, Dominik Gautier

Johannes Calvins Ästhetik der Natur 12
Überlegungen zu einer wenig beachteten Tradition
reformierter Schöpfungstheologie
Dominik Gautier

Ousia und *Hypostasis* im christlichen Entstehungskontext. 26
Mugurel Pavaluca

»Warum ist es so schwer, die Welt zu lieben?!« 40
Open Theism and Hannah Arendt's *Amor Mundi*
Jason W. Alvis

Beziehungsarbeit mit Gott. 59
Notizen zur prozesstheologischen Soteriologie David L. Wheelers
Knut V. M. Wormstädt

Die entfesselte Technik und die christliche Verantwortung. 72
Gedanken zu einer Gestalt christlicher Technik
Roman Winter-Tietel

Religionsunterricht – existentielle Fragen aufgreifend,
selbstbildend, machtkritisch 87
Joane Beuker

Der gemeinsam verantwortete christliche Religionsunterricht 99
Der konfessionell-kooperative Religionsunterricht als
Wegbereiter für einen neuen Religionsunterricht
in Niedersachsen
Vera Gaide

Eruierungen des Jüdischseins. 113
Über die intergenerationelle »gemeinsame Bedeutungssuche«
in Dmitrij Kapitelmans »Das Lächeln meines unsichtbaren
Vaters« (2016)
Carina Branković

Barocke Bilderrätsel. 131
Wie Kupferstiche 1730 das Augsburger Bekenntnis und
die Indienmission feierten
Sabine Hübner

Der Weltreligionen-Terminus. 149
Zwischen Dominanz, Dialog und der Konstruktion von Einheit
Jaqueline Jüling

Autorinnen und Autoren. 168

Gastfreundliche Theologie
Einleitung in die Festschrift für Ulrike Link-Wieczorek zu ihrer Emeritierung

Knut V. M. Wormstädt & Dominik Gautier

1. Lernerfahrungen

Ulrike Link-Wieczoreks Theologie ist eine gastfreundliche Theologie, schreiben Johanna Rahner und Andrea Strübind in der Festschrift zu Ulrike Link-Wieczoreks Geburtstag. Ihre gastfreundliche Theologie ist eine, »die auf den anderen hört, das Fremde wertschätzt und dabei auf der Suche ist, nach dem Gemeinsamen.« Ulrike Link-Wieczorek ist »stets bereit im ökumenischen Gespräch mehr als eine Meile mitzugehen (Mt 5,41).« Sie hält »lieber Fragen offen« und »gewährt dem Unkonventionellen Raum.«[1] Das können diejenigen, die zu dieser Festschrift anlässlich ihres Ruhestandes beigetragen haben, bestätigen. Alle Beitragenden sind ehemalige Doktorandinnen und Doktoranden, ehemalige Habilitandinnen und Habilitanden oder Menschen, die mit ihr zusammenarbeiten.

Hier ein kurzer Blick auf die Qualifikationsarbeiten und Projekte, die Ulrike Link-Wieczorek begleitet hat und in denen wir von ihr lernen durften: Mit Vera Gaide ist Ulrike Link-Wieczorek gedanklich nach China gereist und hat sie dabei unterstützt, die dortige deutsche protestantische Frauenmission zu erforschen.[2] Mit Joane Beuker hat sie über das Verständnis der Ehe als Gabe nachgedacht.[3] Die Gabetheologie ist es auch, die sie

---

[1] Einleitung zur Festgabe von Ulrike Link-Wieczorek, in: JOHANNA RAHNER/ANDREA STRÜBIND (Hrsg.), Begegnungen – Entgegnungen. Beiträge zur modernen Gottesfrage, kontextuellen Theologie und Ökumene. Festgabe für Ulrike Link-Wieczorek zum 60. Geburtstag, BÖR 102, Leipzig 2015, 5f., 6.

[2] Vgl. VERA BOETZINGER, »Den Chinesen ein Chinese werden«. Die deutsche protestantische Frauenmission in China 1842–1952, MGA 11, Stuttgart 2004.

[3] Vgl. JOANE BEUKER, Gabe und Beziehung. Ein Beitrag zur Differenzierung des Gabebegriffs und zum theologischen Verständnis der Ehe, ÖkSt 44, Münster/Berlin 2014.

mit Jason W. Alvis verbindet. Roman Winter hat sie in seiner Arbeit über das Martyriumsverständnis in Deutschland und Russland begleitet.[4] Mit Knut Wormstädt hat sie die ökumenischen Versöhnungsbemühungen mit den Mennonitinnen und Mennoniten durchdacht und ihn für die Prozesstheologie begeistert.[5] Mit Dominik Gautier hat sie sich damit auseinandergesetzt, wie der US-amerikanische Theologe Reinhold Niebuhr in seiner Zeit mit dem Rassismusproblem gerungen hat.[6] Mit Mugurel Pavaluca ist sie in die Tiefen lutherischer und orthodoxer Abendmahlstheologie eingetaucht. Mit Sabine Hübner hat sie eine Summer School am United Theological College in Bangalore, Indien organisiert und über die globale Bedeutung der Reformation nachgedacht. Jaqueline Jüling begleitet sie gegenwärtig in der Reflexion über den interreligiösen Dialog, und wie in diesem koloniale und orientalistische Diskurse nachhallen. Mit Carina Branković bietet sie seit geraumer Zeit ein gemeinsames Kolloquium an, in dem Abschlussarbeiten zu systematisch-theologischen sowie religionswissenschaftlichen Fragestellungen diskutiert werden. Sucht man weiter, lässt sich schnell feststellen, dass der Kreis derjenigen, die von dem Denken und den Ratschlägen Ulrike Link-Wieczoreks profitiert haben, noch um einiges größer ist.[7] Hieran wird deutlich, wie Forschungsschwerpunkte von Ulrike Link-Wieczorek von denjenigen aufgegriffen wurden, die sie umgeben: Fragen nach ökumenischer Theologie, nach Versöhnung und nach einer Theologie der Gabe treiben sie bereits über ihr ganzes akademisches Leben hinweg um. Zugleich sind aber alle diese Forschungen nicht einfach nur Fortsetzungen ihres Denkens. Sie sind immer etwas ganz Eigenes geworden, das im Anziehungsfeld der Theologie Ulrike Link-Wieczoreks seine Wohnung genommen hat und dort von ihrer Gastfreundlichkeit profitiert.

---

[4] Vgl. ROMAN WINTER, Das christliche Martyrium im 20. Jahrhundert. Systematisch-theologische Studie zur Konzeption und Transformation des Begriffs aufgrund der Erfahrungen mit totalitären Regimen in Russland und Deutschland, KKTS 82, Paderborn 2020.

[5] Vgl. KNUT WORMSTÄDT, Versöhnung Erzählen. Eine prozesstheologische Untersuchung ökumenischer Versöhnungsbegegnungen mit den Mennonit*innen, FSÖTh 173, Göttingen 2022.

[6] Vgl. DOMINIK GAUTIER, Die Ambivalenz des Realismus. Reinhold Niebuhrs theologische Ethik in rassismuskritischer Perspektive, ChrKu 18, Zürich 2022.

[7] Die schon erwähnte Festgabe zum 60. Geburtstag, RAHNER/STRÜBIND (Hrsg.), Begegnungen — Entgegnungen, 2015, ist hierfür nur ein Beispiel.

2. Zu den Beiträgen

Wollte man versuchen, ein gemeinsames Thema auszumachen, dass die einzelnen Beiträge dieses Bandes, aber auch die theologischen Schwerpunkte Ulrike Link-Wieczoreks miteinander verbindet, so wäre es vielleicht dasjenige der Relationalität. Relationalität ist es, das die kleine Ökumene der Christinnen und Christen bewegt, miteinander das Gespräch zu suchen und darum zu ringen, was Einheit in versöhnter Verschiedenheit sinnvoll und für alle tragfähig bedeuten könnte.[8] Relationalität ist es aber auch, das die große Ökumene der Religionen ins Gespräch bringt, angesichts der Erkenntnis, dass die Welt immer vernetzter wird und damit vermeintlich immer enger zusammenrückt.[9] Auch Versöhnung und Gabe sind unhintergehbar Beziehungsbegriffe. Erstere versucht, auf den Begriff zu bringen, welche Anstrengungen unternommen werden müssen, um Zer-/Störungen in oftmals hochkomplexen Beziehungsgeflechten wieder in lebensfähige Bahnen zu lenken.[10] Bei letzterer wird, beschäftigt man sich einmal eingehender damit, deutlich, dass sie niemals allein unilateral funktioniert, sondern immer Gegengaben evoziert, und dass es einiges an Geschick erfordert, eine passende Gabe auszuwählen, welche die relationalen Vernetzungen zwischen Geberin und Begabten nicht über Gebühr strapaziert.[11]

---

[8] Vgl. ULRIKE LINK-WIECZOREK, Die Wahrheit in zerbrechlichen Gefäßen: Theologie als ökumenische Theologie, in: DIES., RALF MIGGELBRINK / DOROTHEA SATTLER / MICHAEL HASPEL / UWE SWARAT / HEINRICH BEDFORD-STROHM, Nach Gott im Leben fragen. Ökumenische Einführung in das Christentum, Gütersloh/Freiburg u. a. 2004, 313–337, 332–335.

[9] Vgl. DIES., Auf der Suche nach der verlorenen Ganzheit. Christliche Selbstvergewisserung zwischen kleiner und großer Ökumene, in: CHRISTOPH DAHLING-SANDER / THOMAS KRATZERT (Hrsg.), Leitfaden ökumenische Theologie, Wuppertal 1998, 44–54, 52.

[10] Vgl. DIES., Reconciliation by Symbolic Compensation. A Re-Interpretation of the Satisfaction Theory of Anselm of Canterbury, in: JULIA ENXING / DOMINIK GAUTIER (Hrsg.) Satisfactio. Über (Un-)Möglichkeiten von Wiedergutmachung, unter Mitarbeit von Dorothea Wojtczak, BÖR 122, Leipzig/Paderborn 2019, 89–107, 101–105, sowie DIES., Lebensgestaltung im Netzwerk der Praktiken. Überlegungen zu einer praxeologischen Konzeption christlicher Subjektivierung, in: THOMAS ALKEMEYER / GUNILLA BUDDE / DAGMAR FREIST (Hrsg.), Selbst-Bildungen. Soziale und kulturelle Praktiken der Subjektivierung, Praktiken der Subjektivierung 1, Bielefeld 2013, 291–309, 292–294.

[11] Vgl. DIES., Raum zum Empfangen. Vorüberlegungen zu einer Ekklesiologie der Gabe, ÖR 60 (2/2011), 191–206, 196–203.

Das Thema der Relationalität zieht sich denn auch durch die Beiträge dieser Festschrift. Einen ersten großen Komplex bilden fünf Beiträge, die in die Flucht der systematischen Theologin und Ökumenikerin Ulrike Link-Wieczorek fallen. Den Auftakt macht *Dominik Gautier*, der Johannes Calvins Schöpfungstheologie aufschließt für ein ästhetisches Verständnis der nicht-menschlichen Mitwelt als ebenfalls Auskunft gebendes Mitgeschöpf. *Mugurel Pavaluca* nimmt sich in seinem Beitrag der Frage an, wie die patristische Theologie der alten Kirche eine Vorstellung von der innergöttlichen Relationalität über das Verhältnis der Begriffe *ousia* und *hypostasis* entwickelt hat. Um eine neue Hochschätzung der Welt als Beziehungspartnerin geht es in *Jason Alvis* Beitrag, der den Open Theism mit Gedanken von Hannah Arendt kreuzt. *Knut Wormstädt* beschäftigt sich in seinem Beitrag mit einem prozesstheologischen Ansatz, Versöhnung zwischen Gott und Welt zu denken, und reflektiert aus dieser Perspektive den Topos der Soteriologie im Spannungsfeld von prozessphilosophischer Denkweise und christlichem Traditionsgut. Die Art und Weise, wie wir durch Technik unsere Beziehung zur Umwelt formen, reflektiert schließlich *Roman Winter* und fragt nach den Implikationen und Spannungen eines christlich fundierten, technisierten Weltbildes.

Der zweite Komplex verdeutlicht, dass Ulrike Link-Wieczorek immer Professorin für Systematische Theologie und Religionspädagogik war und trägt Rechnung, dass es ihr in ihrer Lehre um die bestmögliche Ausbildung von Religionslehrerinnen und Religionslehrern geht. *Joane Beuker* fragt in ihrem Beitrag nach vermeintlichen Selbstverständlichkeiten, die im Religionsunterricht mit heterogenen Schulklassen auftreten, ihren schädlichen Implikationen und wie sie durch Reflexion aufgedeckt werden können. Einen Blick auf das brandaktuelle Thema des Christlichen Religionsunterrichts – CRU – wirft *Vera Gaide*, die sich in ihrem Beitrag mit den Herausforderungen und Chancen dieser Herangehensweise an religiöse Bildung beschäftigt.

Der dritte Komplex berührt die interkulturelle Perspektive, die im Denken Ulrike Link-Wieczoreks fortwährend aufscheint. Über die schwierigen Identitätsbildungen zwischen Assimilation, Diaspora und Intergenerationalität schreibt *Carina Branković* in der Auseinandersetzung mit dem Werk des ukrainisch-deutsch-jüdischen Autors Dmitrij Kapitelman. *Sabine Hübner* erforscht in ihrem Beitrag die erinnerungskulturellen Marker des Reformationsjubiläums im 18. Jahrhundert, und wie diese in Wechselbeziehung zur Indienmission stehen. Den Abschluss bildet der Text von *Jaqueline Jüling*, die den Begriff der Weltreligion einer kritischen Relektüre unterzieht und dessen unterliegende Euro- und Christozentriken aufdeckt.

3. Danksagungen

Zuletzt ist noch denjenigen Dank zu sagen, die durch ihre Unterstützung das Erscheinen dieser Festschrift allererst ermöglicht haben. Für die Begeisterung der Idee gegenüber und für die Aufnahme in die Beihefte-Reihe danken wir dem Herausgeberinnen- und Herausgeberkreis der Ökumenischen Rundschau. Annette Weidhas von der Evangelischen Verlagsanstalt danken wir für die verlagsseitige Begleitung. Das Erscheinen dieses Bandes wurde von der Evangelischen Kirche in Deutschland, der Evangelisch-lutherischen Kirche in Oldenburg und dem Institut für Evangelische Theologie und Religionspädagogik in Oldenburg finanziell unterstützt, wofür wir uns herzlich bedanken. Bedanken wollen wir uns auch für das scharfe Auge, mit dem die Texte dieser Festschrift von Katharina Hoppe aus Aachen und von Anneke Gerken und Alina Möller-Börkel aus Oldenburg gesichtet und begleitet wurden.

Johannes Calvins Ästhetik der Natur
Überlegungen zu einer wenig beachteten Tradition reformierter Schöpfungstheologie

Dominik Gautier

Johannes Calvin und der Calvinismus sind mit zahlreichen Klischees behaftet, von denen viele auf Max Webers soziologische These vom Zusammenhang zwischen reformiertem Protestantismus, Kapitalismus und der Entzauberung der Welt zurückgehen.[1] In der ökologisch-theologischen Diskussion wurde dies sinngemäß so formuliert: Da dem reformierten Protestantismus nichts anderes heilig sei als Gott, habe dieser die mehr-als-menschliche Natur aus dem Blick verloren, ja die Natur nur als ausdruckslose Kulisse der Gott-Mensch-Beziehung und schließlich als ausbeutbare Masse wahrgenommen. Dass Gott in Beziehung zu Tieren, Wäldern, Meeren und Gebirgen steht, die gemeinsam mit dem Menschen durch die epochalen Probleme des Artensterbens und der Klimakrise bedroht sind, kommt damit nicht in den Blick, so die Kritik.[2]

Mit den folgenden Überlegungen soll eine differenziertere Sichtweise auf die Schöpfungstheologie Johannes Calvins und ihre Wirkungen angeregt werden. Ich möchte hierzu den Blick auf Calvins Ästhetik der Natur richten, die in seiner Charakterisierung der Natur als »Theater der Herrlichkeit Gottes«[3] (*theatrum gloriae dei*) zum Ausdruck kommt. Die Calvinforschung hat mit diesem Aspekt meist die philosophisch-theologische Frage nach natürlicher Gotteserkenntnis verbunden.[4] Calvins schöpfungs-

---

[1] Vgl. MAX WEBER, Die protestantische Ethik und der Geist des Kapitalismus. Die protestantischen Sekten und der Geist des Kapitalismus. Schriften 1904–1920, Max Weber-Studienausgabe, Bd. I/18, Tübingen 2021.
[2] Vgl. zu den Verzeichnungen der Theologie Calvins im Hinblick auf die Natur: LUKAS VISCHER, Reich bevor wir geboren wurden. Zu Calvins Verständnis der Schöpfung, in: EvTh 2 (2009), 142–160, 142.
[3] JOHANNES CALVIN, De aeterna Dei predestinatione, CO 8, 294.
[4] GEORG PLASGER, Johannes Calvins Theologie. Eine Einführung, Göttingen 2008, 42.

theologische Aussagen, so die These, die im Folgenden entfaltet werden soll, haben jedoch auch eine Bedeutung für die ästhetisch-ethische Wahrnehmung der Natur. Sie bahnen damit gerade nicht einer simplen Abwertung der nicht-menschlichen Natur den Weg. Calvin würdigt dagegen die mehr-als-menschliche Natur in ihrer Schönheit, aber auch ihrer Gefallenheit als angewiesen auf Gott. Er legt so nahe, dass der Mensch *gemeinsam mit der Natur* in Beziehung zu Gott steht. Seine ästhetischen Überlegungen zeigen daher, dass eine theozentrische Position nicht mit einer Abwertung, sondern mit einer Solidarität mit der Natur verknüpft werden kann.[5]

Zur Vertiefung dieser ästhetischen Lesart von Calvins Schöpfungstheologie werde ich Bezug auf den reformiert geprägten, niederländischen Kontext nehmen, in dem es während des 17. Jahrhunderts zu einer Flut von Landschaftsgemälden kam, die lange ausschließlich naturalistisch interpretiert wurden.[6] Vor dem Hintergrund von Calvins Ästhetik der Natur kann diese Kunst aber auch so gelesen werden, dass sie die Betrachtenden dazu motiviert, die inhärente Würde der Natur wahrzunehmen und sich mit ihr in gemeinsamer Angewiesenheit auf Gott zu begreifen.

Mein Beitrag schließt mit einem Plädoyer für einen ästhetischen Zugang zur Schöpfungstheologie, in der im Dialog mit Kunst, Literatur und Film über ein gemeinsames – die Natur einschließendes – Sein-vor-Gott nachgedacht werden kann. Insofern versteht sich dieser Text zu Calvins Ästhetik der Natur nicht nur als Reflexion reformierter Tradition, sondern auch als ein Beitrag zur Problematisierung von Anthropozentrik in der Theologie und damit zur Ausweitung der theologischen Wahrnehmung auf die mehr-als-menschliche Natur.[7]

---

[5] Vgl. auch DOMINIK GAUTIER / ASTRID HEIDEMANN / GREGOR TAXACHER, Theozentrik als »gefährliche Erinnerung«. Notizen zu einem unterrepräsentierten Denkmodell in der Anthropozentrik-Diskussion, in: ÖR 70 (2021), 318–332.

[6] Vgl. BOUDEWIJN BAKKER, Landschap en Wereldbeeld. Van Van Eyck tot Rembrandt, Bussum 2004.

[7] Vgl. hierzu vor allem die ökologische Schöpfungslehre des reformierten Theologen Jürgen Moltmann: JÜRGEN MOLTMANN, Gott in der Schöpfung. Ökologische Schöpfungslehre, München 1985. Zu nennen sind aber auch folgende neuere Arbeiten, die sich mit dem Verhältnis von reformierter Theologie und Ökologie beschäftigen: BELDEN C. LANE, Ravished by Beauty. The Surprising Legacy of Reformed Spirituality, Oxford 2011; MARK R. STOLL, Inherit the Holy Mountain. Religion and the Rise of American Environmentalism, Oxford 2015. Zur Diskussion in katholischer Theologie vgl. etwa SIMONE HORSTMANN, Was uns fehlt, wenn die Tiere fehlen. Eine theologische Spurensuche, Regensburg 2020; JULIA ENXING, Und Gott sah, dass es

1. Johannes Calvins ästhetische Schöpfungstheologie

Das erste Buch von Calvins Unterricht in der christlichen Religion, seiner *Institutio Christianae Religionis*, ist mit folgendem Satz überschrieben: »Aus der Erschaffung und der fortdauernden Regierung der Welt strahlt uns eine Kunde von Gott entgegen.«[8] Weiter heißt es hier unter anderem: »Gott hat sich derart im ganzen Bau der Welt offenbart und tut es noch heute, dass die Menschen ihre Augen gar nicht aufmachen können, ohne ihn notwendig zu erblicken.«[9] Bemerkenswert an diesen schöpfungstheologischen Aussagen Calvins ist zunächst ihre Theozentrik: Indem er Schöpfungs- und Vorsehungslehre (Erschaffung und *fortdauernde* Regierung) eng miteinander verknüpft, grenzt er sich von deistisch-aristotelischen Denkweisen ab, welche die Eigendynamik der Welt betonen und diese nur noch im Entferntesten auf Gottes Schöpfungshandeln als Erstursache zurückführen. Calvin betont dagegen, dass die Erhaltung der Welt in jedem Moment Gott zu verdanken ist.[10]

Diese Fokussierung auf Gott führt in seiner Theologie aber nicht zur Geringschätzung der Welt, sondern regt eine neue ästhetische Hinwendung zu ihr an. Diese ästhetische Zielrichtung seines Denkens spitzt sich in seiner Charakterisierung der Welt als »Theater der Herrlichkeit Gottes« zu und zieht sich wie ein Leitmotiv durch sein Werk: »Diesen Grundsatz gilt es festzuhalten: ›Gott [...] hat die ganze Welt zu dem Ziel erschaffen, dass sie Schauplatz (*theatrum*) seiner Herrlichkeit sein sollte.‹«[11] In seiner Auslegung des Schöpfungspsalms 104 legt Calvin mithilfe der ästhetischen Metapher des Kunstwerks aus, dass die Schönheit Gottes in der Natur wahrnehmbar ist: »[Gott malt uns] im Kunstwerk [der Schöpfung] [...] ein lebendiges Bild der Weisheit, Macht und Güte Gottes vor Augen und ermuntert uns damit, Gott zu loben.«[12] Außerdem verwendet er die ästhe-

---

schlecht war. Warum uns der christliche Glaube verpflichtet, die Schöpfung zu bewahren, München 2022.

[8] JOHANNES CALVIN, Unterricht in der christlichen Religion / Institutio Christianae Religionis [1559], übersetzt und bearbeitet von Otto Weber, bearbeitet und neu herausgegeben von Matthias Freudenberg, Neukirchen-Vluyn 2008, I,5.

[9] A. a. O., I,5,1.

[10] Vgl. SUSAN E. SCHREINER, Art. Schöpfung, in: HERMANN J. SELDERHUIS (Hg.), Calvin Handbuch, Tübingen 2008, 262–270, 267. Vgl. insgesamt auch: SUSAN E. SCHREINER, The Theater of His Glory. Nature and the Natural Order in the Thought of John Calvin, Durham 1991.

[11] CALVIN, CO 8, 294.

[12] JOHANNES CALVIN, Der Psalmenkommentar. Eine Auswahl, CStA 6, Neukirchen-Vluyn 2008, 279.

tische Metapher des Spiegels, um weiter zu erläutern, dass die Natur in ihrem Vergehen und Neuentstehen Gottes kontinuierliches Schöpfungswirken reflektiert: »Das also ist das Ziel des Ganzen: Wenn wir die Welt Tag für Tag dahinschwinden und wieder neu erstehen sehen, so leuchtet uns in diesem Spiegel Gottes Leben schaffende Kraft entgegen.«[13]

Aufgrund seiner Sünde ist der Mensch allerdings nicht mehr in der Lage, in der Natur den Verweis auf Gott wahrzunehmen. Calvin spricht daher davon, dass dem Menschen »die Fackeln im Gebäu der Welt, bestellt zur Verherrlichung des Schöpfers [...] vergebens [leuchten]«[14]. Als sündige Menschen können sie die Natur also nicht in ihrem Verweischarakter, als »leuchtende Fackeln«, wahrnehmen, sondern sind hierfür auf die Hilfe Gottes angewiesen. Dies mindert aber nicht die prinzipiell ästhetische Zielrichtung der Schöpfungstheologie Calvins, denn durch die Offenbarung Gottes in Jesus Christus wird der Mensch nach Calvin dazu befähigt, die Welt als das »Theater der Herrlichkeit Gottes« und sich selbst als Teil dieses Schauspiels wahrzunehmen.[15] Hierbei dient die Schrift als Quelle: »Wer zu Gott, dem Schöpfer, gelangen will, der muß die Schrift zum Leiter und Lehrer haben«.[16] In seiner Auslegung des Schöpfungspsalms 104 erläutert Calvin entsprechend, dass das »Schauspiel der gesamten Natur« nur dann »zu wirklichen Fortschritten verhelfen« werde, wenn Menschen »mit den Augen des Glaubens jene geistliche Herrlichkeit erblicken«, deren Abbild sich in der Welt sichtbar zeige.[17] An diesen Gedankengängen wird deutlich, dass Calvin keine natürliche Theologie formuliert, nach der Menschen durch Naturbeobachtung zu einer Erkenntnis Gottes kommen. Sehr wohl aber können sie, wie Georg Plasger betont, Gottes Zuwendung, die sich in Jesus Christus offenbart, auch in der Natur wiedererkennen:

> Calvin bleibt also nicht stehen bei der negativen Aussage, dass wir Gottes Wirken in der Welt nicht erkennen können. Vielmehr fällt ausgehend von der Erlösung [...] ein neues Licht in die Schöpfung hinein – und jetzt beginnt sie zu leuchten für die, die Augen haben, das zu sehen. Für erleuchtete Augen ist die Schöpfung ein theatrum gloriae dei.[18]

---

[13] A. a. O., 311.
[14] Vgl. CALVIN, Institutio, I,5,14.
[15] Vgl. SCHREINER, Art. Schöpfung, 269.
[16] CALVIN, Institutio, I,6.
[17] DERS., Psalmenkommentar, 283.
[18] PLASGER, Theologie, 43.

Die Calvinforschung hat herausgestellt, dass diese Ausrichtung auf die Natur in der trinitarischen, vor allem pneumatologischen Ausrichtung der Schöpfungslehre Calvins begründet ist.[19] Gott bleibe nicht bei sich, sondern teile sich durch Gottes Geist in der Natur mit. Zum Verständnis dieser Selbstmitteilung Gottes in der Natur wird das sogenannte Extra Calvinisticum, das vor allem für Calvins Abendmahlslehre kennzeichnend ist, wichtig.[20] Hiernach ist Gottes Wort auch außerhalb (*extra*) von Jesus Christus, nämlich in der von Gott geschaffenen Welt wahrnehmbar. Dass sich Gottes Geist in der Natur mitteilt, findet für Calvin biblischen Anhalt in Psalm 104,30: »Denn Gott lässt den Atem, der bei ihm seine Wohnstätte hat, ausgehen, wohin er nur will, und sobald er ihn aussendet, wird alles geschaffen.«[21]

In diesem Zusammenhang ist ein Gedankengang Calvins über den theologischen Status der Tiere zu beachten.[22] Calvin scheint zu merken, dass sich seine pneumatologischen Ausführungen in die Nähe pantheistischer Gedanken bewegen könnten, wonach aller Natur eine quasigöttliche Qualität zukomme. In strikter Abgrenzung von Michel Servet, der die Geschöpfe als Emanationen Gottes begriff, schreibt Calvin deshalb in seiner Auslegung von Psalm 104,30, dass die Natur aufgrund ihrer Durchwirkung durch Gottes Geist auf Gott verweist, auf keinen Fall aber selbst göttlich ist:

> Das ist im Übrigen keineswegs eine Unterstützung des alten Wahns der Manichäer, den der unreine Hund Servet in unseren Tagen auf das Übelste verbreitet hat. Dieser Windbeutel aber wagte zu behaupten, auch Rinder, Esel und Hunde hätten Anteil am göttlichen Wesen. Dem Psalmisten jedenfalls lag nichts ferne, als Gottes Geist derart zu zerstückeln, dass ein bestimmter Teil deshalb wesenhaft in jeder einzelnen Kreatur wohnen sollte, vielmehr bezeichnet er als Atem Gottes den von ihm ausgehenden Geist.[23]

---

[19] Vgl. CHRISTIAN LINK, Schöpfung. Schöpfungstheologie in reformatorischer Tradition, Gütersloh 1991, 126–133. Deshalb führt Moltmann Calvin als eine Bezugsfigur in seiner pneumatologisch-ökologischen Schöpfungslehre an: MOLTMANN, Schöpfung, 23–27.
[20] Vgl. LINK, Schöpfung, 132.
[21] CALVIN, Psalmenkommentar, 309.
[22] Vgl. auch PETER A. HUFF, Calvin and the Beasts. Animals in John Calvin's Theological Discourse, In: JETS 42 (1999), 67–75.
[23] CALVIN, Psalmenkommentar, 311. Vgl. zu Calvins polemischer Herabsetzung theologischer Gegner durch Tierbezeichnungen HUFF, Beasts, 73–74.

Calvin hält seine Position an diesem Punkt scheinbar nicht mehr für leicht unterscheidbar von einem pantheistischen Ansatz, denn mit Psalm 104,18 spricht er ja davon, dass selbst »für die wilden Ziegen der Wälder und für die Kaninchen ein Schlupfwinkel bereit steht«[24] und »offenkundig wird, dass kein Ort der Erde von unserem gütigen Vater unbeachtet und keine Kreatur von seiner Fürsorge ausgeschlossen bleibt.«[25] Dies ist kein Pantheismus, denn Calvin wahrt die Differenz zwischen Schöpfer und Schöpfung, aber seine pneumatologische Argumentation baut auch keine Diastase zwischen Schöpfer und Schöpfung auf. Gemeinsam hat Calvins naturbezogene Position mit dem Pantheismus allerdings, dass »alles« (*pan*) mindestens mit Gott in Verbindung steht – und so auch die mehr-als-menschliche Natur in den Blick der Theologie rückt.

Die Unterscheidung von Calvins naturbezogener Theologie und pantheistischer Ansätze lässt sich anhand seiner Pneumatologie – unter den Vorzeichen des Extra Calvinisticum – näher untersuchen: Gottes Geist durchwirkt demnach zwar die ganze Schöpfung, geht aber nicht in ihr auf, denn seine »Wohnstätte«, wie Calvin sagt, hat Gottes Geist wiederum außerhalb (*extra*) der Schöpfung, bei Gott. Im Genfer Katechismus in der Fassung von 1542 spricht Calvin daher von Gottes Geist als einer Kraft, die in allen Kreaturen wirkt, aber doch immer bei Gott bleibt.[26]

Calvin vermeidet also, die Natur in all ihrer Ambivalenz mit Gott zu identifizieren. Im Gegenteil findet sich bei ihm auch der Blick auf die Bedrohlichkeit der Natur, die er in seiner Genesisauslegung (Gen 3,17) auf den Sündenfall zurückführt:

> Vor dem Fall war die Welt ein wunderschöner, lieblicher Spiegel göttlicher Huld, väterlicher Fürsorge gegen den Menschen. Jetzt schauen wir in allen Elementen unser Verderben. Und wenn auch noch jetzt die Erde voll ist der Güte des Herrn, so lassen sich doch Zeichen genug davon erkennen, daß sie sich in schrecklicher Weise von uns entfremdet hat.[27]

---

[24] Vgl. CALVIN, Psalmenkommentar, 299.
[25] Ebd.
[26] Vgl. GENFER KATECHISMUS [1542], Frage 19, in: WILHELM NIESEL (Hg.), Bekenntnisschriften und Kirchenordnungen der nach Gottes Wort reformierten Kirche, Bd. 5, München 1938, 7–9; LINK, Schöpfung, 131.
[27] JOHANNES CALVIN, Genesisauslegung, Johannes Calvins Auslegung der Heiligen Schrift, Bd. 1, hg. v. Otto Weber, Neukirchen 1956, 59; vgl. auch VISCHER, Schöpfung, 147–149.

Auch in der Institutio finden sich Beschreibungen der negativen Seite von Natur:

> Unser Leib ist ein Nest von tausend Krankheiten, und wie viele Krankheitsursachen trägt und nährt er in sich! [...] Wie viele wilde Tiere du siehst – sie sind gerüstet, dich zu verderben! Und wenn du dich auch in einem ummauerten Garten einschließen willst, wo nichts als Lieblichkeit dir erscheint – auch da lauert zuweilen eine Schlange![28]

Erlösung verspricht für Calvin nicht die Natur selbst, sondern die im Glauben erfahrene Fürsorge Gottes.[29] Diese Glaubenshaltung führt nun aber nicht zur Weltflucht und einer Dämonisierung der Natur. Vielmehr betont Calvin, dass Gottes Fürsorge dort, wo Gottes Geist wirksam ist, in der Natur wiedererkannt werden kann. Calvin versteht dies als einen Trost der Gott spiegelnden Natur, der Menschen zur Lebensgestaltung in und mit der Welt befähigt.[30] In diesem Sinn findet sich bei Calvin sogar eine (mit großer Vorsicht) formulierte Würdigung von Senecas pantheistischer Auffassung: »Man kann auch in rechter Gesinnung sagen, die ›Natur‹ sei Gott – wenn es nur aus einem frommen Herzen kommt.«[31] Vielleicht findet sich also wider Erwarten gerade in Calvins pneumatologischer Schöpfungslehre eine Spur, die binäre Konstruktion von Theismus (scharfe Differenz zwischen Schöpfer und Schöpfung) und Pantheismus (Identifikation von Schöpfer und Schöpfung) zu dekonstruieren.[32]

Calvins Schöpfungslehre, dies lässt sich festhalten, kann als eine Theologie der Natur verstanden werden, in der Glaube und Naturwahrnehmung

---

[28] CALVIN, Institutio, I,17,10.
[29] Diesen Realismus betont auch Susan E. Schreiner mit Blick auf Calvins Distanz zum aristotelisch–deistischen Ansatz: SCHREINER, Theater, 32: »Calvin's world was simply too dangerous a place to leave it to secondary causation. It needed God.«
[30] Vgl. PLASGER, Theologie, 48–49.
[31] CALVIN, Institutio, I,5,5.
[32] An dieser Dekonstruktion hat meines Erachtens bereits Moltmann in seiner ökologischen Schöpfungslehre gearbeitet, wenn er von Gott *in* der Schöpfung spricht: MOLTMANN, Schöpfung, 16–33. Mit der binären Konstruktion von Theismus und Pantheismus beschäftigt sich insgesamt kritisch: MARY JANE RUBENSTEIN, Pantheologies. Gods, Worlds, Monsters, New York 2018. Rubenstein vertritt die These, dass die Ablehnung des Pantheismus in westlicher Theologie weniger mit der Frage nach rechter Lehre als mit der damit einhergehenden theologischen Achtung vor der Materie, vor dem Weiblichen, vor Tieren zusammenhängt. Dies könnte auch mit Blick auf Calvins Theologie untersucht werden.

eng miteinander verknüpft werden. Insofern wird die Natur, trotz der Wahrnehmung ihrer Ambivalenz, zu einer wichtigen Größe in Calvins ästhetischer Schöpfungslehre: Die Glaubenden werden dazu angehalten, die Natur wahrzunehmen, weil sie Gottes Fürsorge lehrt und sie sich *mit ihr* als auf Gott angewiesene und von Gott gewürdigte Geschöpfe begreifen können. Um diesen Gedanken weiter zu entwickeln, widme ich mich nun einem Blick auf niederländische Landschaftskunst, die in besonderer Weise von der Theologie Calvins beeinflusst ist.

2. Reformierte Naturästhetik in niederländischer Landschaftsmalerei

Lange wurde die niederländische Landschaftskunst als ausschließlich säkulares Phänomen wahrgenommen, erst in jüngerer Zeit rückt auch der Einfluss der spezifisch reformierten, naturbezogenen theologischen Tradition auf ihre Entstehung in den Fokus. Ein überraschender und instruktiver Zusammenhang lässt sich zwischen Calvins Schöpfungstheologie und der Naturwahrnehmung in niederländischer Landschaftsmalerei des 17. Jahrhunderts ausmachen. Entgegen dem Klischee der reformierten Bilderfeindlichkeit, erläutert William H. Dyrness, habe die von Calvin geprägte niederländische Kultur des 17. Jahrhundert eine Vielzahl von Kunstwerken, vor allem in Form der Landschaftsmalerei, hervorgebracht. Dyrness führt diese Entwicklung auf die oben beschriebene ästhetisch-naturbezogene Ausrichtung der Theologie Calvins zurück, die Künstlerinnen und Künstler dazu motiviert habe, die Natur als aussagekräftiges Gegenüber wahrzunehmen. Hierin seien sie Calvin gefolgt, dem es selbst nie um eine prinzipielle Bilderverachtung, sondern um eine angemessene Wahrnehmung der Welt, also immer auch um eine Reformation der Ästhetik gegangen sei.

Zur Veranschaulichung dieser Reformation der Ästhetik verweist Dyrness auf die Tradition der bis auf die Zeit des Sonntagsgottesdienstes verschlossenen reformierten Kirchengebäude. Diese habe nicht einfach die negative Funktion, Glaubende vor einem Rückzug in den Kirchenraum zu bewahren. Stattdessen gibt es eine positive Zielrichtung, nämlich Menschen zur Wahrnehmung der geschaffenen Welt, dem Spiegel der Zuwendung Gottes, zu motivieren.[33] Auch hier wird die Logik des Extra Calvi-

---

[33] Vgl. WILLIAM A. DYRNESS, Art. Theology and Visual Culture in Early Modern Calvinism: Hiding in Plain Sight, in: BRUCE GORDON / CARL R. TRUEMAN (Hg.), The Oxford Handbook of Calvin and Calvinism, Oxford 2021, 287–304, 288–294. Vgl. insge-

nisticum ersichtlich, das die entstehende reformierte Ästhetik prägt: Glaubende werden dazu angehalten, Gottes Zuwendung nicht ausschließlich in Brot und Wein, sondern hiervon ausgehend auch außerhalb des Sakraments, besonders auch in der sozialen wie individuellen Gestaltung des Alltags sowie in der Natur zu erbitten und wahrzunehmen.[34]

Die niederländische Landschaftskunst folgt Calvins Vorstellung, dass in der Welt »wie in einem Gemälde Gottes Kraft und Güte abgebildet ist.«[35] Dyrness macht dies für die Arbeiten von Kunstschaffenden des 17. Jahrhunderts wie Rembrandt van Rijn und Jacob van Ruisdael geltend. Dabei basiert seine These nicht darauf, dass sich die Kunstschaffenden direkt mit der reformierten Tradition identifizierten, wohl aber darauf, dass sie von der gesamtgesellschaftlichen Wirkmacht dieser Tradition beeinflusst waren und diese wiederum durch ihre Arbeiten mitformten.[36]

Jacob van Ruisdael, Drei Bäume in einer Landschaft (1667), Norton Simon Museum, Pasadena, California, USA

    samt: WILLIAM A. DYRNESS, The Origins of Protestant Aesthetics in Early Modern Europe. Calvin's Reformation Poetics, Cambridge 2019.
[34] Darauf, dass Brot und Wein bereits den Naturverweis in sich tragen, macht die reformierte Theologin Martha Moore-Keish aufmerksam: MARTHA MOORE-KEISH, Art. Sacraments, in: MICHAEL ALLEN / SCOTT R. SWAIN (Hg.), The Oxford Handbook of Reformed Theology, Oxford 2020, 529–545, 543.
[35] CALVIN, Institutio, I,5,10.
[36] Vgl. DYRNESS, Art. Theology, 294.

Jacob van Ruisdaels (1628/1629–1682) Werk ist besonders geeignet, um den Einfluss reformierter Theologie auf die Kunst zu untersuchen, da er als vielleicht einflussreichster Vertreter dieser Richtung angesehen werden kann.[37]

Sein Bild *Drei Bäume in einer Landschaft* (1667) zeigt zunächst eine idyllisch wirkende Landschaft: Berge, Wald, Fluss und Straße. Im linken äußersten Hintergrund ist ein Dorf mit Kirche angedeutet. Im Vordergrund sind drei verschlungene Eichen zu sehen. Ein genauerer Blick ergibt ein komplexeres Bild: Der vordere, auch hervorgehobene, Baum hat gebrochene Äste, am Himmel sind dunkle Wolken zu sehen, im linken Bereich des Gemäldes wird ein verfallenes Haus gezeigt.

Mit Dyrness sehe ich in dem Gemälde die in Calvins Schöpfungstheologie begründete Naturbezogenheit des reformierten Protestantismus ins Bild gesetzt. Die von der reformierten Kultur geprägten Menschen dürften derartige Bilder als Andachtsbilder wahrgenommen haben, in denen die Natur als geistdurchwirkte Schöpfung in ihrer Schönheit gezeigt wird, gleichzeitig aber auch die Endlichkeit, Gebrochenheit und Unerlöstheit der Natur dargestellt ist. Dyrness erklärt deshalb mit Blick auf das Gemälde: »Creation is both a theatre for the glory of God, and also the dramatic site of sin and brokenness.«[38] Die dargestellte Komplexität bewahrt das Gemälde vor einer einseitigen Romantisierung der Natur und regt an, zu bedenken, dass sich die Welt in ihrer Schönheit Gottes Fürsorge verdankt und in ihrer Gebrochenheit auf die Zuwendung Gottes wartet.[39] Dies wird vor allem an dem Baum ersichtlich, der mit den gebrochenen Ästen in den Himmel weist.

Gegen eine rein symbolische Lesart der Bilder, wonach der gebrochene Baum zum Beispiel auf das Kreuz verweist, betont John Walford, dass die Natur hier *als Natur* ins Bild gerückt wird, auch weil sie einen *inhärenten* Auskunftscharakter im Hinblick auf Gottes Fürsorge besitzt:

> Meaning in landscape paintings is never a matter of transposing, even if emblems themselves do at times help us understand some of the layers of associations. [...] It is more a question of how individuals in seventeenth-century Holland, because of their education and upbringing from their families, schools, and churches, had been conditioned from earliest childhood to expe-

---

[37] Vgl. JOHN WALFORD, Jacob van Ruisdael and the Perception of Landscape, New Haven 1991, 1.
[38] DYRNESS, Art. Theology, 296.
[39] Vgl. auch WALFORD, Ruisdael, 203–204; DYRNESS, Art. Theology, 295.

rience the various phenomena of nature in certain ways. They accepted nature as ›God's second book‹[40], an alternative and complementary mode of revelation to written and spoken words, loaded with significance in its very character and being.[41]

An dieser Stelle ist ein Gedanke zum reformierten Umgang mit der Kunst zu beachten, den Andreas Mertin vorbringt. Er betont, dass die bilderkritische Haltung des reformierten Protestantismus zu einer Emanzipation der Kunst von religiöser Vereinnahmung beigetragen hat. Das Verbot der Bilder in den Kirchen hat also zur Freiheit der Bilder außerhalb der Kirchen geführt. Eine reformierte theologische Rezeption von Kunst wird daher zuallererst die Autonomie des Bildes achten und versuchen, seine eigene Stimme wahrzunehmen. Erst so kann es nach Mertin zu produktiven Gesprächen zwischen Theologie und Kunst kommen.[42] Ich denke nun, dass die eigene Stimme dieses Gemäldes gerade darin besteht, die Natur als inhärent auskunftsfähig darzustellen, als eigenständige Zeugin von Gottes Fürsorge oder als eigenständige Geschöpfe, die ausdrücken, dass diese Fürsorge Gottes noch aussteht: »Denn wir wissen, dass die ganze Schöpfung seufzt und in Wehen liegt, bis zum heutigen Tag.« (Röm 8,22)

Die niederländische Landschaftskunst zeigt für mich – zusammenfassend gesprochen – zwei wichtige Aspekte, die beide als Wirkungen der Schöpfungstheologie Calvins interpretiert werden können: Sie zeigt, dass reformierte Frömmigkeit mit einer ästhetischen, konkret künstlerischen Hinwendung zur Welt einhergehen kann, was das Klischee eines bilderfeindlichen reformierten Protestantismus fraglich macht. Diese ästhetische Hinwendung zur Welt – dies wird zweitens erkennbar – ist besonders naturbezogen und nimmt die Natur als ein eigenständiges, auskunftsfähiges Mitgeschöpf des Menschen wahr, mit der dieser *gemeinsam* die Angewiesenheit auf Gott erfahren kann.

---

[40] Vgl. hierzu WOLFGANG SCHOBERTH, Lesen im »Buch der Natur«, in: BERND JANOWSKI / GÜNTER THOMAS (Hg.), Natur und Schöpfung, JBTh 34, Göttingen 2019, 221–242.
[41] Vgl. WALFORD, Ruisdael, 203.
[42] Vgl. ANDREAS MERTIN, Der reformierte Blick auf die Bilder, in: VOLKER KÜSTER (Hg.), Theologie und Kunst unterrichten, Leipzig 2021, 97–126, 125–126.

3. Zum Potential reformierter Naturästhetik für gegenwärtige Schöpfungstheologie

Zum Schluss möchte ich das Potential von Calvins ästhetischer Theologie der Natur, die sich in der betrachteten Landschaftsmalerei bildlich verdichtet und weiterentwickelt, mit Blick auf gegenwärtige Schöpfungstheologie bedenken – wobei besonders der ästhetisch-theologische Aspekt hervorgehoben werden soll. Angesichts gelebter Religion, die sich häufig in der Suche nach Naturerfahrung zeigt, zum Beispiel im Wandern, betont Jan Peter Grevel in seiner Praktischen Theologie der Naturerfahrung, dass für eine heutige Theologie der Natur nicht so sehr die Naturwissenschaft, sondern die Naturästhetik Gesprächspartnerin werden sollte.[43] Wolfgang Schoberth betont, dass die theologische Ästhetik, die den Menschen nicht nur als aktiv-begreifendes, sondern auch als passiv-wahrnehmendes Wesen ernst nimmt, einen Beitrag zur Frage danach leisten kann, was es heißt, nicht im Zentrum zu stehen, sondern als Geschöpf, mit der Mitschöpfung und mit Gott zu leben:

> Die zentrale Aufgabe theol[ogischer] Ä[sthetik] ist die Anleitung zur Erfahrung der Wirklichkeit Gottes in den Begegnungen der Welt ›mit Vernunft und allen Sinnen‹. Indem Ä[sthetik] den Schein des autonomen Subjekts durchbricht und die irreduzible Rezeptivität des Lebens zur Erfahrung bringt, ist Ä[sthetik] für eine aktuelle Artikulation des Schöpfungsglaubens unverzichtbar.[44]

In der hier beschriebenen reformierten Naturästhetik, so möchte ich anschließen, wird dieser »Schein des autonomen Subjekts«, der Versuch, selbst im Zentrum zu stehen, durchbrochen. Im Verweis auf die Natur, die in ihrer Schönheit sowie Unerlöstheit eine Angewiesenheit auf Gott verkörpert, wird der Mensch als wahrnehmend-rezeptives Wesen gedacht, das sich nicht nur in der Wahrnehmung für Gott, sondern für die Wahrnehmung der gesamten Welt öffnen soll, dem »Theater der Herrlichkeit Gottes«. Hierin erfahren Menschen, dass sie in ihrer Angewiesenheit auf Gott nicht im Zentrum stehen, sondern sich als gemeinsam mit der nichtmenschlichen Natur als Ko-Kreaturen vor Gott begreifen können. Der re-

---

[43] Vgl. JAN PETER GREVEL, Mit Gott im Grünen. Eine Praktische Theologie der Naturerfahrung, Göttingen 2015, 308.
[44] WOLFGANG SCHOBERTH, Art. Ästhetik, II. Theologisch, in: RGG⁴ 1, 853–854, 854.

formierte Theologe Belden C. Lane kommt vor diesem Hintergrund – zum Beispiel auch mit Blick auf Psalm 104 – dazu, von einer Multispeziesgemeinschaft des Lobes Gottes zu sprechen.[45]

Neben der Freilegung dieses positiven Potentials der Theologie Calvins gilt es meines Erachtens auch, die problematischen Seiten der Wirkung seiner Theologie im Auge zu behalten und zukünftig zu bearbeiten. Der von der reformierten Theologie beeinflusste Theologe Willie James Jennings macht in seinem schöpfungstheologischen Ansatz darauf aufmerksam, dass die unter anderem durch den Calvinismus evozierte Zuwendung zur Welt mit Kolonialismus, Handel mit Versklavten und der Ausbeutung der Erde verstrickt war. Für diese Verstrickung stehen gerade auch die Niederlande des 17. Jahrhunderts. Eine geschichtssensible Schöpfungstheologie, wie sie Jennings skizziert, wird deshalb die Aufarbeitung dieses Umstands zu einer ihrer zentralen Aufgaben machen – und auch die von außen an die Theologie herangetragene Kritik aufnehmen.[46]

Für diese schöpfungstheologische Aufgabe bietet sich meines Erachtens die stärkere Hinwendung zum Dialog mit den Künsten an – mit Literatur, Kunst, oder Film. Neben dem Dialog mit der Kunst wäre meines Erachtens die Erkundung der Wechselwirkungen zwischen reformierter ästhetisch-naturbezogener Theologie und dem US-amerikanischen *Nature Writing* zu untersuchen, einer Literaturgattung, die intensive Naturbeschreibung mit Gesellschaftskritik verknüpft und bei einem ihrer bekanntesten Vertreter, nämlich bei Henry David Thoreau, auch mit der Kritik von Rassismus verbunden ist.[47] In ihr spiegelt sich das Erbe, aber auch eine scharfe Kritik reformierter Tradition. Hierüber hinaus bietet sich die Auseinandersetzung mit Paul Schraders Spielfilm *First Reformed* (2017) an, der das verzweifelte Ringen eines reformierten Pfarrers mit der Klimakrise thematisiert und in dem in drastischer Zuspitzung die Frage nach Gott und der Gebrochenheit der Natur begegnet. Auch dieser Film kann als eine Kritik reformierter Tradition gelesen werden, die eine Antwort seitens reformierter Theologie provoziert. Nicht nur könnten diese Vorschläge zur hier immer wieder betonten differenzierten

---

[45] Vgl. LANE, Reformed Spirituality, 86–96.
[46] Vgl. WILLIE JAMES JENNINGS, Reframing the World. Toward an Actual Christian Doctrine of Creation, in: IJST 21 (2019), 388–407, 391–395; Neuformulierung der Welt. Auf dem Weg zu einer wirklichen christlichen Schöpfungslehre, in: ÖR 67 (2018), 361–365 (übers. v. Wolfgang Neumann).
[47] Vgl. HENRY DAVID THOREAU, Walden; Or, Life in the Woods, Boston 1854.

Betrachtung Calvins und des Calvinismus beitragen, sondern auch den ästhetisch-theologischen Dialog über eine Auseinandersetzung mit dem Verhältnis nach Gott, Mensch und mehr-als-menschlicher Natur vertiefen.

Ousia und *Hypostasis* im christlichen Entstehungskontext

Mugurel Pavaluca

Vorangehendes

Die christlich-terminologische Präzisierung von *Ousia* und *Hypostasis* geschieht erst im vierten Jahrhundert. Die Begriffe findet man jedoch bereits bei Aristoteles, im Neuen Testament sowie in den ersten drei Jahrhunderten nach Christus. Das allgemeine etymologische Verständnis in der Antike ließe sich folgendermaßen definieren: *Ousia* (οὐσία) war ein substantiviertes Partizip, abgeleitet von dem Verb εἶναι (sein). Im philosophischen Sprachgebrauch bedeutete es: Wesen, Substanz oder Natur. Im alltäglichen Sprachgebrauch bedeutete es: Eigentum, Vermögen oder Güter. *Hypostasis* (ὑπόστασις) war ein Substantiv, abgeleitet von dem Verb ὑφίστημι (darunter liegen, vorhanden sein). Im philosophischen Sprachgebrauch bedeutete es: Grundlage oder Wirklichkeit (ab dem 2. Jahrhundert n. Chr.). Im alltäglichen Sprachgebrauch bedeutete es: Bodensatz oder Niederschlag.

Ousia und *Hypostasis* zählen zu den bedeutendsten terminologischen Gewinnen der griechischen Patristik. Ihre Bedeutung basiert auf der Systematisierung der christlichen Trinitätslehre, in deren Rahmen man bis heute von einem göttlichen Wesen in drei Hypostasen spricht. Die trinitarische Relevanz der Thematik ergibt sich durch die christliche Übernahme beider Begriffe und deren inhaltstheologische Wende im goldenen Zeitalter der griechischen Patristik. Die Bestimmung beider Begriffe war, die Balance zwischen Wesenseinsheit und hypostatischer Dreiheit der Gotteslehre aufrechtzuerhalten. Während die *Ousia* als grundlegender Begriff für die monotheistische Glaubenslehre sorgte, bestimmte die *Hypostasis* die dreifaltige Verwirklichung des göttlichen Wesens. Somit konstituieren beide Begriffe das sprachliche Fundament der Trinitätstheologie.

Ohne Anspruch auf eine umfassende Behandlung[1] verfolgt dieser Beitrag das Verständnis von *Ousia* und *Hypostasis* bei Aristoteles, im Neuen Testament, im dritten (Clemens von Alexandrien, Neuplatonismus und Origenes) und vierten Jahrhundert (Nizäa, Athanasius von Alexandrien, Basilius von Cäsarea und Konstantinopel).

1. Aristoteles (384–322 v. Chr.)

Platon spricht von *Ousia* als unwandelbarem Sein[2], dessen alle anderen Seienden teilhaftig[3] sein müssen, um sein zu können. Aristoteles ist jedoch derjenige Denker, der den Begriff *Ousia* mit einer vor ihm nicht dagewesenen Präzision formuliert. Das ist auch der Grund, warum Aristoteles an den Anfang dieser Abhandlung gehört. Zu Beginn seines Kategorientraktates spricht er von *prote Ousia* (πρώτη οὐσία) als dem konkreten Wesen eines bestimmten Einzeldinges. Diese erste *Ousia* bezieht sich auf das absolute Spezifikum eines jeden Einzeldinges, d.h. jedes Ding hat seine eigene unwiederholbare *Ousia*. Die zweite oder *deutera Ousia* (δευτέρα οὐσία) konstituiert die Art, die die Einzeldinge kategorial enthält.[4] Das aristotelische Einzelding lässt sich nicht einfach unter der entsprechenden Kategorie als eins unter vielen subsumieren, sondern es bestimmt als konkretes Substrat die Kategorie selbst.[5] Im Vergleich mit Platon geht Aristoteles nicht von einer allgemeinen umfassenden *Ousia* aus, sondern von der konkreten *Ousia*, ja dem Einzelding selbst. Da nur über konkrete Einzeldinge etwas bestimmtes gesagt werden kann, bestimmt die *prote Ousia* die kategoriale *deutera Ousia*.[6] Relevant für unseren Kontext ist nun der aristotelische Denkweg in Bezug auf *Ousia* vom Konkreten zum Allgemeinen und die Bestimmtheit des Allgemeinen durch die Aussage eines konkreten Zugrundeliegenden (ὑποκείμενον). Der Sinn der Begriffe *prote Ousia* und *Hypokeimenon* entspricht der späteren Bedeutung von *Hypostasis*.

---

[1] Weitere relevante Stationen wären z. B.: Platon, Hippolyt von Rom oder der Gnostizismus.
[2] Vgl. PLATON, Politeia VII., 534a, in: Platons Werke. Zehn Büchern vom Staate, übers. v. WILHELM WIEGAND (Bücher VI–X), Stuttgart 1855.
[3] Vgl. a. a. O., IX., 585b.
[4] Vgl. ARISTOTELES, Organon, hrsg. v. MICHAEL HOLZINGER, 2. Auflage, Berliner Ausgabe, 2013, 6.
[5] Vgl. a. a. O., 9.
[6] Vgl. ebd.

Die *Hypostasis* als Begriff war jedoch für Aristoteles ein naturwissenschaftlicher Terminus, der sich als Unterlage, Stütze oder Bodensatz übersetzen lässt.

2. Neues Testament

Im Neuen Testament begegnet man dem Begriff *Ousia* in einfacher und zusammengesetzter Form. Als einfacher Begriff bedeutet *Ousia* Vermögen bzw. das was man besitzt. Diese Bedeutung findet sich im Gleichnis vom verlorenen Sohn (Lk 15, 12), wo der jüngste Sohn zu seinem Vater sprach: »Gib mir, Vater, das Teil der Güter (τῆς οὐσίας), das mir gehört«.[7]

Als präpositionale zusammengesetzte Form begegnet man dem Begriff *Ousia* öfter und sogar mit Bezug auf das Sein. So findet sich der Begriff *Epiousion* (ἐπιούσιον) in dem Gebet *Vater Unser*. Bei Matthäus 6,11 steht: »Unser tägliches Brot gib uns heute« (τὸν ἄρτον ἡμῶν τὸν ἐπιούσιον δὸς ἡμῖν σήμερον). Dass es sich nicht um das alltägliche Brot handelt, entdeckt man bei Lk 11,3, wo die Wiederholung »Tag für Tag« (τὸ καθ' ἡμέραν) zum *Epiousion* hinzukommt.[8] Die treue Übersetzung wäre: »unser Brot zum Sein gib uns Tag für Tag«.

Weitere zusammengesetzte Formen von *Ousia* findet man zum Beispiel bei 1 Kor 16,17, wo Paulus von *Parousia* (παρουσίᾳ) als Ankunft bzw. Da-Sein-Werden spricht. Bei Phil 2,12 ist die Rede sowohl von *Parousia* als auch von *Apousia* (ἀπουσίᾳ). Durch die letzte meint Paulus Abwesenheit bzw. Nicht-Da-Sein. Auch wenn die neutestamentlichen *Ousia*-Stellen nicht oft auffallen, kann man von einem neutestamentlichen Hinweis auf *Ousia* als Sein oder Wesen sprechen. Selbst die Bedeutung der *Ousia* als Vermögen ist nicht weit vom Wesen entfernt, insofern das Vermögen als das Notwendige zum An-wesen verstanden werden kann.

Auch was *Hypostasis* angeht, muss man wiederum auf Paulus zurückgreifen, etwa auf die Rede bei 2 Kor 9,4[9] vom Rühmen, das Schande bringt. Die Übersetzung von ὑποστάσει mit (leerem) Rühmen ließe sich durch die Bedeutung von *Hypostasis* als Bodensatz nachvollziehen, insofern der Bodensatz nach Wasserverdunstung trocken und substanzlos

---

[7] Vgl. Lk 15,13: »[...] sein Gut« (τὴν οὐσίαν αὐτοῦ).
[8] Vgl. Lk 11,13: »[...] ἄρτον ἡμῶν τὸν ἐπιούσιον δίδου ἡμῖν τὸ καθ' ἡμέραν«.
[9] 2 Kor 9,4: »[...] zu Schanden würden mit solchem Rühmen« (ἐν τῇ ὑποστάσει ταύτῃ).

bleibt. Ein weiteres Beispiel mit derselben Bedeutung (leeres Rühmen) befindet sich bei 2 Kor 11,17.[10]

Heb 1,3 benutzt den Terminus *Hypostasis* im Sinne vom Wesen oder Wirklichkeit. Er spricht von Christus als Bild der Herrlichkeit des Vaters und als Ebenbild seines Wesens: »χαρακτὴρ τῆς ὑποστάσεως αὐτοῦ«. Ein weiteres Beispiel von Hypostasis im Sinne vom Wesen liefert Heb 3,14.

Ein bedeutungsdifferenziertes Beispiel bietet uns Heb 11,1 an, wo der Glaube als ὑπόστασις definiert wird.[11] Hier kann der Begriff Hypostasis als Zuversicht oder als Wirklichkeit dessen, was man hofft, verstanden werden. Auf diesen Sinn der *Hypostasis* werden manche Kirchenväter oft zurückgreifen.[12] Sucht man also einen präzisen Sinn des Begriffes *Hypostasis* im Neuen Testament, dann stößt man auf einen uneinheitlichen Sprachgebrauch. Denkt man an *Hypostasis* als allgemeinen Funktionsbegriff, der alles bezeichnet, was darunterliegt, dann passt das Darunterliegende zu allen drei Bedeutungen: Rühmen, Wesen und Zuversicht, und wäre im ersten Jahrhundert nach Christus als auf eine Substanz bezogenes Nomen (Dingwort) zu verstehen, sowie *substantivum* auf Latein.

3. Vornizänische Zeit

Die paulinischen Hinweise auf *Ousia* als Wesen rechtfertigte dieses Verständnis in den frühen Schriften christlicher Autoren des zweiten und dritten Jahrhunderts. Bei den vornizänischen Kirchenlehrern zählt man bei Origenes die meisten Erwähnungen der Begriffe *Ousia* und *Hypostasis*.[13] Unter den Apologeten vor Origenes ist Clemens von Alexandrien jedoch derjenige, der beide Begriffe am meisten benutzt.[14]

---

[10] 2 Kor 11,17: »[...] das Rühmen (der Torheit)« (ἐν ταύτῃ τῇ ὑποστάσει τῆς καυχήσεως).
[11] Vgl. Heb 11,1: »Es ist aber der Glaube eine gewisse Zuversicht« (Ἔστιν δὲ πίστις ἐλπιζομένων ὑπόστασις).
[12] Vgl. Anm. 40.
[13] Vgl. MARTIN R. VON OSTHEIM, Ousia und Substantia, Schwabe Verlag, Basel 2008, 32–34. *Ousia* kommt bei Origenes 225 Mal und *Hypostasis* 69 Mal vor.
[14] Vgl. ebd. *Ousia* 125 Mal, *Hypostasis* 10 Mal.

Clemens von Alexandrien (150 – um 215)

Clemens von Alexandrien nennt die Philosophie der Griechen »eine Vorstufe der auf Christus beruhenden Philosophie«.[15] Auf der Suche nach Wahrheit und als Reaktion auf das gnostische Denken seiner Zeit spricht Clemens, im Gegensatz zu Justin dem Märtyrer (150–um 215), der heidnischen Philosophie eine erhebliche Rolle zum Verständnis der göttlichen Wahrheit und der Interpretation der Heiligen Schrift zu.[16] Im Gegensatz zu Hippolyt von Rom (um 170–235), der auch den Begriff *Ousia* verwendet und eine positive Einstellung zur Philosophie hat, aber die Kategorienlehre von Aristoteles ablehnt[17], redet Clemens in Stromata (VIII) von der differenzierbaren Erkenntnis der *Ousia* und *Energeia* (ἐνέργεια)[18], Teilung, die der aristotelischen Unterscheidung zwischen *Ousia* als selbständigem Seienden und dessen Eigenschaften (συμβεβηκότα bzw. Akzidenzien)[19] entspricht. Darüber hinaus macht Clemens keinen klaren Unterschied zwischen *prote Ousia* und *deutera Ousia*, im Sinne von Aristoteles.

Für unsere Untersuchung ist relevant, dass Clemens von Alexandrien der erste Kirchenlehrer ist, der von *Ousia* im Sinne vom allgemeinen Sein oder Substanz spricht,[20] und die *Ousia* von den aristotelischen Kategorien der Eigenschaften strikt unterscheidet.[21] Somit ist Clemens der erste, der die göttliche *Ousia* in die erste aristotelische Kategorie einordnet und Gott von seinen Akzidenzien abgrenzt.[22] Relevant für diese Abhandlung ist, dass der Begriff *Ousia* von Clemens, mit seiner Tendenz zu allgemeinen Sein-Eigenschaften, durch Origenes, das vierte Jahrhundert erreichen wird.

---

[15] CLEMENS VON ALEXANDRIEN, Stromata VI, 8, BKV (Bibliothek der Kirchenväter), 2. Reihe, Bd. 17, 19, 20, München 1936–1938, 283.
[16] Vgl. VON OSTHEIM, Ousia, 217.
[17] Vgl. a. a. O., 253.
[18] CLEMENS, Stromata VIII, 4, PG (Patrologia Graeca) 9, Paris 1857, 569C u. 572A–B. Vgl. VON OSTHEIM, Ousia, 220, Anm. 474.
[19] Vgl. ARISTOTELES, Organon, 11.
[20] Vgl. VON OSTHEIM, Ousia, 252.
[21] Vgl. a. a. O., 352.
[22] Vgl. ebd.

Neuplatonismus

Obwohl Plotin (205–270) um etwa 20 Jahre jünger als Origenes (185– um 254) war, wird er hier vor dem Alexandriner erwähnt, insofern er, nach den Berichten von Porphyrios (um 233–305), die neuplatonische Lehre und Terminologie des Lehrers Ammonius Sakkas († um 242–243), und somit den Neuplatonismus, seiner Zeit vertrat.[23]

Ousia ist in Plotins Wahrnehmung identisch mit dem *Nous* (νοῦς). Der *Nous* ist die vollkommene *Ousia*, weil er sich selbst bestimmt und in seiner Einfachheit frei von der Vielheit der Einzeldinge ist. Während dem *Nous* das uneingeschränkte volle Sein des Geistes und des Denkens zukommt, verfügen die vielfältigen Einzeldinge über eine schattenhafte und uneigentliche *Ousia*. Daher kommt auch sein Parmenides-Satz: »Dasselbe ist Denken und Sein«.[24] Das Eine (τὸ ἕν), das in der neuplatonischen Rangordnung über dem *Nous* steht, kann keine *Ousia* sein, weil es überseiend und nicht der Kategorie des Seins untergeordnet ist.

Plotins eigentlicher Beitrag zum terminologischen Verständnis der kirchlichen Patristik beruht auf dem Begriff *Hypostasis*. Zu Beginn seiner 5. Enneade bezeichnet Plotin das Eine, den Nous und die Seele, seine bekannte Triade, als »die drei ursprünglichen Hypostasen«[25], die die Grundprinzipien der Metaphysik bilden.[26] Aufgrund ihrer Unabhängigkeit vom Sinnlichen sind die drei hypostatischen Wesenheiten das hierarchisierte Zugrundeliegende aller, was ist. Die hypostatische Qualität ergibt sich in der plotinischen Triade durch den konkreten Charakter der Wirklichkeit: »Die feste Position (Status, Stand) ist für die intelligiblen Dinge Grenze und Gestalt, wodurch sie auch die Hypostase erlangen« oder »Das Erzeugnis des Intellekts (*Nous* als *Ousia*) ist aber ein Begriff und das Gedachte eine Hypostase«.[27] So ist der *Nous* für Plotin gleichzeitig *Ousia* und *Hypostasis*.

---

[23] MATTHIAS BALTES, Ammonios Sakkas, in: Reallexikon für Antike und Christentum, Supplementband 1, Stuttgart 2001, Sp. 323–332, hier 330.
[24] PLOTIN, Die Enneaden, übers. v. Hermann Friedrich Müller, Berlin 1878 ,V,9,5, URL: http://www.zeno.org/Philosophie/M/Plotin/Enneaden/5.+Enneade.+Untersuchungen+%C3%BCber+den+Intellect+und+das+Intelligible/5.+Dass+das+Intelligible+nicht+ausserhalb+des+Intellects+ist,+und+%C3%BCber+das+Gute (abgerufen am 13.07.2022) .
[25] A.a.O. V,1,1.
[26] Vgl. GUNTHER WENZ, Das Eine, der Geist und die Seele – Plotins Lehre von den drei ursprünglichen Hypostasen nach Enneade V, 1, in: International Journal of Orthodox Theology 2:2 (2011), 73–96, hier 77, Anm. 7.
[27] PLOTIN, Die Enneaden V,1,7.

Die Identifizierung der *Ousia* und *Hypostasis* in *Nous* bei Plotin sowie der konkrete Charakter der Hypostase des intelligiblen Seienden konstituieren relevante Grundlagen einerseits für die christliche Bildung einer Identifizierung zwischen *Ousia* und *Hypostasis* sowie, andererseits, für das christliche Verständnis der *Hypostasis* als konkrete Verwirklichung der *Ousia*.

Origenes (185–um 254)

Origenes standen sowohl die *Ousia* von Clemens, die, aufgrund nicht klarer Unterscheidung zwischen *prote Ousia* und *deutera Ousia*, nicht nur konkrete, sondern teilweise auch abstrakte Inhalte aufwies, als auch die im Neuplatonismus herauskristallisierte *Hypostasis* zur Verfügung.

Der Alexandriner war der erste, der von einer allen trinitarischen Hypostasen gemeinsamen *Ousia* sprach. In seinen Kommentaren zum Johannes-Evangelium redet er von Vater, Sohn und Hl. Geist als drei ὑπόστασεως (II, 10, 75), die eins in der Wesenheit (οὐσία) sind, aber nicht der Zahl nach (X, 37, 246).[28] Trotz hierarchisierenden Tendenzen hat Origenes von einer einzigen *Ousia* aller drei Hypostasen gesprochen. Somit richtete er die eine *Ousia* gegen die Emanationstheorie des Gnostizismus und die drei Hypostasen gegen das transzendente neuplatonische Eine. Der Geist Gottes ist z. B. nicht einfach eine wirkende Kraft, sondern eine wirkende Hypostase, die derselben *Ousia* wie die des Vaters und des Sohnes gehört.[29] Somit schafft Origenes den ersten hypostatischen (und pneumatologischen) Impuls für die Trinität der Kappadozier: »Hier scheint es mir am rechten Orte zu sein, nach der Ursache zu fragen, warum der, welcher durch Gott wiedergeboren wird zur Seligkeit, sowohl des Vaters, als des Sohnes, wie des Heiligen Geistes bedarf, und derselben nicht teilhaftig würde ohne die drei, auch nicht des Vaters oder des Sohnes innewerden kann, ohne den Heiligen Geist«.[30] Mit Origenes erreicht die christliche Trinitätslehre bereits im dritten Jahrhundert eine vorläufig systematisierte Form von einer οὐσία in drei ὑποστάσεις. Darüber hinaus bleibt jedoch die terminologische Unterscheidung Origenes' zwischen *Ousia* und *Hypostasis* in seiner Zeit marginal. Erst die Rezeption durch die Kappadozier wird dieses terminologische Verständnis präzisieren. Gregor Thaumaturgos

---

[28] HERMANN JOSEF VOGT, Origenes, in: Lexikon für Theologie und Kirche, 3. Aufl., Bd. 7, Herder, 1998, 1132.

[29] Vgl. ORIGENES, Commentarius in Johannem, in GCS (Die Griechischen Christlichen Schriftsteller), Origenes IV, übers. v. Erwin Preuschen, 1903, 513.

[30] ORIGENES, De Principiis I, 3, 5, BKV, Stuttgart, 1835, 46.

(210–270), der Schüler von Origenes, spricht im dritten Jahrhundert von *Ousia* des Heiligen Geistes als einer »*Ousia* der Natur und nicht der Teilhabe«.[31] Dies ist ein wichtiger Hinweis, weil er bis zu den Kappadoziern führt. Gregor war Bischof von Neocäsarea und Lehrer von Makrina, der Großmutter von Basilius von Cäsarea und Gregor von Nyssa.

4. Das vierte Jahrhundert

Im Kontext der arianischen Debatte im Bezug auf den Ursprung und implizit die Göttlichkeit des Logos stellte sich immer klarer die Notwendigkeit heraus, die Relation Christi zum Vater zu präzisieren. Nach dem Edikt von Milan (313) und der Schlacht von Adrianopel (324) stand einer christlichen Versammlung zur Klärung des arianischen Streits nichts mehr im Wege.

Nizäa (325)

Bei dem Konzil von Nizäa ging es nicht direkt um die Begriffe *Ousia* oder *Hypostasis*. Diese kommen insofern in Frage, als man den bekannten nizänischen Begriff ὁμοούσιος verwendet. Der Terminus ὁμοούσιος, übersetzt mit *wesensgleich* oder *wesenseins*, hatte die Bestimmung, den Ursprung des Logos zu zeigen. Den Kirchenlehrern von Nizäa ging es einerseits darum, die ewige Geburt des Sohnes aus dem Vater sowie seine Einheit mit dem Vater zu untermauern.[32] Der Glaubensbekenntnistext in Bezug auf die Relation des Sohnes mit dem Vater (Gott aus Gott, Licht aus Licht, wahrer Gott aus wahrem Gott, gezeugt, nicht geschaffen, *wesensgleich* mit dem Vater)[33] gewährleistet die Wesensgleichheit des Logos mit dem Vater und spricht ihm die entsprechenden göttlichen Eigenschaften zu: die ewige Zeugung und das Ungeschaffen-Sein.

---

[31] GREGOR THAUMATURGOS, Darlegung des Glaubens (engl. A Sectional Confession of Faith), Kap. 14, BKV, Chicago 1886, URL: https://bkv.unifr.ch/de/works/x-65/versions/a-sectional-confession-of-faith/divisions/15 (abgerufen am 13.07.2022).

[32] Vgl. GIUSEPPE ALBERIGO u. a., Dekrete der Ökumenischen Konzilien, Ferdinand Schöningh, Paderborn u. a., 5.

[33] Vgl. Ebd. Vgl. auch die griechische Version: »Φως εκ φωτός, Θεόν αληθινόν εκ Θεού αληθινού γεννηθέντα, ου ποιηθέντα, ομοούσιον τω Πατρί« bei OSWALD BAYER u. a., Hermeneutische Grundstrukturen frühchristlicher Bekenntnisbildung, Walter de Gruyter, Berlin / New York 2004, 363.

Homoousious wird aber nicht zum ersten Mal bei Nizäa verwendet. Paul von Samosata (260-268, Bischof von Antiochien) verwendet diesen Begriff zum ersten Mal im christlichen Kontext. Er meint, Jesus Christus sei als vom Logos inspirierter Mensch mit dem Vater wesensgleich. Paul spricht von »Christus von unten«[34]. Anton Antweiler beschreibt mit Hilarius von Poitiers (315-367) die sonst wenig bekannte Christologie von Paul von Samosata folgendermaßen: »Christus sei Mensch, aber vom Logos als göttlicher Kraft erleuchtet; er sei gleichwesentlich dem Vater (ὁμοούσιος τῷ πατρί), wobei er Wesen mit Personträger gleichsetzt (οὐσία = ὑπόστασις)«.[35] Aufgrund der Vermischung des Göttlichen mit dem Geschaffenen anathematisiert eine Synode von Antiochien (268) Paul von Samosata und lehnt die Verwendung des *Homoousios* ab.

Bei Nizäa verstand man *Ousia*, als Teilbegriff von *Homoousios*, im Sinne von aristotelischer *deutera Ousia* bzw. *zweiter Ousia*, d. h. als Gattung oder Kategorie, an der mehrere konkrete Seiende teilhaftig sind. Die Verwendung von aristotelischer *prote Ousia*, d. h. dem absolut konkreten Inhalt des Terminus, hätte zu einer absoluten Identifizierung zwischen Vater und Sohn geführt. Die nizänische *Ousia* als *deutera Ousia* und Teil des *Homoousios* war kein terminologischer Definitionsversuch, sondern die Feststellung der wesenhaften Relationalität zwischen Vater und Sohn.[36] Die Formel »μίαν οὐσίαν καὶ ὑπόστασιν« (aus einer *Ousia* und *Hypostasis*) deutet darauf hin, dass man zur Zeit des nizänischen Konzils beide Begriffe für Synonyme hielt. Sowohl *Ousia* als auch *Hypostasis* wurden im Sinne vom allgemeinen Wesen (deutera Ousia) rezipiert.[37]

Athanasius von Alexandrien (um 300-373)

Athanasius gehört zur den nizänischen Kirchenlehrern, die zum Verständnis von *Homoousios*[38], und implizit von *Ousia* und *Hypostasis*, einen erheblichen Beitrag geleistet haben. Aufgrund seines jungen Alters zur Nizäa-Zeit (325) wird Athanasius' Verständnis beider Begriffe erst in der

---

[34] EUSEB VON CÄSAREA, Historia Ecclesiastica VII, 30, BKV, 2. Reihe, Bd. 1, München 1932, 359.
[35] HILARIUS VON POITIERS, De Trinitate, BKV, 2. Reihe, Bd. 5-6, München 1933. Zitat aus der Einleitung von ANTON ANTWEILER, 10.
[36] Vgl. ALBERIGO u. a., Dekrete, 2. Vgl. auch den Begriff »wesens-gleich« bei ATHANASIUS, Vier Briefe an Serapion von Thmuis, Brief 2, Kap. 5, BKV, 1. Reihe, Band 13, Kempten/München 1913, 456.
[37] Vgl. CHRISTOS YANNARAS, *Person und Eros*, Göttingen 1982, 25 f.
[38] ATHANASIUS selbst gesteht, dass es für den Begriff *Homoousios* keinen biblischen

post-nizänischen Zeit ans Licht kommen. Terminologisch besteht sein Beitrag in einer konstanten Aufrechterhaltung des Begriffs *Homoousios* sowie Präzisierung von *Ousia* und *Hypostasis* als Synonyme. So wird Athanasius noch 369 beide Termini als Synonyme benutzen: »ὑπόστασις οὐσία ἐστί«.[39] In seinen Briefen an die afrikanischen Bischöfe sieht er sich in Recht, *Ousia* und *Hypostasis* als Synonyme zu benutzen, weil Paulus *Hypostasis* auch im Sinne vom Wesen verwendet (Heb 1, 3).[40] Er rezipiert auch Origenes in diesem Sinne: »Dass aber das Wort von Ewigkeit her bei dem Vater sei, und dass es keiner andern Wesenheit (*Ousia*) oder Substanz (*Hypostasis*), als jener des Vaters eigen sei, wie die Synode ausgesprochen hat, dieses könnet ihr von dem arbeitsamen Origenes vernehmen«.[41]

Auch wenn Athanasius nie von drei Hypostasen in Gott gesprochen hat, lässt er diese Redewendung auf der Synode von Antiochien (362) bzw. durch den Tomus ad Antiochenos gelten.[42] Insofern durch die drei Hypostasen in Gott weder die Wesensgleichheit noch die Einheit der Trinität gefährdet werden, scheint Athanasius mit dieser Formel einverstanden zu sein.[43] Darüber hinaus macht die Synode von Antiochien, wie Athanasius selbst, den ersten relevanten Schritt im vierten Jahrhundert zur Göttlichkeit des Heiligen Geistes bzw. zum *Homoousios* in Bezug auf den Geist Gottes.

Hier stellt sich nun die Frage: Warum hat Athanasius die Formel »eine Ousia in drei Hypostasen« nie benutzt, obwohl diese trinitarische Redeweise in seiner Zeit geläufig war? Die Kümmernis von Athanasius als Kirchenmann und Theologe war sein ganzes Leben die Bekämpfung des Arianismus und somit die Aufrechterhaltung der Göttlichkeit des Logos. Für das soteriologisch orientierte Denken des Alexandriners wäre der geschaffene Charakter des Logos undenkbar gewesen. In diesem Sinne waren die Begriffe *Ousia* und *Hypostasis* als Synonyme eine Versicherung der Wesensgleichheit und gleichzeitig eine vorbeugende Maßnahme gegen eine mögliche hypostatische Verfremdung des Logos vom göttlichen Wesen.

Beweis gibt. Vgl. De synodis Arimini et Seleuciae in Isauria 28, BKV, Sämtliche Werke des Hl. Athanasius III, Kempten 1836, 268.

[39] ATHANASIUS, Ad Afros IV, PG 26, Paris 1857, 1036B.
[40] Vgl. ebd.
[41] A. a. O., De Decretis Nicaenae Synodi, 27, BKV, 232. Vgl. auch PG 25, 465B.
[42] Vgl. FRANZ COURTH, Trinität in der Schrift und Patristik, in Handbuch der Dogmengeschichte, Bd. II, hrsg. v. MICHAEL SCHMAUS u. a., Herder, Freiburg u. a., 1988, 143.
[43] Vgl. PETER GEMEINHARDT, Tomos ad Antiochenos, in: DERS., Athanasius Handbuch. Mohr Siebeck, Tübingen 2011, 230.

Infolgedessen bevorzugte der Alexandriner die Namen statt einer hypostatischen Dreiheit:

> »Wenn der Vater genannt wird, so ist auch dessen Logos dabei, und der Geist im Sohne. Auch wenn der Sohn genannt wird, ist im Sohn der Vater, und der Geist ist nicht außerhalb des Logos. Denn eine ist die Gnade aus dem Vater, die durch den Sohn im Heiligen Geist vollendet wird; eine Gottheit existiert, und ein Gott, der über alles, durch alles und in allem ist«.[44]

Basilius von Cäsarea (330–379)

Durch die Kappadozier, Basilius von Cäsarea, Gregor von Nazianz (330–390) und Gregor von Nyssa (340–394), findet die christliche Trinitätslehre ihren terminologischen Ausdruck in den 70ern des vierten Jahrhunderts. Wie Lossky anmerkt, handelt es sich bei den Kappadoziern nicht mehr um den väterlichen Abgrund (βάτος), dem man sich durch den Sohn nähert (Origenes), sondern um eine Umgewichtung desselben auf das eine göttliche Wesen in drei Hypostasen.[45]

Bis heute ist es unaufgeklärt, von wem hauptsächlich die Formel μία οὐσία, τρεῖς ὑποστάσεις kommt. Die Studien in dieser Richtung beginnen schon mit Harnack, der die Formel Apollinaris von Laodicea (um 315–390) zuschreibt, und reichen bis in die Gegenwart. Hübner bietet eine Liste mit den relevanten Studien und Hypothesen in Bezug auf den Verfasser der trinitarischen Formel.[46] Auf verschiedenen Thesen und Studien basierend, wie denen von Dörrie, Ritter und Abramowski, scheint es, dass die trinitarische Formel von einer *Ousia* in drei Hypostasen vor der Zeit der Kappadozier gegeben habe. Die naheliegendste Vermutung fällt auf den Tomus ad Antiochenos.[47]

Darüber hinaus ist es Basilius vom Cäsarea, der zum ersten Mal deutlich zwischen *Ousia* und *Hypostasis* unterscheidet[48], wo die Natur Gottes und die Hypostase als Verwirklichung der Natur auseinandergehalten werden. Während die *Ousia* die Einheit und Wesensgleichheit Gottes ausdrückt, beziehen sich die Hypostasen auf die Verschiedenheit des Vaters

---

[44] ATHANASIUS, Vier Briefe I, 14, BKV, 423.
[45] Vgl. VLADIMIR LOSSKY, Schau Gottes, Klimmeck Verlag, Schliern b. Köniz 1998, 57.
[46] Vgl. REINHARD M. HÜBNER, Kirche und Dogma im Werden, Mohr Siebeck, Tübingen 2017, ab 291.
[47] Vgl. a. a. O., 292–303.
[48] Vgl. BASILIUS VON CÄSAREA, Contra Eunomium I,15, PG 29, Paris 1857, 545B–C u. 548A–B.

als ungezeugt, des Sohnes als gezeugt und des Heiligen Geistes als vom Vater ausgehend. In seinem späteren Werk zum Heiligen Geist verwendet Basilius alternativ sowohl ὑπόστασις[49] als auch πρόσωπον[50], beide als Synonyme. Basilius zeigt, dass die Differenzierbarkeit der Hypostasen nicht zur Teilung der *Ousia* führen soll: »Ein Gott und Vater, ein Eingeborener Sohn, ein Heiliger Geist, wir nennen jede einzelne dieser Personen (ὑπόστασις) für sich allein. Wenn aber zusammenzuzählen ist, dann lassen wir uns durch unaufgeklärtes Zählen nicht zu einem polytheistischen Gottesbegriff verleiten«.[51] Das eine trinitarische Wirken ist ökonomischer Ausdruck der einen *Ousia*, der Dreiheit in Einheit, denn die gemeinschaftliche Wirkung kommt *vom* Vater, *durch* den Sohn, *im* Heiligen Geist und ist Werk des einen Gottes.[52] Durch die spezifischen Präpositionen ἐκ/διὰ/ἐν zeigt sich bei Basilius auch die Spezifizität der Hypostasen.

Der jüngere Bruder von Basilius, Gregor von Nyssa, benutzt auch die trinitarische Formel. Im Rahmen der μία οὐσία, τρεῖς ὑποστάσεις bezieht sich Gregor auch auf Synonymbegriffe, wie πρόσωπα für Hypostasis und φύσις für *Ousia*.[53] Der Akzent hier fällt deutlicher als bei Basilius auf die Identifikation der *Hypostasis* mit *Prosopon*. Durch den Prosoponbegriff realisierte Gregor von Nyssa eine nähere Verbindung zu Willensfreiheit und Denkvermögen der Hypostase. Damit steht er der hypostatischen Ebenbildlichkeit Gottes im Menschen näher.

Gregor von Nazianz schlug denselben trinitarischen Weg ein, wie Basilius und sein Bruder. Ein Spezifikum seiner Trinitätstheologie ist die Unterscheidung der Hypostasen durch ihre Eigentümlichkeiten: »Wir müssen nämlich *einen* Gott festhalten und anderseits drei Personen bekennen, von denen jede ihre Eigentümlichkeit (ἰδιότης) hat«.[54]

Konstantinopel (381)

Bei Konstantinopel, wo Gregor von Nyssa persönlich gegenwärtig und Normbischof war, gilt weiterhin, die Wesensgleichheit des Vaters, des Sohnes und des Hl. Geistes zu zeigen, jedoch begleitet von einem neuen ter-

---

[49] Vgl. a.a.O., De Spiritu Sancto, übers. v. Hermann Josef Sieben, Herder, Freiburg u.a., 1993. 90.
[50] Vgl. a.a.O., 94.
[51] A.a.O., 209.
[52] Vgl. A.a.O., 187.
[53] Vgl. GREGOR VON NYSSA, Oratio Catechetica I, 1 u. III, 1, PG 45, Paris 1863, 13A u. 17D–20A.
[54] GREGOR VON NAZIANZ, Orationes II, 38, BKV, 1. Reihe, Bd. 59, München 1928, 25.

minologischen Aspekt: *Hypostasis*. Hier problematisiert man nicht nur die *Homoousie*, sondern auch den partikulären Wesensstatut des Vaters, des Sohnes und des Hl. Geistes. In dem vorkonstantinopolitanischen Kontext bestimmen die Kappadokier den Begriff *Hypostasis* neu: Im Vergleich mit Nicäa versteht man nun *Hypostasis* nicht mehr als Synonym von *Ousia*, sondern als konkrete Verwirklichung von *Ousia* (aristotelisch: *prote Ousia*) bzw. als unwiederholbares Zugrundeliegende. Der Konstantinopolitaner Horos formuliert also: »Dabei wird eindeutig an eine Gottheit, eine Macht und ein Wesen des Vaters, des Sohnes und des Heiligen Geistes sowie an ihre gleiche Ehre und Würde und gleichewige Herrschaft, in drei vollkommensten Hypostasen, das heißt drei vollkommenen Personen, geglaubt«.[55] Das Konzil drückt sich auch gegen Apollinarismus aus: »Auch die Lehre von der Menschwerdung des Herrn bewahren wir ohne Verdrehung [...] vollkommener Gott und Logos, und vollkommener Mensch«.[56]

Fazit

Die Entwicklung von *deutera Ousia* zeigt von Aristoteles bis ins vierte Jahrhundert eine gewisse Konstante, die auf dem allgemeinen Wesen beruht und den nizänischen Kirchenlehrern eine Grundlage für das Verständnis des göttlichen Wesens liefert. Die aristotelische *prote Ousia* nimmt inhaltlich den späteren Sinn von *Hypostasis* ein und geht parallel mit der *deutera Ousia* einher. Aufgrund der Benutzung beider Begriffe im Neuen Testament sehen sich die Apologeten und Kirchenväter der ersten Jahrhunderte nach Christus gerechtfertigt, *Ousia* und *Hypostasis* als trinitätsgeeignete Terminologie aufzunehmen. Der Theologie des vierten Jahrhunderts standen die *Ousia* von Clemens mit ihrem Charakteristikum vom allgemeinen Wesens sowie die *Hypostasis* des Neuplatonismus und von Origenes mit ihrem Charakteristikum von konkreter Wesenheit zur Verfügung. Obwohl das Konzil von Nizäa sowie Athanasius beide Begriffe für Synonyme hielten, ließ sich *Hypostasis* von den Kappadoziern endgültig als konkrete Hypostase (*prote Ousia*) feststellen. Der besondere Beitrag von Basilius und den anderen zwei Kappadoziern besteht darin, die Dynamik der *Ousia* durch *Hypostasis* zu präzisieren. Somit ist die *Ousia* nicht einfach ein allgemeines Wesen oder eine Substanz, die gegenüber den Hypostasen steht, sondern eine dynamische Wesenheit, die nur durch die

---

[55] ALBERIGO u. a., Dekrete, 28.
[56] Ebd. Mit dieser Formel nimmt das Konzil die christologischen Debatten des fünften Jahrhunderts vorweg.

Hypostasis denkbar wird. Wie bei Aristoteles kann die *deutera Ousia* ohne *prote Ousia* (Hypostasis) nicht existieren, weil sie immer nur ⟩ἐν προσώποις⟨ (in der Person von) vorstellbar ist.[57] Die Konkretizität der Hypostasen bei den Kappadoziern ist eine Reflexion des aristotelischen Denkweges vom Einzelding zu dessen Kategorie. Somit konstituiert sich das konkrete Personsein als Ausgangspunkt für das Wesen und führt in der griechischen Trinitätslehre zu dem Schluss, dass man nicht einfach von einem christlichen Gott sprechen kann, der nicht Vater, Sohn oder Heiliger Geist ist.

Diese Dynamik der *Ousia* ist sowohl durch *Hypostasis* als auch durch die *Ousia*-Form selbst gegeben. Die Übersetzung von *Ousia* durch die lateinische *Substanz* (substantia) wird von der Phänomenologie der Moderne als unfundierte terminologische Gleichstellung kritisiert.[58] Selbst Martin Heidegger übersetzt *Ousia* nicht durch *Substanz*, sondern mit *Seiendheit*[59], was darauf hindeutet, dass die Dynamik des altgriechischen Sein-Partizips (οὐσία) in *substantia* nicht sichtbar wird. *Seiendheit* ist ein Partizip vom Sein, dessen substantivierte Form durch *-heit* gegeben ist, während *substantia* ein Partizip von *substare* (standhalten) ist und keine Sein-Wurzel aufweist.

Sowohl in der Trinitätslehre als auch in der Anthropologie wird diese Dynamik dadurch sichtbar, dass die Person, auf dem Denkweg vom Konkreten zum Allgemeinen, über umgestaltende Eigenschaften des Wesens verfügt und diese umfasst. Diese Denkweise rechtfertigt die Bezeichnung der Person als *katholisch*, insofern diese kein Teil des allgemeinen Wesens, sondern die einzige und gestaltende Daseinsweise desselben ist. Die Natur (*Ousia*) wird durch die konkrete Andersheit der Person (*Hypostasis*) bestimmt. Im Kontext der Trinitätslehre heißt dies, dass jede göttliche Person die dynamische Zusammenfassung der ganzen Gottheit beziehungsweise der Einheit Gottes ist.[60]

---

[57] Vgl. YANNARAS, Person, 26.
[58] Hermann Schmitz lehnt eine Übersetzung der *Ousia* durch *Substanz* ab. Er schlägt die Verwendung des Begriffes *Wesen* vor, der dem alten Ousia-Begriff in seinem aristotelischen Kontext gerechter wird. Vgl. HERMANN SCHMITZ, Die Ideenlehre des Aristoteles I, Bonn 1985, 11f.
[59] Vgl. MARTIN HEIDEGGER, Nietzsche II, Pfullingen 1961, 211: »[...] οὐσία heißt Seiend*heit* und bedeutet so das Allgemeine zum Seienden«.
[60] Vgl. YANNARAS, Person, 35. Yannaras bezieht sich hier auf die menschliche Person nach dem trinitarischen Modell.

»Warum ist es so schwer, die Welt zu lieben?!«
Open Theism and Hannah Arendt's Amor Mundi

Jason W. Alvis

> »Amor Mundi — warum ist es so schwer, die Welt zu lieben? Why is it so hard to love the world?«[1]

> »A theologian worthy of the name must avoid compromising the dignity of the logos of the cross by reducing it to: 1. A strategy to bring down the strong; 2. an economy, a good investment with long term rewards; or 3. a docetism that makes suffering and weakness an appearance behind which lurks the real action and power.«[2]

Introduction

»For God so loved the world ...« (John 3:16). Studies of these most famous six words from Johannine literature have focused *more* on the way, passion, and intent by which God loves, and *less* on the meaning of the object of that love – »the world«. This has made it difficult to presume what it means for God to love *this world*, and far too often pietistic Christian life is pitted against a so-called »sinful« or secular world. Yet in the Gospel of John *kosmos* is much more interesting and diverse. It is referred to A): more positively as a *space* that is a good result of God's creative accomplishment (John 1:9); B): more negatively as *a cohort* of people who do not acknowledge God's truth (John 1:10); and C): more generally as *the place* where people simply »are« (John 8:23) or establish a *dwelling place* (John 3:16–17). One thing common among these passages is the passion with which the word *kosmos* is engaged: God is not indifferent to this world, and nor should we be.

This passion for »the world« is exemplified in Jesus' prayer for his followers before crucifixion. John 17 concerns his followers' paradoxical, confusing, and conflictive (loving and passionate) relation of being *not-of*

---

[1] HANNAH ARENDT, Denktagebuch. 1950–1973, edited by URSULA LUDZ and INGEBORG NORDMANN, München 2016, 522.
[2] JOHN CAPUTO, Cross and Cosmos. A Theology of Difficult Glory, Indiana University Press 2019, 246f.

(ἐκ, having an ek-sistence from somewhere otherwise than) the world, while simultaneously being sent (ἀπέστειλα) *into* (εἰς) the world (κόσμου) in a radical way: »They are not of the world, even as I am not of the world. Sanctify them in the truth; Your word is truth. As You sent Me into the world, I also have sent them into the world.« (John 17: 16–18) As not-of, the life of these persons comes from elsewhere than the order of the world. Yet as sent-into (»apostle«, as sent ones) their life finds sustenance *in* the world.

What at first seems like a contradiction turns out to be a paradox. The tension enacted by this »not-of« and »sent-in« makes more sense once we reflect on »the world«. The experiential *sent-inness* is essential to experiencing God in the ordered world; and the non-experiential *not-ofness* is the clarion to redound to the God who also has some level of distance from the ordered world that was created. It is this tension between having life *not of this world*, while being inherently sutured to this world as apostles that helps makes the entire Christian experience meaningful eschatologically, soteriologically, christologically, and pneumatologically.[3] As sent into the world, the apostles cannot see themselves as utterly asymmetrical to it. They, and we, must find a way to imitate how God loves the world.[4]

But how do we »love the world«!? First necessary is a deconstruction of some misconceptions about what we think »the world« is. The world is not some invisible, neutral stage on which our lives are played out. It is not a blank or void space in which we live. And it is not a place that is necessarily »natural« and therefore void of »supernatural« events. Instead, the *Kosmos* is, to borrow from Foucault's language, like an »order of things« that makes room for commonality and shared universality. It's a kind of public courtyard (MHD *Midgard*). Following the Latin *saecularis,* this order is temporally structured *within* time (to which the Greek *aion* refers). My world is this present age. Despite all it's sicknesses,

---

[3] Jesus' prayer begins in John 17:2 with the expressed wish to give a »never ending« life not commanded by the specific orders of the *cosmos*.
[4] Often overlooked in this passage is the verse sandwiched between Jesus' prayers concerning this being-in / not-of-ness. This helps bind these two seemingly opposed activities together: »Sanctify them through thy truth, thy word is truth.« (John 17:17). Their being sent in/not-of the world uniquely hangs on sanctification through *aletheia,* which to Greek ears, would have signaled to something not unlike the disruption or disturbance of one's illusions so that a different reality can be experienced that can give refreshed inspiration.

flaws, and pandemics, I am supposed to cultivate love for this world like a God does.⁵

Further, the world tells us who we are, and helps us become understandable to others in public. It is what helps us make sense of things, as we presuppose an »immanent frame« that entails the preferential option for openness and clarity. Instead of falling prey to »a mistaken rationalism« that would serve to disenchant us, we should acknowledge that our *Lebenswelt,* or shared world is charged with a certain enigmatic quality.⁶ The world reveals us. It is a kind of mirror that reflects back to us things we do not yet know about ourselves. Even the red stop sign is charged with grandeur: the sign does not communicate simply information *to* me. It tells me *about* me, my present interests at *that* moment in space and time, revealing my interests and cares. Things in the world tell us something about ourselves. This helps make the world worth loving.

The remainder of this text expands upon these reflections on love for the world by engaging Open and Relational Theist Thomas Oord's insistence upon love as the prime, Divine character trait, alongside Hannah Arendt's conception of *Amor Mundi.* Love is *the* theological problem for Open and Relational Theism. Similarly, Arendt provides a critical and secular theology of love that prioritizes how *we humans* are to love the world. Without in any way suggesting that Arendt is a kind of ›crypto‹ Open Theist, her work on love has something critical to offer especially Open Theism given their shared focus on love. By bringing these perspectives into an unlikely dialogue, we might at least come to acknowledge that there are ways that humans can develop an *imitatio* of a God who loves the world. If God loves the world, and if, as Open Theists believe, love is God's primary Character trait, then humans need to likewise learn how to love that world. If they cannot, and instead choose to demonize or escape the world, then they run the risk of estranging and alienating themselves also from the very God they may believe was born into this world.

---

⁵ Eugen Fink referred to *aion* as the *Weltlauf* – the course and run of the world as it progresses in time; see EUGEN FINK, Spiel als Weltsymbol. Stuttgart 1960, 192.
⁶ See EDMUND HUSSERL, The Crisis of the European Sciences and Transcendental Phenomenology, trans. by David Carr, Evanston 1970.

However, there is no way around the problem that »talking about love may be too easy, or rather too difficult,« as Ricœur put it.[7] The enormous task is to avoid both trite reflections on love, but also overly-analytic and objectifying descriptions of love. Necessary is a means by which we might not just contemplate love, but act in love for the world. These tensions are part and parcel of the very task of theology; a theology that acknowledges simultaneously the power yet ambiguity of the sacred mystery of a God who *is* love, and calls for love of the neighbor and world. By beginning with love, theology becomes highly personal. As Tillich puts it, in theologizing Divine love »we use our experience of love and our analysis of life as the material which alone we can use.«[8]

This impulse to describe the phenomenality of love is also important in recent trends in Open and Relational Theology. One of its founding members, Clark Pinnock, presumed the primacy of love, and envisioned that Open Theism needed to focus even more on developing »a model of love«[9]. As a figure committed to a broad »evangelical« account, he prioritized the need to theologize in a way that is »biblically faithful and intellectually consistent, and that reinforces, rather than makes problematic, our relational experience of God.«[10] Not unlike Harnack's critique of Greek philosophy and Gnosticism poisoning the waters of Modern Theology, Pinnock pointed out the »excessive Hellenization«[11] of classical Theism, which »makes God seem like a metaphysical iceberg.«[12] Yet the classical positions on especially Sovereignty and omnipotence cannot be properly critiqued until »love« becomes the centerpiece of theological thinking. Control and

---

[7] PAUL RICOEUR and MARK I. WALLACE, Figuring the Sacred. Religion, Narrative, and Imagination, Minneapolis 1995, 315.

[8] PAUL TILLICH, Love, Power, and Justice, New York 1954, 110; Tillich goes on to lay out what appears to be an analogy position on love, expressing also a participatory ontology: »We also know that if we apply it to God we throw it into the mystery of the divine depth, where it is transformed without being lost. It is still love, but it is now divine love. This does not mean that a higher being has in a fuller sense what we call love, but it does mean that our love is rooted in the divine life, i. e. in something which transcends our life infinitely in being and meaning.«

[9] CHARLES PINNOCK, Most Moved Mover. A Theology of God's Openness, Grand Rapids, MI 2001, 179.

[10] ID., The Openness of God. A Biblical Challenge to the Traditional Understanding of God, Downers Grove, Il 1994, 7f.

[11] ID., Mover, 101.

[12] Loc. cit., 118.

love are antithetical, as »The sovereignty of God is the sovereignty of God's love« and »not the sovereignty of control.«[13]

Open theism is therefore marked by a critique of classical positions, but also furnishes kataphatic and positive claims about God's character. It has sought to address the twin concerns of both the theodicies of suffering, and the socio-political problems that result from overemphasizing Divine omnipotence. It has turned into a movement of thinkers establishing conversation between analytic philosophy of religion, process thought, and (mostly American) Evangelical Theology. It has therefore sought to balance between analytic precision and biblical hermeneutics, ultimately *bending* some of Christianity's traditionally unquestioned doctrines in order to take account of the present-day realities of suffering.

The movement also provides some new ways of thinking about God's relationship with the created world. How is God *in* the world, and how is the world *an expression* of God? *Agape* necessarily entails that God does not control any of God's creation. Any of us can engage in creatively changing the world. If God's relationship with the world is a loving one, then there is a certain sense of freedom granted to it, thereby relinquishing a timeless, penultimate »control;« a control that would be incompatible with the idea that God is loving and suffers the pains of others. As relationally connected to the world, God is *passible*, affected by the world, and suffers under the violent conditions it often stages through especially human activity. Instead of the Aristotelian »unmoved mover«, God is the *most moved mover.*

This freedom for the world, via a love that does not want to control the world, entails that God does not »know« what could come to pass. The future is not a »settled reality.« If it were settled, then God again would become the capricious despot willing either to use the suffering of humans for God's unknown purposes, or to overlook that violence. Thus, although the Open Theist may still hold that God remains, to a limited degree »providential« (because God is infinitely intelligent to process through all possible outcomes, and always prepared for whatever might occur) God lovingly risks in a way that helps to ensure the *justice of the present* as opposed to only the *priority of the future.*

---

[13] See here E. FRANK TUPPER, A Scandalous Providence. The Jesus Story of the Compassion of God, Macon, GA 2013. See also Tupper's interview with Tripp Fuller on 24 December 2016, Homebrewed Christianity Podcast, URL: https://tripp-fuller.com/2016/12/24/a-scandalous-providence-with-e-frank-tupper/.

Pluriform Love in Thomas Oord

This is by far a limited and generalizing description of Open and Relational Theology. However, it lays the basis for more reflection upon love and God's love for the world, which necessarily involves a directedness towards its well-being. A recent publication in Open and Relational Theism that moves in this direction is Thomas Oord's *Pluriform Love,* which reflects Oord's two decades of work on the topic of love. One goal of this book is to demonstrate that the New Testament Christian ethic is based in the primacy of not simply a univocal love, but a diverse, »pluriform« *agapeic* love.[14] One of the divine characteristics that Open Theists generally agree upon is »omnibenevolence« and this emphasis can be seen in Oord's definition of love: »To love is to act intentionally, in relational response to God and others, to promote overall well-being.«[15] Love is »value-positive«, seeks unity, »aims to do good,«[16] and cannot be reduced to mere emotion,[17] desire, or a relativistic, subjectivism.[18] In short, we simply »ought to love.«[19]

Without directly engaging the typical critiques Open Theist's have of classical theology, Oord begins at a more rudimentary level. He surprisingly makes a *scriptural* case for how »Jesus' own view of love should reign in a Christian theology of love.«[20] If one can accept this, then a next step is to acknowledge that Jesus' references to love in the Gospels nearly always have something to do with the concrete well-being of other persons: Help the needy, heal the injured, be kind to those who do us harm,[21] and give kenotically and selflessly. Although the Bible »does not provide a precise definition of love«,[22] *agape* occurs within the New Testament 319 times,

---

[14] THOMAS J. OORD, Pluriform Love. An Open and Relational Theology of Well-being, Grasmere, ID 2022, 4. Love indeed is the »central word New Testament writers used to talk about ethics, God, and other issues of faith.« (loc. cit., 7).
[15] Loc. cit., 28; cf. 30.
[16] Loc. cit., 28.
[17] Loc. cit., 14.
[18] Ibid.
[19] Loc. cit., x; This book is a follow up on OORD's expansive and rather consistent oeuvre, expanding upon already existent, in-depth reflections on love in »The Uncontrolling love of God«, »The Science of Love«, and »Defining Love«.
[20] Loc. cit., 58.
[21] Loc. cit., 74.
[22] Loc. cit., 21.

and more than »nine times out of ten, the writers of scripture use *agape* to talk about promoting well-being.«[23]

Past theologies have addressed insufficiently the centrality of love, in part because they begin with the wrong character traits, such as omnipotence, immutability, impassibility, simplicity, or omniscience.[24] As such, they have failed to take proper account of the Christian God who prioritizes relationality between God and persons in a mutuality of affection. If this »God is love« (1 John 4:7-8), then not only is love the primary locus of theology.[25] We need to go one step further: »pondering love is like pondering God«.[26]

This of course raises a host of questions that cannot be answered here, especially regarding anthropomorphism, theomorphism, and the doctrines of divine analogy or univocity. Oord's position is measured, yet seems rather analogical, yet in a »pluriform« way that sustains wonder at the multiple dimensionality and expressions of both human and divine love,[27] not confining it to one simple form or definition.[28] Nevertheless, both love/God need to be defined (as pluriform) to avoid both inconsistency, and a central problem of »abstraction« often found in theologies of love. Such abstraction can serve to make us rather unloving, and this is why love must be grounded in the concrete expressions of Well-being.[29]

God ultimately is the most free »person« precisely because God's *agapeic* love comes »in spite of« whatever obstacles stand in the way of the well-being of others.[30] God's *Eros love* acts »because of« the need for promoting certain values.[31] Jesus' kenotic love is a gift of the self, demonstrating how we can empower others without controlling them.[32] This qualification is new, yet consistent with the ever-enduring steadfast love[33] we see in the Old Testament, a covenantal »Essential Hesed.«[34] Oord does

---

[23] Loc. cit., 89.
[24] These contribute to the number of »obstacles that prevent Christians from embracing love.« (Loc. cit., 222).
[25] See loc. cit., x.
[26] Loc. cit., xi.
[27] See ibid.
[28] See ibid.
[29] See loc. cit., 100.
[30] Loc. cit., 208.
[31] Loc. cit., 210.
[32] See loc. cit., 213.
[33] See loc. cit., 185.
[34] Loc. cit., 175.

not simply reiterate the positions of Open Theism, or negatively argue *against* the problems of evil or omnipotence, but rather furnishes constructively positive, kataphatic descriptions of God that lead Open Theism in a promising direction.

Love as God's Primary Character Trait?

Although lacking a critical reflection on the very idea of »primacy«, and what appears to be a presumption of a foundationalist epistemology that runs the risk of an ontotheology of love, Oord insists, like most Open Theists, that love replaces power as the primary character trait: Amipotence over Omnipotence. A love that is »pluriform« needs to establish a more *relational* approach to other character traits in a way that is non-*hierarchical,* and does not presume the (Hellenistic and modern) metaphysics of substance-based ontologies. There indeed are clear obstacles that keep us from »putting love first.« Nevertheless, Oord correctly focuses on how it should not be »hard to make a scriptural case for the primacy of love.«[35] A central message of the New Testament is that »God is love« (1 John 4:7-8), and Open Theists need even more creative ways to imagine the diversity and pluriform nature of love.

Another problem that arises is also a consequence from associating God's *esse* and nature with love, binding love necessarily (not contingently) to God's personhood.[36] Oord claims that »God must love and cannot choose to do otherwise.«[37] There are good reasons to question that the *esse* and *nature* of God must be *consistent* in the way that it is for humans. Although God identifies Godself primarily with love, we should not be so quick to assume this is an ontology. Instead perhaps it is more of what I would call an ›*amor*-ology‹ in the sense that love changes the very way we think about God's *esse, ousia,* and nature.[38] If we think God cannot choose not

---

[35] Loc. cit., 1.
[36] See loc. cit., 118, 160, 176.
[37] Loc. cit., 84; see loc. cit., 83, 120.
[38] It of course is logical to think that if God's *nature* is one of love that follows the order of *being a single,* unified substance, then *Modus Ponens,* God *must love.* Yet if God is *forced to love,* then what is to keep this *concept* of being, state, or »nature« from controlling the person loving? If it is God's nature to love, then God has no choice to love. What keeps this lack of freedom from making love here a contradiction? Further, it seems to make little sense to insist that love must be »free« for humans and not for God. Anytime a human is »forced to love«

to love, then we run the risk of losing one of the core »values« of love – the freedom to do otherwise. Here we might acknowledge the inversion provided by Marion. It is not that God *is,* and therefore *loves.* Rather, we need to begin with love: God loves and therefore *is:* »God is not because he does not have to be, but [because he] loves.«[39] God *is* precisely because God loves to-be. As Open Theists such as Oord affirm to be essential, God freely *risks*, and this would entail that love also is a part of God's risktaking nature. A God who does not risk in this world is a God who knows everything. This then circles back to the very problems of providence and omniscience Open Theists are trying to avoid by focusing instead on love.

Nevertheless, Oord is right to phenomenologize from the perspective of vulnerable humans in need of security. It indeed is essential to establish God's love as a trustworthy and »Essential Hesed«, especially since our modern, highly individualized conception of love has been trapped in momentary feelings and sentiments that can change on a whim. Godliness concerns an incessant loving for the world. And despite the critical difference between God and humans, in important ways God's love is analagous to humans, and God's essence also bears similarities to humans. By employing Hartshorne's »di-polar« distinction between essence and experience, it may be possible to position God's freedom in God's »experience« (God »unchangingly loves but changingly experiences and expresses love moment by moment« claims Oord).[40] Yet in order to truly and unconditionally insist that God's love is »uncontrolling«, it still seems necessary to go further and highlight how God's love is *uncontrolled* and unforced. Otherwise, the phenomenal *experience* of that love will be tainted by the perspective that God was forced to love me and the world. Open Theism has laid great emphasis upon the relational aspect of love, insisting that it is the most freeing action that then comes to most form our very personhood and identity. Thus »our imitating God requires«[41] that we love the way God loves the world.

Another challenge to establishing the primacy of love would be ensuring that its aim is »wellbeing«, yet in a way that the *telic end* of that well-

---

another human, we can be assured that this is not love, but rather a form of violence.

[39] JEAN-LUC MARION, God without Being. Hors-Texte, trans. by Thomas Carlson, Chicago 1995, 47.

[40] OORD, Pluriform Love, xii. Oord also insists, that God makes »decisions« (e. g. to be generous, see loc. cit., 126), thereby requiring freedom.

[41] Loc. cit., 219.

being does not format grace under the lordship of law. There is a razor-thin line between ethics as a law-based form of behavior, virtue, and value modification, and ethics as a grace-filled form of desire, devotion, and passion. Love therefore needs to situate itself as relational to such an extent that it is not anti-subjectivistic. Oord correctly acknowledges that we cannot define »love simply as desire, devotion, or worship,« for this runs the risk of making love *too* subjective.[42] Love also should have a public orientation toward justice through compassion for those we do not know. It is on this point that we can turn to Arendt for further insight into how we can imagine the subject of God's love – the world.

Arendt and Amor Mundi

Arendt's conceptualization of *Amor Mundi* is used rarely and sparsely throughout her corpus of work.[43] Yet it plays a significant role in her thinking – *Amor Mundi* even was the original title of what later became *The Human Condition*.[44] It is not until the epilogue to the *Introduction to Politics,* however that we get a definition of this important concept: »*Amor Mundi* [is] a human artifice whose potential immortality is always subject to the morality of those who build it and the natality of those who

---

[42] Loc. cit., 41. At points it does seem that by arguing so heavily against Augustine's desire-heavy concept of love (loc. cit., 39), and that well-being does not concern desire (see loc. cit., 99), a gap between desiring and the good seems to be overlooked. If intentionality is to play a central role in his definition of love, then how it is motivated by a *directedness* or giving-desire needs to be more carefully considered. A habitus and cultivation of desire nourishes our directedness towards things.

[43] It should be mentioned that due to the scarcity of references to *Amor Mundi*, and due to her claim that love is a private affair, some unresolved tensions and discrepancies arise. I soon explore how »love for the world« is not contradictory to the claim that »Love, by reason of its passion, destroys the in-between which relates us to and separates us from others.« (HANNAH ARENDT, Love and Saint Augustine, ed. by Joanna Vecchiarelli Scott and Judith Chelius Stark, Chicago 1998, 242). As Weigel claims, love also is difficult to describe because, for Arendt, love appears in »different constellations.«, SIGRID WEIGEL, Traces and Transitions to Hannah Arendt's Unwritten Book on Love, in: RAFAEL ZAWISZA and LUDGER HAGEDORN (Eds.), Faith in the World Post-Secular Readings of Hannah Arendt, Frankfurt 2021, 37–60, 45.

[44] See here AGATA BIELIK-ROBSON, Amor Mundi. The Marrano Background of Hannah Arendt's Love for the World, in: ZAWISZA/HAGEDORN (Eds.), Faith, 61–84.

come to live in it.«⁴⁵ So love for the world is a *means* by which humans can learn to strike the balance between birth and death, between the present reality, and that which is beyond it. As is typically understood, an eternal God stands outside the influence of these all-too-human modalities of experience. Thus, how might that God develop love for a world that God does not experientially know? By entering it.

Arendt acknowledges that Christianity offers humans important new ways of living in »the world« that the ancient Greeks would have found rather strange – the incarnation of a powerful God into a weakly mortal body. The incarnation itself is astounding, but what it says about the world in which this God was born is perhaps even more powerful: »It is this faith in and hope for the world that found perhaps its most glorious and most succinct expression in the few words with which the Gospels announced their ›glad tidings‹: ›A child has been born unto us.‹«⁴⁶ This world in which God entered and loved, however, appears to be more and more desecrated by the day, and oriented towards death. As she mourns in her dissertation on love in St. Augustine, »Why should we make a dessert out of this world?«⁴⁷

This is clearly reflective of Augustine's view of the incarnation as the most potent theurgic and phenomenal result or »proof« of divine investment and action with »goodness made perfect in humility.«⁴⁸ In the incarnation »alone we learn what love is.«⁴⁹ The gap here stands between how God loves the world, and how humans love it. Arendt wisely determines that instead of Christians purposefully rendering themselves also incarnationally like God, Christian eschatology has tended to have a negative picture of »worldliness« that leads inevitably to worldlessness. To a limited degree, Christian worldlessness does have some value, at least to the extent that it successfully promoted a universalism that could »carry a group of essentially worldless people through the world, a group of saints or a group of criminals.«⁵⁰ Yet by rallying far too much around the narrative of

---

⁴⁵ HANNAH ARENDT, Introduction to Politics, ed. by Jerome Kohn. New York 2005, 203.
⁴⁶ ID., The Human Condition, Chicago 1958, 247; see ZAWISZA/HAGEDORN (Eds.), Faith.
⁴⁷ ARENDT, Love, 19.
⁴⁸ AUGUSTINE, De Trinitate, Washington, D.C. 1963, 13.
⁴⁹ JOHN MILBANK, The Gift and the Mirror, in: KEVIN HART (Ed.), Counter-Experiences. Reading Jean-Luc Marion, Notre Dame, IN 2007, 309. This idea is most potently found in AUGUSTINE, De Trinitate, 13.
⁵⁰ ARENDT, Love, 54.

the eventual destruction of the world (*quandiu mundus durat* »as long as the world lasts«) she observed that Christians mostly have lost faith in, and love for the world. This escapist eschatology has become secularized and intertwined with modernity, which also is a fundamental expression of the lack of faith in the world. It is necessary, then, to retrieve the core of Christianity through refocusing attention on natality and birth instead of death; through an orientation around incarnation instead of crucifixion.

Ultimately, however, she seeks balance between birth and death. *Amor Mundi* begins with the characterization of the world as an in-between »space of time that emerges as soon as men exist in plurality«[51]. In the *Human Condition,* Arendt argues for the important distinction between the public and the private, the world and the intimate. Thus, the very idea of »love for the world« (*Amor Mundi*) at first appears to be a contradiction in terms. Yet it is love *for* the world, for its very importance, the value worldliness provides any and all humans. This does not mean that it is possible to love all persons *in* the world. Love mediates human intimacy, even to the point of promoting a certain worldlessness: »Love, in distinction from friendship, is ... extinguished, the moment it is displayed in public.«[52] The public stage is the in-between of exchange, engagement, interaction, and debate, and it can be sustained only by charity and compassion. Arendt is highly opposed to the instrumentalization of love, as if it is reducible to a certain *telos* or purpose. Love cannot be »used for political purposes such as the change or salvation of the world«[53], or as she put it in a letter to James Baldwin »in politics, love is a stranger, and when it intrudes upon it nothing is being achieved except hypocrisy.«[54]

---

[51] ID., Denktagebuch, 540; See WEIGEL, Traces, 44.
[52] ARENDT, Love, 51.
[53] ARENDT, Condition, 52. Arendt's controversial depiction of love as »private« has come under critique by especially feminist scholarship that called for the necessity of acknowledging »the private is political.« See WEIGEL, Traces, 45.
[54] HANNAH ARENDT, The Meaning of Love in Politics. A Letter by Hannah Arendt to James Baldwin. November 21, 1962, Zeitschrift für Politisches Denken 2:1 (2006), 156, URL: http://www.hannaharendt.net/index.php/han/article/view/95/156. For a more detailed depiction of the separations/unifications of love and politics in recent critical theology and theory, see JASON ALVIS, The Political as Saturated Phenomenon. Marion's Givenness and the Irreconcilability of Politics and Love, in: The Journal for Cultural and Religious Theory 17:2 (2018), 396–414.

Further, Love is described as the preconditon of natality (a »condition of life«[55]) and the possibility of free, new beginnings; it needs to be protected from being dissolved in the political world of affairs. Love is a kind of border guard between the public and the private, as intimate love sets certain conditions for being together by »insert[ing] a new world into the existing world« through the very impulse of *wanting someone to live, continue, and subsist.* On this level of intimacy, »There is no greater assertion of something or somebody than to love it, that is, to say ›I will that you be‹ – *Amo: Volu ut sis.*«[56] It is clear that Arendt gains much from Christian scholarship; namely here, the expansion of the Augustinian drive for charity beyond the familial *oikos* and into the *res publica* and »the common world« which »is what we enter when we are born and what we leave behind when we die.«[57]

Arendt's World, and Why it is Worth Loving

Arendt describes a world worth loving as one in which there is a space of commonality:

> »To live together in the world means essentially that a world of things is between those who have it in common, as a table is located between those who sit around it; the world, like every in-between, relates and separates men at the same time. The public realm, as the common world, gathers us together and yet prevents our falling over each other, so to speak.«[58]

---

[55] For Arendt, »The conditions of human existence—life itself, natality and mortality, worldliness, plurality, and the earth—can never ›explain‹ what we are or answer the question of who we are for the simple reason that they never condition us absolutely. This has always been the opinion of philosophy, in distinction from the sciences—anthropology, psychology, biology, etc.—which also concern themselves with man.« (ARENDT, Condition, 11).

[56] ID., Willing, in: The Life of the Mind, ed. by Mary McCarthy. San Diego 1981, 104.

[57] ID., Condition, 55. As Arendt claims, »For unlike the common good as Christianity understood it—the salvation of one's soul as a concern common to all —the common world is what we enter when we are born and what we leave behind when we die.« (Ibid.) This utter loss of a sense of the public in modernity is demonstrable in our near »complete loss of authentic concern with immortality, a loss somewhat overshadowed by the simultaneous loss of the metaphysical concern with eternity.« (Ibid.)

[58] Loc. cit., 52.

The »world« for humans is individual-yet-shared, always taking and giving shape to our lives. Conditions affect us each differently and make us unique. Yet since we all are conditioned, we share that *in common*. This commonality entails that we can understand the basic needs of one another, and this understanding should prompt us to *charity*. Yet the important distinction needs to be made between »love« and »charity.« Arendt eschewed any attempt to suggest that we can »love« those we do not *know*. Love requires some prior knowledge of a beloved. This knowledge makes love for one's neighbors possible. In fact, it should be easy to love one's neighbor, yet it is nearly impossible to conjure true love (*eros*) for the person you do not know. Although love is not possible for those we do not know, compassion and charity can be developed for them. To cultivate a habitus of compassion is the only way we can love the world, and this involves a shift towards the political.

This is one reason why Arendt critiqued what she found to be a non-compassionate Anti-politicism of a medieval Christianity that so unquestioningly accepted the ancient philosophical obsession with eternal forms; namely, because they are devoid of immanent, concrete, or worldly action. Medieval theologians, she argued, built ecclesial structures that preferred a familial model of *oikos* that greatly neglected political action for the good of a present public. This theological focus came to errantly prefer the quiet of »contemplation« over social »action«[59]. Paradoxically, however, Arendt wanted to establish space for radical contemplation. In her model, the contemplator is never more active than when she is unbothered by bodily needs or personal labor. Although excited about the possibilities of active contemplation, Arendt was never so naive to think that contemplation alone can keep us from falling into nihilism. A contemplation that is detached from action, and results in the tranquilization of our social will, is dangerous.

This kind of dangerous contemplation has made its way into our all-too modern social imaginary. And in the public spaces not occupied by those contemplating Christians, a new form of human livelihood had come to reign in modern life: *behavior*. In the place of *action* (creative, individual, productive) we have substituted *behavior* (predictable, foreseeable, evolutionary). Social activities replace political ones. And when detached from political action and contemplation, »labor« degrades things into mere means to ends. Instead, the right balance of action and

---

[59] Loc. cit., 15, 20.

contemplation encourages *just* acts of compassion and political love for the world.[60]

Indeed, the way Arendt considers the idea of »the political« is more far-reaching and interesting than how we typically conceive of that word. Political life is a being-together-in-action, and this is where freedom gains expression, and compassion and charity can be developed as we act together for causes that extend beyond our individual limits. The Political creates a space for public discourse and even persuasion without resorting necessarily to domination and violence. And this is why we need to maintain the tension between contemplation and action. If we focus too much upon acting, we become subjected to mere material *labor* without *thinking*. »Action« therefore is contemplative and productive. Thinking is precisely what makes us human.[61] Yet thinking uncoupled from action or the ethical world of life or *Lebenswelt* serves to further alienate us from the *world* that we are meant to *love*. Even when we are together with others, we can retreat to our minds and subject ourselves to being fundamentally alone. This is the modern, secularized version of the *ancilla theologiae* of contemplation. Instead, the precondition for loving the world is the ability to gather together and communicate in a meaningful, powerful way. And this is what makes »mass society« so difficult to bear: »the world between them has lost its power to gather them together, to relate and separate them.«[62]

One thing we each have in common is that we each are subject to how the world conditions us. Humans are »conditioned beings because everything they come into contact with turns immediately into a condition of their existence.«[63] These »worldly« conditions are intrinsic to being human, and are inescapable.[64] This is highly relevant for thinking about

---

[60] As demonstrated in the *Origins of Totalitarianism*, totalitarian regimes first seek to remove individuals from justice and the law, then next attempt to dispossess them of their personhood. Freedom thus is sutured to the *Bios Politikos,* which helps one be liberated from being *only* a laborer. Yet it does so in a way that reinforces the law precisely for the sake of freedom; namely, to engage in political action for the sake of others.

[61] See loc. cit., 21.

[62] Loc. cit., 52 f.

[63] Loc. cit., 9.

[64] See loc. cit., 6. The conditions of humans are in every case never the same »as anyone else who ever lived, lives, or will live.« (Loc. cit., 8). Yet simultaneously, we »possess the same conditioning power as natural things. Whatever touches or enters into a sustained relationship with human life immediately assumes the char-

love for the world, especially if we ever are to overcome the Modern-Secular-Christian-escapist narrative of worldlessness. There can be no presumption of worldlessness when I recognize that I myself am *integrated* into the world as it has conditioned me and I have conditioned it. Building from Arendt's insight, we might conclude that escape from the world is also escape from my very self, and the very object of God's love into which Christ was sent. Instead of escape, we need to embrace commonality for the benefit of a group of people.⁶⁵ Our activity in *shaping the world* in concert with others (*Homo Faber*) towards common goals is what *makes us human*, and this is what distinguishes us from animals who simply labor or seek mere survival.⁶⁶ This role of shaping the world is one typically accorded to God. Yet in this case humans need to become *God-like* in taking responsibility not just for ourselves, families, or neighborhoods, but also for the world.

Conclusion

From a theological perspective there is much with which one might disagree in Arendt's work. Critiques range from the analysis of contemplation in medieval theology, to some broad-brush depictions of Christian escapism. Further complicating the matter is that her aims are not explicitly theological, but rather an employment of the rich history of certain Christian doctrines for the betterment of the world or »secular« *res publica*. Natality is in many ways a secularization of Godly incarnation. And »faith in the world« builds from certain kingdom of God eschatologies that call for renewal of, and hope for the present world.

However, it is *precisely because* of these concerns and broadening of Christian categories that her work is so precious. She translates Christian motifs and values *for* the world, making them available in a way that pastors and theologians often are unable to do. Her work reflects, in an original

---

acter of a condition of human existence. This is why men, no matter what they do, are always conditioned beings.« (Loc. cit., 9).

⁶⁵ »The *vita activa,* human life in so far as it is actively engaged in doing something, is always rooted in a world of men and of man-made things which it never leaves or altogether transcends.« (Loc. cit., 22).

⁶⁶ For Arendt, humans are to »work« and »act« in order to transcend the natural parameters that it lives with, in bodies, but also the parameters it creates for itself. Creative action is »the one miracle-working faculty of man.« (Loc. cit., 246).

way, what it means to go into the world by way of making core positions of Christianity available. Indeed, her »covert theology ... made her attractive to an anti-theological intelligentsia. And this is what theologians must notice in a great deal of the most important contemporary social thought ... a covertly religious-ethical writing. It takes its peculiar charm from its refusal to admit it.«[67] Even more than a secular political theology, her work acts as an »inverted theodicy«[68] in that it drives a stake through attempts to cast blame on God, and instead hands the responsibility for the world's travesties to those humans who are not as committed to *this world* as they should be. Both secular nominalists and Christian nominalists alike are to blame.

We might now summarize three lessons Arendt's conception of *Amor Mundi* can contribute to thinking more carefully about imitating God's »love for the world«, especially in light of Open Theism:

1. Love for the world involves a tension and paradox. Arendt rightly recognizes that love (*eros*) is a private affair, and that »the world« is the shared, at times anonymous public space. Thus, the attempt at *Amor Mundi* seeks to enter into this tension by creating spaces of charity and compassion, but in a way that can establish some *transfer* from the private, familial sphere of love to the public. If we are to love with »the same love with which supposedly God loves men, whom He created only because he willed them to exist and whom he *loves without desiring them*«[69] then we need to commit ourselves to *collective action* in this world with the aim of promoting collective, human freedom. What could it mean, for us, that God willed *us* to exist? And what kind of impact could it have if we willed similarly – that others »be« as they simply are? It is here that Oord's account of seeking the flourishing and well-being comes in to play. Yet we are to seek the flourishing of others in a way that does not make them like wooden, static »objects« or idols to be »desired.« The more we *love,* the less we establish others as a non-dynamic and fixed *esse.* And *we* become more free as a result. In short, by loving the world, we do not want to consume it or bind it to ourselves, but rather we »want it to be,« and therefore enter into a critical love from a distance in order to allow the world to de-

---

[67] PHILIP RIEF, The Theology of Politics. Reflections on Totalitarianism as the Burden of Our Time, in: The Journal of Religion 32:2 (1952) 119–126, 120.
[68] RICHARD H. KING, Endings and Beginnings. Politics in Arendt's Early Thought, in: Political Theory 12:2 (1984), 235–251, 248.
[69] ARENDT, Willing, 136.

velop freely. This ontological distinction *makes togetherness a kind of distanciation*; a union with difference that hopes to minimize estrangement or alienation.

2. Love for the world can be emphasized through a focus on incarnational natality. In straightforward terms, and without the space here to lay out different soteriological positions on the incarnation, it generally teaches that God goes into the world. If Open Theism truly wishes to be »relational« in a way that establishes conduits of love (as God's primary character trait) then it needs to demonstrate more clearly how humans *also* need to go into the world (ἀπέστειλα), not simply for the sake of »mission« or saving others, but perhaps more importantly, to learn how to develop care for the world when it is not easy, and when we do not »know« the persons we are trying to love. Tied to this incarnational natality is the focus on releasing others, even anonymous persons, »to be.« By accepting not only our coming death (Heidegger) but also hopefully believing in our constant potential for change, newness, and rebirth (Arendt) we might find new ways to love the world in an incarnational way without trying to escape the world. Since Open Theists hold to a dynamic relationality in which God's world is an »open« one in the sense that God does not know all that will come in the future, this love for the world places a new meaning upon our contingency in the world, as we want to help bring about the inter-relational »kingdom« of God.

3. Love for the world involves escaping darkness, violence, and evil in this world, without thereby hating the world and wishing to escape it. Not only is *Amor Mundi* expressive of love for a world that *already is.* It also helps *create* our world and the space in which we live. Even if we believe ourselves to be immortal, it is necessary to establish a balance and tension between infinity and finite worldliness; one that is non-escapist, but does everything it can to love other persons in the world. The Open Theist position that we are integrated into the world, and that God has »invested« Godself with risk in *this* world, should motivate us to do likewise and become God-like in risking ourselves for the world.[70] It was Arendt's rejection of the Weimar *Krisis-Theologie* (from Harnack to Barth), as well as the Gnostic-dualisms that served to overlook the importance of the world, that motivated her call to return to the world's cultivation.

---

[70] This of course does not mean that we are to live *only* in light of the world. The wrong kind of focus on worldliness can likewise bend us towards nihilism or escapism, as we come to focus on mere survival as *Animal Laborans*.

Without »the sensually given world« there is no possibly »transcendent world« either.[71] We need the present world in order to maintain an »outside of the world«. Yet we also should take care to not adhere to the »pagan« idea of the world as an abstract, God-infused eternal absolute. Her work thus may open new ways of thinking about the aforementioned »dipolar« position in Open Theism.

In the end, Arendt challenges us to reflect in new ways on how God's love for humans without love for their world may not be possible. The world is where humans are conditioned, shaped, and given an identity to flourish. A focus upon God's love without a careful analysis of the world as God's intended subject of love runs the risk of reification and abstraction. And by taking the incarnation of God's natality and birth in the world seriously, we should acknowledge that our love for God can be expressed in our love for the world. A negative construal of this point is necessary, so that the message is not lost: to *not* love the world is to *not* love the God who came into the world, sent his followers into the world, and likely is more kenotically integrated and invested within the world than we ever could imagine. More attention needs to be paid to incarnation theology than this paper has been able to offer. Yet by holding the tension between *Spirit* and *Logos* Christologies, through God's action in the world (via an Inspiration paradigm) not only are we given the ability to interpret »the world through God's eyes« (*die Welt durch Gottes Augen*).[72] But rather, we can go one step further: The paradigm of the incarnation may even »invite to level the difference between creator and creation and to find God directly embodied in the world ...«[73]

---

[71] ID., Condition, 288.
[72] ULRIKE LINK-WIECZOREK, Inkarnation oder Inspiration? Christologische Grundfragen in der Diskussion mit britischer anglikanischer Theologie, Göttingen 1998, 355.
[73] »Lädt das Inkarnationsparadigma eventuell sogar in besonderem Maße dazu ein, die Differenz von Schöpfer und Schöpfung zu nivellieren und Gott direkt in der Welt verkörpert anzutreffen?« Loc. cit., 17 (author's translation).

Beziehungsarbeit mit Gott
Notizen zur prozesstheologischen Soteriologie David L. Wheelers

Knut V. M. Wormstädt

1. »Also hat Gott die Welt geliebt ...«: Zugänge zur Soteriologie

Soteriologie, also die theologische Lehre von der Rettung (der Menschen von der Sünde), kann sicherlich zurecht als eines der ganz zentralen Themen klassischer christlicher Dogmatik benannt werden.[1] Sie erscheint als funktionaler Kulminationspunkt der Christologie und verknüpft diese zugleich mit der Gotteslehre. Sie antwortet auf die Problemstellung der Hamartiologie und stellt in deren Licht gleichsam die Verknüpfung von Protologie und Eschatologie dar. Dabei lässt sich die Soteriologie, wie alle klassischen Topoi der christlichen Theologie, auf biblische Texte zurückführen. Das narrative Feld, aus dem die Soteriologie erwächst, kann dafür beispielsweise aus den folgenden zwei Passagen heraus aufgespannt werden (aber auch andere wären noch zu nennen):

> »Denn also hat Gott die Welt geliebt, dass er seinen eingeborenen Sohn gab, auf dass alle, die an ihn glauben, nicht verloren werden, sondern das ewige Leben haben.« (Joh 3,16)
>
> »Aber das alles ist von Gott, der uns mit sich selber versöhnt hat durch Christus und uns das Amt gegeben, das die Versöhnung predigt. Denn Gott war in Christus und versöhnte die Welt mit ihm selber und rechnete ihnen ihre Sünden nicht zu und hat unter uns aufgerichtet das Wort von der Versöhnung.« (2 Kor 5,18–19)

---

[1] So schreibt bspw. Aaron Langenfeld als Artikeleröffnung den Spitzensatz: »Dass Gott in der Gestalt Jesu die Welt erlöst hat, ist die zentrale Annahme des Christentums insgesamt.« AARON LANGENFELD, Art. Erlösung, in: CORNELIA DOCKTER / MARTIN DÜRNBERGER / AARON LANGENFELD (Hrsg.), Theologische Grundbegriffe. Ein Handbuch, Paderborn 2021, 49f., 49.

Im Vers aus dem Johannesevangelium wird sogleich die Tragweite deutlich, um der es der Soteriologie zu tun ist, es geht um nichts weniger als Leben und Tod. Ersteres soll erhalten und Letzterer dadurch implizit aufgehoben und überwunden werden. In Paulus' Brief kommt die Rede stärker auf das Handeln Gottes und dabei auf das Wort *Versöhnung* (griech. καταλλαγή) als Beschreibung dessen, was Gott konkret tut. Die griechische Vokabel verweist auf einen Austausch, im wirtschaftlichen Kontext zum Beispiel von Währungen und Gütern.[2] Im zwischenmenschlichen Bereich geht es um den Austausch von Gesinnungen, hier wird Feindschaft durch Freundschaft ersetzt. Die Erzählfigur ist also Folgende: Gott ist ein Unrecht angetan worden (die »Sünden der Welt«), was zu Feindschaft zwischen beiden Parteien geführt hat. Wie ein schwelender Groll in einer zerstrittenen Familie setzt sich diese Feindschaft fort und gebiert neues Unrecht, so lässt sich aus der Hamartiologie lernen. Gott geht nun einen wesentlichen Schritt, indem der alte Groll ruhen gelassen und das erlittene Unrecht als nicht mehr wesentlich für die Beziehung zwischen Welt und Gott gesetzt wird. Der Akteur ist in beiden Bibelstellen Gott, der eine Handlung vollzieht – Verlieren (in den Tod hinein), Abwenden, Versöhnen – während Christus hierbei als Medium dieser Handlung einrückt. Der Gegenstand der Soteriologie, die Rettung, erscheint in der biblischen Erzählung von Johannes und Paulus als ein einmaliger, unilateraler Akt Gottes, dem aufseiten der Geretteten andere Akte als Reaktion oder Voraussetzung korrespondieren, genannt werden hier insbesondere Glauben und Predigen.[3]

Diese Asymmetrie der Beiträge zum soteriologischen Geschehen setzt sich in vielen Linien der Theologiegeschichte fort, wobei sie jeweils auch ihren eigenen Spin bekommt. Eine starke Verbindung beider in der altgriechischen Etymologie angelegten Konzepte findet sich beispielsweise bei Martin Luther. In dessen zwölftem Diskussionspunkt zur Freiheit eines Christenmenschen führt er aus:

> »Auß wilcher ehe folget, wie S. Paulus sagt, das Christus und die seel eyn leyb werden, ßo werden auch beyder gutter fall, unfall und alle ding gemeyn, das was Christus hatt, das ist eygen der glaubigen seele, was die seele hatt,

---

[2] Art. καταλλαγή, in: HENRY GEORGE LIDDELL / ROBERT SCOTT, A Greek-English Lexicon, Oxford 1940, online abgerufen, URL: http://www.perseus.tufts.edu/hopper/text?doc=Perseus%3Atext%3A1999.04.0057%3Aentry%3Dkatallagh%2F (Stand: 10.09.2021).

[3] Vgl. ULRICH H. J. KÖRTNER, Evangelische Sozialethik. Grundlagen und Themenfelder, Göttingen ⁴2019, 126.

wird eygen Christi. So hat Christus alle gütter und seligkeit, die seyn der seelen eygen. So hatt die seel alle untugent und sund auff yhr, die werden Christi eygen. *Hie hebt sich nu der frölich wechsel und streytt.* Die weyl Christus ist gott und mensch, wilcher noch nie gesundigt hatt, und seyne frumkeyt unübirwindlich, ewig und almechtig ist, [...] ßo mussen die sund ynn yhm vorschlungen und erseufft werden[.]«[4]

Bei Luther erscheinen Seligkeit und Sündigkeit als Güter, die es im *sacrum commercium* zu vertauschen gilt. Bemerkenswert ist darüber hinaus, dass in der Freiheitsschrift gegenüber den biblischen Versen nicht mehr Gott (Vater) der handelnde Akteur des Versöhnungsgeschehens ist, sondern Christus, der damit über eine rein mediale Rolle hinauskommt. Dies verweist einerseits auf die nachbiblisch entwickelte Trinitätstheologie, betont andererseits aber durch die christologische Engführung auch das Subjekt des rettenden Handelns in seiner Menschlichkeit und damit Nahbarkeit, ohne dabei die transformative *agency* aufzugeben oder aufzuteilen. Sie erscheint hier aber als Folge einer Eigenschaft, weniger als Folge einer Handlung, wie es im Bibeltext der Fall ist – obschon natürlich auch dort die Handlung Folge einer Eigenschaft ist, nämlich der Freiheit Gottes, aus dem Sündenkreislauf auszusteigen.

Die bisher beschriebene Top-Down-Logik (oder Bräutigam-Braut-Logik bei Luther) wurde in der christlichen Theologie durchaus affirmativ rezipiert. So kann etwa Gustaf Aulén in seinen Ausführungen zu den Haupttypen der Versöhnung Folgendes schreiben:

»Zuerst muß beachtet werden, daß die Versöhnung hier durchaus als ein Weg Gottes zu den Menschen gedacht wird. Der Versöhnungsweg geht nicht von unten aufwärts, er ist auch nicht zum Teil ein Weg von oben und zum Teil ein Weg von unten, sondern durch und durch ein Weg von oben nach unten, von Gott zu den Menschen. Die Liebe, die sich in der Versöhnung zeigt, ist überhaupt nicht von irgend etwas Menschlichem bedingt. Verdienstgedanken haben hier keinen Platz. Die hier wirkende göttliche Liebe ist auf ihrem Weg nach unten ganz unbedingt.«[5]

---

[4] MARTIN LUTHER, Von der Freiheit eines Christenmenschen, 1520, WA 7, 20–38, 25f., Hervorhebung KW.

[5] GUSTAF AULÉN, Die drei Haupttypen des christlichen Versöhnungsgedankens, in: ZSTh 8 (1931), 501–538, 510.

Aulén liefert hierzu auch unmittelbar den Grund mit: Ihm ist es um die Freiheit und Unbedingtheit Gottes zu tun. Er steht damit in einer langen Reihe von theologischen Aussagen, die er selbst in seinem Text bis zu einer Äußerung Gregor von Nyssas zurückverfolgt.[6] Hinter dieser Position steht die – durchaus berechtigte – Befürchtung, dass jedwede Form von Bedingtheit Gott in das Reich des Verfügbaren verlagern würde und dadurch letztendlich Schaden an Attributen wie Gottes Gerechtigkeit oder Gottes Güte hervorrufen könnte.[7] Ohne eine Souveränitätsbehauptung könnte Gott zum Gegenstand zwischenmenschlicher Machtfelder werden.

Dieses Kalkül wurde jedoch nicht von jeder Strömung christlicher Theologie in gleicher Weise akzeptiert. Stattdessen gibt es solche Theologien, die im Abwägen von Souveränität des unparteiischen, gerechten Gottes und empathischem Mitgefühl des allparteilichen, liebenden Gottes die Waage in die andere Richtung ausschlagen lassen.[8] Dies drückt beispielsweise Julia Enxing aus, wenn sie Charles Hartshornes prozesstheologische Auseinandersetzung in dieser Sache im Gegenüber zu Anselm von Canterbury skizziert:

»Während Anselm die Möglichkeit einer reziproken Gott-Welt-Beziehung negiert, erachtet Hartshorne eine solche für notwendig. Es ist essentiell für sein Verständnis eines *sozialen Gottes*, dass dieser in einer wechselseitigen Beziehung zur Welt steht. [...] Hartshorne kann Gottes Liebe zur Welt nicht anders denken als eine beidseitige Liebesbeziehung, die eine gegenseitige Beeinflussbarkeit beider Seiten notwendig postuliert.«[9]

---

[6] Vgl. ebd. Verwiesen wird auf Gregors *Oratio catechetica magna*.

[7] Vgl. bspw. KARL BARTH, Kurze Erklärung des Römerbriefs, München ²1959, 100; DERS., Der Römerbrief, München ²1922, 4.

[8] Nur als Randnotiz sei hier darauf verwiesen, dass in der zweiten Hälfte des 20. Jahrhunderts wiederum vermehrt solche Entwürfe aufgekommen sind, die das soteriologische Handeln Gottes mit einer weltimmanenten Aktivität korrespondieren, bei der Menschen sehr wohl einen aktiven Part leisten müssen. So kann etwa Sándor Fazakas schreiben: »Der Mensch hat Teil an diesem versöhnenden Handeln Gottes. Als Adressaten [sic] dieses Versöhnungsgeschehens ist er dazu berufen, an der Aufhebung der Gottverlassenheit der Welt in all ihren sozialen, rechtlichen, ökonomischen und kosmischen Dimensionen mitzuwirken.« SÁNDOR FAZAKAS, Versöhnung, Vergeben, Verzeihen, in: REINER ANSELM / ULRICH H. J. KÖRTNER (Hrsg.), Evangelische Ethik kompakt. Basiswissen in Grundbegriffen, Gütersloh 2015, 219–227, 219, vgl. außerdem überblickshalber WOLFGANG BEINERT / ULRICH KÜHN, Ökumenische Dogmatik, Leipzig/Regensburg 2013, 385–388.

[9] JULIA ENXING, Die Allmacht Gottes in der Prozesstheologie, in: KARLHEINZ RUHSTORFER

Dieser Intuition Hartshornes, dass eben nicht nur Gott die Welt geliebt hat, sondern dass auch die Welt Gott in einflussreicher Weise zurückgeliebt hat, und dass beide Perspektiven in ein mindestens auch adäquates Verständnis von Soteriologie hineingehören könnten, soll im Folgenden nachgespürt werden. Eine erste Spur hierzu kann bei David L. Wheeler gefunden werden, der mithin bisher die einzige prozesstheologisch orientierte Auseinandersetzung mit Versöhnung als christlich-dogmatischem Lehrstück geschrieben hat.[10]

2. Versöhnung relational denken I: Beschreibungen des Feldes bei David L. Wheeler

Wheelers Text *A Relational View of the Atonement* versteht sich selbst als ein Prolegomenon für eine eigentliche Soteriologie in konstruktiv- beziehungsweise prozesstheologischer Perspektive. Dies hat zwei Auswirkungen auf das Buch: Einerseits ist es stark darauf ausgerichtet, Voraussetzungen einzuholen, was sich darin äußert, dass die erste Hälfte der Beschreibung und Analyse von sechs Desideraten gewidmet ist, die Wheeler im derzeitigen Kontext der Soteriologie ausmacht. Ein weiteres Viertel wird darauf verwendet, vier unterschiedliche Typen von Soteriologie zu klassifizieren, welche in der Dogmengeschichte impulsgebend gewirkt haben. Erst im letzten Viertel wird eine Skizze dafür angeboten, was aus Wheelers Sichtweise eine relationale Perspektive auf das Dogma der Versöhnung sein könnte. Hierin kommt zugleich die zweite Auswirkung zum Tragen: Andererseits nämlich nimmt Wheeler eine Position ein, die dem geleisteten konstruktiven Unterfangen einen eher suggestiven, denn umfassenden Charakter zuschreibt.[11] Diese Suggestion fühlt sich dabei der These verpflichtet, Versöhnung insbesondere als »reordering of broken or distorted relationship«[12] zu verstehen und versucht dabei, eine Synthese von Wheelers baptistischer Herkunft mit dem Impetus einer natürlichen

---

(Hrsg.), Unwandelbar? Ein umstrittenes Gottesprädikat in der Diskussion, BÖR 112, Leipzig 2018, 33–54, 44, Hervorhebung i. O.

[10] Vgl. DAVID L. WHEELER, A Relational View of the Atonement. Prolegomenon to a Reconstruction of the Doctrine, AmUStR 54, New York 1989; zum spezifisch christlich-systematisch-theologischen Zuschnitt vgl. außerdem DERS., Universal Concerns and Concrete Commitments. In Response to Anderson, in: ProcSt 23 (1994), 192–196.

[11] Vgl. WHEELER, View, 6, 189.

[12] Ebd.

Theologie zu verknüpfen, der ihm aus der Beschäftigung mit prozesstheologischen Entwürfen zuwächst.[13]

Die Erwägungen der ersten Teile aber zumindest kurz vorzustellen, lohnt, da aus ihnen ersichtlich wird, welche grundsätzlichen Ansprüche Wheeler an einen soteriologischen Entwurf stellt, der auf die Gegebenheiten (seiner) Gegenwart reagiert. So lauten seine sechs Desiderate (D*i*):

> »(1) Comprehendibility [sic] in terms of an adequate and plausible view of the wide world of daily experience.
> (2) Positive expression of the objective nature of the human dilemma which cries out for reordered relationship with the ground of our being. [...]
> (3) Explication of the concept of God as initiator of an objective response to the human situation. [...]
> (4) At the same time, the reality of humanity's free, subjective response to God's reconciling actions must be preserved and explicated.
> (5) Clear expression of the relationship between the grace of God's atoning intervention in the human process and its cosmic background to reorder it (cf., desideratum 3) and his original creative grace. [...]
> (6) Faithfulness to the biblical images and concepts of God's redeeming work as consummated in Christ. [...]«[14]

In dieser Sammlung von Desideraten wird eine starke Sensibilität dafür deutlich, dass sich systematisch-theologische Theoriebildung immer in einem Spannungsfeld bewegt, zwischen der Bindung an den gesammelten Schatz der christlichen Tradition auf der einen Seite (insbesondere in D5 und D6 ausgedrückt) und der Notwendigkeit einer Intelligibilität der theologischen Annahmen für die Gegenwart auf der anderen Seite (wofür wiederum insbesondere D1, D2 und D4 stehen). Es ließe sich sicherlich vereinfacht ausdrücken, dass darin zunächst einmal das grundsätzliche Dilemma der systematischen Theologie formuliert ist. Deren Aufgabe lässt sich beispielsweise so beschreiben, dass es darum geht, das auszudrücken, zu verheutigen und begründbar nachzuvollziehen, was die christliche Überzeugung ausmacht. Für Wheelers Beschreibung der Soteriologie kommt hierbei nun das spezifisch individualisierende und erfahrungsorientierte Moment der Moderne zum Tragen und folgerichtig beschreibt er die Desiderate D3 und D4 auch als seine Kerndesiderate.[15] Herkommend

---

[13] Vgl. a. a. O., 5.
[14] A. a. O., 12 f.
[15] Vgl. a. a. O., 109.

von der durch ihn so wahrgenommenen Notwendigkeit, nicht-biblische Wirklichkeitsverständnisse nicht einfach für zweitrangig zu erklären, ist es ihm darum zu tun, eine Theologie anzubieten, die dieser modernen Wirklichkeitswahrnehmung Rechnung trägt. Für Wheeler ist der philosophische Unterbau für diesen Brückenschlag zwischen christlicher Überzeugung und gegenwärtiger Weltbegegnung im Prozessdenken gegeben (dort aber zugleich auch tautologisch hineingelegt).[16]

Zugleich schließt sich, mit der Einsicht, dass die Entwicklung von theologischen Standpunkten immer an das Wirklichkeits(vor)verständnis der entwickelnden Theologietreibenden geknüpft ist, an, danach zu fragen, welche möglichen Lösungen es für ein theologisches Theoriestück gegeben haben könnte. Wheeler schlägt für die Kategorisierung dieser Lösungen in der Soteriologie vier Typen (T*j*) vor, nämlich (1) objective, (2) external, (3) subjective und (4) internal.[17] Diese Typen zeichnen sich dadurch aus, dass sie je unterschiedliche Betonungen im Verhältnis von Gott und Mensch vornehmen, wie sie in D3 und D4 beschrieben sind. Daraus folgt zugleich, dass es sich bei den Typen nicht um festgefügte Schubladen handelt, sondern um Standpunkte, auf die sich Theologietreibende mal mehr, mal weniger deutlich stellen und dabei auch Mischformen hervorbringen. Diese Betonungen lassen sich nochmals entlang des Gott-Welt-Verhältnisses gruppieren: T1 und T2 betonen vor allem die Transzendenz Gottes, T3 und T4 dagegen Gottes Immanenz.

Die vier Typen lassen sich in Kürze mit Wheeler wie folgt beschreiben:[18] Bei T1 liegt nun die Betonung auf einer erneuerten Intervention des aseitischen Gottes, um den zerstörerischen Auswirkungen der Sünde auf die Einzelnen, die Gemeinschaft und die Schöpfungsordnung entgegenzuwirken. Klassischer Gewährsmann ist hier Anselm von Canterbury. T2 betont dagegen noch stärker die Diskontinuität von Gott und Welt, nicht nur hinsichtlich der Freiheit Gottes, sondern auch hinsichtlich der menschlichen Antwort darauf, welche hier in keiner Weise das Versöhnungshandeln beeinflusst. Wheeler kombiniert diesen Typ mit dem frühen Barth, etwa aus dem Römerbrief. T3, als erster der immanenten Typen, betont den Vorbildcharakter Christi, insofern dieser im Menschen einen Herzens- und Charakterwandel bewirke und dies selbst bereits eine Neuordnung des Gott-Welt-Verhältnisses darstelle. Mit diesem Typus assoziiert

---

[16] Vgl. a. a. O., 110.
[17] Vgl. a. a. O., 115f.
[18] Vgl. ebd.

Wheeler klassischerweise Pierre Abaillard. T4 schließlich verfolgt den Grundgedanken, dass die Entwicklung eines christlichen Wertesystems als Ausdruck eines neu geordneten Gott-Welt-Verhältnisses nicht etwa ein äußeres Phänomen zur Entwicklung der Welt und des Kosmos sei, sondern vielmehr deren Fluchtpunkt. Hierfür nimmt Wheeler Friedrich D. E. Schleiermacher in Beschlag, identifiziert diese Position aber zugleich auch mit dem Ausgangspunkt vieler Prozesstheologinnen und -theologen.

Das von Wheeler gewählte Raster erweitert dabei die klassische Differenzierung von objektiver und subjektiver Versöhnung – Wheeler selbst nennt sie, auch mit Blick auf seine Verknüpfung mit Anselm und Abaillard, ein theologisches Klischee – um die Perspektivenachse external-internal.[19] Hierin geht es ihm darum, zu zeigen,

> »how the modern understanding of humanity and its world as process, and the subsequent abandonment of classical concepts of a fixed ›human nature‹ and a static, ›proscenium arch‹ world, conceived as the setting for a predetermined divine-human morality play, renders both of the classical types of atonement obsolete, and yet provides a basis for the rapproachment [sic] of their derivative forms in a new and exciting unity.«[20]

3. Versöhnung relational denken II: Wheelers Skizze einer prozesstheologischen Soteriologie

Aufbauend auf den diskutierten sechs Desideraten und vier Typen, entwickelt Wheeler schließlich seine eigene Vorstellung von Versöhnung in relationaler Perspektive. Sein Ausgangspunkt ist dabei die Vorstellung, dass Gott und Welt in eminenter Weise miteinander verbunden seien, und

---

[19] Gegen die Zweiteilung der soteriologischen Charakteristik wendet sich im Übrigen auch Aulén und schlägt stattdessen eine Dreiteilung von klassischem Typus (Bibel und alte Kirche), lateinischem Typus (im Gefolge Anselms) und drittem Typus (nach Schleiermacher und A. Ritschl) vor. Vgl. AULÉN, Haupttypen, 501–503. Bernhard Seiger wiederum ordnet Wheeler als zusätzlichen vierten, geschichtlich-prozessualen Typus in Auléns Schema ein; vgl. BERNHARD SEIGER, Gabe und Aufgabe, EHS.T 563, Frankfurt a.M. 1996, 163–165.

[20] A. a. O., 117. Im weiteren Verlauf macht Wheeler allerdings deutlich, dass jeder der vier von ihm benannten Typen eine legitime Position darstellt und in gewisser Weise und innerhalb seiner je eigenen Logik auf das soteriologische Problem antwortet und sich hierbei insbesondere zu unterschiedlichen Desideraten verhält. Vgl. a. a. O., 185–187.

dass ihr Wesen und ihre Existenz vor allem durch ihre Beziehungen definiert sei.[21] Dies ist ein dezidiert prozesstheologischer Gedanke, der sich auf Whitehead zurückführen lässt.[22]

Infolge der Verwobenheit von Gott und Welt durch die prozesstheologisch gedachte Dipolarität Gottes (verknüpft in der Folgenatur Gottes[23], die Wheeler auch als »God-world ecosystem«[24] bezeichnet) sind beide Parteien notwendigerweise in einen Versöhnungsprozess hinein engagiert. In diesem Engagement ist angelegt, dass beide Parteien, Welt *und* Gott, im Versöhnungsprozess etwas zu gewinnen oder zu verlieren haben.[25] Dadurch gerät Versöhnung für Gott zu einem ›kostspieligen Akt‹, der gerade nicht nur aus Gottes freiem Willen heraus schon gelungen ist.

In diesem Rahmen der Relationalität erscheint Sünde gerade als die Gebrochenheit von Beziehungen, innerweltlich, aber eben auch zwischen Welt und Gott. Durch die Zerstörung dieser Beziehungen wird aber nicht nur eine abstrakte Schöpfungsordnung in Zweifel gezogen, sondern Gottes ganzes Werden steht auf dem Spiel, ist es doch durch die Folgenatur direkt mit der Welt verbunden. Gott ist also ebenso sehr verletzlich gemacht worden wie die Menschen. Wheeler formuliert es so:

> »If we take seriously the divine immanence in Christ, and the divine diminishment or enrichment through relationship, then the cry of desolation from the cross (Mat. 27:46) takes in the character not simply of a cry of humanity to a *deus absconditus*, but a cry of the *despair of God* because of the destruction he has suffered in his relationship to the creature. God is literally

[21] Vgl. a. a. O., 190 und öfter.
[22] Vgl. bspw. ALFRED N. WHITEHEAD, Prozeß und Realität. Entwurf einer Kosmologie, stw 690, Frankfurt a.M. ⁷2015, 621: »Es ist genauso wahr zu sagen, daß die Welt Gott immanent ist, wie zu behaupten, daß Gott der Welt immanent ist. / Es ist genauso wahr zu sagen, daß Gott die Welt transzendiert, wie zu behaupten, daß die Welt Gott transzendiert.«
[23] Gott ist bei Whitehead ein sogenanntes *Wirkliches Einzelwesen*, ein Konkretisierungskondensat inmitten des werdenden Prozesses. Wirkliche Einzelwesen sind in Whiteheads Konzeption immer bipolar, insofern sie einen geistigen und einen materiellen Pol haben. Für Gott werden diese Pole mit einer doppelten Natur Gottes identifiziert, nämlich der geistige Pol mit der unwandelbaren Urnatur Gottes, in dem alle Idealbilder vereint sind und der materielle Pol mit der Folgenatur Gottes, welche in direkter Kommunikation mit den konsequenzreichen Prozessen der Welt steht. Vgl. MARJORIE H. SUCHOCKI, God – Christ – Church. A Practical Guide to Process Theology, New York 1988, 38–45.
[24] WHEELER, View, 191.
[25] Vgl. a. a. O., 200.

vulnerable to the oppressor and utterly identified with the oppressed, to this day.«[26]

Gottes Reaktion auf die Verwundung durch die Sünde ist in Wheelers Modell eine, die aus zwei Einsichten des Prozessdenkens lebt. Einerseits wird das soteriologische Unterfangen – wie alles andere auch – als ein Prozess aufgefasst, der selbst wiederum eine Weiterentwicklung darstellt, anstelle eines ›Zurück auf Los‹.[27] Andererseits entspricht die Bewegungsrichtung, die im soteriologischen Prozess aufgenommen wird, mit Whitehead gesprochen, Gottes Folgenatur:

> »Die Folgenatur Gottes ist sein Urteil über die Welt. Er rettet die Welt, so wie sie in die Unmittelbarkeit seines eigenen Lebens übergeht. Es ist das Urteil von einer Zartheit, die nichts verliert, was gerettet werden kann. Es ist auch das Urteil von einer Weisheit, die alles verwendet, was in der zeitlichen Welt bloß Trümmer ist.«[28]

Das leitende Motiv ist also nicht eine Wiederherstellung von Gerechtigkeit, sondern eine Suche nach Heilung und Leben inmitten einer – metaphorisch gesprochen – von scharfen Kanten und herausgebrochenen Rändern gekennzeichneten Beziehungslandschaft, die zu durchwandern unweigerlich neue Verwundungen nach sich zieht.

Wheeler folgt in der Herangehensweise an das *Wie* des Versöhnungsprozesses dem christlichen Traditionsstrom. In Rückgriff auf David R. Griffin entwirft er Christus als »special act of God«[29] und nähert sich damit zugleich den eingangs beschriebenen biblischen Vorstellungen von Christus als Mittel von Gottes Versöhnung an, wenngleich hier unter anderen Vorzeichen. Wheeler führt aus: »A special act of God would be a *human act*—the human being being the creature most suited to express God fully, as we also said above. It would be an act expressing a new vision of reality.«[30]

Zwei Punkte kommen hierbei in den Blick: Zum einen hebt Wheeler auf die Menschlichkeit Jesu ab, und dass gerade diese Menschlichkeit dazu angetan sei, Gottes Weiterentwicklung im Versöhnungsprozess ein-

---

[26] A. a. O., 203, Hervorhebungen i. O. unterstrichen.
[27] Vgl. a. a. O., 205.
[28] WHITEHEAD, Prozeß, 618.
[29] WHEELER, View, 208.
[30] A. a. O., 56, Hervorhebung i. O. unterstrichen.

zuholen. Dies ist eine starke Abweichung von den üblichen Vorstellungen innerhalb der christlichen Theoriebildung die Beziehung von Gott und der geschaffenen Welt anbetreffend, wird hier doch gerade das Abhängigkeitsverhältnis zwischen beiden Parteien umgedreht. Es ist zugleich ein interessanter Zugang zur doppelten Natur Christi, die hier ebenfalls als der dipolaren Gottesnatur nachgebildet – oder richtiger: an ihr partizipierend – in den Blick kommt:

> »It is in Jesus Christ, Christian Faith proclaims, that the divine will to atone is definitively embodied within the processive human phenomenon, and that an utterly faithful and consistent human response to this divine initiative is actualized.
>
> These two assertions are mutually conditioning. For it is by Christ's *human* faithfulness and obedience that the *divine* will is actualized, and it is the *divine* purity and comprehensiveness of his vision that makes his human obedience the human expression of God's purposes. And again, it was the divine purity and the divine comprehensiveness of his vision which made him the most compassionate of all men, and it was his real humanity, his character as genuinely emergent from the nation Israel, that ›connected‹ his divine goodness with the ongoing human phenomenon and made it an atoning goodness.«[31]

Gerade die Menschlichkeit Christi wird hier also zum Garanten dafür erhoben, dass Versöhnung zwischen Gott und Mensch gelingen kann, und zwar nicht in einer Opferlogik, wie beispielsweise bei Anselm,[32] oder auch nur einer Vorbildlogik zur Liebe hin, wie bei Abaillard,[33] sondern, indem in Christus ein Knotenpunkt geschaffen wird, in welchem eine neue Beziehung zwischen Welt und Gott ihren Anfang nehmen kann. Diese Beziehung ist davon gekennzeichnet, dass sie die Sünde zwar als Erfahrungsrealität kennt, ihr aber deswegen selbst noch nicht unterworfen ist. Darin ist auch der andere Punkt von Wheelers Aussage oben angesprochen: In Christus als speziellem Akt Gottes ist eine neue Vision der Realität angelegt. Zu dieser Vision verlockt Christus beide Parteien. Die

---

[31] A. a. O., 208. Hervorhebungen i. O. unterstrichen.
[32] Vgl. ANSELM VON CANTERBURY, Cur Deus Homo/Warum Gott Mensch geworden. Lateinisch und Deutsch, Darmstadt 1965, 96–99.
[33] Vgl. PETRUS ABAELARDUS, Expositio in epistolam ad Romanos/Römerbriefkommentar, Bd. 2, FC 26/2, Freiburg i. B. 2000, 290–291.

Menschen können in Christus eine ideale Aktualisierung des *initial aims* erblicken (um es technisch mit Whitehead zu sagen) und werden darin in der Formatierung ihres eigenen *subjective aims* geprägt,[34] während Gott als Christus in die menschliche, von Sünde durchzogene Erfahrungswelt hineingezogen wird und mit ihr einen Umgang zu finden trachtet.[35] Die Denkfigur erscheint dabei ganz ähnlich derjenigen von Luther in seinen Überlegungen zum »frölich wechsel und streytt«, in denen ja ebenfalls beide Parteien direkt in den soteriologischen Vorgang eingespult sind. Wheelers Entwurf stellt allerdings die Gesprächspartner noch einmal in ein deutlich gleichberechtigteres Gefüge hinein, wenn er die menschliche Natur als notwendige Bedingung für den Versöhnungsprozess rahmt, statt ihr alleine den Anhalt in Untugend und Sünde zu geben, die es zu überwinden gelte.[36] In Christi Leben, Tod und Auferstehung findet stattdessen eine Exemplifizierung der optimalen göttlich-menschlichen Beziehung statt, die ihrerseits dazu angetan ist, die fortwährende menschliche Selbstbildung hin auf das Göttliche zu beeinflussen und darin nicht nur in die Folgenatur Gottes einzugehen, sondern auch – als Ausdruck der perfekten Qualitäten – in die Urnatur Gottes.[37]

---

[34] Vgl. WHEELER, View, 217. Zur Differenzierung von *subjective aim* und *initial aim* vgl. JOHN B. COBB / DAVID R. GRIFFIN, Prozess-Theologie. Eine einführende Darstellung, Göttingen 1976, 24f. Dort heißt es: »Das Streben nach Genuß als einem Ziel ist nicht nur einer unter vielen Aspekten eines Erlebnisses. Es ist vielmehr dasjenige Element, in dem die Gegebenheit zur Einheit gelangt. Dieses zielgerichtete Streben leitet sich nicht aus der vergangenen Welt her, denn es ist einzigartig in dem neuen Geschehnis. Das Geschehnis wählt sein eigenes ›subjektives Ziel‹ (*subjective aim*). Diese Wahl erfolgt jedoch nicht in einem Vakuum. Die Attraktion, der Anreiz, die dem Akt der Selbstbestimmung Anstoß und Richtung geben, kommen von Gott. Dieser Anreiz wird ›anstoßendes Ziel‹ (*initial aim*) genannt.« (Hervorhebungen i. O.).

[35] Vgl. a. a. O., 206.

[36] Vgl. LUTHER, Freiheit, 25f. Luther formuliert das Gefälle (auch das Handlungsgefälle) zwischen Christus und der Seele mit deutlichen Worten: »Ist nu das nit ein fröliche wirtschafft, da der reyche, edle, frumer breüdgam Christus das arm vorachte bößes hürlein zur ehe nympt, und sie entledigt von allem übell, zieret mit allen gütern?« A. a. O., 26.

[37] Vgl. a. a. O., 214. Wheeler führt dieses Argument in pneumatologischer Weise weiter aus, indem er biblische Zeugnisse von Christus dem Auferstandenen als »Christ-as-Spirit« deutet, welcher die begrenzten Möglichkeiten des historischen Jesus transzendiert. Dies, so Wheeler, metaphorisiere die Bibel als die ›Ausschüttung des Geistes‹.

4. Soteriologie als Paartherapie zwischen Gott und der Welt: Outro

Wheeler präsentiert in seinem *Prolegomenon* einen faszinierenden soteriologischen Entwurf, in dem er versucht, den Spagat zwischen Traditionstreue einerseits und einer Aktualisierung des oftmals unzugänglichen Anteils an der Lehre von der Versöhnung andererseits zu vollbringen. Der prozesstheologische Zugang, der neben Whitehead vor allem aus der Rezeption von Charles Hartshorne, John B. Cobb, David R. Griffin und Schubert Ogden lebt, erlaubt es ihm dabei, die Betonung auf das interdependente Miteinander zu legen, welches sich auch in biblischen Texten immer wieder angelegt findet. Versöhnung erscheint so bei Wheeler als ein fortwährendes Ringen darum, die wechselseitige Verwundung zu überwinden, an der Gott *und* die Welt leiden. Christus als Symbol, aber auch als völlig aktualisiertes menschliches Individuum, erscheint dabei als ein Versprechen dafür, dass eine erneute gelingende Beziehung zwischen beiden Parteien wirklich gelingen kann und bisweilen auch schon jetzt gelingt.

Die entfesselte Technik und die christliche Verantwortung

Gedanken zu einer Gestalt christlicher Technik

Roman Winter-Tietel

0. Einleitung

Als im 19. Jahrhundert die Industrialisierung im Zuge des um sich greifenden Kapitalismus richtig an Schwung gewann, begann auch in der Philosophie eine Wahrnehmung für das Phänomen der Technik. In den Anfängen erschien das Technische an den Rändern der Gesellschaft, weil es zumeist auf die Produktion (zum Beispiel Fabriken) beschränkt war. Bereits zu Beginn des 20. Jahrhunderts, und dann besonders forciert durch die zwei Weltkriege, rückte die Technik zunehmend in die Mitte des Alltags. In dieser Zeit entstanden auch bis heute wegweisende Analysen der Technikphilosophie, wie sie von Kapp,[1] Heidegger,[2] Cassirer,[3] Tillich[4] und anderen vorgelegt wurden. Heute beobachten wir nicht allein einen quantitativen Unterschied zu den damaligen Verhältnissen. Im Spiegel der Corona-Pandemie ist es unübersehbar geworden, dass unser gesamtes Leben – physisch und psychisch – qualitativ auf (digitale) Technik angewiesen ist, beziehungsweise auf einer technischen Grundlage basiert. Die einfachsten Beispiele sind auf der einen Seite unsere existentielle Angewiesenheit auf Elektrizität und auf der anderen Seite die Verlagerung immer größerer Teile des Soziallebens in die Virtualität. Die Forschung und Stu-

---

[1] Vgl. ERNST KAPP, Grundlinien einer Philosophie der Technik. Zur Entstehungsgeschichte der Cultur aus neuen Gesichtspunkten, Braunschweig 1877.
[2] Vgl. MARTIN HEIDEGGER, Die Frage nach der Technik, in: Gesamtausgabe Bd. 7, 1. Abt, Frankfurt 2000, 5–36.
[3] Vgl. ERNST CASSIRER, Form und Technik, in: Gesammelte Werke, Bd. 17, Hamburger Ausgabe, Aufsätze und kleine Schriften (1927–1931), Hamburg 2004, 139–183.
[4] Vgl. PAUL TILLICH, Logos und Mythos der Technik & Die technische Stadt als Symbol, in: Gesammelte Werke Bd. 9, Die religiöse Substanz der Kultur, Stuttgart 1967, 297–306 & 307–311.

dien zu den Auswirkungen der digitalen Technik auf unser Leben nehmen gegenwärtig – und eigentlich seit der Einführung des Internets – zu.[5] Da die Digitalisierung schon seit einem halben Jahrhundert das Kennzeichen moderner Technikentwicklung darstellt, hat man in den Kulturwissenschaften und der Philosophie angefangen, vom Phänomen der *Digitalität* zu sprechen, um jenen Bereich zu markieren, in dem das alltägliche Leben (die Lebenswirklichkeit) und das Soziale durch digital-technische Artefakte und Systeme transformiert werden.[6] Prominent geworden ist etwa die Studie von Stalder, in der er deutlich die Veränderungen in Kommunikation und Sozialpraxis aufgrund von Algorithmen und sozialen Medien aufgezeigt hat.[7] Die Theologie hat – verallgemeinernd gesprochen – diese Reflexion verschlafen. Zwar gab es immer hellsichtige Theologen und Theologinnen, die die Technikentwicklung kritisch begleitet (Tillich, Bultmann) und ethische Entwürfe vorgelegt (Gräb-Schmidt, Ohly)[8] haben, für den Theologievollzug – oder den christlichen Glauben – aber sind kaum Konsequenzen gezogen worden. Erst die neueren Forschungen unter dem Signum ›Cybertheologie‹[9] oder ›Digitale Theologie‹[10] weisen in diese Richtung und formulieren kritische Ansätze im Umgang mit der Digitalität. In diesem Essay will ich – ohne hier eine spezifische Cybertheologie wiederzugeben – die kritische Perspektive auf die digitale Technik aufgreifen, um mögliche Orientierungslinien für das christliche Handeln ans Licht der Verantwortung zu ziehen. Es soll mithin die Frage beantwortet werden: *welche Rolle der christliche Glaube in Bezug zur Technik* (heute natürlich zur Digitalisierung) *einnehmen sollte?* Es geht damit um eine normative

---

[5] Vgl. Armin Nassehi, Muster. Theorie der digitalen Gesellschaft, München 2019; sowie Richard D. Precht, Künstliche Intelligenz und der Sinn des Lebens. Ein Essay, München 2020.

[6] Vgl. Jörg Noller, Philosophie der Digitalität. Realität – Virtualität – Ethik, Stuttgart 2022.

[7] Vgl. Felix Stalder, Kultur der Digitalität, Berlin 2016.

[8] Vgl. Elisabeth Gräb-Schmidt, Technikethik und ihre Fundamente. Dargestellt in Auseinandersetzung mit den technikethischen Ansätzen von Günter Ropohl und Walter Christoph Zimmerli, Berlin 2002; Lukas Ohly / Catharina Wellhöfer, Ethik im Cyberspace, Frankfurt 2017.

[9] Vgl. Antonio Spadaro, Cybertheology. Thinking Christianity in the Era of the Internet, Bronx 2014 und Roman Winter, Cybertheologie. Theologische Positionierungen angesichts digitaler Herausforderungen, in: NZSTh 62 (2020), 466–483.

[10] Vgl. etwa den jüngsten Sammelband von Wolfgang Beck / Ilona Nord / Joachim Valentin (Hrsg.), Theologie und Digitalität. Ein Kompendium, Freiburg 2021; vgl. auch Johanna Haberer, Digitale Theologie. Gott und die Medienrevolution der Gegenwart, München 2015.

Verhältnisbestimmung. Diese Normativität ergibt sich meines Erachtens aus der Tatsache, dass die Technik nicht ein bloßer Aspekt unserer Lebenswirklichkeit ist (*Adiaphora*), sondern das Fundament unseres derzeitigen Lebens. Technik ist präreflexiv in unsere Praxis und unser Verhalten eingeschrieben; damit formt Technik – ab hier nun verstanden als ein Welt-Verhältnis[11] und nicht als ein Ding oder Artefakt – unser In-der-Welt-sein technisch um. Ohne eine Reflexion auf diese so verstandene technische Lebenswirklichkeit geht die Theologie in ihrem Welt- und mithin in ihrem Selbstverständnis fehl. Damit die oben genannte Frage einer Antwort entgegengeführt wird, soll beginnend die moderne Technik in ihren Grundzügen skizziert werden, um sie in ihrem Charakter als Welt-Verhältnis zu erhellen.

1. Das ›Wesen‹ der Technik

Durch die Phänomenologie wurde der Wesensbegriff im 20. Jahrhundert wieder verstärkt in den philosophischen Kanon gerückt. So war es etwa Heidegger, der die Rede vom Wesen der Technik prominent gemacht hat. Gemeint ist bei ihm freilich keine substantiell verstandene Beschreibung eines Dinges, sondern die phänomenologische Eigenart eines Sich-Zeigenden im Horizont von Welt, mit anderen Worten: Technik zeigt sich (erscheint) unserer Erfahrung auf diese und jene Weise.

Das zentrale Anliegen von Heideggers Technikverständnis war die Erschließung einer Kaskade von phänomenologisch präzise erfassten Weltbezügen, die im Wesen der Technik wurzeln und mit ›Stellen‹ und ›Bestand‹ charakterisiert werden können; aus dem Wesen der Technik leiten sich menschliche Handlungsorientierungen und die Geschichte über Generationen prägende *Praxen* des Einstellens ab – Schalten, Regeln, Messen, Speichern, Verteilen, Tippen oder ›Touchen‹ gibt es im menschlichen Handeln und der Geschichte außerhalb der Technik nicht. Die moderne Technik charakterisiert Heidegger als ein »Herausfordern, das an die Natur das Ansinnen stellt, Energie zu liefern, die *als solche* herausgefördert und gespeichert werden kann.«[12] Diese Möglichkeit liegt zwar in der Natur, ist aber kein Sich-selbst-Zeigen der Natur. Die so herausgehobene und ent-

---

[11] Vgl. Hans Blumenberg, Lebenswelt und Technisierung unter Aspekten der Phänomenologie, in: Ders., Wirklichkeiten, in denen wir leben. Aufsätze und eine Rede, Stuttgart 1996.
[12] Heidegger, Die Frage, 15. Kursiv im Original.

borgene Energie geht über in den menschlichen *Bestand*, der gesichert und verwaltet wird. Der Bestand der Technik steht nicht passiv herum; er unterliegt vielmehr einer kontinuierlichen Zugriffsweise seitens des Menschen: Er wird verwaltet, gesichert und gesteuert. Steuerung und Sicherung sind für Heidegger Wesenselemente der Bestand-Hervorbringung.[13] Von daher ist Heidegger darin zuzustimmen, dass die einzelnen technischen Artefakte nicht neutral sind, und es niemals bloß auf die Subjekte ankommt, wie sie gebraucht werden. In phänomenologischer Sicht ist die Nutzung der Technik primär technisch, das heißt der Mensch wird in die Art und Weise der *Techne* – im Gegensatz zur *Poiesis/Physis* – eingespannt,[14] was sein soziales und kulturelles Weltverhältnis durchwebt und eine technische Praxis forciert. Es verwundert nicht, dass im Gefolge dieser Analyse Heideggers der Technikdeterminismus einen enormen Aufschwung und eine Kritik erlebte.[15] Obgleich es plausibel ist, dass nicht allein die Technik Einfluss auf unsere Lebenswelt hat, wird man kaum leugnen können, dass ihr heute der Primat zukommt.

Dass die Technik und ihre Entwicklung sich von einer Rechenschaft und Begründung teilweise dispensieren können – wenige würden die Technikentwicklung als solche infrage stellen –, gründet in ihrem Wesen als einem spezifischen Verhältnis zur Wirklichkeit, das, reziprok, einen *ausschließenden* Weltzugriff fordert, und damit wiederum Realität nur in diesem Zugriff ausbuchstabiert. Die Nutzung der Technik hat so das Verhängnis, ihr eigenes Sein vollumfänglich zu begründen: Das Internet ist der Grund für eine instantane Kommunikation; diese Kommunikation ist der Grund für die Nutzung des Internets. Der zum Beispiel durch mobile Endgeräte garantierte augenblickliche Kontakt »erzwingt ihn dann in langer Sicht aber auch, da sich die Gesellschaft durch diese Möglichkeit umbildet, ihn als einen notwendigen Bestandteil integriert.«[16] Eine weitere,

---

[13] Vgl. a. a. O., 17.
[14] Heidegger unterscheidet zwischen zwei Weisen des Entbergens des Seienden: die ποίησισ und die τέχνη. Während *Poiesis* als ein Sich-selbst-Entbergen dem Menschen ihr wesenhaftes Sein aufzeigt, etwa die Blüte, die von selbst sich öffnet, »entbirgt [*Techne*] solches, was sich nicht selber her-vor-bringt und noch nicht vorliegt.« A. a. O., 14. Auf phänomenologischer Ebene macht die Unterscheidung zwischen *Techne* und *Poiesis* durchaus Sinn, da so das zwecklose (Spiel, Kunst, Poesie) und zweckgerichtete Schaffen (Technik) des Menschen differenziert werden können.
[15] Vgl. zur Debatte Christoph Hubig, Die Kunst des Möglichen. Grundlinien einer dialektischen Philosophie der Technik, Bd. 3 Macht der Technik, Bielefeld 2015, 27–32.
[16] Frank Vogelsang, Das Verhältnis von Technik und Werten als kulturelle Heraus-

etwa ethische Begründung außerhalb des Schemas scheint, je etablierter, desto mehr, unnötig. Dabei werden mit Technik bestimmte Werte (zum Beispiel Schnelligkeit) assoziiert. Diese Werte selbst stehen wiederum in einem engen Verhältnis zur Technik. Es ist ein Irrtum zu meinen, die Technik sei allein vor dem Hintergrund dieser Werte entstanden; vielmehr generiert sie jene im gleichen Maße, wie sie intentional in die Technik gelegt sind. Diese schafft einen spezifischen Wert, der ein Weltverhältnis (Schnelligkeit) begründet, das sich als solches selbstverständlich und kritikresistent festschreibt.

Zur Dialektik der Technik gehören also die von ihr hervorgebrachten und durch sie (Artefakte) in die menschliche Praxis eigebetteten Werte. Die Analyse dieser Wertestruktur kann mit Hartmut Rosa auf einen Nenner gebracht werden: Es geht um *Reichweitenvergrößerung* der Weltbeziehung. Nach Rosa ist das zentrale Kennzeichen der Postmoderne ihre das Verhältnis von Subjekt und Welt gestaltenden Tendenz, im individuellen und kulturellen Bereich die Reichweite zu erweitern. Freilich ist die Erweiterung der menschlichen Reichweite nicht nur das Kennzeichen der Moderne; vielmehr gehört sie wesentlich zur Geschichte. Neu oder gegenwärtig akzentuiert ist das Ausschlagen des Pendels in die Richtung der Reichweitenvergrößerung in Korrelation mit der technischen Revolution. Noch nie strukturierte sich die menschliche Identität wesentlich durch zwei Elemente: Beschleunigung und Individualisierung.[17] Ohne Technik sind aber beide kaum möglich. Diese Erweiterung bedeutet eine Steigerung menschlicher Möglichkeiten in der Welt: »*Welt in Reichweite bringen* [...] ist das treibende Motiv der Moderne überhaupt; es lässt sich [u. a.] [...] hinter der mit Kopernikus beginnenden technischen Ausdehnung ins Weltall [...] identifizieren.«[18] Nicht allein im räumlichen Bereich wird der Zugriff auf die Welt erweitert, auch die Zeit, Kultur und das Selbst unterliegen dieser Tendenz. Mehr Zeit für sich zu gewinnen, um etwas zu tun, ist analog zum Bestreben, die Grenzen des Universums zu erkunden, um mehr zu wissen. Rosa verknüpft die Reichweitenvergrößerung mit allen Prozessen der Moderne, etwa der Steigerung des ökonomischen Reichtums, der Liberalisierung der Gesellschaft oder der wissenschaftlichen Forschung.

forderung, in: KATHARINA NEUMEISTER / PEGGY RENGER-BERKA / CHRISTIAN SCHWARKE (Hrsg.), Technik und Transzendenz. Zum Verhältnis von Technik, Religion und Gesellschaft, Stuttgart 2012, 57–78, hier 63f.

[17] Vgl. HARTMUT ROSA, Weltbeziehungen im Zeitalter der Beschleunigung. Umrisse einer neuen Gesellschaftskritik, Berlin 2012, 224–228.

[18] HARTMUT ROSA, Resonanz. Eine Soziologie der Weltbeziehung, Berlin 2019, 521.

Das Begehren, die Weltreichweite zu vergrößern, wurzelt scheinbar im Menschen, doch ist es erst die Technik, die dies vollumfänglich ermöglicht und das moderne Individuum in die Spirale einer »Steigerungs- und Dynamisierungsgeschichte«[19] bringt. Dieses Begehren wurde von der Theologie lange Zeit, jedoch unter Verengung auf die Sexualität, mit der *Konkupiszenz* identifiziert. Tillich hat wahrscheinlich am deutlichsten gegen jene Einseitigkeit Einspruch erhoben und die Konkupiszenz als das ausgewiesen, was sie in Wahrheit ist: »Die unbegrenzte Sehnsucht, das Ganze der Wirklichkeit dem eigenen Selbst einzuverleiben.«[20] Dergestalt gehört die Konkupiszenz zur existentiellen Natur des Menschen, das heißt zu seiner existentiellen Situation der Entfremdung (vom essentiellen Sein). Sie ist der natürliche Ausdruck menschlichen Willens und seiner Triebe, wie Tillich in Anlehnung an Freud (*libido*) und Nitzsche (Wille zur Macht) zeigt.[21] Jedoch wäre sie nicht möglich ohne jene Einheit mit dem essentiellen Sein, die begehrt wird. Das Begehren (Konkupiszenz) ist existentiell und damit immer zweideutig, das Ziel jedoch essentiell. Konkupiszenz bedeutet das durch die Zentrierung des Menschen auf sein Selbst (Subjektivität und Freisein) erweckte Verlangen, auch die Welt in dieses Selbst-Zentrum zu ziehen. Eine solche Bewegung »hebt ihn [den Menschen] über sein Teilsein hinaus und macht ihn auf der Basis seines Teil-seins universal.«[22] Seinen natürlichen Ausdruck findet dieses Begehren in den basalen Instinkten des existentiellen Seins wie dem Hunger und der Sexualität, aber eben auch im Willen, sich Macht, Erkenntnis oder Reichtum anzueignen. All das sind nämlich Formen der Weltreichweite. Insofern darf man mit Tillich sagen: *Konkupiszenz ist (heute) das Begehren der Reichweitenvergrößerung qua Technik.* Sie ist damit eine Gestalt der Sünde, wobei hier mit Nachdruck darauf gewiesen wird, dass Sünde (auch im Sinne Tillichs) die existentielle Entfremdung des Menschen von seinem essentiellen Sein und keine moralische Disqualifizierung meint. Daher ist Sünde der natürliche Zustand des Menschen in seiner Existenz, das heißt universal. Als Mittel der Konkupiszenz-Verwirklichung kann dem Menschen alles dienlich sein, die Kunst ebenso wie die Technik. Es deutet indes vieles darauf hin, dass das Wesen der Technik in ihrer Eigendynamik Konkupiszenz fördert und fordert; Begehren und Sein stehen in einem dialektischen Verhältnis zueinander: Weil sich das Sein in seinem technischen Charakter

---

[19] Ebd.
[20] PAUL TILLICH, Systematische Theologie I–II, Berlin⁹2017, 351.
[21] Vgl. a. a. O., 352–354.
[22] A. a. O., 351.

dem Menschen erschließt, kann der Reichweiten-Begehrende Mittel für die Vergrößerung einsetzen; und weil das Begehren nach Mitteln sucht, stößt es auf die Technik. Doch scheint mir Technik nicht *bloß* Mittel der Reichweitenvergrößerung zu sein, sondern ihrem Wesen nach zugleich auch deren Ursache, denn der Erweiterung der Möglichkeiten inhäriert die Tendenz, sich in diese Logik der Steigerung und Dynamisierung zu verfangen, wodurch ein Verhängnis aus Technik und Reichweite forciert wird.[23] Tillich unterstellte der Technik darum ein Versuchungspotential: »In ihrer Möglichkeit liegt ihre Macht zu versuchen. Versuchung ist immer da, wo Möglichkeiten auftauchen. Und unsere Versuchung ist die technische Möglichkeit.«[24] Auch Rosa insistiert wohl mit Recht, dass die kapitalistischen Gesellschaften darauf angewiesen seien, diesen Prozess der Dynamisierung aufrecht zu erhalten; insofern sie nämlich technische Gesellschaften sind, müssten sie ihre Reichweite stets vergrößern. Heute würde das Ende der Technik zugleich das Ende des Kapitalismus und jeder westlichen Gesellschaft bedeuten;[25] jegliche Reichweite sowie das Begehren dahinter würden zusammenbrechen. Es liegt nahe, Konkupiszenz und Technik in einem Verhältnis oder sogar sich gegenseitig bedingt zu denken.

2. Christliche Verantwortung angesichts der Technik

Nun sind die Handlungsmöglichkeiten angesichts der so beschriebenen Dynamik scheinbar begrenzt. Insofern man nicht zu einer ›Maschinenstürmenden‹ werden will, behilft man sich meist mit ethischen Orientie-

---

[23] Ähnlich bei Tillich, der die Zweideutigkeit der Technik darin beschreibt, dass bei ihr Mittel und Zweck vertauscht werden können. Er attestiert der kapitalistischen Gesellschaft die Produktion der Mittel als Eigenzweck. Vgl. PAUL TILLICH, Systematische Theologie III, Berlin ⁵2017, 538, 551.

[24] DERS., Logos, 304. Die Versuchung ist bei Tillich ein zweideutiger Begriff. Auf der einen Seite gehört sie zur menschlichen Veranlagung, wie das neugierige Suchen nach Erkenntnis, auf der anderen Seite ist sie offen für die Möglichkeit des Sichverstrickens: »Die Technik eröffnet einen Weg, dessen Ende nicht abzusehen ist […] Das technisch Mögliche wird zur immer neuen Versuchung für Mensch und Gesellschaft. Das Suchen nach Erfindungen […] wird zum Zweck an sich, da ein höherer Zweck nicht vorhanden ist. Diese Zweideutigkeit ist weithin verantwortlich für die Entleertheit unseres gegenwärtigen Lebens.« DERS., Systematische Theologie III, 551.

[25] Alternative Wege, mit Wachstum umzugehen, gibt es. Vgl. den Sammelband von TORSTEN MEIREIS (Hg.), Nachhaltigkeit, in: STEFAN BÖSCHER, u. a. (Hrsg.), Jahrbuch sozialer Protestantismus, Bd. 9, Gütersloh 2016.

rungen und Handlungsaufforderungen. Verkannt wird dabei aber die Eigenart (›Wesen‹) der Technik: Sie etabliert ein Weltverhältnis, das auf Messen, Sichern, Touchen und Rechnen hingeordnet ist und sich durch die Sicherung des Bestandes von der Kritik zu dispensieren vermag. Damit scheint Technik nicht *primär* Artefakte oder materielle Bestände zu meinen (aber zweifellos auch), sondern ein Weltverhältnis und schließlich ein Welt*verständnis*. Dieses Verständnis fußt auf einer Welterschließung und -aneignung *qua* Artefakte: Nehme ich etwa – als Beispiel – meinen Leib als eine Anhäufung von Daten wahr, die ich durch Sport optimieren kann, dann ist die Daten sammelnde *Fitbit* zur Erschließung derselben nicht kontingent, sondern fundamental-korrelativ: Ohne die *Fitbit* erscheint der Leib nicht als Datenhaufen – dennoch macht sich diese *Deutung* wiederum von der *Fitbit* unabhängig, sobald ihr Diskurs etabliert ist. Von diesem Welt*verständnis* nun müsste man aber sagen, dass es entweder ein *christliches* Verständnis sei oder eines *etsi deus non daretur*. Ist es letzteres, nützt ein ethisch-verantwortungsvoller Umgang mit Technik wenig und wir müssten neue Wege gehen. Die banalen Forderungen nach einem ethisch-verantwortungsvollen Gebrauch von Privatdaten oder einem ›Digital Detox‹ zum Beispiel übersehen, dass sie nur die Methoden, nicht aber die Werkzeuge verändern wollen. Das Grundproblem liegt aber nicht im *Umgang* mit den Personendaten, sondern viel grundsätzlicher in den Zugriffsmöglichkeiten der Technik als solcher: Es sollten gar keine technischen Möglichkeiten geschaffen werden, solche Daten abzugreifen; und wo der Zugriff schon längst etabliert ist, muss eine Kehre (Bekehrung) in die Anonymität, bzw. Verschlüsselung erfolgen.[26]

Genau an dieser Stelle der ethischen Verantwortung liegt die Forderung nach einer christlichen Vision von Technikentwicklung (Schöpfungswillen), beziehungsweise ihrer Umgestaltung. Statt gute Ratschläge im Umgang

---

[26] Technikenthusiasten argumentieren demgegenüber oft mit dem positiven Nutzen, der sich aus den technischen Möglichkeiten ergibt: etwa die transparentere Nachverfolgung der Kontakte, um Corona-Ausbrüche einzudämmen (als Beispiel). Dazu gäbe es zwei Argumente vorzubringen: 1) Technische Möglichkeiten sind auch mit Verschlüsselung und Anonymisierung nutzbar und nützlich; dafür braucht man keine Opferung der Privatsphäre. 2) Sollten doch Privatdaten notwendig zur Nutzung der Technik sein, ist eine Güterabwägung unabdingbar. Meines Erachtens ziehen die Technikpositivisten hierbei aber den Kürzeren, denn die Preisgabe der Privatsphäre hat zwei negative Folgewirkungen: a) Sie untergräbt die Demokratie, weil das Vertrauen durch Überwachung erodiert. b) Sie öffnet dem Datenmissbrauch Tür und Tor; denn Daten verschwinden heutzutage nicht, sondern werden verkauft, gespeichert oder für KI genutzt.

mit falscher Technik zu erteilen, sollte sich die Theologie in den Schöpfungsdiskurs einmischen und die Entwicklung einer *christlichen Technik* anleiten, beziehungsweise vorhandene Technik kritisch evaluieren, um sie im christlichen Sinne umzugestalten. Dazu werden freilich Kriterien benötigt, die aus den Glaubensprinzipien abzuleiten sind. Unter einer so verstandenen (eschatologischen) Perspektive ist die Schöpfung einer Technik anzugehen, die in ihrer ganzen Gestalt, Form und Inhalt zum Symbol des neuen Seins wird. Es gehört zum verantwortlichen Handeln der christlich Glaubenden und der Kirchen, dass die Technik nur dann dem Gekreuzigten entspricht, wenn sie »ihre wesenhafte Ausrichtung auf den Menschen«[27] hat. Das bedeutet die Ablehnung einer ethischen Verkürzung im Sinne einer Handlungsorientierung gegenüber der vermeintlich neutralen Technik. Technik ist nicht neutral, sondern christlich oder unchristlich (in Analogie zur Existenz, die entweder im Glauben oder Unglauben ist – *tertium non datur*).[28] Ist die Technik christlich, dann ist ihre wesentliche Rechtfertigung der Dienst am Reich Gottes, das heißt eine fragmentarische Darstellung und Symbolisierung der in Christus beschlossenen Heilswirklichkeit (Heiligung der Welt), ohne freilich der Naivität einer Selbsterlösung zu verfallen. Vielmehr ist stets wachzuhalten, dass auch die gegenwärtige und zukünftige Technik befreit werden muss; »auch ihr Mythos muß einmünden in den großen Mythos vom Seufzen aller Kreatur und der Sehnsucht nach einem neuen Sein.«[29] Um dieser tentativen Umgestaltung einen theologischen Rahmen zu verleihen, soll hier der Begriff der Verantwortung von Bonhoeffer soweit reflektiert werden, wie er dem Entwurf einer christlichen Technikumgestaltung förderlich ist.

Das verantwortliche Handeln situiert Bonhoeffer im konkreten Leben der Menschen als Versöhnte *coram Deo*. Die zentrale Einsicht Barths, dass die Inkarnation und die Zwei-Naturen-Lehre Gottes Wesen darin entsprechen und zum Ausdruck bringen, als dass sie seine offenbarte *Selbstbestimmung* symbolisieren, ist bei Bonhoeffer ebenfalls Ausgangspunkt seiner Ethik. Da Gott sich in Christus selbstbestimmend offenbart, zerbricht an dieser Stelle alle davon unabhängige Theologie und Anthropologie: »Es gibt keinen Menschen an sich, wie es keinen Gott an sich gibt; beides sind leere Abstraktionen.«[30] Nun mehr gibt es über Gott nichts weiter zu

---

[27] DIETRICH BONHOEFFER, Ethik, in: Dietrich Bonhoeffer Werke Bd. 6, Gütersloh ²1998, 259.
[28] INGOLF U. DALFERTH, Radikale Theologie, Leipzig ³2013, 254f.
[29] TILLICH, Logos, 306.
[30] BONHOEFFER, Ethik, 253.

sagen, als es über Christus zu sagen gibt – und so auch über den Menschen: Was er ist, kann nach Bonhoeffer nur in Christus erkannt werden. Das in Verantwortung auf den Menschen ausgerichtete Handeln ist mithin ein auf Christus hingeordnetes und an ihm orientiertes Handeln. Es gibt keine Beziehungen unter den Menschen, ohne dass diese eine Gottesbeziehung implizieren – und keine Gottesbeziehung, ohne dass der Mensch mit im Blick wäre. Diese Perichorese in Christus begründet die christliche Verantwortung vor der Welt. Denn im Menschen erkennen der Christ und die Christin nicht länger ›nur‹ den Menschen, sondern immer zugleich den Gott-Menschen. Durch Inkarnation erhalten beide ihre Neubestimmung und Letztbestimmung. Die Begegnung zwischen Mensch und Mensch nennt Bonhoeffer Leben. Darin vollzieht sich Anruf und Antwort, der Ruf Christi und die Antwort des Menschen. Das Leben als Antwort auf Christi Ruf ist Ver-Antwortung mit der ganzen Existenz. »Ich verantworte Jesus Christus und damit allerdings auch den mir von ihm gewordenen Auftrag.«[31] Die Bonhoeffersche Verantwortung hat als Antwort auf das Christusereignis zwei Richtungen: Eine Verantwortung *für Christus* vor den Menschen (Zeugnis) und eine Verantwortung *für die Menschen* vor Christus (Ethik). Für den Entwurf einer christlichen Technikgestaltung lege ich das Augenmerk stärker auf die zweite Richtung. Denn die Schöpfung einer in Christus wurzelnden Gestalt der Technik ist primärer Ausdruck einer auf den Menschen hin orientierten Antwort *coram Deo*. Für diese auf den Menschen hin entwickelte und vor Gott verantwortete Technik können freilich nur einige wenige Prinzipien skizziert werden, ohne hier die Anmaßung eines vollumfänglichen Entwurfes vorzulegen.

3. Jetzt Dringliches – Wege zur christlichen Technik

Im Folgenden will ich darum zwei Prinzipien konturieren, die die Umgestaltung zu einer christlichen Gestalt der Technik anleiten. Sie soll damit gleichsam zu einem Zeugnis für Christus und einer Ethik vor Christus werden.

1) Prinzip der Bestimmung: Der technische Primat einer Vervollkommnung ist zugunsten einer verantwortungsvollen Kontingenzabwägung aufzugeben.

---

[31] A. a. O., 255.

Die das Seiende umgestaltende Technik ist ein ›Zweckgebilde‹ (Tillich), das in dem Augenblick zusammenbricht, in dem es den Zweck nicht mehr erfüllen kann: ein nicht funktionierendes Gerät ist gegebenenfalls noch Müll. Entsprechend stößt einen die Welt, die sich durch kaputte Artefakte nicht mehr adäquat erschließt, vor den Kopf. In der Zweckbestimmung drängt die Technik zur rationalen Vervollkommnung der eigenen Gestalt, die gleichzeitig darauf abzielt, Kontingenz zu beseitigen und abzubauen.[32] Damit dispensiert sie sich äußerer Begründungen und Mittel, sodass dann und wann jedes Mittel zur Vervollkommnung recht sein kann. Demgegenüber ist christlich an ihrer Brüchigkeit und Vorläufigkeit festzuhalten: Technik ist auf den Menschen hin zu schaffen (Bonhoeffer), also in der Gestalt des verantwortlichen Dienstes am Menschen. Ihr Zweck – und entsprechend ihr Gebilde – ist streng auszurichten an derjenigen Bestimmung, die auch für den Menschen maßgebend ist: die in der Inkarnation begründete Vergöttlichung (*Theosis*) des Menschen hin zur Gemeinschaft mit Gott. Alles, was außerhalb des Dienstes in diese Richtung und dieser Bestimmung steht – ökonomische, politische, machtdiskursive Bestrebungen –, sind von der Gestalt der Technik, mit der Konsequenz einer Kontingenzzulassung, auszuschließen. Selbstverständlich bedarf es einer sensiblen Kontingenzabwägung, damit nicht mehr Schaden als Nutzen entsteht. Jegliche Technikentwicklung muss daher einer kritischen Evaluation ihrer Notwendigkeit für den Menschen unterzogen werden. Ist diese nicht erwiesen, können die Artefakte auf ihrem jeweiligen Stand, der dann als *Endgestalt*[33] gelten kann, verbleiben. Praktisch bedeutet das, dass die Artefakte in ihrer Zweck- und Zielbestimmung evaluiert werden müssen: Rein ökonomische Zwecke oder solche, in denen die Technikentwicklung in approximierender Vervollkommnung steht, obwohl ihr humanitärer Nutzen vollumfänglich erfüllt ist, sind hintanzustellen. Die Artefakte sollten dann in ihrer entwickelnden Produktion bis zum Erweis eines höheren humanitären Zweckes eingefroren werden. Ausgenommen

---

[32] Vgl. TILLICH, Logos, 309: »So ist alle Technik eine Überwindung des Unheimlichen in den Dingen. Schon das Erkennen, die Einordnung der Dinge in Gesetze und Zusammenhänge ist Zurückdrängung ihrer dämonischen Tiefe, ihrer Unfaßbarkeit, Fremdheit, Bedrohlichkeit.«

[33] Die Endgestalt ist ein offener, nicht definierter Begriff. Gemeint ist damit, dass technische Artefakte evaluiert werden müssen. Sobald sie nicht mehr aus dem Motiv, der Menschheit zu dienen, entwickelt werden (sondern den Unternehmen), hat das Artefakt seine Endgestalt erreicht. Der Begriff selbst ist nicht negativ, aber er ist *via negationis* zu bestimmen.

von dieser Technikethik sind alle *zweckfreien* Vollzugsformen des Menschen, etwa die Kunst (oder Wissenschaft?). Sie müssen aber von der Ökonomie oder dem Militär entkoppelt werden.

2) Prinzip des Dienstes: Das technische Primat einer Problemlösung ist zugunsten einer Theodizee-Empfindlichkeit aufzugeben.

Technik und deren Artefakte stehen offenkundig im Zwecke der Problemlösung. Diese Tendenz geht in den Mythos einer Künstlichen Intelligenz ein, die ein ultimatives Seiendes sein soll, das alle Probleme löst. In dieser entfesselten Vorstellung wird das *Leben* selbst zum Problem. Aus dieser Perspektive wird der Transhumanismus verständlich: die Überwindung des Menschen als Problem. Der so verstandene Logos der Technik entwirft das anthropologische Bild eines Mangelwesens, dessen materielle Existenz überwunden werden soll. Auch die Theologie fällt zuweilen auf diesen Duktus herein: Christus – Gottes Gnade – reagiere auf den Mangel und die Not des Menschen; Gottes Gnade wird zu einer Problemlösung. Diese Vorstellung widerspricht dem biblischen Gabecharakter der Gnade und der Gottesliebe (*sola gratia*) radikal.[34] Die Gnade ist eine Fülle ohne Maß, die auf den Menschen herabkommt; Gnade um Gnade (Joh 1,16). Der Mensch ist kein unvollkommenes Geschöpf, das sich auch noch selbst in diese Unvollkommenheit hineinbegeben hat; der Mensch kann gut ohne die Gnade und die Liebe Gottes leben (das heißt er kann ohne sie ein angemessenes und gutes Leben, aber kein richtiges und sinnvolles Leben führen).[35] Die Liebe und die Gnade sind Vollzüge ohne eine anthropologische Not, denn sonst würden sie die Schöpfung konterkarieren. Weder das Leben noch der Mensch sind Mangelerscheinungen. Für die Theologie erwächst so erst die Aufgabe, für eine Technikgestalt jene Bereiche abzu-

---

[34] Vgl. INGOLF U. DALFERTH, Fundamentaltheologie oder Religionsphilosophie?, in: MATTHIAS PETZOLDT (Hrsg.), Evangelische Fundamentaltheologie in der Diskussion, Leipzig 2004, 171–193.

[35] Dalferth macht zurecht die Unterscheidung zwischen gutem und richtigem Leben. Erst das richtige Leben nimmt Gott in die Perspektive, weil der Mensch durch Gott und zu ihm im Glauben bestimmt ist. »Ein moralisch gutes Leben [ist] etwas anderes als ein rechtes Leben im Glauben: Man kann mehr oder weniger moralisch leben, aber keine Steigerung des moralischen Lebens wird vom Unglauben in den Glauben, vom falschen in das rechte Leben vor Gott führen.« Das Fehlen dieser Perspektive ist aber kein Mangel, gleichwohl deren Vorhandensein eine Bereicherung ist. INGOLF U. DALFERTH, Transzendenz und säkulare Welt. Lebensorientierung an letzter Gegenwart, Tübingen 2015, 153.

stecken, die tatsächlich einer ›Lösung‹ bedürfen, dazu gehört wohl vieles aus dem medizinischen Feld. Aber auch hier erwachsen dann bald sensible Diskussionen um die Grenzen: Ist etwa *Enhancement* christlich möglich? Anstatt nun der Problemlösung den Primat zu geben, scheint es christlich geboten, auf das sinnlose Leiden in unserer Welt aufmerksam zu machen und dieses lindern zu suchen. Technik ist primär dort im Dienste am Menschen zu gestalten, wo sie hilft, Leiden zu mindern. Es ist nun offenkundig, dass die kapitalistischen Industrienationen in ihrer Technikentwicklung in vielen Bereichen bei einer Endgestalt angelangt sind (das heißt, dass sie Artefakte überwiegend aus ökonomischen oder militärischen Interessen entwickeln). Umso empörender ist es, dass die südliche Hemisphäre weder daran partizipiert noch die gebotene Aufmerksamkeit bekommt. Das Prinzip des Dienstes konsequent umzusetzen, würde heißen, die Technik in den Dienst am gekreuzigten Volk[36] zu stellen und auf das sinnlose Leiden, das oft genug selbst das Produkt der Technik ist, aufmerksam zu machen.

Aus diesen zwei Prinzipien lassen sich zwei Forderungen für die Umgestaltung der Technik ableiten: 1) Die *Beendigung ihrer Entwicklung* in jenen Bereichen, wo sie offenkundig schon in der Endgestalt angekommen ist und allein aus ökonomischen Zwecken noch betrieben wird. Und 2) die *Überführung des Zweckes* der Technik von einer Problemlösung zur Leidminderung, ohne aber der Naivität zu verfallen, als solle oder könne die Technik Leiden *beseitigen*.[37]

Was hier nur als Skizze entworfen wurde, bedarf offenkundig nicht nur des guten Willens, sondern auch einer massiven Macht zur Durchsetzung. Es ist in diesem Sinne also nicht ausreichend, bloß an die Verantwortlichkeit der Einzelnen oder an Akteure zu appellieren. Vielmehr sind

---

[36] Der Begriff des ›gekreuzigten Volkes‹ ist ein zentrales Motiv der Theologie der Befreiung aus Lateinamerika. In Deutschland ist der Begriff etwa durch Jon Sobrino prominent geworden. Vgl. JON SOBRINO, Der Glaube an Jesus Christus. Eine Christologie aus der Perspektive der Opfer, Ostfildern 2008.

[37] Ein konkretes Beispiel für ein diesen Prinzipien einigermaßen entsprechendes Artefakt – gleichwohl nur in fragmentarischer Natur – kann das Fairphone sein. Nicht allein, weil in der Herstellung darauf geachtet wird, die Ressourcen der Erde zu schonen und den Herstellenden eine faire Entlohnung zu geben (Leidminderung), entspricht es den hier skizzierten Prinzipien, sondern auch weil die Gestalt dieses Artefaktes so konzipiert ist, dass es – im besten Falle – schon eine Endgestalt ist, bei der nur noch zum notwendigen Bedarf Teile ausgetauscht werden sollen. Das Fairphone ist zumindest im Ansatz darauf ausgelegt, die Entwicklung zu verlangsamen, wenn nicht gar zu stoppen.

Strukturen zu schaffen und kirchlich zu forcieren, die eine Einmischung in den Technikdiskurs ermöglichen. Aus christlicher Perspektive kann wohl nur die Kirche sich dieser globalen Aufgabe stellen.[38] »In der Gesellschaft und in der Welt übernimmt die Kirche Verantwortung in der Lebensgestaltung und bringt ihre Stimme ein im Ringen um Freiheit und Gerechtigkeit und menschenwürdiges Leben *aller* Menschen.«[39] Und es ist damit einhergehend kein Projekt einzelner Konfessionen, sondern der gesamten Kirche; weil es nicht um die Gestalt einer evangelischen oder orthodoxen Technik, sondern einer christlichen geht. Eine so verstandene ökumenische Bemühung kann die Kirche aus zwei Gründen – auf die Ulrike Link-Wieczorek oft aufmerksam gemacht hat – stemmen: Weil 1) die Kirche in ihrem Auftrag und Sein auf das »Leben als Gabe Gottes« aufmerksam macht[40] und 2) in ihrer »gemeinschaftlichen Vergewisserung der Hoffnung« die vielleicht alleinige Möglichkeit liegt, »zur Widerständigkeit gegen lebensfeindliche Strukturen«[41] zu ermutigen. Gegen beides rebelliert die Welt mit Hilfe der Technik: Sie will das Leben als Gabe zur *Habe* umwandeln und ihre sündigen Strukturen überall ausbreiten. Die Technik befindet sich weit entfernt davon, dass sie etwa die Armut der Mehrheit der Menschen beendet hätte, sondern sie hat sie durch Verbilligung von Produktionsmitteln und -kräften sowie deren Rationalisierung verstärkt. Die Hoffnung, die Christen und Christinnen aus Christus beziehen, kann helfen, diese Strukturen in ihrer Wahrheit zu

---

[38] Die Rede davon, dass doch jeder *individuell* für diese Welt verantwortlich ist und sie retten soll, übersieht Zweifaches: 1) Dieses Argument *verschleiert* die wahren verantwortlichen Akteure, die untragbaren Strukturen herstellen, oder sie zumindest erhalten: Es sind Konzerne und Staaten, die wesentlich verantwortlich für die Strukturen der Erbsünde sind. Von daher sind *primär* diese in die Pflicht zu nehmen – was natürlich einer demokratischen Partizipation seitens der Individuen bedarf. 2) Die Rede treibt ferner einen Keil in die Gesellschaft zwischen jenen, die was tun und solchen »Faulenzern«. Damit werden die demokratisch nötigen Anstrengungen durch *Antagonismen* aufgelöst; jeder sieht die Schuld beim anderen, nicht aber bei den wahren Verantwortlichen. Der *Andere* erscheint somit als vermeintlicher Grund für das Problem. Damit wird den Individuen eine Verantwortung aufgeladen, die sie gar nicht tragen – und tragen können.

[39] ULRIKE LINK-WIECZOREK, Jetzt Dringliches und bleibend Wichtiges. Wozu ist die Kirche gut? Impulsreferat zum Zukunftskongress der Evangelisch-Lutherischen Kirche in Oldenburg 6. Juli 2012, in: ÖR 61 (2012), 329–336, hier 332.

[40] Die Kirche erinnert also daran, dass jeder Mensch nur Leben hat, weil er aus dem absoluten Leben (Henry) herkommt und sich dieses Leben nicht selbst gegeben hat, der Mensch also tiefenpassiv (Dalferth) existiert.

[41] Alle drei Zitate a. a. O., 330f.

entblößen – diese Hoffnung hat eine irdische Gestalt: die Kirche. »Die Kirche ist sein Leib, durch sie wird er sichtbar, hörbar und wirksam in der Welt. [...] Wo Kirche nicht lebendiger Hinweis auf die schöpferische und versöhnende Zuwendung Gottes für alle Menschen ist, da ist sie nicht rechtmäßig Kirche.«[42]

---

[42] A. a. O., 332.

Religionsunterricht – existentielle Fragen aufgreifend, selbstbildend, machtkritisch

Joane Beuker

1. Einleitung

Im Unterricht einer Oldenburger Schule behandelt eine Klasse die Vielfalt von Religionen. Die Schülerinnen und Schüler lernen Feste, Rituale, Symbole und Speisevorschriften der Religionen kennen. Zur nächsten Stunde wird eine Schülerin aufgefordert, von der angenommen wird, dass sie der Religion angehört, von ihrem Alltag mit der Religion zu berichten. Die Schülerin fühlt sich überfordert. Sie weiß zwar, dass sie der Religion offiziell angehört, feiert auch die meisten Feste, hat aber bis dahin noch nie über den tieferen Sinn und die Bedeutung der Feste nachgedacht. Irgendwie interessiert sie die eigene Religion auch wenig und spielt so gut wie keine Rolle in ihrem Leben.

Warum ihre Eltern sie in der evangelischen Kirche haben taufen lassen, ist ihr bis heute unklar. Interessant an diesem Beispiel ist, dass mit Meike (16 Jahre), eine Schülerin aufgefordert wird, von ihrer Religion zu berichten, der die Mehrheit der Klasse angehört. Ich erlebe im Unterricht selten, dass Mitschülerinnen und Mitschüler die »Christin« oder die »Atheistin« fragen, von ihrem Glauben oder ihrer Weltanschauung zu erzählen. Das Christentum wird als bekannt vorausgesetzt. Für den Großteil der Schülerinnen und Schüler spielt für ihr Leben ihre ihnen durch die Taufe zuteil gewordene Kirchenmitgliedschaft keine Rolle. Manche werden erst durch die Aufteilung des Religionsunterrichts in verschiedene Lerngruppen auf ihre Konfessionszugehörigkeit aufmerksam gemacht.[1] Nehmen

---

[1] Vgl. NORBERT METTE, Das Bildungspotential der Religionen für die SchülerInnen erschließen Plädoyer für einen von Religionen gemeinsam verantworteten Religionsunterricht, in: ÖRF 26 (2018) 2, 9–30, 17.

wir an, dass an Meikes Schule aufgrund von Lehrkräftemangel der Religionsunterricht im Klassenverbund erteilt wird. Die Hälfte der Schülerinnen und Schüler in Meikes Klasse sind getauft. Einige von ihnen zögern allerdings bei der Frage, ob sie sich dem Christentum zugehörig fühlen. Drei Personen werden als Muslime gelesen, ohne dass sie sich dazu bisher geäußert haben. Fünf weitere Schülerinnen und Schüler gehören offiziell keiner Religion an.

Im Folgenden werde ich darlegen, an welcher Stelle das Thema religiöse Vielfalt an der Lebenswirklichkeit der Schülerinnen und Schüler vorbeigeht und welche Fragen und Diskussionen die Schülerinnen und Schüler erreichen könnten. Dabei nehme ich die Themen Machtverhältnisse und Rassismus aus den Kulturwissenschaften und der Pädagogik mit auf.

2. Othering und Kulturalisierungen im Religionsunterricht?

Denken wir das fiktive, obige Beispiel weiter und verändern es: Es handelt sich nun nicht mehr um Meike, eine evangelisch-lutherische Schülerin, die ihre Religion beschreiben soll, sondern um Selma (16 Jahre), eine Schülerin, deren Großeltern in den 60er Jahren aus der Türkei nach Deutschland migriert sind. Religion spielte keine ausgeprägte Rolle im Leben von Selma. Ihre Eltern bezeichnen sich als Muslime. In ihrer Religionsauffassung sind sie liberal. Wird Selma im Unterricht aufgefordert, über den Islam zu referieren, besteht die Gefahr einer Kulturalisierung.[2] Selma möchte keine Sonderrolle in der Klasse einnehmen. Sie findet es sowieso schon nervig, dass sie häufig nach ihrer nationalen Herkunft gefragt wird – und Menschen nicht verstehen, dass sie Deutsche ist. Genau so wenig hat sie jetzt Lust, durch die Religion, die eine Minderheit in der Klasse ist, wieder »anders« zu sein. Das Mädchen verspürt Unmut, den es nicht richtig fassen kann. Die Lehrkraft ist sich nicht bewusst, was ihre Aufgabenstellung bei dem Mädchen auslöst. Der Begriff des Othering kann bei dem Verständnis des Beispiels weiterhelfen. Maria do Mar Castro Varela bezeichnet Othering als eine »spezifische Beziehungsdynamik«. Das »Fremdmachen« erweise sich als »kontinuierliche Stigmatisierung.«[3] Fremde wer-

---

[2] Vgl. NANCY FRASER, Zur Neubestimmung von Anerkennung, in: HANS-CHRISTOPH SCHMIDT AM BUSCH / CHRISTOPHER F. ZURN (Hrsg.), Anerkennung, Berlin 2009, 201–212, 207f.

[3] MARIA DO MAR CASTRO VARELA, Interkulturelles Training? Eine Problematisierung,

den als Fremde immer wieder neu geschaffen, auch wenn sie schon in der dritten Einwanderungsgeneration in Deutschland leben.[4] Selma spürt die Stigmatisierung dadurch, dass sie von außen nicht als Deutsche wahrgenommen wird und sich für ihr Deutschsein rechtfertigen muss. Sie befürchtet, dass es mit der Aufgabe, über ihre Religion zu berichten, ähnlich ist. Beim Othering werden Verhalten und Identität der Menschen auf ein projiziertes kulturelles Anderssein zurückgeführt. Selma ist sich bewusst, dass diverse Stereotype mit Musliminnen verbunden werden.[5] Diesen projizierten Bildern und Erwartungen möchte Selma nicht entsprechen und nicht mit ihnen in Verbindung gebracht werden. Sie möchte nicht ausgegrenzt werden, damit andere ihre Identität stärken können. Sie möchte nicht Repräsentantin einer Religion werden, zu der sie selbst viele Fragen hat und unsicher ist.

3. Umgang mit Differenzen im Religionsunterricht angelehnt an die Debatte in den Erziehungswissenschaften

Wie wird im Religionsunterricht mit Differenzen zwischen den Religionen umgegangen? Welche Chancen und Gefahren gibt es dabei? In den Erziehungswissenschaften wird in Bezug auf Differenzen zwischen vier verschiedenen Ansätzen unterschieden.[6] Diese lassen sich meines Erachtens auch auf den Umgang mit verschiedenen religiösen und nichtreligiösen Weltanschauungen im Religionsunterricht übertragen. Erstens gibt es einen *Gleichheitsdiskurs*. Dabei geht es darum, kollektive Benachteiligungen zum Thema zu machen und zu überwinden. Im Religionsunterricht hieße

---

in: Lucyna von Darowska / Thomas Lüttenberg / Claudia Machold (Hrsg.), Hochschule als transkultureller Raum, Bielefeld 2010, 117–129, 120.

[4] Vgl. Ebd.

[5] Vgl. Nathalie Gasser, Islam, Gender, Intersektionalität. Bildungswege junger Frauen in der Schweiz, Bielefeld 2020. Sie zeigt auf, dass mit der Differenzkategorie Muslimin in der Schweiz als ein »Sicherheitsproblem« angesehen werden. Zudem werden Muslimin häufig in Zusammenhang gebracht mit dem Verhüllungsverbot in der Schweiz. In Deutschland gab es die sog. ›Kopftuchdebatte‹. Auch die Darstellung von muslimischen Frauen als unterdrückt ist in Deutschland weit verbreitet. Allein folgende beispielhafte Bildauswahl auf dem Cover der folgenden Zeitschriften verdeutlichen das: Allahs rechtlose Töchter Nr. 47/2004 15.11.2004; Frauen im Islam Stern Nr. 28 vom 08. 07. 2010.

[6] Vgl. Lutz, Helma / Wenning, Norbert, Differenzen über Differenz. Einführung in die Debatte, in: Helma Lutz, Norbert Wennig (Hrsg.): Unterschiedlich verschieden. Differenz in der Erziehungswissenschaft, Opladen 2001, 11–24., 15f.

das, es würde geschaut, wo die Zugehörigkeit zu einer Religion zum Vor- oder Nachteil für die Mitglieder wird. Könnten Selma und Meike ihren Unmut und ihre Irritation über die gestellte Aufgabe äußern, könnte die Lehrkraft das Unbehagen aufgreifen. Diskriminierung aufgrund von religiösen Zugehörigkeiten könnte das Thema für die Klasse sein. Fragen wären dann: Gibt es innerhalb von Deutschland eine Hierarchisierung von Religionen? Welche Nachteile kann es geben, einer Gruppe anzugehören und einer anderen Gruppe nicht?

Der zweite Ansatz ist eine *Ontologisierung*[7] der Differenz. Dabei werden Differenzen als notwendig und positiv angesehen. In Bezug auf die religiösen und nichtreligiösen Weltanschauungen könnte eine Sicht auf die Differenz heißen, dass Verschiedenheiten anerkannt werden. Weiter könnten die verschiedenen Religionen in Bezug auf ihren Sinn und Zweck hinterfragt werden. Die religiöse Sozialisation würde als ein wichtiger Punkt für das eigene Selbst- und Weltverständnis angesehen werden und den eigenen Zugang zur Welt erklären. Dieser Ansatz kann bei einer Religions- und Konfessionskunde bedeutsam sein. Persönliche Erfahrungen und persönliche Zugänge zu Religion und Bekenntnis werden dabei genutzt, um zu Erkenntnissen zu gelangen. Nach diesem Ansatz ließe sich ein bekenntnisgebundener Religionsunterricht begründen. Dabei geht es darum, ein vertieftes Verständnis von dem Bekenntnis zu erlangen und ihn mit der Lebenswirklichkeit der Schülerinnen und Schüler zu verknüpfen. Der dritte Ansatz im Umgang mit Differenzen ist *De-Thematisierung der Differenzen* zugunsten der Fokussierung auf Gemeinsamkeiten. Für den Religionsunterricht hieße das, dass beispielsweise darauf verwiesen wird, dass alle an denselben Gott glauben, jede Religion ethische Verpflichtungen hat und vieles mehr. Gemeinsames wird betont, Trennendes nicht benannt. Ich erlebe, dass die Schülerinnen und Schüler gerne Ansätzen aus diesem Bereich folgen.[8] Der vierte Ansatz ist post-strukturalistisch. Er bezieht sich auf eine *Re-Interpretation des Subjekt- und Identitätsbegriffs*. Dabei wird der subjektive Zugang der Schülerinnen und Schüler zu ihrer religiösen oder nichtreligiösen Weltanschauung aufgegriffen. Wie definieren die Schülerinnen und Schüler ihre eigene religiöse

---

[7] Bei der Ontologisierung geht es darum, dass gerade durch die Differenz unterschiedliche, positive Unterschiede bestehen. Eine Gefahr der Kulturalisierung besteht allerdings bei diesem Ansatz.

[8] Fraglich ist, ob dadurch die Tiefe der spezifischen Religionen erschlossen werden kann. Zudem wird eine kritische Auseinandersetzung bei einzelnen Themen innerhalb der Religionen erschwert.

oder nicht religiöse Weltanschauung? Wie beschreiben die Schülerinnen und Schüler ihre Identität und welchen Einfluss hat ihre Sozialisation darauf? Was befindet sich innerhalb der Religionen im Wandel oder ist fragmentarisch? Die Erfahrung der Ambiguitätstoleranz kann dabei eingeübt werden. Schülerinnen und Schüler sollte ermöglicht werden, religiöse Traditionsbestände zu kritisieren und zu dekonstruieren. Sie müssen in Erfahrung bringen, ob sie sich wirklich auch auf Zukunft hin lebensdienlich erweisen.[9] Diese verschiedene Zugangs- und Umgangsweisen zum Umgang mit Differenzen im Religionsunterricht sind nicht immer klar voneinander zu trennen. Die vereinfachte Darstellung kann allerdings hilfreich sein, um seine eigene Haltung und seinen eigenen Zugang als Lehrkraft gegenüber Differenzen zu hinterfragen.

4. Religiöse Zugehörigkeit als eine von vielen Differenzkategorien?

In der Sozialpädagogik wird von Differenzkategorien gesprochen. Zu den Differenzkategorien zählen beispielsweise Ethnizität, soziale Klasse, Alter oder das Geschlecht.[10] Diese Differenzkategorien beschreiben verschiedene Merkmale, die gesellschaftlich anerkannt diskriminierend wirken. Klassischerweise kann die Betrachtung *einer* einzelnen Differenzkategorie mit einer Art »Schubladendenken« beschrieben werden. Die soziale Kategorisierung geschieht häufig unbewusst, führt allerdings auch zu Stereotypenbildung, die nicht hinterfragt wird und strukturell verankert sein kann. Problematisch wird es, wenn eine Differenzkategorie unabhängig von anderen als alles erklärendes Merkmal beschrieben wird und dahinterliegende Machtstrukturen nicht benannt werden. Das ist bei der Ethnizität häufig der Fall. Selma verhält sich so, weil sie Türkin ist, wäre eine solche falsche Aussage. (Dabei ist Selma aus unserem Beispiel oben Deutsche). Paul Mecheril stellt in Frage, ob eine »kulturelle Differenz« überhaupt existiert. Zudem warnt er vor ihrer »Überbetonung« und Simplifizierung. Wird Kultur allein über national-ethnische Zugehörigkeit definiert, dann trägt das zu einer kulturellen Differenz bei und zur Stärkung der national-ethnischen Unterscheidung zwischen »Wir« und »Nicht-Wir«. Die Herkunftskultur wird zum Mittelpunkt ihrer »anderen« Kultur. Auch die Re-

---

[9] Vgl. METTE, Das Bildungspotential der Religionen, 27.
[10] Vgl. RUDOLF LEIPRECHT, Diversitätsbewusste Perspektiven für eine Soziale Arbeit in der Migrationsgesellschaft, in: BEATE BLANK / SÜLEYMAN GÖGERCIN u. a. (Hrsg.), Soziale Arbeit in der Migrationsgesellschaft, Wiesbaden 2018, 209–220, 209 f.

ligion kann neben der Ethnizität als einzige Differenzkategorie zum Erklären von Verhalten und Umständen und Möglichkeitsräumen schwierig sein. Bei einer intersektionalen Betrachtung hingegen, gehören zur Identitätsbildung verschiedene Faktoren. Wir bleiben bei unserem anfänglichen Beispiel. Nehmen wir an, dass Selma und Meike beide 2005 geboren wurden. Sowohl Meike als auch Selma gehören zur Altersgruppe der Jugendlichen, für die die Wichtigkeit des Glaubens an Gott abnimmt. Laut der Shell Jugendstudie (16–25-Jährige) und DeStatis sank der Anteil der Jugendlichen, denen der Glaube an Gott sehr wichtig ist, von 51 Prozent (2002) auf 39 Prozent (2019).[11] Bei den muslimischen Jugendlichen antworteten 76 Prozent (2015) und 73 Prozent (2019), dass ihnen der Glaube an Gott wichtig sei.[12] Selma gehört in dem Fall zu den verbleibenden 27 Prozent. Insgesamt liegt der Anteil der Jugendlichen, für die der Glaube an Gott wichtig ist, nur bei einem Drittel und hat seit 2002 leicht abgenommen. Der Glaube scheint bei Schülerinnen und Schülern also an Bedeutung zu verlieren. Ob sich das Desinteresse auch auf Fragen zu religiösen und nicht-religiösen Weltanschauungen bezieht, wird aus der Studie nicht ersichtlich. Denn auch wenn der Glaube an Gott Bedeutung verliert, könnten existentielle Fragen bei den Schülerinnen und Schüler weiterhin von Bedeutung sein. Neben dem Alter ist auch der Bildungsgrad eine wichtige Differenzkategorie, um Diskriminierungen aufgrund von einem Merkmal aufzudecken. Selma und Meike verfügen über den gleichen Bildungsstand. Nach der Realschule machen sie jetzt ihre Fachhochschulreife an der Berufsschule. Sie sind der Auffassung, dass Erfolg von ihrer eigenen Leistung abhängt. Das Geschlecht ist eine weitere Kategorie, die bedeutsam ist. Selma und Meike ist es wichtig, dass sie als Frauen gleichberechtigt sind. Sie kennen den Begriff des Gender Pay Gaps und finden es unerhört, dass Frauen für die gleiche Arbeit weniger Geld bekommen. Einen Unterschied gibt es jedoch zwischen Selma und Meike. Während Meike sich im Alltag nicht mir ihrer Herkunft und Religion auseinandersetzen muss, ist es für Selma anders. Sie kennt Vorurteile, Diskriminierung und Othering. Sie hat die Erfahrung gemacht, dass Menschen sie unaufgefordert nach ihrer Herkunft und Religion befragen. Zudem wird Selma mit

---

[11] Die Antwort, dass der Glaube an Gott unwichtig sei stieg von 30% auf 41%. Die Antwort teils/teils blieb mit 18% konstant. Vgl. 18. Shell Jugendstudie, URL: https://de.statista.com/statistik/daten/studie/1073241/umfrage/wichtigkeit-des-glaubens-an-gott-bei-jugendlichen/ (abgerufen am 14.07.2022). 2002 wurde die Frage noch nicht in Hinblick auf die Religionszugehörigkeit untersucht.

[12] Vgl. ebd.

Vorurteilen, die es gegenüber muslimischen Frauen gibt, konfrontiert. Diese Fragen der Diskriminierung, Stereotypisierung aber auch Privilegierung von Personen aufgrund von Ethnizität oder Zerrbildern der jeweiligen Religionen können im Religionsunterricht thematisiert werden. Diese Fragen können für Schülerinnen und Schüler hilfreich sein, um überhaupt erstmal einen Zugang zu ihrer eigenen Religion und Weltanschauung zu erlangen oder zu vertiefen. Fragen nach der eigenen, pluralen Identität mit Bezug zur eigenen differenzierten, religiösen Zugehörigkeit sollten Teil des Unterrichts sein, ohne dabei Stereotype zu reproduzieren.

5. Differenzlinien innerhalb der Religionen

Ist Religion gleichzusetzen mit den anderen Differenzkategorien wie Geschlecht, Alter, soziale Herkunft? Oder gibt es Unterscheidungsmerkmale? Generell unterscheiden sich Religionen untereinander durch die jeweiligen Schriftgrundlagen und Texte, die rezipiert werden, die Geschichte, die Rituale und die Gotteshäuser. Innerhalb der religiösen- und nichtreligiösen Weltanschauungen gibt es weitere Differenzkategorien, die allerdings weniger bekannt sind und als Unterscheidungsmerkmal dienen. Welches Textverständnis wird vertreten? Ist das Verständnis der jeweiligen Heiligen Schrift interpretativ und kontextgebunden oder wird es gar wörtlich verstanden? Empfinden Vertreterinnen der jeweiligen religiösen oder nichtreligiösen Weltanschauung ihren Zugang als beschränkend oder befreiend? Wie konkret sind die jeweiligen Jenseitsvorstellungen oder wo beziehen sie sich viel mehr auf das Leben im Hier und Jetzt? Wie groß ist die Hoffnung, die Mitglieder durch die jeweilige Religion erfahren und wo wird womöglich die Religion mit Angst verbunden? Nimmt man diese Differenzlinien mit in die Betrachtungen von Religionen auf, dann verschwimmen die klaren Grenzen zwischen dem einen und den anderen religiösen Zugang.

In Bezug auf das Interkulturelle, Interreligiöse, Interkonfessionelle bleibt gleichzeitig die Frage, was genau die Differenzlinien ausmacht. Woher kommt es, dass Mitglieder einer Religion oder Konfession zum Teil eine ganze Bandbreite von Glaubensaussagen vertreten? Ist es die Religion oder Konfession oder lassen sich die Differenzlinien auf ganz andere Punkte zurückführen, wie beispielsweise auf das Geschlecht, die soziale Lage, den Stadtteil, das Alter und so weiter. Ansatzpunkte in diese Richtung hat bereits in den 70er Jahren die so genannte kontextuelle Theologie geboten. Interessant ist dabei die Bezeichnung der Theologie als »kontextuell«. Da stellt sich die Frage, ob die Art der Theologie nicht auch durch die Brille des Othering gesehen werden muss. Die Theologie wurde als kontextuell angesehen, als etwas »anderes«, das sich provokant ausgedrückt nicht in den westlichen Wissenschaftskanon der allgemeinen Theologie integrieren ließ. Auch die »postkoloniale Theologie« ist wichtiger Bestandteil der Theologie, die im westlichen Wissenschaftskanon stärker gehört werden könnte. Im Religionsunterricht bietet sich die Chance auf die Praxis hinzuweisen, wie »andere« zu »anderen« gemacht werden. Spivak spricht von epistemischer Gewalt.[13] Mayra Rivera verdeutlicht, dass sowohl die eurozentristische Perspektive im praktischen interreligiösen/interkonfessionellen Dialog als auch in der wissenschaftlichen Theologie offengelegt werden sollte.[14] Diese Ansätze gehen von dem oben genannten Gleichheitsdiskurs zum post-strukturalistischen Ansatz über. Macht, Privilegien und ihre strukturelle Verankerung sollte ein durchgängiges Thema im Religionsunterricht sein. Die Fragen sind in Bezug auf ethische Themen aber auch in Bezug auf religionskundliche Themen immer mitzudenken. Das obige Beispiel hat vor Augen geführt, welche Schwierigkeiten es im Religionsunterricht für Schülerinnen und Schüler geben kann, wenn Sie ungefragt als Repräsentantin »ihrer« Religion agieren sollen. Joachim Willems führt aus, dass Bildungsprozesse daraufhin analysiert werden sollten, »wo in ihnen Schülerinnen und Schüler zu Juden, Christen oder Muslimen ›gemacht‹ und damit auch sozial positioniert werden, wie religionsbezogene Zuschreibungen tradiert und damit Diskriminierungen ermöglicht oder vollzogen werden.«[15] Ist Religion dann gleichzusetzen mit den Fragen nach der Herkunft und der Kultur? Auch durch die Religionszugehörigkeit kann es beispielsweise durch Mehrheiten und Minderheiten zu Unterschieden im Machtgefüge kommen. Eine Mehrheitsreligion kann beispielsweise über Privilegien verfügen, die sich über die Jahrhunderte etabliert haben. Joachim Willems jedoch unterscheidet zwischen der Differenzkategorie Religionszugehörigkeit und Kultur oder Gender. Bei Religion gehe es anders als bei Gender und Ethnizität um Sinn und Lebensorientierung und den Umgang mit Unsicherheiten. Dadurch unterscheide sich Religion von den Kategorien Gender und Ethnizi-

---

[13] Vgl. CASTRO VARELA, Interkulturelles Training?, 126.
[14] Vgl. MAYRA RIVERA, Fleisch der Welt. Leiblichkeit in Beziehung, in: Concilium 49 (2013), 171–180, 171f.
[15] JOACHIM WILLEMS, Religion in der Schule – Pädagogische Praxis zwischen Diskriminierung und Anerkennung, in: DERS., Religion in der Schule, Bielefeld 2020, 9–24, 12.

tät.[16] Dennoch bleibt die Frage bestehen, ob nicht auch das Geschlecht, die Klassenzugehörigkeit oder auch die »kulturelle Prägung« Einfluss darauf haben, welchen Sinn ich meinem Leben gebe und welche Orientierung ich finde. Diese Fragen seien aber bei den beiden letzteren Kategorien anders als bei der Religion nicht immanent.[17] Die Analyse von Differenzlinien und Machtverhältnissen kann im Religionsunterricht dazu dienen, den eigenen Zugang zur religiösen oder nichtreligiösen Weltanschauung zu analysieren und ethisches Handeln zu fördern, im Sinne der Solidarität und Gemeinschaft. Individuelle, lebensweltliche Zugänge zur Religion können so besser analysiert, differenziert und anerkannt werden und Machtstrukturen hinterfragt werden. Das ist ein wichtiger Baustein für die Toleranzentwicklung von Schülerinnen und Schüler.

6. Didaktischer Zugang

Was ergibt sich nun aus der Analyse des Religionsunterrichtes von Selma und Meike? Mir erscheint ein Dreischritt sinnvoll. Um die Lebenswirklichkeit der Schülerinnen und Schüler aufzugreifen und mit einzubeziehen, sollten *zuerst* existentielle Fragen thematisiert werden, die eine Relevanz im Leben der Schülerinnen und Schüler haben. Im *zweiten* Schritt können Weltdeutungsangebote erarbeitet werden, die einen Sinn verfolgen. Als *drittes* entwickeln die Schülerinnen und Schüler ihren eigenen Zugang und ihre plurale Identität weiter. Machtkritische Ansätze sollten in der gesamten Lernsituation als Querschnittsthemen mitgedacht werden – sowohl in der Kommunikation untereinander als auch bezogen auf die Themen.

6.1 Existentielle Zugänge im Religionsunterricht

Existentielle Zugänge und Bezüge sind wichtig, um die Wirklichkeit als Ganzes fragmentarisch zu erfassen. Mette schreibt, dass im Religionsunterricht Fragen nach den »grundlegenden Gegebenheiten menschlicher Existenz«[18] gestellt werden sollten. Fragen nach dem Woher und Wohin, dem Warum und dem Wozu des Lebens, dem Sich-in-Beziehung-Setzen

---

[16] Vgl. ebd.
[17] Vgl. ebd.
[18] METTE, Das Bildungspotential der Religionen, 25.

zu dem Unverfügbaren.[19] Fragen nach Endlichkeit und Kontingenz, dem Gelingen, dem Glück, dem Scheitern, der Sinnlosigkeit, der Liebe und des Leids und wie damit umgegangen werden kann.[20] Es sind Grund- und Grenzerfahrungen des Lebens und der Wirklichkeit. Dabei können die Schüler und Schülerinnen beschreiben, welche Fragen sie haben und welche Antworten sie für sich bereits durchdacht haben. Joachim Kunstmann schreibt, dass religiöse Bildung Selbstbildung ist. In der Religionspädagogik sollte »konsequent auf die einzelnen Individuen« eingegangen werden und ihre »selbst vorgenommene Symbolisierung grundlegender Lebenserfahrungen.«[21] Diese Erfahrungen sollten gesammelt, kommuniziert, nachvollziehbar gemacht und gedeutet werden.[22] Die Schülerinnen und Schüler können weiter überlegen, welche biografischen Anknüpfungspunkte sie sehen, die sie zur Beantwortung der Frage hinzuziehen. Dadurch erkunden sie ihre Lebenswelt und lernen, sie für sich zu deuten. Wären Selma und Meike beispielsweise nicht darum gebeten worden, »ihre« Religion zu präsentieren, sondern wären sie gefragt worden, was ihrem Leben Sinn gibt, welche Ängste oder welche Vorstellungen sie von Tod und Sterben haben, wäre das näher an ihrer Lebenswelt gewesen. Erst im zweiten Schritt erfolgt die Vertiefung verschiedener sinnhafter Weltdeutungsangebote – die von den Schülerinnen und Schülern gemeinsam erarbeitet werden, ohne dass zuvor schon festgelegt ist, wer welches Angebot präsentiert.

6.2 Sinnhafte Weltdeutungsangebote

Religionskunde und Konfessionskunde werden von den Schülerinnen und Schülern erst im zweiten Schritt konkret in Bezug auf die existentielle Frage hin erarbeitet. Dabei sollte die Vielfalt und die Pluralität innerhalb der einzelnen Religionen nicht außer Acht gelassen werden. Wo liegt Potential innerhalb der religiösen Traditionen, um Othering-Prozesse und Diskriminierungen zu kritisieren? Hier könnte aus der christlichen Tradition Jesus als Beispiel genommen werden, wie er gängige Ausgrenzungsmuster der damaligen Zeit durchbrochen hat und Menschen Teilhabe ermöglicht hat. In dem Sinne kann das Potential in religiösen Traditionen

---

[19] Vgl. a. a. O., 28.
[20] Vgl. ebd.
[21] JOACHIM KUNSTMANN, Subjektorientierte Religionspädagogik. Plädoyer für eine zeitgemäße religiöse Bildung. Stuttgart 2018, 17.
[22] Vgl. ebd.

dazu dienen, um bestehende Machtverhältnisse und Strukturen kritisch zu hinterfragen.[23] Verschiedene religiöse Traditionen bieten einen Gegenentwurf zu unterdrückerischen, diskriminierenden Strukturen. Neben religiösen Deutungsangeboten bieten auch humanistische und naturalistische Zugänge Deutungsangebote. Welche Angebote die Schülerinnen und Schüler letztendlich verinnerlichen und für sich übernehmen, ist ergebnisoffen und erfolgt im dritten Schritt.

6.3 Standpunkte einnehmen – Machtkritisches Bewusstsein schärfen

Abschließend reflektieren die Schülerinnen und Schüler, welche Ansätze für sie nachvollziehbar sind und was sie biografisch verknüpfen können oder welche Fragen sie weiterverfolgen wollen. Die Schülerinnen und Schüler werden nicht alle religiöse Zugänge, sondern auch humanistische und naturalistische Zugänge wählen.[24] Ulrike Link-Wieczorek schreibt: »In einer pluralistischen Gesellschaft mit multikonfessionellen, multireligiösen, konfessionslosen und areligiösen Familien und Lebensformen kann davon [einer Homogenität religiöser Sozialisationsprozesse] nicht mehr ausgegangen werden. Wir müssen stärker berücksichtigen, dass die Menschen heute ihre Konfession, wenn überhaupt, dann *lebensgeschichtlich* bilden, durchaus auch *wählen.*«[25] Die Schülerinnen und Schüler wählen aus den Sinnangeboten das aus, was ihnen in ihrem Leben dient. Der Religionsunterricht bietet einen Lernraum, um selbst ihre religiöse oder weltanschauliche Prägung zu entdecken und weiterzuentwickeln. Bilden die Schülerinnen und Schüler sich dann eine Meinung oder verfestigen ihren Standpunkt, ist es sinnvoll, zwei Fragen zu vertiefen: »Welche Unsicherheiten und Zweifel bleiben bestehen? Wie ist meine Position in der Klasse und der Gesellschaft verortet?« Mit der ersten Frage werden die eigenen Fragen und Zweifel der Schülerinnen gewürdigt und die Dynamik des Standpunktes aufgezeigt. Die Frage ermutigt die Schülerinnen und Schüler, sich auch kritisch gegenüber der eigenen Religion beziehungsweise Position zu äußern und Unverstandenes zu thematisieren. Eigene Unsicherheiten werden zugelassen und als Teil des Unterrichtsprozesses und der Persönlichkeitsentwicklung verstanden. Die zweite Fragestellung zur Ver-

---

23 Vgl. WILLEMS, Religion in der Schule, 12.
24 Vgl. METTE, Das Bildungspotential der Religionen, 25.
25 ULRIKE LINK-WIECZOREK, Vom Sinn der Konfessionen, in: LUDWIG RENDLE (Hrsg.), Beobachtung und Teilnahme: Perspektivenwechsel im Religionsunterricht. 11. Arbeitsforum für Religionspädagogik: Dokumentation. München 2015, 34–42, 42.

ortung der Position dient dazu, deutlich zu machen, welche Auswirkungen der eigene Standpunkt auf das Zusammenleben hat.[26] Wo vertritt eine Mehrheit meine gewählte Position? An welcher Stelle besteht die Gefahr, Macht auszuüben, wenn Differenzen bestehen und welche Handlungsoptionen gibt es dagegen? Für Selma und Meike wäre der Zugang sicherlich hilfreich gewesen. Auch sie hätten sich mit der Vielfalt der Religionen beschäftigt, aber anhand einer konkreten existentiellen Frage. Sie hätten dann selbst entschieden, welche Antworten sie von den aufgezeigten (religiösen) Sinndeutungsangeboten sie für sich annehmen. Im letzten Schritt würden sie ihre Position nochmal in Bezug auf die Positionierung innerhalb der Gesellschaft reflektieren. Durch dieses Vorgehen sollen Othering-Prozesse vermieden werden. Die Schülerinnen und Schüler werden in ihrer Selbstbestimmung ernst genommen und die (religiösen) Sinndeutungsangebote mit ihren lebensdienlichen, hoffnungsstiftenden Angeboten werden bereitgestellt, um Teilhabe zu ermöglichen.

---

[26] Vgl. METTE, Das Bildungspotential der Religionen, 28.

Der gemeinsam verantwortete christliche Religionsunterricht
Der konfessionell-kooperative Religionsunterricht als Wegbereiter für einen neuen Religionsunterricht in Niedersachsen

Vera Gaide

Einleitung

Der konfessionell-kooperative Religionsunterricht wird schon seit längerer Zeit an vielen Schulen in Niedersachsen praktiziert, ist fast schon zu einem Standard geworden. Das neue Konzept des »gemeinsam verantworteten christlichen Religionsunterrichts« (CRU) basiert auf dem konfessionell-kooperativen Religionsunterricht – meines Erachtens könnte man den konfessionell-kooperativen Religionsunterricht den Wegbereiter für die nun wahrscheinlich neu entstehende Form nennen.[1] In dem nun folgenden Artikel werde ich neben der wissenschaftlichen Arbeitsweise, Gedanken *persönlicher Art* einfließen zu lassen, die Ausschnitte aus der Praxis darstellen, die nur als Anregungen, nicht als fertige Konzepte dienen können.

1. Konfessionell-kooperativer Religionsunterricht in Niedersachsen

1.1 Geschichte des konfessionell-kooperativen Religionsunterrichts

Im Niedersächsischen Schulgesetz wird in den Bildungsauftrag einbezogen, dass dieser auch auf der »Grundlage des Christentums« zu gründen sei.[2] Konfessionell-kooperativer Religionsunterricht wurde in Niedersachsen

---

[1] Zum Zeitpunkt des Verfassens dieses Artikels lag lediglich das »Positionspapier der Schulreferentinnen und Schulreferenten der evangelischen Kirchen und katholischen Bistümer in Niedersachsen«, noch nicht die Erlaubnis des Landes Niedersachsen, vor; der Beratungsprozess, an dem u. a. auch Beteiligte aus Schule sowie Hochschule mitwirken, war noch nicht abgeschlossen.

[2] NIEDERSÄCHSISCHES SCHULGESETZ, §2, Absatz 1, Satz 1, http://www.mk.niedersachsen.de (abgerufen: 30. 12. 2021).

1998 eingeführt. Außer in Niedersachsen gibt es noch ein weiteres Bundesland, das flächendeckend Schulen die Möglichkeit bietet, konfessionell-kooperativen Religionsunterricht einzuführen, nämlich Baden-Württemberg seit 2005.[3]

Schon 1994 wurde eine Denkschrift der Evangelischen Kirche in Deutschland (EKD) mit dem Titel »Identität und Verständigung« veröffentlicht; dort wurde festgehalten, dass aus evangelischer Sicht der Religionsunterricht in Verbindung zu der einen »Kirche Jesu Christi« zu setzen und damit »grundsätzlich ökumenisch auszurichten« sei.[4] Auf katholischer Seite wurde sogar noch vor der evangelischen Denkschrift festgehalten, dass Religionsunterricht ökumenisch sein soll.[5] 2016 wurde dann von den deutschen Bischöfen die Schrift »Die Zukunft des konfessionellen Religionsunterrichts. Empfehlungen für die Kooperation des katholischen mit dem evangelischen Religionsunterricht«[6] veröffentlicht, die ebenfalls wegweisenden Charakter hatte.

Ulrike Link-Wieczorek hat durch ihre Forschungen zum Thema der Ökumene an sich, aber auch zu konfessionell/ökumenischem Religionsunterricht einen großen Beitrag geleistet zu der Weiterentwicklung des evangelischen Religionsunterrichts.[7]

---

[3] Aufgrund der Corona-Pandemie musste im Schuljahr 2021/22 noch nicht einmal die Genehmigung eingeholt werden, wenn eine Schule konfessionell-kooperativen Religionsunterricht einrichten wollte.

[4] KIRCHENAMT DER EKD (Hrsg.), Identität und Verständigung. Standort und Perspektiven des Religionsunterrichts in der Pluralität, Gütersloh 1994, 63.

[5] Vgl. DEUTSCHE BISCHOFSKONFERENZ u. a. (Hrsg.), Der Religionsunterricht in der Schule. Beschluss, in: DBK (Hrsg.), Gemeinsame Synode der Bistümer in der Bundesrepublik Deutschland: Beschlüsse der Vollversammlung, Freiburg i. Br. 1976, 123–152.

[6] SEKRETARIAT DER DEUTSCHEN BISCHOFSKONFERENZ (Hrsg.), Die Zukunft des konfessionellen Religionsunterrichts. Empfehlungen für die Kooperation des katholischen mit dem evangelischen Religionsunterricht, Bonn 2016, URL: https://www.dbk-shop.de/media/files_public/78dec341a816e6bd25867040e0ed289d/DBK_1110 3.pdf (abgerufen: 17. 07. 2022).

[7] Vgl. z. B. ULRIKE LINK-WIECZOREK / WILHELM RICHEBÄCHER / OLAF WASSMUTH (Hrsg.), Die Zukunft der theologischen Ausbildung ist ökumenisch. Interkulturelle und interkonfessionelle Herausforderungen in Universität und Schule, Kirche und Diakonie, BÖR 127, Leipzig 2020.

1.2 Grund- und Wesenszüge des konfessionell-kooperativen Religionsunterrichts

Laut Sajak wird als konfessionell-kooperativer Religionsunterricht eine »Organisationsform religiöser Bildung in der öffentlichen Schule bezeichnet, in der verschiedene Religionsgemeinschaften gemäß Art. 7 Abs. 3 GG in bestimmten Lernzeiträumen gemeinsam Religionsunterricht konzipieren, durchführen und weiterentwickeln.«[8]

Ein wichtiger Gesichtspunkt ist, dass sowohl der evangelische als auch der katholische Religionsunterricht darauf ausgerichtet waren und sind, »Hoffnung stiftende Aspekte« und »Orientierungsangebote für das eigene Leben«[9] kennenzulernen und zu beurteilen. Darüber hinaus sind verbindende Themen die Schöpfungsfrage, die Auseinandersetzung mit dem Gottesbild und die Bedeutung von Jesus Christus, um nur einen Ausschnitt zu nennen. Ein weiterer in meinen Augen sehr relevanter Aspekt für Schülerinnen und Schüler ist darüber hinaus die Auseinandersetzung mit dem Thema Leid und dem Ansatz, dass Gott in Christus den Leidenden nah ist – ein Thema sowohl im evangelischen als auch im katholischen Religionsunterricht.

Daneben gilt es festzuhalten, dass sowohl die evangelischen als auch die katholischen Religionslehrkräfte nicht mehr unbedingt eine enge Bindung an die eine oder andere Großkirche haben und damit selbst Konfessionalität hinterfragen – und als Folge sich nicht unbedingt als Zeuginnen und Zeugen ihrer Konfession verstehen, sondern eher eines christlichen Glaubens allgemein. Wenn selbst dies – trotz Missio canonica respektive Vokation – nicht vorhanden ist, richten sie ihren Religionsunterricht möglicherweise noch stärker als es eventuell sonst der Fall wäre an den Schülerinnen und Schülern aus.[10]

---

[8] CLAUSS P. SAJAK, Kirchen- und lehramtliche Grundlagen des konfessionell-kooperativen Religionsunterrichts, in: ULRIKE LINK-WIECZOREK / WILHELM RICHEBÄCHER / OLAF WASSMUTH (Hrsg.), Die Zukunft der theologischen Ausbildung ist ökumenisch. Interkulturelle und interkonfessionelle Herausforderungen in Universität und Schule, Kirche und Diakonie, BÖR 127, Leipzig 2020, 194–199, 194.

[9] Vgl. KERNCURRICULA evangelische und katholische Religion verschiedener Schulformen.

[10] Vgl. zu katholischen Lehrkräften SAJAK, Grundlagen, 198; sowie besonders zu letzterem Aspekt z. B. RUDOLF ENGLERT / ULRICH SCHWAB / FRIEDRICH SCHWEITZER / HANS-GEORG ZIEBERTZ (Hrsg.), Welche Religionspädagogik ist pluralitätsfähig? Kontroversen um einen Leitbegriff, Freiburg i. Br. 2012.

Wichtig war sowohl der evangelischen als auch der katholischen Seite, dass konfessionell gemischte Lerngruppen gebildet werden, die »im Wechsel von einer Lehrkraft des Unterrichtsfaches evangelische Religionslehre und katholische Religionslehre unterrichtet werden. Dabei muss gewährleistet sein, dass in qualifizierter Zusammenarbeit das konfessionelle Profil beider Kirchen im Religionsunterricht herausgestellt und bezeugt wird.«[11]

Hier bliebe rückwirkend einzuwerfen, dass diesem Anliegen viele strukturelle Probleme von Anfang an im Wege standen: Etwa eine geringe Anzahl an ausgebildeten Lehrkräften besonders in katholischer Religionslehre oder Zeitmangel im Alltag, um solch eine Kooperation durchzuplanen.

Näher an der Realität war es daher meines Erachtens auch beim konfessionell-kooperativen Religionsunterricht schon immer, das oben ausgeführte Verbindende zwischen beiden Denominationen zu betonen. Sabine Pemsel-Maier hat in diesem Zusammenhang einen wichtigen Satz gesagt: »Auf diese Weise [des Herausarbeitens des verbindenden Christlichen, V. Gaide] soll eine Vergewisserung der gemeinsamen christlichen Identität erreicht werden, die nicht zuletzt für interreligiöse Lernprozesse unerlässlich ist.«[12] Meines Erachtens brauchen gerade interreligiöse Lernprozesse, der Dialog mit anderen Religionen, einen Standpunkt (zum Beispiel dadurch, dass jemand aktiv in einer christlichen Kirche/Gemeinschaft verortet ist oder aber auch durch intellektuell angeeignetes Wissen in der Schule), denn ohne diesen kommt es allenfalls zu einem Austausch von Allgemeinplätzen, aber zu keinem genuinen interreligiösen Dialog.

Im Schulalltag sitzen immer weniger christlich getaufte Schülerinnen und Schüler in den Kursen, aber zunehmend muslimisch sozialisierte (auch ganz unterschiedlicher Prägung) und Agnostiker und Atheistinnen – aber genau diese Thematik der Verständigung interessiert Schülerinnen und Schüler. In diesem Zusammenhang kann Religionsunterricht nicht nur sinnstiftend sein, sondern auch versöhnend gestaltet werden beziehungsweise zu Verstehen und manchmal sogar zu Versöhnung beitragen. Toleranz ist in aller Munde, aber die Ausübung bleibt ein Lernprozess

---

[11] SEKRETARIAT DER DEUTSCHEN BISCHOFSKONFERENZ, zitiert nach SAJAK, Grundlagen, 199.
[12] SABINE PEMSEL-MAIER, Konfessionell-kooperativer Unterricht. Einblicke in die Situation in Niedersachsen und Baden-Württemberg, in: ULRIKE LINK-WIECZOREK / WILHELM RICHEBÄCHER / OLAF WASSMUTH (Hrsg.), Die Zukunft der theologischen Ausbildung ist ökumenisch. Interkulturelle und interkonfessionelle Herausforderungen in Universität und Schule, Kirche und Diakonie, BÖR 127, Leipzig 2020, 200–209, 201.

(Wie akzeptiere ich wirklich diejenigen, deren Ansichten ich eigentlich nicht teile?) zu dem ein christlicher Religionsunterricht viel beitragen könnte.

2. Gemeinsam verantworteter christlicher Religionsunterricht in Niedersachsen

2.1 Bestandsaufnahme

Ausgehend von den

> »positiven Erfahrungen von Religionslehrkräften, Schulen, Kirchen und Land verbunden mit einer hohen Akzeptanz des konfessionell-kooperativen Religionsunterrichts auf der einen Seite und die gewachsene ökumenische Einsicht auf der anderen Seite, dass die Kirchen verstärkt Herausforderungen und Aufgaben gemeinsam wahrnehmen können, haben zur gemeinsamen Überzeugung geführt, den konfessionellen Religionsunterricht weiterzuentwickeln und auszugestalten.«[13]

Der neu zu gestaltende Religionsunterricht wird somit als »konsequente Weiterentwicklung des konfessionell-kooperativen Religionsunterrichts«[14] verstanden. Die gemeinsame Basis der beiden großen Kirchen wären auch weiterhin die biblische Überlieferung, die Taufe und die Vorstellung der Trinität.

Trotz des Fehlens eines »gemeinsamen Bekenntnisstands« respektive einer »gemeinsamen Lehre« wird zum Ausdruck gebracht, dass man im Religionsunterricht sehr wohl ökumenisch arbeiten und damit auch einen »Beitrag zur Ökumene der Kirchen selbst [...] leisten« könne.[15]

Wichtig in diesem Zusammenhang ist es, die Zustimmung des Landes zu erhalten, denn natürlich wird der Religionsunterricht in Niedersachsen

---

[13] SCHULREFERENTINNEN UND SCHULREFERENTEN DER EVANGELISCHEN KIRCHEN UND KATHOLISCHEN BISTÜMER IN NIEDERSACHSEN, Positionspapier »Gemeinsam verantworteter christlicher Religionsunterricht«, Hannover Mai 2021, 3. Im Folgenden wird nur die Angabe ›Positionspapier‹ verwendet.
[14] Ebd. Der CRU würde als ein Pflichtfach für alle in der evangelischen und katholischen Kirche getauften Schülerinnen und Schüler gelten, als Wahlfach könnte der CRU auch von anderen Schülerinnen und Schülern angewählt werden.
[15] A. a. O., 4.

eine *res mixta* bleiben, so dass die Kirchen und das Land über diesen Prozess zu entscheiden haben werden.[16]

Ein wichtiger Bestandteil dieses ökumenischen Arbeitens ist die sogenannte Perspektivenverschränkung. Jan Woppowa spricht davon, dass ihm »die Rede von einem *Religionsunterricht in konfessionell heterogenen Lerngruppen* angemessener zu sein [scheint], denn er schließt beide Formen ein: sowohl Phasenmodelle und personale Kooperationen von Lehrkräften unterschiedlicher Konfessionen als auch Unterricht in konfessionell gemischten Lerngruppen ohne kooperierende Lehrkräfte«.[17] Durch das Konzept von vielfältiger Perspektivität wird es nun möglich, dass Schülerinnen und Schüler »anhand der multiperspektivischen Zeugnisse und kontroversen Darstellungen über Geschehenes [nachdenken] und so zu unterschiedlichen Ansichten und Urteilen zu gelangen, die in der Klasse kontrovers und diskursiv verhandelt werden.«[18]

Der vermeintlichen Gefahr einer »Reduktion« oder »Einebnung«[19] kann meines Erachtens entgegengehalten werden, dass dies eventuell auf die Inhalte der evangelischen beziehungsweise katholischen Theologie zuträfe, dies jedoch in einem Kontext zunehmender Säkularisierung für Schülerinnen und Schüler nicht schädlich sein kann. Selbst bei formal noch einer der beiden Kirchen zugehörigen Schülerinnen und Schülern lassen sich theologische Inhalte nicht mehr per se voraussetzen. Umso wichtiger ist allerdings dann in diesem Zusammenhang der wachsame Blick der Lehrkraft, ihrerseits Inhalte einer der beiden Konfessionen nicht zu vereinnahmen beziehungsweise zu unterschlagen oder verkürzt darzustellen.

Perspektivenverschränkung bewegt sich auf verschiedenen Ebenen, nämlich auf der der Inhalte, die ausgesucht werden müssen, aber auch auf der der Lerngegenstände, die aus den verschiedenen konfessionellen Blickwinkeln zu betrachten sind. Einbezogen werden müsste hier, dass es selbst innerhalb einer Konfession nicht in allen Bereichen homogene Ansichten gibt.

---

[16] Ebd.; vgl. dazu auch Art. 7 Abs. 3 GG.
[17] JAN WOPPOWA, Perspektivenverschränkung als zentrale Figur konfessioneller Kooperation, in: KONSTANTIN LINDNER u. a. (Hrsg.), Zukunftsfähiger Religionsunterricht. Konfessionell-kooperativ-kontextuell, Freiburg im Breisgau 2017, 174–192, 175f.
[18] MIRJAM SCHAMBECK, Der Religionsunterricht als Lernort religiöser Differenz in einer plural gewordenen Gesellschaft, in: RpB 74/2016, 93–104.
[19] Vgl. zu diesen Begriffen WOPPOWA, Perspektivenverschränkung, 177f.

Der Wunsch Woppowas nach Zusammenarbeit zum Beispiel von konfessionell-gemischten Lehrerarbeitsgruppen ist in Norddeutschland durchaus schwierig, da die Katholikinnen und Katholiken dort in der Minderzahl leben, so dass es viel weniger katholische Lehrkräfte gibt, wobei meines Erachtens der Impuls ein sehr interessanter ist.

Der neu entstehende gemeinsam verantwortete christliche Religionsunterricht bliebe ein konfessioneller Religionsunterricht und soll ebenso wie der konfessionelle evangelische und katholische Religionsunterricht eine »aufklärende, kritische, hermeneutische und sinnproduktive Funktion«[20] innehaben. Darüber hinaus soll die gesellschaftliche Vielfalt in den Blick genommen werden.[21]

Auch die Differenzen innerhalb der beiden großen Konfessionen lassen Pluralität durchscheinen und ermöglichen eine echte Auseinandersetzung für Schülerinnen und Schüler, ein kritisches Reflektieren und Hinterfragen, vielleicht auch schon das Einüben echter Toleranz. An dieser Stelle muss meiner Meinung nach mitgedacht werden, dass auch die anderen christlichen Konfessionen einen Platz in dem »Zweier-Kanon«[22] finden – und der interreligiöse Dialog schwingt hier auch schon mit.

Darüber hinaus wird auch die Sinnfrage einen zentralen Platz in dem neu entstehenden Modell besitzen, da die beiden großen Konfessionen auch heute noch Antworten dazu entwickeln und Schülerinnen und Schüler weiterhin Inhalte hierzu angeboten bekommen sollen.

Im Positionspapier wird davon ausgegangen, dass Schülerinnen und Schüler, die über Kenntnisse auf religiösem Gebiet verfügen, eher ein Gesamtbild der Wirklichkeit kreieren können; dieses Gesamtbild ermöglicht »Verständnis und Orientierung« und schafft es im besten Falle, zu einem »besonnenen Handeln« zu kommen. In diesem Zusammenhang ließen sich »der Schutz des Lebens, die Schonung von Ressourcen und der Einsatz für eine friedliche und gerechte Welt« nennen.[23]

Der an unserer Schule, der IGS Lüneburg, etablierte Leistungskurs (LK) Evangelische Religion versucht deshalb auch, innerhalb der zwei

---

[20] Positionspapier, 10f.
[21] Vgl. a. a. O., 11.
[22] Der Begriff ist kein Zitat, aber vgl. zu der Thematik auch LINK-WIECZOREK, Einleitung, 11, in: ULRIKE LINK-WIECZOREK / WILHELM RICHEBÄCHER / OLAF WASSMUTH (Hrsg.), Die Zukunft der theologischen Ausbildung ist ökumenisch. Interkulturelle und interkonfessionelle Herausforderungen in Universität und Schule, Kirche und Diakonie, BÖR 127, Leipzig 2020.
[23] Zu den gerade erwähnten Passagen sowie den Zitaten vgl. Positionspapier, 11.

Jahre in der Qualifikationsphase ein soziales Projekt zu planen und durchzuführen. In einem Jahr – als »die ethischen Problemstellungen [...] exemplarisch anhand von Fragen des Lebensendes zu bearbeiten«[24] waren – bereitete der LK Religion einen Besuch im Altenheim vor: Der Kontakt wurde gebahnt, ein Austausch fand im Vorfeld statt, die Schülerinnen und Schüler backten Kuchen für den einen bestimmten Nachmittag, das Altenheim stellte Räumlichkeiten sowie Getränke zur Verfügung. Darüber hinaus reflektierten die Schülerinnen und Schüler, wie man das Thema, das sie den Heimbewohnerinnen und Heimbewohnern mitgeteilt hatten, ansprechen könnte. Meine Schülerinnen und Schüler thematisierten auch ihre eigenen Ängste, da sie selten intensiven Kontakt mit älteren Menschen und Menschen mit Handicaps hatten.

Der Nachmittag wurde ein bewegender – und selten habe ich einen so regen Austausch über ein diffiziles Thema erlebt. Die christliche Hoffnung auf ein Leben nach dem Tod wurde thematisiert, und eine muslimische Schülerin bereicherte den Tag mit ihrer Sichtweise über den Tod. Es wurde gelacht, und in manchen Augen standen Tränen, als ältere Menschen sehr ernst vom Krieg erzählten. Die Begegnung insgesamt war Konvivenz im besten Sinne. Ein paar Wochen danach berichtete der Kurs bei einem »Bunten Abend« (mit noch anderen Akteuren) an der IGS von ihren Erfahrungen – und stießen auf reges Interesse bei Eltern und anderen Schülerinnen und Schülern.

Dieses Beispiel zeigt, dass auch der konfessionsgebundene Religionsunterricht schon immer in der Lage war, Sinnangebote zu machen, in den interreligiösen Dialog zu treten und Verständnis und Orientierung (s.o.) zu geben. Die Frage ist, ob der CRU dieses intensiver fördern kann. Kritisch anzumerken wären an dieser Stelle auch die Bedenken mancher Kolleginnen und Kollegen, dass die Betonung einer besonderen Einheit zwischen evangelischem und katholischem Ansatz eher distanzierend wirken könnte – für Schülerinnen und Schüler anderer Denominationen, anderer Religionen sowie für diejenigen, die sich als Atheisten oder Agnostikerinnen bezeichnen würden. Dies gilt es meines Erachtens in den Blick zu nehmen von den Verantwortlichen, die nun entscheiden, ob dieser CRU kommen wird respektive wie er dann implementiert werden kann.[25] Mir

---

[24] NIEDERSÄCHSISCHES KULTUSMINISTERIUM, Hinweise zur schriftlichen Abiturprüfung 2018, abrufbar bei nibis.de, 2 (abgerufen: 30. 12. 2021).

[25] Hier könnte meines Erachtens doch noch einmal über den Namen nachgedacht werden; evtl. würde ein *ökumenischer Religionsunterricht* geeigneter sein und

scheint eine Zusammenführung der beiden großen Konfessionen im Religionsunterricht sinnvoll, mit all ihren Unterschieden, solange sie die anderen Denominationen nicht aus dem Blick verlieren.

Oben wurde die spezifische Gestaltung des konfessionellen Religionsunterrichts nach Art. 7 Abs. 3 GG erwähnt, die eben auch in Niedersachsen beachtet werden muss. Lehrerinnen und Lehrer müssen die Vokation beziehungsweise die Missio canonica erwerben.

Dies wird auch weiterhin der Fall sein, sollte es zum CRU kommen.[26] Im Positionspapier wird darauf hingewiesen, dass bei »den Themen, bei denen die Grundsätze der beiden Religionsgemeinschaften differieren, [...] der Religionsunterricht für die Schüler*innen, die der gleichen Konfession wie die unterrichtende Lehrkraft angehören, bekenntnisgebunden unterrichtet wird, für die anderen bekenntnisfremd.«[27] Ein paar Zeilen weiter beschreibt das Positionspapier selbst, dass dies auch schon im konfessionell-kooperativen Religionsunterricht der Fall war.[28]

Die Wunschvorstellung, dass es einen Wechsel zwischen evangelischen und katholischen Lehrkräften geben solle,[29] ist allerdings im Norden Niedersachsens m. E. auch für den CRU eine hehre Wunschvorstellung. Vielmehr wird es vom Gewissen der einzelnen Lehrkraft abhängen, wie er oder sie die jeweils andere große Konfession in den Blick nehmen und dieser zum Teil »fremden Perspektive« mit Achtung begegnen wird. Allerdings kommen im Grunde die Lehrerinnen und Lehrer häufig nicht mehr »in Reinform« im Hinblick auf ihre Konfessionalität vor, sondern an der Basis vermischen sich die Konfessionen mehr und mehr, beziehungsweise sie erleben das gemeinsam Verbindende – und dies ist ja auch der Ansatzpunkt sowohl für den konfessionell-kooperativen Religionsunterricht als auch für den gemeinsam verantworteten christlichen Religionsunterricht.

An unserer Schule werden Abiturgottesdienste veranstaltet, die von Schülerinnen und Schüler aus dem Abiturjahrgang organisiert werden, in der Regel in der Mehrzahl (aber nicht ausschließlich) von Schülerinnen und Schülern aus dem LK. Da wird nicht nach der Konfession gefragt, sondern danach, was den Schülerinnen und Schülern wichtig ist, wie sie

gleichzeitig noch das Konfessionsgebundene dieses Religionsunterrichts ausdrücken?

[26] Vgl. Positionspapier, 29.
[27] A. a. O., 28.
[28] Vgl. a. a. O., 29.
[29] Vgl. ebd.

ihren Glauben verorten – und vor einer immer recht gefüllten Kirche vertreten können. Sinnbildlich findet dieser im benachbarten Gemeindezentrum St. Stephanus statt, das in sich schon ökumenisch ausgerichtet ist mit einem katholischen Teil und einem evangelischen.[30]

Zusammenfassend bleibt festzuhalten, dass es aus der Sicht des Positionspapiers »weiterhin um die konkreten Inhalte der jeweiligen Konfession, Frömmigkeitsformen und Erfahrungszusammenhänge [geht], sowohl soweit sie deckungsgleich sind, als auch dort, wo sie von der jeweils anderen Konfession unterschieden sind.«[31] Die Verfasserinnen und Verfasser des Positionspapiers verstehen den gemeinsam verantworteten christlichen Religionsunterricht als einen »bekenntnisgebundenen Unterricht«.[32] In ihren Augen sei daher die Vokation respektive die Missio canonica nötig.

Was sicherlich zutreffend ist, ist die Tatsache, dass im regulären, momentan bekenntnisgebundenen Religionsunterricht die »Glaubenswahrheiten«[33], die zwischen evangelischer und katholischer Kirche gleich sind, durchaus größer sind als diejenigen, die unterschiedlich geglaubt beziehungsweise wahrgenommen werden. Positiv ist auch zu werten, dass beide Seiten meines Erachtens getragen waren von dem Wunsch, dass es überhaupt eine glaubhafte Zukunft für den Religionsunterricht an niedersächsischen Schulen gibt.

2.2 Zukunftsperspektiven und (An-)Fragen

Im Positionspapier wird von der Bildung einer »Gemeinsamen Kommission« gesprochen, die befugt ist, Entscheidungen zu treffen und die dann »in den Angelegenheiten des Religionsunterrichts das kirchliche Gegenüber zum Staat« sei.[34]

Darüber hinaus müssten Kerncurricula (für die verschiedenen Schulformen) für den gemeinsam verantworteten christlichen Religionsunterricht entwickelt werden, die »unter Mitarbeit beider Kirchen erstellt werden und am Ende der Zustimmung beider Kirchen bedürfen.«[35]

---

[30] Das Ökumenische Gemeindezentrum St. Stephanus wurde 1974 eingeweiht und war eins der ersten ökumenischen Zentren im deutschsprachigen Raum. Es gibt ein Haus mit zwei Sakralräumen und einem umfangreichen Raumangebot, welches den beiden Gemeinden je zur ideellen Hälfte gehört. Zeitgleich entstand die katholische Pfarrei St. Stephanus.
[31] Positionspapier, 29.
[32] Ebd.
[33] A. a. O., 30.
[34] A. a. O., 31.

Da es schon sinnvolle, auf beide Seiten abgestimmte Kerncurricula gibt, müssten diese in meinen Augen feinjustiert und – wie auch das Positionspapier betont – besonders im Bereich des ökumenischen Lernens ausdifferenziert werden.

Daneben müssten Lehrwerke überarbeitet oder neue erstellt werden. Es gibt mittlerweile eine recht große Anzahl an Lehrmaterialien und Schulbüchern, die auf den konfessionell-kooperativen Religionsunterricht ausgerichtet sind, weitere sind in Arbeit. Diese könnten eine Leitlinie bilden. Die beiden großen Kirchen müssten diesen Lehrwerken zustimmen.

Weiterhin sollen die beiden großen Kirchen auch beteiligt sein bei »Schulversuchen, wissenschaftlichen Untersuchungen und Erprobungen, die den gemeinsam verantworteten christlichen Religionsunterricht« betreffen, »analog dem bisherigen Verfahren für die Beantragung konfessionell-kooperativ erteilten Religionsunterrichts«.[36]

Interessant ist, dass neben der schon oben erwähnten Beibehaltung der Vokation respektive Missio canonica diese erweitert werden müssen im Hinblick auf eine »wertschätzende und theologisch fundierte Darstellung von konfessionellen Merkmalen anderer Kirchen«.[37] Auf katholischer Seite würde das »gemeinsame Christusbekenntnis« betont werden, auf evangelischer Seite »die Gemeinsame Erklärung zur Rechtfertigungslehre«.[38]

Abschließend soll erwähnt werden, dass zur (Weiter-)bildung des neuen Konzepts folgende Gruppierungen beteiligt werden: Vertreterinnen und Vertreter der evangelischen und katholischen Kirche, des Kultusministeriums, des Niedersächsischen Landesinstituts für schulische Qualitätsentwicklung (NLQ), der Fachberatungen bzw. -moderation sowie kirchlicher Fortbildungseinrichtungen.[39]

Auch die didaktischen Perspektiven nimmt das Positionspapier schon in den Blick: Ein wesentlicher Bestandteil ist der »Umgang mit Fremdheit«.[40] »Das Fremde« sind nun nicht nur die jeweils andere Konfession

---

[35] Ebd.
[36] A. a. O., 32.
[37] Ebd.
[38] Ebd. Weitreichend gedacht ist im Positionspapier auch, dass auch Religionslehrerinnen und -lehrer aus Freikirchen in den Blick genommen werden sowie der Umgang mit Lehrkräften, die Religion fachfremd unterrichten.
[39] Vgl. a. a. O., 33.
[40] Schon in meiner Dissertation VERA BOETZINGER, »Den Chinesen ein Chinese werden. Die deutsche protestantische Frauenmission in China 1842-1952«, MGA, Band 11, Stuttgart 2004 galt ein Kapitel (4) dem Prozess der Kulturkompetenz / der

für die jeweilige Lehrkraft, sondern auch Schülerinnen und Schüler, die aus anderen religiösen Kontexten stammen als aus dem Umfeld der beiden großen Kirchen, nämlich Schülerinnen und Schüler aus freikirchlichen oder orthodoxen Gemeinden. Angemerkt sei noch, dass meines Erachtens diese konfessionellen Unterschiede nicht wichtig für heutige Schülerinnen und Schüler sind; die Schülerinnen und Schüler – egal ob Agnostiker, Muslimin, Katholikin oder Protestant – interessieren sich für die Botschaft Jesu, die Person Jesu, durchaus auch für die Hoffnung, die dieser Botschaft innewohnt.

Es wurde und wird immer viel Wert auf die Wissensausbildung bei Religionslehrkräften gelegt im Hinblick auf die andere Konfession, und natürlich ist dies relevant, aber in meinen Augen sollte der Religionslehrer/die Religionslehrerin sich auch eingestehen dürfen, dass er/sie es überhaupt nicht vermag, alle unterschiedlichen Konfessionen/christlichen Kirchen wirklich durchdrungen zu haben und selbst bei den beiden großen Denominationen bleibt ja die Frage, inwieweit Wissensvermittlung Einblick gewährt. Meines Erachtens könnte eine (fast kindliche) Neugier seitens der Religionslehrkräfte dazu beitragen, zum Beispiel von Schülerinnen und Schülern – die im je eigenen Unterricht sitzen – zu lernen. An dieser Stelle bleibt tatsächlich auch die Hoffnung auf das Wirken des Heiligen Geistes – auf den sich auch im Positionspapier bezogen wird.[41] Auch die Ökumene wird ja nur in diesem und mit diesem Geiste möglich, denn Wissensvermittlung trägt und ist wichtig, aber in meinen Augen eben nicht ausschließlich. Das Positionspapier deutet dies auch an, wenn es schreibt: »Vermittelt werden sollte die Kompetenz, mit unterschiedlichen christlichen Überzeugungen und Traditionen konstruktiv umzugehen.«[42] Semantisch konnte ich nicht deuten, ob sich diese Aussage auf Lehrende und/oder Schülerinnen und Schüler bezieht. Im Grunde macht es inhaltlich Sinn für beide Gruppierungen – und knüpft an meine Ausführungen oben an. Wichtig ist meines Erachtens eine generelle Achtung vor den anderen Traditionen, ein Innehalten, um zuzuhören, was die andere Konfession ausmacht.

Hermeneutik des Fremden, welche auf ein Modell von THEO SUNDERMEIER sowie auf ein Modell aus der Fremdsprachendidaktik zurückgreift. Es bliebe allerdings kritisch zu hinterfragen, inwiefern Modelle aus dem Bereich der Interkulturalität auf den Schulunterricht zu übertragen sind, da letzterer kein »natürliches Setting« ist wie das Leben in einem anderen Land.

[41] Vgl. Positionspapier, 4.
[42] A. a. O., 35.

Die oben beschriebene »Didaktik der Perspektivenverschränkung« von Woppowa gilt laut Positionspapier umso mehr für den gemeinsam verantworteten christlichen Religionsunterricht: »Sowohl die Darstellung der Unterrichtsinhalte aus verschiedenen Perspektiven als auch die Öffnung des Unterrichts, um verschiedene persönliche oder kirchliche Perspektiven miteinander ins Gespräch zu bringen, bilden eine didaktische Grundlage.«[43] Im Grunde ist beim gemeinsam verantworteten christlichen Religionsunterricht der Perspektivwechsel ein »Muss«, während er vorher erwünscht, aber noch keine absolute Notwendigkeit war.

Wegweisend geht das Positionspapier auf die Folgen ein, die dieser neue Religionsunterricht auch in anderen Bereichen haben würde. Die ganze Ausbildung von Religionslehrkräften wird weiterhin eine »gemeinsame Angelegenheit in staatlicher Verantwortung und in Übereinstimmung mit den Grundsätzen der Religionsgemeinschaften«[44] sein. Damit bleibt die res mixta unangetastet. Ausgebildet werden zukünftige Studierende an den Universitäten weiterhin konfessionsgebunden, jedoch soll eine Intensivierung der Zusammenarbeit zwischen der evangelischen sowie der katholischen Lehrkräfteausbildung erfolgen.

Darüber hinaus bleibt festzuhalten, dass sich die Zweite Phase der Lehramtsausbildung nicht grundlegend verändern wird. Als Ausbilderinnen und Ausbilder werden zum Beispiel auch weiterhin diejenigen Lehrkräfte dienen, die die Lehrbefähigung für evangelische oder katholische Religion innehaben. Es sollten bei diesen Lehrkräften Erfahrungen vorliegen mit konfessionell-kooperativem Religionsunterricht respektive in der Zukunft mit dem gemeinsam verantworteten christlichen Religionsunterricht. Daneben sind Seminarlehrpläne nach § 6 APVO-Lehr zu erarbeiten, von der Seminarleitung zusammen mit den Ausbildenden. Auch wird die implementierte Qualitätssicherung und -entwicklung auch für das neue Konzept aufgenommen werden. Eine in meinen Augen sinnvolle Ergänzung werden Unterrichtsbesuche von katholischen und evangelischen Fach(seminar)leitungen sein, zumindest als Option. Im Hinblick auf die Prüfungen ist angedacht, dass jeweils ein Prüfer oder eine Prüferin der jeweils anderen Konfession mitwirkt. Meines Erachtens ist es in diesem Zusammenhang wichtig zu definieren, was Referendarinnen und Referendare dann in der Prüfungsstunde »zeigen« müssen: Ist eine sehr gute Note erst möglich, wenn zum Beispiel eine Perspektivenverschränkung mit angedacht oder von den Schülerinnen und Schülern erfasst wurde beziehungs-

---

[43] Ebd.
[44] Ebd.

weise welches Ziel hat die jeweilige Mitwirkung, wenn es nicht nur eine bloße Formalie sein oder werden soll? Die Lehrbefähigung am Ende der Ausbildungszeit bekämen die Referendarinnen und Referendare weiterhin in Evangelischer oder Katholischer Religion.[45]

Der eine oder die andere mag sich die Frage stellen, ob es eine Weiterentwicklung zu einem interreligiösen Religionsunterricht (wie im Bundesland Hamburg) geben wird; dies wird für das Bundesland Niedersachsen z. Zt. nicht angestrebt.

Zum Zeitpunkt des Einreichens dieses Artikels (Januar 2022) ist der Prozess, ob der gemeinsam verantwortete christliche Religionsunterricht kommen wird, durchaus noch ergebnisoffen, aber die kirchlichen Vertreter und Vertreterinnen der beiden großen Konfessionen sind guter Hoffnung, dass das neue Konzept verwirklicht werden wird.

Das gemeinsame Ziel der beiden großen Kirchen ist es, das Fach attraktiv zu halten für alle, die ein Interesse daran haben. Meiner Meinung nach kann der Religionsunterricht gerade bei nachlassender Kirchenzugehörigkeit seinen wichtigen Beitrag dazu leisten, das Evangelium mit Freude, Methodenvielfalt und auch Ernsthaftigkeit zu durchdenken – genau wie all die anderen alltagsrelevanten Themen.

So aber bleiben 1 Kor 13,13 und 1 Kor 13,12 - vielleicht in diesem Sinne.

---

[45] Zu den Ausführungen vgl. Positionspapier, 38 f. Das Positionspapier geht auch schon sinnvollerweise auf die Fort- und Weiterbildung ein, die Zusammenarbeit mit dem Fach Werte und Normen, die Auswirkungen für die »religiöse Schulkultur« sowie für das »außerschulische kirchliche Bildungsengagement«, aber aus Platzgründen wird an dieser Stelle nur auf die S. 40–45 zu diesen Themen verwiesen.

Eruierungen des Jüdischseins.
Über die intergenerationelle »gemeinsame Bedeutungssuche« in Dmitrij Kapitelmans »Das Lächeln meines unsichtbaren Vaters« (2016)

Carina Branković

> »Was darf ich sein, wenn nicht das, was ich dank meines Vaters bin?«[1]

In *Das Lächeln meines unsichtbaren Vaters* (2016)[2] zeichnet Dmitrij Kapitelman[3] die Reise des Ich-Erzählers mit seinem Vater nach Israel nach. Das Buch ist durch ein autofiktionales Erzählen gekennzeichnet und hält keine Gattungsbezeichnung bereit. Israel ist sowohl für den Vater als auch für den Sohn Bedeutungsträger: Für den Vater, der gemeinsam mit der Familie entscheidet, in den 1990er Jahren aus der Ukraine nicht nach Israel, sondern nach Deutschland zu migrieren, ist Israel ein mit Sehnsucht verbundener Ort, wie er es auch für den Sohn ist. Doch es braucht erst den Impuls des Sohnes und dessen Überzeugungsarbeit, gemeinsam nach Israel zu reisen. Für den Sohn birgt Israel die Hoffnung, an der Seite seines Vaters den existentiellen Fragen zu begegnen, wer er eigentlich ist und ob es einen Ort gibt, an den er gehört.[4] Der folgende Beitrag filtert intergenerationelle Verständnisse und Eruierungen des Jüdischseins aus Kapitelmans Buch *Das Lächeln meines unsichtbaren Vaters* heraus.

---

[1] DMITRIJ KAPITELMAN, Das Lächeln meines unsichtbaren Vaters, Berlin [2016] ⁴2019, 257.

[2] Das Zitat aus der Überschrift a. a. O., 252.

[3] Dmitrij Kapitelman (Дмитрий Капительман) wurde 1986 in Kyiv (Ukraine) geboren und migrierte im Alter von acht Jahren mit seiner Familie nach Deutschland. Er studierte Politikwissenschaft und Soziologie in Leipzig und ist Absolvent der Deutschen Journalistenschule in München. Für sein erstes Buch *Das Lächeln meines unsichtbaren Vaters* (2016) erhielt er den Klaus-Michael Kühne-Preis; sein zweites Buch *Eine Formalie in Kiew* (2021) wurde mit dem Buchpreis Familienroman 2021 der Stiftung Ravensburger Verlag ausgezeichnet. Der Schriftsteller, Journalist und Musiker moderiert zudem den Podcast beziehungsweise den Mischpokast *Abenteuerliche Juden und alle anderen abenteuerlichen Leute auch* der Jüdischen Gemeinde Frankfurt am Main.

[4] Vgl. KAPITELMAN, Lächeln, 268.

Die Reise von Vater und Sohn, Leonid und Dmitrij Kapitelman, nach Israel nimmt ihren Ausgangspunkt bei der an den Buchtitel zurückgebundenen Feststellung »Mein unsichtbarer Vater und ich«[5] zu Beginn des ersten Kapitels. Schon auf der ersten Seite zeigt sich eine Erklärung, wie die Unsichtbarkeit zu verstehen ist, wie das Selbstverständnis des Vaters den Sohn gleichzeitig spiegelnd mitprägt, Fragen eröffnet, und welcher Wunsch mit der vom Sohn initiierten Reise verbunden ist:

> Das Leben meines Vaters ist vom Selbstverständnis geprägt, ein Jude zu sein. [...] Was genau es [...] für meinen nichtreligiösen Vater bedeutet, Jude zu sein, das blieb für mich bis heute unsichtbar. Die Wahrheit ist: Mein Vater, Leonid Kapitelman, ist unsichtbar. Und deshalb möchte ich nach Israel mit ihm. Weil ich die Vorstellung habe, dass er sich in Israel offenbart.[6]

Des Weiteren beschreibt Dmitrij eine bleibende Rätselhaftigkeit des Vaters und benennt ein Gefühl von ›Displacement‹, einer ›Unzugehörigkeit‹, das er bei ihm wahrnimmt:

> Der von mir meistgeliebte Mensch ist ein Enigma. Es ist sehr schwer, einem Enigma wirklich nahezukommen. Vielleicht ist mein Vater einfach ein irreführender und widersprüchlicher Charakter, der auch unter anderen Umständen nirgends dazugehören würde. Oder er ist unsichtbar geworden, weil das Leben als Jude in der Ukraine und im Ostdeutschland der Neonazis ganz viel von ihm ausgelöscht hat. Ich weiß es nicht.[7]

Der Sohn spricht hier auch ein Unsichtbar-*Werden* durch gesellschaftliche Kontexte und antisemitische Diskriminierungserfahrungen an. Er wünscht sich durch die Reise nach Israel, einen »unverstellten Blick auf [d]en unsichtbaren Vater«[8], etwas in diesem neuen, veränderten und für beide besonderen Kontext über das Verständnis des Jüdischseins seines Vaters zu erfahren, eine Positionierung zu provozieren, die ihm auch bei der Formulierung seines Jüdischseins Orientierung und Stabilität geben könnte. Der Gedankenstrom des Sohns wirft an dieser Stelle Fragen auf, zum Beispiel wie der Vater insbesondere an der *Kotel*, der westlichen Mauer in Jerusalem, der ›Klagemauer‹, reagieren würde, wie, wenn er weinen

---

[5] A. a. O., 7.
[6] Ebd.
[7] A. a. O., 11.
[8] Ebd.

dürfte. Auch wird der Kontext der Ukraine und ein Gefühl der Ambivalenz und Nichtzugehörigkeit eingewoben, analog bezogen auch auf den Kontext Deutschland – ein Deutschland, das der Vater nie verstanden habe und das ihn vielleicht auch nie verstehen würde.

Dann unterbricht der Ich-Erzähler, entschuldigt sich augenzwinkernd bei seinen Leserinnen und Lesern, über Unsichtbarkeit gesprochen und sich dabei noch nicht einmal selbst vorgestellt zu haben. Dabei wird deutlich, dass Dmitrij patrilinear jüdisch ist – das heißt, der Vater ist jüdisch, die Mutter, ihr Name ist Vera Romashkan, ist nichtjüdisch. Die Patrilinearität wird von dem Sohn schmerzhaft als ›Mangel‹, als ein Fehlen zu einer vollständigen jüdischen Identität wahrgenommen.[9] In einer wiedergegebenen Aussage seiner Mutter zeigen sich zudem noch weitere Mehrfachzugehörigkeiten der Familien Kapitelman und Romashkan; das ›Jüdische‹ hingegen könnte klar benannt werden, so die Mutter, wenn sie die komplexen Verortungen aus ihrem Familienzweig betrachtet: »›Die jüdische Hälfte ist also das Klarste, was du hast.‹«[10] Zieht man an dieser Stelle die Linie vom Ich-Erzähler zum Autor Dmitrij Kapitelman, so spricht dieser in einer beispielhaft hinzugezogenen Interviewsituation unter anderem auch von »verstreuten Zugehörigkeiten«[11], die zu ihm gehören. Diese ›verstreuten Zugehörigkeiten‹ können auf Mehrfachverortungen und Partikular-Zugehörigkeiten hinweisen, die aber nicht an ein Konzept von festen Zugehörigkeiten gebunden sein müssen. Deutlich werden vielmehr Bezüge und subjektiv empfundene Verbundenheiten in bestimmten Kontexten.[12]

Dem Text weiter folgend konstatiert der Erzähler Dmitrij zudem selbst bestimmend, dass »[j]eder Mensch [...] selbst darüber [entscheidet], was

---

[9] Vgl. a. a. O., 12.
[10] Ebd.
[11] DMITRIJ KAPITELMAN / SANDRA WINZER, »Der innere Bruch, den Flüchtlinge verarbeiten müssen, wird oft nicht bedacht«. Dmitrij Kapitelman über Kontingentflüchtlinge, Integration und sein neues Buch (01. 04. 2021), URL: https://www.kulturelle-integration.de/2021/04/01/der-innere-bruch-den-fluechtlinge-verarbeiten-muessen-wird-oft-nicht-bedacht/ (Stand: 29. 12. 2021).
[12] Vgl. auch in Anlehnung an Paul Mecheril und Britta Hoffarth, Räume zu schaffen und hybride Zugehörigkeiten zu denken, »die sich den Ordnungen der Eindeutigkeit nicht fügen. Dies kann [...] aber nur geschehen, wenn die Zughörigkeitsordnungen selbst zur Disposition stehen und verändert werden« (PAUL MECHERIL / BRITTA HOFFARTH, Adoleszenz und Migration. Zur Bedeutung von Zugehörigkeitsordnungen, in: VERA KING / HANS-CHRISTOPH KOLLER (HRSG.), Adoleszenz – Migration – Bildung. Bildungsprozesse Jugendlicher und junger Erwachsener mit Migrationshintergrund, Wiesbaden 2009, 239–258; 257).

er sieht, wenn er in den Spiegel schaut.«[13] Die generationenübergreifende Sichtbar-/Unsichtbar-Metaphorik wird jedoch auch im folgenden kapitelbeschließenden Abschnitt fortgeführt, als Dmitrij konstatiert:

> Ich bin politisch gebildet, unabhängig und selbstbestimmt. Zugegeben: auch sehr verloren und alleingelassen manchmal. Dann fürchte ich, dass ich nicht mal ein halber Unsichtbarer bin, sondern einfach jemand ohne Gestalt. Nicht wissend, wer ich bin, und nirgendwo zu Hause. Schlimmer noch: Nicht wissend, wer oder wo ich gern wäre. Nur gewiss, einen irreparablen Makel in mir zu tragen. Dann tagt mein Inneres Gericht und beschließt: ›Falschjude Dmitrij K., eigentlich mit allem und mehr ausgestattet, um glücklich zu sein, wird aufgrund von Eigenverschulden zu einem kläglichen Leben ohne Selbstverständnis verurteilt!‹
>
> Papa und ich, wir fahren nach Israel. Ja, und bei dieser Reise geht es auch um mich, um mein unsichtbares Ich.[14]

Beginnt der Erzähler mit einer positiven Selbstverortung, so zeichnet der zweite Satz ein konträres Bild: Dmitrij fühlt sich auch verloren, spricht von ›nicht einmal einer halben Unsichtbarkeit‹ und fürchtet, ›ohne Gestalt‹ zu sein, ›nicht zu wissen, wer er sei‹ und benennt ein Gefühl der Entwurzelung. Die Patrilinearität wird hier neben der vorigen Mangelkennzeichnung außerdem als ›irreparabler Makel‹ benannt und verdeutlicht ein Selbstverständnis, das nicht als vollständig wahrgenommen wird und Selbstzweifel ausdrückt; die Instanz des ›Inneren Gerichts‹, die das ganze Buch durchzieht, spricht ein hartes Urteil zu sich selbst, das ein ›Eigenverschulden‹ herausstellt, ein ›Leben ohne Selbstverständnis‹. Die gemeinsame Reise von Vater und Sohn nach Israel birgt das Potential, eine Sichtbarmachung, Offenlegung und vielleicht auch eine Ergänzung der Selbstverständnisse zu ermöglichen und der Identitätsfindung sowie insbesondere auch der Frage, was die jüdische eigene und familiäre Identität ausmacht, nachzugehen.

Diese ausgewählten Eingangszitate verdeutlichen einen zentralen miteinander verbundenen Themen- und Fragenkomplex, der sich durch das Buch insgesamt zieht und an Beispielen im Rahmen dieses Beitrags fokussiert werden soll: Es geht im Rahmen der Sohn- und Vater- (sowie auch der Großvater-)Beziehung um Fragen der Verständnisse des Jüdischseins

---

[13] KAPITELMAN, Lächeln, 13.
[14] A. a. O., 13 f.

im Kontext von familiären Mehrfachverortungen und -kontextualisierungen an unterschiedlichen Orten im Suchradius der »familiäre[n] Identitätswerkstatt«[15].

›Kapitelmänner‹ aus drei Generationen

Das folgende Kapitel »Sabbathühnchen zum Sonderpreis«[16] lässt neben der rückblickenden Schilderung über die Vater und Sohn eng verbindenden Einkaufstätigkeiten in der sächsischen Kleinstadt Meerane Facetten des Vaters, eines studierten Mathematikers[17], und auch der Großeltern, Rachel und David Kapitelman, im Rahmen der Erzählung der Migration aus der Ukraine nach Deutschland als sogenannte »jüdische Kontingentflüchtlinge«[18] im Jahr 1994 sichtbar werden.

Die Einkaufsweise des Vaters analysierend, in der wirtschaftlichen Warensprache verbleibend, vielleicht auch um die Abstraktheit der Bezeichnung offenzulegen, werden die sogenannten jüdischen ›Kontingentflüchtlinge‹ vom Erzähler als »Artikelbezeichnung [...] [aufgeführt, mit der der] ethnopolitische Unternehmer Deutschland eine neue Warengruppe auf[machte]. Mein Vater ergatterte seine Existenzschnäppchen, die BRD bekam Rabatte auf ihre Vergangenheit.«[19] Staatlicherseits wurde dafür auf

---

[15] A. a. O., 63.
[16] A. a. O., 15–22.
[17] »Weil die akademische Karriere politisch blockiert blieb, arbeitete Papa als Planungsingenieur für das ukrainische Bauministerium« (a. a. O., 18).
[18] »Im Januar 1991 beschloss [...] die erste gesamtdeutsche Ministerpräsidentenkonferenz ein Verfahren, das künftig die Aufnahme von sowjetischen Juden als ›jüdische Kontingentflüchtlinge‹ in das vereinigte Deutschland ermöglichen sollte. Seitdem sind über 200.000 Jüdinnen und Juden nebst ihren nichtjüdischen Familienangehörigen aus der Sowjetunion und den postsowjetischen Staaten nach Deutschland eingewandert [...]« (KAREN KÖRBER, Einleitung, in: DIES. (HRSG.), Russisch-jüdische Gegenwart in Deutschland. Interdisziplinäre Perspektiven auf eine Diaspora im Wandel, Schriften des Jüdischen Museums Berlin 3, Göttingen 2015, 7–12; 7).
[19] KAPITELMAN, Lächeln, 20. Zuvor schreibt der Erzähler ebenso in der Rhetorik der Waren-, Handels- und Erwerbssprache, dass »Deutschland zu Beginn der neunziger Jahre so großzügig mit Einreisegenehmigungen für osteuropäische Juden um sich warf, weil sie durch den Zerfall der Sowjetunion so erschwinglich und massenhaft verfügbar waren wie lange nicht mehr. Und das deutsche Semitensortiment war bekanntlich knapp« (ebd.). Vgl. auch a. a. O., 8 und DMITRIJ ROMASHKAN, Kapitelmans Kind, in: taz, 07. 06. 2013: »Vor 17 Jahren kamen wir nach Deutschland. Jüdische Kontingentflüchtlinge, die Wiedergutmachungsjuden.«

das Gesetz über Maßnahmen für im Rahmen humanitärer Hilfsaktionen aufgenommenen Flüchtlinge, das »Kontingentflüchtlingsgesetz«, zurückgegriffen. Um eine Begriffsproblematik anzudeuten, lässt sich herausfiltern, dass die migrierten Personen/Familien aus unterschiedlichsten geographischen ehemals sowjetischen Kontexten und jüdischen Traditionslinien kommen, jedoch »keine Flüchtlinge im Sinne der Genfer Konvention«[20] sind und »keine Kontingentierung für ihren Zuzug existiert[e].«[21] Die jüdische Identität musste entweder durch eine Geburtsurkunde nachgewiesen werden, die belegt, dass die Mutter und/oder der Vater jüdisch sind, oder durch die Eintragung der jüdischen Nationalität im sowjetischen Pass (der sogenannte *pjatyi punkt*, Punkt fünf), die über die väterliche Linie vererbt wurde.[22] So immigrierten ab den 1990er Jahren zahlreiche Jüdinnen und Juden aufgrund des sowjetischen Nationalitätengesetzes nach Deutschland, welches Jüdischsein patrilinear definiert.[23]

[20] LENA GORELIK, Juden – Russen – Deutsche. Der Wahrnehmungswandel der russischen Juden in den deutschen Medien 1989 – 2006 vor dem Hintergrund der deutsch-jüdischen Beziehungen, Magisterarbeit, Ludwig-Maximilians-Universität München, München 2007, 16, URL: http://epub.ub.uni-muenchen.de/2075/1/Gorelik_Wahrnehmungswandel.pdf (Stand: 29. 01. 2022). Vgl. auch Y. MICHAL BODEMANN / OLENA BAGNO, In der ethnischen Dämmerung. Die Pfade russischer Juden in Deutschland, in: GÖKCE YURDAKUL / Y. MICHAL BODEMANN (HRSG.), Staatsbürgerschaft, Migration und Minderheiten. Inklusion und Ausgrenzungsstrategien im Vergleich, Wiesbaden 2010, 161–181; 161f.

[21] GORELIK, Juden – Russen – Deutsche, 16.

[22] Vgl. z. B. KAREN KÖRBER, Zäsur, Wandel oder Neubeginn? Russischsprachige Juden in Deutschland zwischen Recht, Repräsentation und Realität, in: DIES. (HRSG.), Russisch-jüdische Gegenwart in Deutschland. Interdisziplinäre Perspektiven auf eine Diaspora im Wandel, Schriften des Jüdischen Museums Berlin 3, Göttingen 2015, 13–36 zum weiteren historischen Kontext des Migrationsprozesses und auch zu der Frage, wie sich dies auf das Jüdische (auch das religiöse) Leben in Deutschland ausgewirkt hat. Wichtig zu beachten ist, dass Sprache, aber auch geteilte Herkunft und ähnliche (post-)sowjetische Erfahrungen für Immigrantinnen und Immigranten aus den Ländern der ehemaligen Sowjetunion ›Identitätsmarker‹ bleiben, vgl. auch KAREN KÖRBER / ANDREAS GOTZMANN, Lebenswirklichkeiten. Russischsprachige Juden in der deutschen Einwanderungsgesellschaft, Göttingen 2021.

[23] Vgl. RUTH ZEIFERT, Wir Juden, die Juden – ich Jude? Das Jüdische aus der jüdisch/nichtjüdischen Doppelperspektive von ›Vaterjuden‹, in: JULIANE SUCKER / LEA WOHL VON HASELBERG (HRSG.), Bilder des Jüdischen. Selbst- und Fremdzuschreibungen im 20. und 21. Jahrhundert, Berlin/Boston 2013, 369–384; 370: »Bei gut 200 000 Kontingentflüchtlingen, die zwischen 1990 und 2003 nach Deutschland eingewandert sind, ist in den Gemeinden lediglich ein Zuwachs von ca. 70 000 Mitgliedern verzeichnet worden. Zahlreiche derer, die keine Gemeindemitglieder wurden, sind patrilinear jüdischer Herkunft. Nach nunmehr zwei Jahrzehnten, in denen

Der Erzähler resümiert, dass für alle, »auf denen das Prädikat ›Jude‹ prangte, [...] sich also in den neunziger Jahren die deutschen Pforten [öffneten].«[24] Die jüdische Identität über den Vater, die »Semit-Credibility«[25], wie der Erzähler sie mit feiner Ironie wortneuschöpfend nennt, sei beinah makellos: »Familienangehörige im KZ verloren. Eltern Rachel und David Kapitelman (Letzterer natürlich Buchhalter) fleißige Synagogengänger. Inoffizieller Schönheitsfehler bei der Sache: Rachel ging nur David zuliebe mit und war so gläubig wie die Strommasten auf dem Weg zum Gebetshaus.«[26] Dmitrij konstatiert ferner, dass er über seinen Großvater bedauerlicherweise viel zu wenig wisse und die Großeltern leider nie kennenlernen konnte, da sie schon verstorben waren, als er geboren wurde. Der Vater habe ihm aber über seinen Vater erzählt, dass dieser »ein sehr frommer und gläubiger Mann war und im Großen Vaterländischen Krieg kämpfte.«[27] In den Pässen von Leonid und Dmitrij, wie auch in der Geburtsurkunde des Sohns, ist die jüdische Nationalität vermerkt. Der Erzähler resümiert zum Kapitelende: »Ob Leonid Kapitelman gläubig ist, das hat kein Beamter wissen wollen.«[28] Sein Sohn hofft jedoch auch in dieser Hinsicht auf Erkenntnisse, was es beiden bedeute, Juden zu sein. Die Reise nach Israel dient als Katalysator.

In einem weiteren im Buch beschriebenen Gespräch, noch vor der Reise, konfrontiert der Sohn den Vater mit der Religiosität des Großvaters und fragt, ob der Vater religiös erzogen wurde. Dieser bejaht dies, gibt aber auch an, dass er nicht gläubig und »[a]lle Religionen [...] Hirngespinste [seien]«[29], sich aber, nachdem der Sohn weiter nachhakt, als Jude verstehe. Als Dmitrij vom Vater wissen will, ob *er* ein Jude sei, antwortet der Vater, dass es bei ihm etwas anderes sei, ohne dieses ›andere‹ jedoch zu erläutern. Der Erzähler wiederholt diesen Satz und führt daraufhin die Gedanken des Inneren Gerichts fort, das »um präzisere Einlassungen zur etwas anderen Unsichtbarkeit des Dmitrij K. [bittet].«[30]

---

diese Personen jüdischer Herkunft von den Gemeinden gemäß der Halacha ignoriert wurden, reagierte kürzlich (sogar) die Orthodoxe Rabbinerkonferenz mit dem Angebot eines erleichterten Übertritts.«
[24] KAPITELMAN, Lächeln, 21.
[25] Ebd.
[26] Ebd.
[27] Ebd.
[28] A. a. O., 22.
[29] A. a. O., 35.
[30] Ebd. Fast identisch beschreibt Dmitrij Kapitelman diesen Dialog mit dem Vater, der ihn verwirrt und verblüfft und die Frage offen im Raum stehen ließ, was denn

Bei dem gemeinsamen Besuch des Militärmuseums in Tel Aviv zeigen sich weitere portraithafte Facetten des Großvaters. Der Erzähler teilt den Leserinnen und Lesern mit, er wüsste seit kurzem, »dass keiner der Kapitelmans im Konzentrationslager umkam. Dass ihnen rechtzeitig die Flucht gelang und dass einige sogar gegen die Nazis gekämpft haben.«[31] Der Großvater war Funker im ›Großen Vaterländischen Krieg‹. Als Dmitrij seinen Vater fragt, ob sein Vater nicht mit ihm über den Krieg gesprochen habe, entgegnet Leonid schroff mit einer Verneinung und nennt zugleich auch sein eigenes Desinteresse. Im Folgenden wird der Großvater als »der schmächtigste Mann im Bataillon [beschrieben]. Und dazu noch Jude. Das heißt, er war ganz unten in der Hierarchie, und wurde auch dementsprechend behandelt.«[32] Auf die Frage, ob der Vater deshalb die (militärischen) Abzeichen des Großvaters verkauft hätte, entgegnet der Vater, dass diese sich weiterhin in der Leipziger Wohnung befänden. Der Erzähler fragt offensiv weiter, dass der Vater aber bestimmt nicht wüsste, wo genau. Der Vater bestätigt in provokanter Retour. Später jedoch bricht er diese Dissonanz auf, umarmt und küsst plötzlich seinen Sohn und konstatiert, wie froh er sei, dass dieser nicht zum Militär – weder in der Ukraine noch in Israel – musste, und der Erzähler fühlt die Liebe seines Vaters.

Auch ein weiterer Museumsbesuch fördert neue Bruchstücke über die Familie zu Tage. Vater und Sohn besuchen das Diaspora-Museum *Beit Hatefutsot* (nun das Museum of the Jewish People[33]) auf dem Campus der Universität Tel Aviv. Als sie einen Schwarzweißfilm zu jüdischem Alltagsleben schauen und Dmitrij reflektiert, wie er durch seine Verortung in Deutschland sofort an den Holocaust denken muss, und bei Aufnahmen eines Rabbiners, der seinen Schülern aus der Tora vorliest, weitergehen möchte, ihn langweile dies, provoziert diese Bemerkung den Vater unmittelbar: »›Der Rabbi langweilt dich also? [...] Weißt du, dass der Vater meines Vaters ein Rabbi war? Ebenso wie sein Vater. Wir haben eine lange Rabbitradition in der Familie.‹«[34] Der Erzähler wiederholt diese neuen Informationen für sich noch einmal erstaunt und schließt im Rahmen eines inneren Dialogs viele Folgefragen an, die für ihn nach wie vor offen sind:

---

bei ihm in Bezug auf seine jüdische Identität anders wäre, zuvor in seinem 2013 erschienenen Artikel, vgl. DMITRIJ ROMASHKAN: Kapitelmans Kind, in: taz, 07. 06. 2013.
[31] KAPITELMAN, Lächeln, 112.
[32] Ebd.
[33] https://www.anumuseum.org.il (Stand: 29. 01. 2022).
[34] KAPITELMAN, Lächeln, 133.

Warum hat er [der Vater] das niemals erwähnt? Wie kann er das, wovon er gerade mit solcher Hochachtung spricht, jeden Tag aufs Neue verachten? [...] Nein, Papa, ich wusste nicht, dass du vom Sohn eines Rabbis aufgezogen wurdest. Damit ein Mensch etwas über eine Vergangenheit weiß, die er nicht miterlebt hat, muss man ihm davon erzählen.[35]

Zieht man die Autorenperspektive von Dmitrij Kapitelman und seinen Essay *Was ist Heimat? Im Camp der Bestmöglichangekommenen* aus dem Jahr 2017 hinzu, so legt er in diesem Essay weitere Hintergründe zu seinem Nachnamen dar, der mit der Rabbinergeneration in seiner Familie verbunden ist:

[...] Meine Großeltern, Rachel und David Kapitelman, haben Leonid mal erklärt, dass der Name mit der langen Rabbitradition der Familie zusammenhängt. Kapitelman ist im Jiddischen der besonders talmudkundige Mann, der gern und oft Kapitel aus der heiligen Schrift herbetet. Und weil mein Vater Angst davor hatte, dass die Antisemiten der Ukraine wünschen, dass mir Judenkind das Faringosept in der Kehle stecken bleiben möge, beschloss er, dass ich nicht Kapitelman heißen soll. Was heute, 21 Jahre nach unserer Auswanderung nach Germania, dazu führt, dass ich mit deutschen Behörden um mein Recht auf den Namen des Talmudkundigen ringe. Denn Namensänderungen für Bestmöglichangekommene mit ukrainischem Pass sind administrativ so unkompliziert wie die Wassersuche auf dem Mars.[36]

---

[35] Ebd.
[36] DMITRIJ KAPITELMAN, Was ist Heimat? Im Camp der Bestmöglichangekommenen – Essay (10.03.2017), in: Aus Politik und Zeitgeschichte 11–12/2017, 4–8; 5, URL: https://www.bpb.de/apuz/243856/was-ist-heimat-im-camp-der-bestmoeglichangekommenen?p=all (Stand: 29. 12. 2021). Faringosept ist ein Arzneimittel gegen Halsinfektionen. Der Erzähler stellt auch an anderer Stelle heraus – als Vater und Sohn in Tel Aviv gelandet sind und sich in der Passkontrolle befinden –, dass er als Sohn den Nachnamen Romashkan trage (bzw. zuvor getragen habe), »de[n] Familienname[n] des Exmannes [s]einer Mutter. Eine Tarnung, Kapitelman sollte in der antisemitischen Ukraine unsichtbar bleiben« (KAPITELMAN, Lächeln, 65). Der Artikel *Kapitelmans Kind* thematisiert ferner den Wunsch des Vaters, dass der Sohn seinen jüdischen Nachnamen annehmen möge (»Es geht um die Fortführung des Familienbaums. Mein Großvater hieß so und deine Enkel sollen auch so heißen« (ROMASHKAN, Kind, in: taz, 07. 06. 2013)).

›*Jude zweiter Klasse*‹?

Wurden im Buch zuvor schon Selbstzweifel des Erzählers durch die Patrilinearität deutlich, so setzt sich dieses Gefühl, ›Jude zweiter Klasse zu sein‹, auch in Israel zunächst fort. Der Vater begründet die nicht vollzogene Immigration nach Israel genau damit, an dieser Stelle entgegnet der Erzähler Dmitrij jedoch in Abwehrhaltung: »Ich glaube nicht, dass die ganzen osteuropäischen Juden hier ausschließlich jüdische Mütter haben. Und allzu zweitklassig scheinen die sich nicht zu fühlen.«[37] An anderer Stelle stellt er zudem die Gegenfrage: »Was ist, wenn ich dir sage, dass ich mich momentan sehr jüdisch fühle? Genau hier in Israel.«[38] Der Dialog entwickelt sich wie folgt weiter:

> ›Hier bist du kein Jude, in Deutschland bist du einer.‹
> Papas ewig widersprüchliche Relativierungen über seine, vor allem aber meine Zugehörigkeit zum Judentum nerven und irritieren mich. Ich schalte auf Trotz.
> ›Ach, so einfach ist das also? Und wenn ich hier aufgewachsen wäre und Hebräisch sprechen würde?‹
> ›Dann wäre das anders. Du hast auf jeden Fall mehr Jüdisches in deiner Seele als Moldawisches.‹
> ›Und diese Seelenanteile bemisst man noch mal wonach?‹
> ›Das merkt man dir an.‹
> ›Woran?‹
> ›Daran, was für eine Art Mensch du bist.‹
> Und was für eine Art Mensch bin ich?‹
> ›Ein jüdischer Mensch.‹
> Gut, dass wir in aller Klarheit darüber gesprochen haben, Papa.[39]

Hier zeigt sich eine Widersprüchlichkeit des Vaters: Sie seien nicht nach Israel wegen einer möglichen Diskriminierung des Sohns migriert (durch

---

[37] KAPITELMAN, Lächeln, 114. Vgl. auch die Autor-Aussage in ROMASHKAN, Kind: »›[...] Du hast keine jüdische Mutter. In Israel wärst du immer ein Jude zweiter Klasse gewesen. Das wollte ich dir nicht antun.‹ Ich bin perplex und traurig. Weil mein Vater sich eine Gattin der falschen Konfession gesucht hat, fühle ich mich so, als hätte ich sein Leben verhunzt. In diesem Moment möchte ich nicht mehr Kapitelman heißen. Auch nicht Romashkan. Ich will überhaupt keinen Nachnamen. Ich möchte auch keinen deutschen oder irgendeinen Pass. In diesem Moment habe ich diese ganze Kategorisierungsscheiße satt.«
[38] KAPITELMAN, Lächeln, 123.
[39] A. a. O., 123f.

die Patrilinearität und die Sorge des Vaters, dass sein Sohn als ›Jude zweiter Klasse‹ wahrgenommen werde). In Israel würde Dmitrij nicht als Jude wahrgenommen werden, in Deutschland hingegen schon. Hier lassen sich für den Erzähler wie auch für die Leserinnen und Leser viele Fragen anschließen. Ergänzt sei bereits an dieser Stelle, dass die Einbürgerung als israelischer Staatsbürger jedoch – und dies gewinnt im Verlauf des Buchs höchste Relevanz für die jüdische Identität des Erzählers Dmitrij – qua jüdischer Abstammung von mindestens einem jüdischen Großelternteil praktiziert wird, auch wenn derjenige im Sinne des israelischen Rabbinats kein Jude ist. Das israelische wie auch das deutsche Rabbinat definieren den Status Jüdin/Jude über die Matrilinearität oder durch anerkannte Konversion.⁴⁰ Kann aber Jüdin oder Jude nicht auch eine Selbstverortung jenseits der Halacha sein, ließe sich weiterfragen und in den Diskurs um die Frage ›Wer ist Jüdin/Jude?‹ mit einbeziehen.⁴¹

Bezogen auf den zitierten Dialog im Buch lässt sich fragen: Worin besteht die ›Jüdischkeit‹ genau, die der Vater im Sohn sieht? Verbleibt die

---

⁴⁰ Bezogen auf Deutschland hatte dies unter anderem zur Folge, dass patrilineare Personen, die beabsichtigten, Mitglied in einer jüdischen Gemeinde zu werden, durch das Matrilinearitätsprinzip »von der überwiegenden Mehrheit der jüdischen Gemeinden in Deutschland als Mitglieder nicht akzeptiert [wurden]« (ALINA GROMOVA, Von Vaterjuden und anderen Bezeichnungen, auf die wir gut verzichten können. Bedeutung, Herausforderungen und Kritik (29. 03. 2021), Deutscher Kulturrat, URL: https://www.kulturrat.de/themen/demokratie-kultur/juedischer-alltag/von-vaterjuden-und-anderen-bezeichnungen-auf-die-wir-gut-verzichten-koennen/ (Stand: 29. 01. 2022)). Vgl. auch HEINRICH C. OLMER, Wer ist Jude? Ein Beitrag zur Zukunftssicherung der jüdischen Gemeinschaft, Würzburg 2010, der für die Gleichsetzung von matrilinearer und patrilinearer Deszendenz eintrat. Gromova vermerkt für patrilineare Jüdinnen und Juden aus der ehemaligen Sowjetunion im Hinblick auf die Diskussion des Begriffs ›Vaterjude‹ ferner: »Jüdischsein galt dort als Nationalität, deren Weitergabe offiziell nach dem Vater erfolgte. In den sowjetisch geprägten Staaten waren Menschen patrilinearer jüdischer Abstammung sowohl für die innerjüdische Community als auch für die Mehrheitsgesellschaft Jüdinnen und Juden. Sie waren häufig jüdisch sozialisiert und litten nahezu ausnahmslos unter dem Antisemitismus. Vielen von ihnen ist die jüdische Tradition in ihrer sowjetischen Ausprägung gut vertraut, häufig verorten sie sich jedoch jenseits des Religiösen. Dass sich eine Bezeichnung wie Vaterjude auf die religionsrechtliche Auslegung der Halacha stützt, geht an der Lebensrealität derer vorbei, die sich als säkulare Jüdinnen und Juden begreifen« (GROMOVA, Vaterjuden).
⁴¹ Vgl. insbesondere die kontinuierliche, im Spätsommer 2021 jedoch kontextbezogen neu aufflammende Debatte zu der Frage, wer jüdisch ist und zum Beispiel Meron Mendels Plädoyer für Pluralismus, MERON MENDEL, Juden zweiter Klasse, in: Die ZEIT, 18. 08. 2021.

Antwort auf diese Frage unklar, so eröffnet der Besuch des Zentrums für jüdische Stammbaumforschung im Tel Aviver Diaspora-Museum plötzlich ganz neue Perspektiven für den Ich-Erzähler und wandelt das ihm zum Teil zugeschriebene Judesein ›zweiter Klasse‹ von einem in ihm erzeugten Mangelgefühl zu einer vollständigen Anerkennung seines Jüdischseins um. Dmitrij beschreibt dem Mitarbeiter des Zentrums, Herrn Goldstein, seine familiäre Ausgangssituation: Die Mutter sei keine Jüdin, aber sein Vater sei Jude; religiös sei er, der Sohn, irgendwie auch nicht, aber es gäbe eine Rabbinertradition in der Familie. Herr Goldstein hält dem jedoch entgegen: »Woher rühren [...] Ihre Zweifel? Die meisten Juden sind ungläubig. Und dass die Mutter als bestimmender Elternteil herangezogen wird, ist ein historisches Novum im Judentum. Abraham, Isaak – in der Bibel sind die jüdischen Väter ausschlaggebend. Die Zuordnung über die Mutter kam erst mit der Diaspora.«⁴² Herr Goldstein bestätigt Dmitrijs Jüdischsein ohne Zweifel, und die dauerhaft angespannte Lage im ›inneren Gericht‹ des Erzählers scheint sich langsam zu beruhigen. Und mehr noch, Herr Goldstein bringt zudem auch ein: »Sie könnten sofort Bürger dieses Landes werden.«⁴³ Die Belege, dass die Großeltern jüdisch sind, seien vorhanden, bestätigt der Vater. Für Dmitrij ist dies zweifellos einer der wichtigsten Momente der Selbstfindung, die die Reise für ihn eröffnet hat:

> *Sofort Bürger dieses Landes werden.* Ich dachte, solche Sätze existieren nicht. [...] *Sofort Bürger dieses Landes werden.* So vieles schießt mir schlagartig durch den Kopf. Ausländerbehörde, Residenzpflicht, einkommensabhängige Bewilligung der deutschen Staatsbürgerschaft, Demütigung, Pegida, Meerane, *König der Löwen,* Minderwertigkeitskomplex, Grünau, Albträume, Panikattacken. Skepsis. Vor allem ewige, steinerne Skepsis. Weil nichts am Leben des Falschjuden Dmitrij K. selbstverständlich ist. *Sofort Bürger dieses Landes werden.* Das wäre ein Freispruch vor dem Inneren Gericht! Freispruch? Freispruch!⁴⁴

Es scheint, als würden in diesem Moment in Stichworten Erfahrungen und Phasen seines Lebens seit der Migration nach Deutschland abgespult werden, die geprägt sind von Fragen der Zugehörigkeit, Nichtzugehörigkeit und Unzugehörigkeit (»belonging, non-belonging and unbelonging«⁴⁵), auch in Bezug auf sein Jüdischsein. Hier zeigt sich ein Befrei-

---

⁴² KAPITELMAN, Lächeln, 135.
⁴³ A. a. O., 136.
⁴⁴ Ebd.

ungsmoment und ein positives Verständnis seines Jüdischseins, das dem Erzähler die Kraft verleiht, seine Selbstzweifel langsam abzulegen, dazuzugehören, eine Gestalt zu haben und auch seinem Vater zu verdeutlichen, dass er in Israel als Jude ›erster Klasse‹ wahrgenommen wird, der israelischer Staatsbürger gemäß jüdischer Abstammung werden kann.[46] Um sich wirklich akzeptiert zu fühlen, fehlt Dmitrij aber noch die Bestätigung des Vaters.[47]

Im Erzähler gedeiht die Idee, die israelische Staatsbürgerschaft anzunehmen und eine Zeitlang in Israel zu leben; der Vater findet diesen Gedanken interessant und durch den dann abzuleistenden Militärdienst zugleich aber auch schwierig. Der Sohn könne dann keinen deutschen Pass mehr beantragen; würde er einen deutschen Pass besitzen und dann nach Israel gehen, könne er die Wehrpflicht umgehen. Dmitrij entgegnet jedoch, dass er sich »›nicht als Deutscher fühle. Du weißt doch, wie die Behörden uns immer behandelt haben.‹«[48] Als der Vater dann vorschlägt, er könne auch mit seinem ukrainischen Pass nach Israel gehen und damit auch die israelische Wehrpflicht umgehen, stellt der Sohn die Bedeutung von Zugehörigkeit durch die israelische Staatsbürgerschaft heraus: »›Aber es geht um Heimat, Papa. Ankommen und dazugehören. Als vollwertiges Mitglied anerkannt werden. Ganz selbstverständlich. Was habe ich denn noch mit der Ukraine zu tun?‹«[49]

---

[45] Dani Kranz, Where to Stay and Where to Go Reloaded: An Ethnographic Journey with and to Third Generations Jews in Germany, in: Alan L. Berger / Lucas Wilson (Hrsg.), Emerging Trends in Third-Generation Holocaust Literature (unveröffentlichtes Manuskript, eingereicht zur Veröffentlichung).

[46] In seinem Essay berichtet der Autor Dmitrij Kapitelman ebenfalls von diesem Selbstzweifel befreienden Erlebnis: »Die Stammbaumforscher im Museum of the Jewish People, die Einbürgerungsbestimmungen des Heiligen Landes und viele weitere Israelis widersprachen meinem Vater. Sie sagten: ›Dima, selbstverständlich gehörst du zur Kaste der Auserwählten und ewig Gejagten. Es ist dein gottgegebenes Recht, als vollwertiger Bürger durch Israels Gärten zu spazieren, wenn dein Vater doch Jude ist.‹ Und schlagartig war ich ein so strahlender Brocken Selbstfindung, dass ich beinahe alles vergaß und das nahdeutsche Camp der Bestmöglichangekommenen verlassen und nach Israel ziehen wollte. Heimat in der Heimat der ewig Heimatlosen finden« (Dmitrij Kapitelman, Was ist Heimat? Im Camp der Bestmöglichangekommenen – Essay (10. 03. 2017), in: Aus Politik und Zeitgeschichte 11-12/2017, 4–8, 7f., URL: https://www.bpb.de/apuz/243856/was-ist-heimat-im-camp-der-bestmoeglichangekommen?p=all (Stand: 29. 12. 2021)).

[47] Vgl. Ders., Lächeln, 137.

[48] A. a. O., 149.

[49] Ebd.

Es folgen aber auch Zweifel an dem Vorhaben, die israelische Staatsbürgerschaft anzunehmen. Der Erzähler beschreibt den inneren Zustand mit dem Neologismus »Freispruchsfieber«[50], das verflogen sei und spricht von »Dinge[n], die Deutschland [...] [ihm] nicht geben konnte. Und mittelschwere[n] Wehwehchen, die in Israel verheilen würden. Aber deswegen gleich so austicken? Überdosis Identitin, ganz offensichtlich.«[51]

Ein ›sichtbarerer‹ Vater in Jerusalem

Der Vater hielt schon vor der Reise fest, dass er in Jerusalem die Kotel besuchen möchte, um dort zu weinen,[52] und sagt, dass dies nichts mit Gläubigkeit zu tun haben müsse. In einem späteren Moment murmelt er jedoch: »›Vielleicht erreiche ich doch noch echten Glauben. [...] Aber ich glaube es eher nicht.‹«[53]

In Jerusalem begeben sich beide dann an die Kotel; beide sind sehr bewegt. Der Sohn denkt an die mögliche Sichtbarkeit seines unsichtbaren Vaters, die sich jeden Moment zeigen könnte, der Vater bezieht auch seinen Vater mit ein: »›Wenn dein Großvater das doch sehen könnte. [...]‹«[54] Beide beschließen, kleine Zettelchen mit ihren Bitten aufzuschreiben. Der Vater reagiert schnell, der Erzähler zögert jedoch, was er aufschreiben solle, etwas ›sperrt‹ sich in ihm, »[n]icht unbedingt aus atheistischem Trotz. Eher aus Angst, enttäuscht zu werden.«[55] Dmitrij beobachtet seinen Vater an der Kotel unter großer Anspannung. Dieser »schließt [...] die Augen und legt seine Hände an die Mauer. Die Stirn lässt er an sie gelehnt. Nur mit seinen Armen drückt er sich immer wieder ab und wippt leicht.«[56] Nach kurzer – für den Sohn nach zu kurzer – Zeit kehrt der Vater zurück, der Sohn tritt nun an die Mauer und spürt zuerst ein starkes Gefühl, bis die Sperre wiederkehrt. Als Dmitrij fragt, ob der Vater in dieser kurzen Zeit schon alles gesagt habe, antwortet der Vater, dass er ein Gebet spre-

---

[50] A. a. O., 157.
[51] Ebd.
[52] Hier zeigt sich ein Rückbezug zu der Frage des Sohns, wie der Vater wohl reagieren würde, wenn er vor der ›Klagemauer‹ stehen würde und weinen dürfe, vgl. a. a. O., 11.
[53] A. a. O., 45. Der Sohn reagiert wie folgt: »Papa gottesfürchtig? Eine seltsam naheliegende und zugleich unwirkliche Wandlung wäre das« (ebd.).
[54] A. a. O., 164.
[55] A. a. O., 165.
[56] A. a. O., 166.

chen möchte und tritt mit einer russischsprachigen Gebetsbroschüre wieder an die Mauer.⁵⁷ Nach kurzer Zeit möchte der Vater noch ein Gebet sprechen. Der Sohn versucht zu verstehen, was dies bedeuten könnte: »Heißt das, Papa söhnt sich gerade mit der Religiosität seines Vaters aus? Bedeutet das vielleicht auch, dass der Allerweltsfreund nun an die Oberfläche darf? Weil das große Nein im Leben meines Vaters doch noch zu einem Ja wird? Ist er dabei, den Mantel der Unsichtbarkeit abzulegen?«⁵⁸ Vater und Sohn bekommen von einem orthodoxen Juden die Tefillin umgelegt und sprechen dann ein Gebet:

> Eigentlich ein Moment der Gemeinsamkeit zwischen uns. Aber die heiligen Worte wollen einfach nicht von meiner Zunge gesprochen werden. Gewaltsam schubse ich einige Brocken Hebräisch aus meiner Brust und denke bereits daran, wann es wohl wieder okay sein wird, das Gebetsequipment abzulegen. Ich schaue kurz zu Papa, aber er ist so sehr mit seinem eigenen Glaubensfasching beschäftigt, dass von ihm kein Rat zu erwarten ist. Ich simuliere noch etwa drei Minuten, dann laufe ich wieder zum Stand der Orthodoxen und entledige mich des viel zu fest gespannten Bandes.⁵⁹

Als der Sohn den Vater fragt, was er bei den Gebeten empfunden habe, antwortet dieser: »›Nichts eigentlich. Vielleicht Zerrissenheit.‹«⁶⁰ Religion sei »›immer noch großer Quatsch.‹«⁶¹ Dmitrij weiß nicht, ob er seinen

---

⁵⁷ Vgl. a. a. O., 167 f.
⁵⁸ A. a. O., 168. Dmitrij, der zuvor schon das »Prinzip der asymmetrischen Mikroempathie« (a. a. O., 81) des Vaters herausgestellt hat, ergänzt nun: »Bisher versuchte ich vor allem zu verstehen, wie mein Vater das Judentum ablehnen und sich doch als Jude fühlen kann. Nun dämmert mir, dass diese Haltung nur eine Miniatur seiner zerrissenen Art zu existieren ist. Die Welt theoretisch verneinend, praktisch in jeden ihrer Quadratzentimeter verliebt.« (a. a. O., 153).
⁵⁹ A. a. O., 169.
⁶⁰ A. a. O., 171.
⁶¹ Ebd. Als Dmitrij zuvor eine ›Quick Bar Mizwa‹ erhalten hat, zeigt sich der Vater unbeteiligt und äußert dann die Sorge: »›Hoffentlich erwacht nicht die Religiosität seines Großvaters in ihm‹« (a. a. O., 144). Als der Vater dann sagt, dass gläubige Menschen verlogen seien (vgl. a. a. O., 145), versucht der Sohn durch Fragen nachzuvollziehen, was damit gemeint sein könnte und versteht den Vater nicht. Dieser konstatiert unter anderem: »›Gläubige sind verlogen. Aber wer weiß, vielleicht bin ich bisher auch immer nur an die falschen geraten. Ich habe jedenfalls einen grundsätzlichen Widerwillen gegen jeden Glauben‹« (ebd.). Der Sohn sagt sich, dass sein Jüdischsein sich ja auch von dem des Vaters unterscheiden könne und hört dann auf seine Nachfrage, dass der Vater sagt, sein Vater wäre stolz auf ihn,

Vater in den Momenten des Gebets gesehen hat, er habe ihn »jedenfalls nicht wiedererkannt.«[62] Das Nicht-Wiederkennen eröffnet für den Sohn neue Blickwinkel und damit eine Sichtbarkeit auf den Vater in seiner Ambivalenz, seine Ernsthaftigkeit bei den Gebeten, dann die Entgegnung, dass er fast nichts, außer vielleicht Zerrissenheit gefühlt habe, Religion sei Quatsch und »zur Krönung [noch] ein Witz, um sich völlig von der Hingabe zu distanzieren.«[63]

Später gibt der Vater aber auch eine positiv anerkennende Sichtweise auf gläubige Juden wieder, diese würden das Judentum als Judentum erkennbar machen; Juden, unter anderem wie er selbst und Dmitrij, ließen es hingegen verschwinden.[64] Der Sohn geht noch einmal allein an die Kotel.

Während des Aufenthalts in Jerusalem kann der Vater sich am Grab von einem seiner besten Freunde aus Kiew verabschieden und es wird Kaddisch gesprochen. Vom Sohn seines verstorbenen Freundes erfährt er dann, dass unter anderem seine wertvolle Briefmarkensammlung und ein Teeservice mit Rubinen vor längerer Zeit verkauft wurden.[65] Der Vater ist sichtlich erschüttert und äußert den Wunsch, noch einmal zur ›Klagemauer‹ zu gehen. Der Sohn konstatiert an dieser Stelle, dass seit dem ersten Besuch an der Kotel der »unsichtbare[] Vater nicht mehr unsichtbar [sei]. Und dennoch ist es mir noch nicht mal ansatzweise gelungen, ihn zu erkennen.«[66] Doch versteht er durch das erneute Beten seines Vaters an diesem Ort endlich: »Mein jüdischer Vater, der Kämpfe um weltlichen Besitz durch Gespräche mit Gott löst. Und lächelt. Jetzt sehe ich ihn, und ich werde seinen Anblick nicht vergessen, auch wenn seine Gestalt keinen

 aber auch auf seinen Enkel und erzählt ihm dann etwas über die Gebetspraxis des Großvaters, die er für ›Quatsch‹ befindet.
[62] A. a. O., 171.
[63] A. a. O., 172.
[64] Vgl. a. a. O., 173. Der Sohn sinnt über die weitere Widersprüchlichkeit des Vaters nach: »Vergangene Woche war ich kein Jude für Papa. Nun bin ich es doch, aber auch nur, um am Zerfall des Judentums mitzuwirken« (ebd.); vgl. auch a. a. O., 182.
[65] Leonid hatte dem Freund im Zuge von dessen Migration nach Israel einige Wertgegenstände mitgegeben; man dachte, die Familien würden sich bald wiedersehen, bis die Familie Kapitelman/Romashkan nicht nach Israel, sondern nach Deutschland migrierte. Zu Beginn des Buchs hält der Vater auf den Vorschlag des Sohns, nach Israel zu reisen unter anderem fest, dass dies eigentlich eine gute Idee wäre, da er dort noch eine Briefmarkensammlung und ein Teeservice mit Rubinen habe; außerdem sei es gut, »›sich mit vielen Juden zu umgeben‹« (a. a. O., 8).
[66] A. a. O., 187.

rechten Sinn ergeben will.«[67] Dmitrij erkennt die Wirkkraft des Gebets für seinen Vater und fragt sich, warum der Vater Religiosität nicht zulassen kann: »Wenn ihm dieser Glaube, den seine Väter ehrten und lehrten, so sehr hilft, wenn er sich dieser Religion so selbstverständlich hingeben kann und sich ihr zugehörig fühlt – warum wendet Papa dann so viel Energie auf, um sie ständig von sich zu stoßen?«[68] Könnte der Vater Religiosität in Israel mehr zulassen und seine Ambivalenz ablegen?

Ein ›sichtbarerer‹ Sohn

Nachdem Dmitrij von einer weiteren Reise (ohne den Vater) aus dem Westjordanland zurückkehrt, seinem Vater und den Freunden von seinen tiefen Eindrücken erzählt, wird er erneut mit Zugehörigkeitsfragen konfrontiert. Er sei als Deutscher dort gewesen, und als Jude, ergänzt Dmitrij selbst; der Freund des Vaters bringt jedoch ein, dass er ›nur‹ väterlicherseits jüdisch sei.[69] In einem weiteren inneren Dialog nimmt das innere Gericht die Verhandlung wieder auf und Dmitrij reflektiert seine Sehnsucht nach jüdischer Zugehörigkeit; einer der Hauptankläger ist sein Vater, dabei prägt sein (widersprüchliches) Judesein den Sohn ebenso. Der Sohn versucht sich von den ihm zugeschriebenen Kategorisierungen (Judesein, Judesein ›zweiter Klasse‹ oder Nichtjudesein, je nach Kontext) zu befreien und diagnostiziert, dass der Vater Angst vor dem ›Juden in sich selbst‹ habe: »*Deswegen graut es ihm vor einem Sohn, der sich zum Judentum bekennt. So wie sein Vater, an den ich ihn offenbar immer stärker erinnere, sich zum Judentum bekannte.*«[70] Der Vater möchte dann zu einem späteren Zeitpunkt aber unbedingt weitere Details der Reise hören,[71] und beide können wieder zusammen lachen. Beide zeigen sich ihr sichtbares Lachen, das sie verbindet. Dmitrij hat auf dieser Reise (und bei der Reise in das Westjordanland) viel über sich gelernt. Er ist sich nun gewiss, einen deutschen Pass zu beantragen,

---

[67] A. a. O., 188f.
[68] A. a. O., 189.
[69] Vgl. a. a. O., 256.
[70] A. a. O., 258. Hervorhebung im Original.
[71] Vgl. a. a. O., 262. Hier bezeichnet der Erzähler die Reise als »Befreiungsreise [...]. Die auch eine Emanzipation von ihm [dem Vater] war.«

> [e]inen deutschen Pass unter unserem jüdischen Namen. Wenn überhaupt, bin ich ein deutscher Jude. [...] Und ich würde nur eine Alija machen, um mir zu beweisen, dass ich als vollwertiger Jude zähle. Das wäre falsch und unaufrichtig. Ein großer Selbstbetrug, für den ich mein funktionierendes Leben in Deutschland schlachten müsste. [...][72]

Der Vater stimmt zu und bringt auch – die intergenerationelle Verbindung verstärkend – unter anderem ein, dass der Großvater stolz auf ihn wäre. Dem Vater sei durch die Reise deutlich geworden, dass der Sohn jüdischer sei als er. Der Sohn hat lange auf diese Anerkennung gewartet und fragt, worin das ›Jüdischer-Sein als der Vater‹ bestehe. Dieser versucht es mit folgenden Beispielen deutlich zu machen:

> ›Nimm zum Beispiel die Tatsache, dass du den deutschen Pass mit jüdischem Namen bevorzugst. Obwohl du dir Israel so sehr wünschst. Glaub nicht, ich würde das nicht spüren. Die Gewissenhaftigkeit, mit der du dich gegen unsere Heimat entschieden hast. Die Strenge zu dir selbst. Weißt du, die meisten Juden gehen ihr Leben lang hart mit sich ins Gericht. Weil sie nach Wahrhaftigkeit streben, nach etwas Höherem.‹[73]

Dmitrij leuchten diese Beispiele und Zuschreibungen als ›jüdisch‹ nicht ganz ein, er kommt aber zu folgender möglicher eigener Interpretation:

> Papa hat seinen Vater bewundert und sehr geliebt. Mag dieser nun an Quatsch geglaubt haben oder tatsächlich Gott nahe gewesen sein. Einige positive Eigenschaften, die David Kapitelman und ich offenbar teilen, hat Papa unter ›jüdisch‹ rubriziert. Was sein gutes Recht ist, auch wenn ihm sein Großvater, der Rabbi, für diesen vom Glauben entkoppelten Gedanken vermutlich eine mit dem Tallastuch pfeffern würde. Von mir erntet er dagegen stille und skeptische, aber deswegen nicht weniger tiefe Dankbarkeit.[74]

Die Reise nach Israel zeigte sowohl für den Sohn als auch für den Vater katalysatorische Wirkung. Beide sind sichtbarer füreinander geworden; beide eruieren das Jüdischsein über das intergenerationelle Band.

---

[72] A. a. O., 270.
[73] A. a. O., 271 f.
[74] A. a. O., 273.

Barocke Bilderrätsel
Wie Kupferstiche 1730 das Augsburger Bekenntnis und
die Indienmission feierten

Sabine Hübner

Einleitung

Bilder sind ein zentraler Bestandteil gesellschaftlicher Kommunikation, und das nicht erst, seitdem 1839 mit der Präsentation der ersten Fotografie das »Visuelle Zeitalter«[1] einsetzte. Über viele Jahrhunderte hinweg haben christliche Kirchen auf das Potential von Bildern vertraut und sie gezielt für die Vermittlung von religiösen Inhalten verwendet. Bilder sind oft leichter zugänglich als Texte und bleiben besser in Erinnerung, sie regen zum Nachdenken an und rufen Emotionen hervor, sie erzählen Geschichten und inspirieren manchmal sogar zum Träumen. Als Medium der Kommunikation sind sie eine wertvolle Ressource, da sie zum Verweilen, zum Entdecken und zum Austausch einladen.

Als sich im Juni 1730 die Übergabe des Augsburger Bekenntnisses an Kaiser Karl V. zum zweihundertsten Mal jährte, setzten auch die Veranstalter der Jubiläumsfeierlichkeiten auf die Wirkung von Bildern. Sie riefen Künstler auf, »einer mit dieser, der andere mit jener Invention, ein jeder nach seinem Belieben und seiner Geschicklichkeit an das Tages-Licht zu treten« und ihre Kunstwerke zum Jubiläum einzureichen. Weil die gesammelten Kupferstiche auf großen Anklang stießen, gab man sie noch im Jubiläumsjahr als großformatigen Sammelband heraus.[2] Die erste Aus-

---

[1] Vgl. GERHARD PAUL, Das visuelle Zeitalter. Punkt und Pixel (Visual History. Bilder und Bildpraxen in der Geschichte 1), Göttingen 2016.
[2] JOHANN MICHAEL ROTH (Hrsg.), Augspurgisches Iubel=Gedachtnus; daß ist, Alle sin[n]reiche Inventiones oder so genandte Iubel=Gemahlde welche im Jahr Christi 1730. auf das von einer hohen Obrigkeit A:C: alhier verordnete und mit der samtlichen Evangelischen Kirchen wegen der Anno 1530. den 25. Iuny dem Kayser, Churfursten, Fursten, und Standten des Heiligen Rom: Reichs nach ihrer Ablesung

gabe verantwortete Johann Jacob Baumgartner (1694–1744), der dann die Verlagsrechte und Kupferplatten an den Augsburger Musiker Johann Michael Roth (1691–1769) weitergab. Der unpaginierte Band enthält 22 Gedenkblätter verschiedener Größe, 2 Bildserien und 10 Faltbriefe.[3] Auf unterschiedliche Weise setzen die Bilder im damals üblichen Barockstil die Bedeutung der Reformation und der Confessio Augustana in Szene. Das Bildprogramm spiegelt eine ausgeprägte Prunkfreudigkeit, die Vorliebe für das Schöne und Imposante, die Begeisterung für das Detail, aber auch die Freude am Geheimnisvollen und Verspielten.

Der eigentliche Anlass, die Verlesung und Übergabe des Bekenntnisses auf dem Augsburger Reichstag 1530, ist in vielen der Bilder gar nicht abgebildet. Damit unterschieden sich die Kupferstiche 1730 von den damals gut bekannten »Bekenntnisbildern« des vorangehenden Jahrhunderts.[4] Bei diesen Darstellungen war die Übergabe ein wesentlicher Teil der Bildkomposition, auch wenn ein gewisser Grad an künstlerischer Freiheit erlaubt war. So wurde beispielsweise die Übergabe als ein Erfolgsmoment präsentiert ohne darauf einzugehen, dass das Bekenntnis von den Altgläubigen und dem Kaiser als unrechtmäßig zurückgewiesen worden war. 1730 hatten sich die meisten Künstler von dieser Übergabeszene gelöst und präsentierten stattdessen die theologische und heilsgeschichtliche Bedeutung des Bekenntnisses mit einer abstrakten Bildsprache, die mit Allegorien, Symbolen und Emblemen arbeitete. Doch nicht nur in künstlerisch-konzeptioneller, sondern auch in inhaltlicher Hinsicht gab es Neue-

---

ubergebenen Confession danckbarlich zu celebrirende Iubel-Festes, von unterschiedlichen u: berühmten Künstlern in Kupfer gestochen, Nun aber auf vieler begehren complet zusamen gesamlet worden und so wohl gebunden als ungebunden zu bekom[m]en seind, Augsburg [1730]. Online zugänglich unter SLUB Dresden (Sign. 28.gr.2.4), https://digital.slub-dresden.de/werkansicht/dlf/112663/1 [Public Domain Mark 1.0].

[3] Ein großer Teil der Bilder ist abgedruckt bei ANGELIKA MARSCH, Bilder zur Augsburger Konfession und ihren Jubiläen, Weißenborn 1980. Zur Herausgeberschaft siehe a. a. O., 82.

[4] Traditionsbildend war das Bekenntnisbild des Nürnberger Künstlers Andreas Herneisen (1538–1610) von 1599, das die symbolische Übergabe der Bekenntnisschrift an den Kaiser zeigt, aber auch einen Kirchenraum abbildet, in dem simultan die wichtigsten gottesdienstlichen Handlungen wie Abendmahl mit Brot und Wein, Predigt, Taufe, Eheschließung, Katechese stattfinden. In Zentrum des Geschehens hängt der gekreuzigte Christus. Abgedruckt ist das Bild bei WOLFGANG BRÜCKNER, Lutherische Bekenntnisgemälde des 16. bis 18. Jahrhundert. Die illustrierte Confessio Augustana (Adiaphora. Schriften zur Kunst und Kultur im Protestantismus; Bd. 6), Regensburg 2007, 210.

rungen: Erstmals bezogen protestantische Gedenkbilder Andeutungen auf die außereuropäische Mission in ihre Kompositionen mit ein. Obwohl es zur Entstehungsgeschichte und den Charakteristika der einzelnen Jubiläen inzwischen zahlreiche neuere Darstellungen gibt, von denen einige sogar darum bemüht sind, die globalgeschichtliche Dimensionen der Jubiläen zumindest anzudeuten, ist der Zusammenhang von protestantischer Jubiläumskultur und Mission bisher weitestgehend unbeachtet geblieben.[5] Dieser Aufsatz geht deshalb der Frage nach: Welche Funktion kam der protestantischen Mission innerhalb der Gedenkgraphiken von 1730 zu?

Um die Missionsbezüge der Jubiläumsbilder angemessen erschließen zu können, sind in einem ersten Schritt die Rahmenbedingungen der Kunstwerke zu klären. Dafür wird die generelle Funktionsbestimmung von Bildern im lutherischen Kontext skizziert und nach der konkreten historischen Verortung der Kupferstichsammlung 1730 gefragt. In einem zweiten Schritt werden zwei Bilder aus der Sammlung vorgestellt und ihre Bildsprache entschlüsselt, um dann die Referenzen auf die Mission einzuordnen und deuten zu können.

Die Bedeutung von Bildern im Kontext lutherischer Theologie

Während man in der Frühphase des Christentums zunächst eine skeptische Distanz gegenüber Bildern hegte, ging man im Laufe des Mittelalters vermehrt dazu über, das vielfältige Potential von Bildern zu nutzen. So wurden Bilder mit biblischen Motiven verwendet, um Menschen über Glaubensinhalte zu informieren, die selber die Bibel nicht lesen konnten. Nach einer vielzitierten Aussage von Papst Gregor dem Großen aus dem Jahr 600 n.Chr. sah dieser das Bild dabei durchaus als ernstzunehmenden Textersatz:

»Was denen, die lesen können, die Bibel, das gewährt den Laien das Bild beim Anschauen, die als Unwissende in ihm sehen, was sie befolgen sollen,

---

[5] Vgl. THOMAS KAUFMANN, Reformationsgedenken in der Frühen Neuzeit, in ZThK 107 (2010), 285–324; THOMAS KAUFMANN, Erlöste und Verdammte. Eine Geschichte der Reformation, München 2016, 373–388; WOLFGANG FLÜGE, »Und der legendäre Thesenanschlag hatte seine ganz eigene Wirkungsgeschichte«. Eine Geschichte des Reformationsjubiläums, in: BThZ 28 (2011), 28–43; DOROTHEA WENDEBOURG, Vergangene Reformationsjubiläen. Ein Rückblick auf 400 Jahre im Vorfeld von 2017, in: HEINZ SCHILLING (Hrsg.), Der Reformator Martin Luther 2017, München 2014, 261–281.

in ihm lesen, obwohl sie die Buchstaben nicht kennen; weshalb denn vorzüglich für das Volk das Bild als Lektion dient.«[6]

Christliche Bilder, die sich auf diese Weise ›lesen‹ ließen, fanden sich in Kirchenräumen an den Wänden und Altären und in den kunstvoll gestalteten Fenstern. Mit der Etablierung von Holzschnitten und Kupferstichen im 15. Jahrhundert setzt eine nachhaltige Neustrukturierung der Medienlandschaft ein.[7] Waren Bilder für den Großteil der Bevölkerung vorher nur im öffentlichen Raum zugänglich, fanden sie nun durch Reproduktionen in Büchern und Flugblättern vermehrt Eingang in den häuslichen Bereich.[8] Vor allem der Kupferstich ermöglichte die Vervielfältigung von Bildern in guter Qualität auch in Bibeln sowie in Lehr- und Andachtsschriften.[9] Innerhalb der reformatorischen Bewegung waren Bilder dennoch theologisch umstritten, vor allem wegen der Sorge vor falscher Verehrung und unangebrachter kultischer Verwendung. Als Stimmen laut wurden, die wegen der diagnostizieren Fehlentwicklungen die vollständige Entfernung von Bilder aus den Kirchen forderten[10], äußerte sich Marin Luther zur Bilderfrage und bemühte sich um eine differenzierte Einschätzung. Er sprach ihnen jede Wunderhaftigkeit ab, sah jedoch zugleich keinen Anlass, die Bilder grundsätzlich abzulehnen, wie dies die ikonoklastischen Strömungen dieser Zeit taten.[11] Vielmehr knüpfte er an mittelalterlichen Traditionslinien an, indem er sich dafür aussprach, die Bilder wegen ihrer didaktischen Funktion zur Vermittlung des christlichen Glaubens zu verwenden[12]:

> »Fur war man kann dem gemeinen man die wort und werck Gottes nicht zuviel odder zu offt furhalten, Wenn man gleych davon singet und saget, klinget und predigt, schreibt und lieset, malet und zeichnet.«[13]

---

[6] Zitiert nach: KARL-HEINZ ZUR MÜHLEN, Luther und die Bilder. Theologische, pädagogische und kulturtheoretische Aspekte, in: KARL-HEINZ ZUR MÜHLEN, Reformatorische Prägungen. Studien zur Theologie Martin Luthers und zur Reformationszeit, hrsg. von ATHINA LEXUTT / VOLKMAR ORTMANN, Göttingen 2011, 184–198, hier: 184–185.
[7] Vgl. ANDREAS WÜRGLER, Medien in der frühen Neuzeit, München ²2013, 68.
[8] Vgl. WOLFGANG HARMS / MICHAEL SCHILLING, Das illustrierte Flugblatt der frühen Neuzeit. Traditionen – Wirkungen – Kontexte, Stuttgart 2008.
[9] Vgl. WÜRGLER, Medien, 29.
[10] Vgl. ANDREAS BODENSTEIN VON KARLSTADT, Von Abthuung der Bilder und das keyn bedtler unter den Christen seyn sollen (1522) (Kleine Texte für Vorlesungen und Übungen 74) hrsg. von Hans Lietzmann, Bonn 1911.
[11] Vgl. ZUR MÜHLEN, Luther und die Bilder, 187–190.
[12] Vgl. a. a. O., 195.

Seiner Grundannahme folgend, dass die Quelle aller Gotteserfahrung und das Ziel aller Verkündigung das Wort Gottes ist[14], sah Luther den Wert von Bildern darin, dass sie eben jenes Wort zugänglich machen konnten. Das Kriterium für eine angemessene Nutzung war demnach, ob die Bilder sich am biblischen Wort orientierten und auf dieses Wort zurückverwiesen.[15] Ab 1522 erschienen dann auch Drucke seiner Bibelübersetzungen, die mit Holzschnitten von Lucas Cranach d. Ä. (ca. 1472–1553) ausgestattet waren.

Für Luther waren Bilder nach eigenen Angaben dann hilfreich und sinnvoll, wenn sie »zum Ansehen, zum Zeugnis, zum Gedächtnis, zum Zeichen«[16] dienten. Luther nutzte hier wie auch an anderen Stellen zur Erörterung der Bilderfrage häufig die Funktionsbestimmung als »Zeugnis«, »Erinnerung« oder »memoria«.[17] Wie Josua einen großen Stein zur Erinnerung an das Gesetz unter einer Eiche aufstellte (Jos 24,26)[18], so könne auch ein Bild dazu dienen, an zurückliegende Heilsereignisse zu erinnern. Erinnerung erschöpfte sich für Luther allerdings nicht in der bloßen Aktivierung von historischem Wissen, sondern schloss auch den Bezug des Erinnerten auf das eigene Leben ein, war also vergegenwärtigendes Erinnern.

Wie Thomas Kaufmann herausgestellt hat, kam es in den folgenden Jahrzehnten nach Luther zu einem »Prozeß der fortschreitenden ästhetischen, konfessionstheologischen und -pädagogischen Aufwertung und Aneignung der in ihrer religiösen Valenz als Kult- und Gnadenobjekte entmachteten Bilder«[19] Die Präsentation von Bildern im Kirchraum und in Büchern gewann, gerade auch in Abgrenzung zur reformierten Tradition, für die lutherische Kirche eine geradezu identitätsstiftende Funktion. Seit 1560 hatten sie einen festen Platz in der lutherischen Konfessionskultur und waren zu einem unverzichtbaren Hilfsmittel zur Generierung von religiösen Lehr- und Lernmomenten aufgestiegen.

---

[13] WA 10/II, 458,30–32.
[14] »Verbum inquam, et solum verbum, est vehiculum gratiae dei.« (WA 2, 509, 14f.)
[15] Vgl. Zur Mühlen, Luther und die Bilder, 192–196.
[16] WA 18, 80, 7f.
[17] Zur Memoria-Funktion von Bildern bei Luther vgl. Zur Mühlen, Luther und die Bilder, 196–198.
[18] »Und Josua schrieb dies alles in das Buch des Gesetzes Gottes und nahm einen großen Stein und richtete ihn dort auf unter einer Eiche, die bei dem Heiligtum des HERRN war.« (LUT 2017)
[19] Thomas Kaufmann, Die Bilderfrage im frühneuzeitlichen Luthertum: in: Peter Blickle (Hrsg.), Macht und Ohnmacht der Bilder. Reformatorischer Bildersturm im Kontext der europäischen Geschichte, München 2002, 407–451, hier: 414.

Die Kupferstiche von 1730 knüpften an dieses lutherische Bildverständnis an. Sie hatten den didaktischen Anspruch, über die Bedeutung des Jubiläumsereignisses zu informieren und Lernmomente zu generieren, die sich an dem Wort Gottes bzw. seiner Wiederentdeckung durch die Reformation ausrichten. Anlassbedingt kam der memoria-Funktion in den Gedenkbildern eine besondere Relevanz zu, die immer auch die Aufforderung zur Selbstverortung einschloss.

Die Jubiläumsfeierlichkeiten 1730: Augsburg und Tranquebar

Dass sich ausgerechnet anlässlich der Augsburger Feierlichkeiten Reformationsgedenken und Missionswerbung miteinander verbanden, lag in der Ausgestaltung des Festes begründet. Die Veranstalter der Feierlichkeiten waren sich der Aufmerksamkeit bewusst, die die Stadt Augsburg als Erinnerungsort des Protestantismus reichsweit genoss und organisierten das Jubiläum mit entsprechendem Aufwand.[20] Bei der Planung konnten sie an eine ganze Reihe vorangegangener Jubiläen anschließen. 1617 hatte anlässlich von Luthers Thesenanschlag die erste Jubiläumsfeier im modernen Sinn stattgefunden, bei dem nicht nur die Universität, sondern die gesamte Bevölkerung einbezogen war.[21] Es folgten weitere im öffentlichen Raum begangene Jubiläumsfeiern, und zwar in den wichtigen Jahren 1630 (Säkularfeier Confessio Augustana), 1655 (Säkularfeier Augsburger Religionsfrieden), 1667 (150 Jahre Thesenanschlag), und 1717 (zweite Säkularfeier Thesenanschlag).

Dabei setzte jedes Jubiläum immer auch eigene aktuelle Akzente, teilweise mit weitreichenden Folgen. Was Ralph Hennings in Bezug auf die Reformationsjubiläen des 19. und 20. Jahrhunderts mit Recht festgehalten hat, gilt gleichermaßen für die vorangehenden Feiern: »Jubiläen sind nichts Harmloses. [...] Sie sind Kristallisationspunkte des Selbstverständnisses der Feiernden und dienen dazu, das zum Zeitpunkt des Jubiläums gültige Selbstbild dem kollektiven Gedächtnis der Gesellschaft einzuprägen.«[22] In

---

[20] Vgl. HORST JESSE, Die Selbstdarstellung des Protestantismus in Augsburg um 1730, in: HORST JESSE (Hrsg.), Das Augsburger Bekenntnis in drei Jahrhunderten 1530–1630–1730, Weißenhorn 1980, 74–96, hier: 86–87.
[21] Vgl. KAUFMANN, Erlöste und Verdammte, 373–388.
[22] RALPH HENNINGS, Die Reformationsjubiläen 1817 und 1917 in Oldenburg (Oldb.), in: KZG/CCH 26/2 (2013), 217–237; hier: 216.

diesem Sinn besaßen auch die Feierlichkeiten 1730 ihre eigene Couleur und theologischen Schwerpunktsetzungen. Während einer ganzen Festwoche kamen die Gemeindeglieder täglich zu Gottesdiensten und zu Lesungen der Bekenntnisschrift in den Augsburger Kirchen zusammen.[23] Die sechs evangelischen Kirchen wurden im Vorfeld passend zum zeitgenössischen ästhetischen Empfinden mit Gemälden und Teppichen, kunstvoll dekorierten Ehrenpforten und Pyramiden, sowie Birken und Orangenbäumen geschmückt. Das prunkvolle Ambiente mit seiner Schmuckfülle war allerdings nicht nur eine Frage des Geschmacks, sondern diente auch als sichtbaren Ausdruck der besonderen Dankbarkeit. Die »endzeitliche Unrast«[24], die das Luthertum bedingt durch ihre gefährdete Existenz bis in die Mitte des 17. Jahrhunderts tief geprägt hatte, war nach dem Westfälischen Frieden 1648 zunehmend einer optimistischeren Gegenwartsdeutung gewichen. Die lutherische Kirche konnte Anfang des 18. Jahrhunderts auf eine Zeit der erfolgreichen Konsolidierung zurückblicken, ihre Existenz war gesichert und die politischen Verhältnisse weitgehend friedlich.[25] Infolgedessen diente das Fest nicht nur dazu, an die Geschichte und den Inhalt der Bekenntnisschrift zu erinnern, sondern auch dazu, ihre Erfolgsgeschichte bis hinein in die Gegenwart zu würdigen. Der lutherische Protestantismus feierte sich selbst und sein Überleben. Dies konnte bisweilen auch triumphalistische Züge annehmen, wie vor allem konfessionspolemische Details zeigen.

Die Kupferstiche waren laut Titelbezeichnung als Bestandteil dieses »danckbarlich zu celebrierende Jubel-Festes« konzipiert. Viele Kupferstecher räumten deshalb der Stadt und ihren Kirchen eine wichtige Position innerhalb ihrer Bilder ein. Dies lag nicht alleine daran, dass die Stadt mit der Entstehungsgeschichte der Bekenntnisschrift verbunden war, sondern auch daran, dass viele Kupferstecher in Augsburg ansässig waren. Die Stadt hatte sich nach dem 30jährigen Krieg zu einem Zentrum des Kupferstichs entwickelt und zu den ungefähr 50 aktiven Kupferstechern dort zählten auch die zwei Künstler, deren Werk im Folgenden vorgestellt wird.[26] Um die Stadt zu visualisieren, nutzten die Künstler zwei verschie-

---

[23] Die Verordnung zum Ablauf der Feierlichkeiten ist abgedruckt in: Carl Wilhelm Hering, Das erste und zweite Jubelfest der Uebergabe der Augsburgischen Confession, nach den Verhältnissen, unter welchen, und des Geistes, in welchem es die evangelische Kirche Deutschlands im Jahre 1630 und 1730 gefeiert hat, nebst der Geschichte der Uebergabe der Confession selbst, Chemnitz 1830, 336–339.
[24] KAUFMANN, Reformationsgedenken, 317
[25] Vgl. MARSCH, Bilder, 70.
[26] Vgl. MARSCH, Bilder, 80–81.

dene Varianten. Die eine Variante bestand in einem kleinen Stadtpanorama, bei dem die Kirchtürme als markante Signalmarken eine eindeutige Identifizierung der Lokalität ermöglichten. Die andere Variante bestand in der Abbildung einer weiblichen Stadtallegorie, die sich über das Attribut der Zirbelnuss identifizieren ließ. Zusammen mit der Stadt inkludierten die Künstler auch sich selbst und ihre Zielgruppe, die Bewohner und Bewohnerinnen Augsburgs, mit in das Bildgeschehen.

Die Stadt Augsburg ist allerdings nicht die einzige lokale Bezugnahme, die in den Gedenkbildern hervorsticht. Einige Künstler spannten einen Bogen von den Anfängen des protestantischen Bekenntnisses im Südwesten Bayerns bis hin in zur dänischen Handelskolonie Tranquebar in Indien. In dem damals wichtigen Hafenort, der heute தரங்கம்பாடி (Tharangambadi) heißt, hatten 1706 zwei deutschsprachige lutherische Theologen im Auftrag der dänischen Krone damit begonnen, eine auf Dauer angelegte Missionsarbeit aufzubauen. Das lutherische Engagement bezüglich der Mission hatte im Vergleich zur katholischen Kirche erst wesentlich zeitverzögert eingesetzt, denn lange fehlte es den protestantischen Kirchen Europas an Interesse, Ressourcen und geeigneten Zielgebieten. Anfang des Jahrhunderts kam es dann aber doch auf Initiative des Dänischen Königshauses (in Kooperation mit den Glauchaschen Anstalten sowie der Londoner Society for Promoting Christian Knowledge) zur Aufnahme einer Missionstätigkeit in Südindien. Der internationale Trägerkreis ist auch die Ursache, warum die Mission heute unter dem Namen Dänisch-Englisch-Halleschen Mission läuft.[27] Durch die Missionsberichte aus Südindien, die August Hermann Francke und seinen Nachfolgern seit 1710 in Halle herausgaben, gewann die Mission im deutschen Sprachraum zunehmende Bekanntheit. Samuel Urlsperger, ein Schüler von August Hermann Francke, hatte sich im Vorfeld des Jubiläums von 1730 dafür eingesetzt, die Mission im Rahmen der Feierlichkeiten mit einer Kollekte zu unterstützten. Während also die Kollekte an den ersten drei Tagen allgemeinen karitative Zwecken galt, war die Sammlung am anschließenden Kinderfest (28. Juni)[28] ebenso wie die Sammlung am darauf-

---

[27] Einen Überblick zu Quellen und wichtiger Forschungsliteratur findet sich bei SABINE HÜBNER, Halle und Tranquebar, in: Ortstermine. Umgang mit Differenz in Europa, hrsg. für das Leibniz-Institut für Europäische Geschichte (IEG) v. JOACHIM BERGER / IRENE DINGEL / JOHANNES PAULMANN, Mainz 2016. URL: http://www.ieg-differences.eu/ortstermine/sabine-huebner-halle-und-tranquebar, URN: urn:nbn:de:0159-2018120606.

[28] Das Kinderfest wurde von Georg Michael Preu (1681–1745) organisiert, der seit

folgenden Peter- und Paultag (29. Juni) für die Missionsarbeit an der indischen Coromandel-Küste bestimmt.[29] Ein besonderes Gewicht gewann diese Verbindung von Jubiläum und Mission dadurch, dass nicht nur die Evangelische Bekenntnisschrift ein rundes Jubiläum feierte, sondern auch die Missionsarbeit in Indien in diesem Jahr auf eine 25-jährige Geschichte zurückblicken konnte. Am 1. Oktober 1705 waren Bartholomäus Ziegenbalg (1682–1719) und Heinrich Plütschau (1676–1752) als erste Missionare am Königshaus in Kopenhagen verabschiedet worden, um ihre Schiffreise nach Indien anzutreten.

Die Kollekte am Jubiläumsfest 1730 brachte der Indienmission nicht nur einen finanziellen Vorteil, sondern auch einen Platz in die Jubiläumskultur Augsburgs, was sich in einigen der Kupferstiche niederschlägt. Nur einer der Kupferstiche allerdings machte die indische Mission zum Hauptthema. Er trägt den Titel »Vorstellung der Evangelisch=Ost=Indischen Kirche«[30] und ist schon in anderen Zusammenhängen analysiert worden.[31] Im Folgenden sollen jene Kupferstiche in den Fokus gerückt werden, die die Missionsarbeit in einen größeren reformatorischen Bildzusammenhang einbinden. Deren Bezüge auf die Mission sind kleiner und unauffälliger, aber gerade durch die Kombination mit anderen Motiven der lutherischen Gedächtniskultur besonders interessant. Beinahe 25 Jahre nach dem Beginn protestantischer Mission zeigt sich 1730 erstmals, wie sich Reformationserinnerung mit der reformatorischen Wirkungsgeschichte im außereuropäischen Raum verband. Welche Formen diese Verbindung annehmen konnten, soll im Folgenden untersucht werden.

1729 als Diakonus bei St. Jakob tätig war. Vgl. PIUS WITTMANN, Art. Preu, Georg Michael, in: ADB 53, Leipzig 1907, 114–116.

[29] Vgl. Hallesche Berichte 27C, Vorrede §IX.

[30] Der Kupferstich ist von Johann Jacob Kleinschmidt (1687–1772) gestaltet und baut auf einem Entwurf von Elias Ridinger (1698–1767) auf. Im Missionsarchiv der Franckeschen Stiftungen in Halle befindet sich eine Variante des Bildes unter der Signatur AFSt/M 2 B 5:13.

[31] Vgl. dazu SABINE HÜBNER, Ohne Antwort? (Nicht-)Verstehen am Beispiel von Gesprächsdarstellungen in der missionarischen Berichterstattung des 18. Jahrhunderts, in: International Yearbook for Hermeneutics 16 (2017), 265–282, bes. 265–266; GITA DHARAMPAL-FRICK, Die Faszination des Exotischen. Deutsche Indien-Berichte der frühen Neuzeit (1500–1750), in: URS BITTERLI / EBERHARD SCHMITT (Hrsg.), Die Kenntnis beider ›Indien‹ im frühneuzeitlichen Europa. Akten der Zweiten Sektion des 37. Deutschen Historikertages in Bamberg 1988, München 1991, 93–128, hier: 117.

Kupferstiche von 1730: Erinnerungsbilder mit Rätselcharakter und Zukunftsbezug

Gedenkgraphiken wurden im 18. Jahrhundert meistens auf Messen, Märkten und bei Kunsthändlern verkauft.[32] Mit einem opulenten Bildprogramm versuchten die Künstler deshalb zunächst, bei ihrer Zielgruppe Neugier zu wecken und ihre Aufmerksamkeit zu fesseln. Die Graphiken bildeten keine historischen Vorgänge ab, sondern produzierten ihre eigene Wirklichkeit und ihren eigenen Aussagegehalt, indem sie auf kreative Weise ganz verschiedene Bildelemente miteinander kombinierten und dabei mit der Vielfalt der Möglichkeiten spielten. Auf engstem Raum befinden sich allegorische Frauengestalten und Portraitmedaillons der Reformatoren, Altäre und Pflanzen, Wolken und Sonne, Embleme und Schrifttafeln, Putten und Kurfürsten, Symbole und Bücher, biblische Szenen und Stadtsilhouette. Die detailreiche und vielfältige Bildsprache der Kunstwerke erzeugt eine hohe inhaltliche Dichte und ermöglicht damit die Kommunikation komplexer Zusammenhänge.[33] Je nach Konstruktionsprinzip können die Bilder dabei in verschiedene Richtungen gelesen werden, wobei horizontale und vertikale Leserichtungen ebenso möglich sind wie zirkulare Abfolgen. Sehr häufig arbeiteten die Künstler dabei mit dem Prinzip »Bild-im-Bild«, was ihnen Gelegenheit zum Spiel mit verschiedene Ebenen bietet. Die Bilder laden also zum genauen ›Lesen‹ ihrer detailreichen ›Sprache‹ ein, wobei den Betrachtenden eine gewisse Beharrlichkeit abverlangt wird. Wer die eigentliche Bildaussage erfassen will, muss dafür zunächst die Einzelelemente entschlüsseln und Referenzen aufdecken. Weil man schon damals ahnte, dass die Kunstwerke wegen ihres hohen Komplexitätsgrads ein hohes Vorwissen voraussetzten, fügte man dem Sammelband erläuternde Texte zu den einzelnen Bildern bei, in denen man bei Bedarf ›spicken‹ konnte.

Die Gedenkblätter sind als Lehr- und Lernbilder konzipiert und knüpfen damit an die pädagogisch-didaktische Funktionsbestimmung von Luther an. Allerdings fungierten sie nicht nur als Merkbilder im engeren Sinn, sondern auch als komplexe Bilderrätsel, die eine zeitintensive Auseinandersetzung erforderten. Damit waren sie für den öffentlichen Raum eher ungeeignet und setzten die Ruhe und die guten Lichtverhältnisse im heimischen Wohnzimmer voraus. Durch diesen Rätselcharakter regten die

---

[32] Vgl. MARSCH, Bilder, 8.
[33] Damit heben sie sich deutlich von ›einfacheren‹ Bildmotiven der Reformationsmemoria im 19. und 20. Jahrhundert ab, die deshalb auch im kulturellen Gedächtnis bis heute deutlich präsenter sind. Das Motiv des Thesenanschlags ist hierfür repräsentativ.

Bilder zum Austausch an und konnten Lernmomente zu einem gemeinschaftlichen Ereignis werden lassen.

Im Folgenden werden zwei Kupferstiche näher untersucht, die das Indienthema mit anderen typischen Motiven der lutherischen Gedächtniskultur kombinierten. Sie bieten eine Vielzahl von Inhaltskonnotationen, von denen nur ein Teil hier vorgestellt werden kann.

Ein Kupferstich von Balthasar Sigmund Setlezky

Als erstes Beispiel dient der eindrucksvolle Kupferstich von Balthasar Sigmund Setlezky (1695–1771), den er auf Grundlage einer Zeichnung von Johann Lorenz Haid (1702–1750) anfertigte.[34] Durch eine spielerische Kombination von kleinen Bildszenen und Texten, von Allegorien und Emblemen, von Licht und Schatten, von starren Linien und schwungvollen Kurven, gelingt es dem Künstler, ein apokalyptisch anmutendes Szenarium voller Emotionen und Dynamik zu schaffen.

Nicht nur künstlerisch, sondern auch inhaltlich ist *Dynamik* das dominierende Motiv. Als Bildüberschrift dient links oben in der Ecke ein Schild, das von einer Putte hochgehalten wird. Darin ist ein Chronogramm zu erkennen, das über die großgesetzten Buchstaben die Zahl 1730 versteckt hält und so den Kupferstich datiert. Der Text selber benennt das Thema des Kunstwerks: »a Deo faVstVM PLus ULtra aVgVstanae confeß«. Dazu reimt der Künstler im Begleitschreiben: »Durch Gottes Schutz und gnädiges Leiten wird weiter sich die Lehr ausbreiten.« Dieses Motiv weist die Richtung für die Interpretation des gesamten Bildes und hilft, das zunächst ungeordnet wirkende Sammelsurium verschiedener Bildelemente und Symbole zu entschlüsseln. Die Dynamik des sich ausbreitenden Evangeliums wird bereits im Bildhimmel in Szene gesetzt: Inmitten von aufbrechenden Wolken sieht man zwei Putten, die über den als Linie angedeuteten nördlichen Wendekreis der Sonne hinüberklettern. Der beigelegte Text kommentiert dazu: »Zu bemerken/daß dem der Sonne gleich strahlenden Licht des h.[eiligen] Evangelii kein Ziel und Ort bestimmet seye, sondern es seinen Lauf frei und ungehindert fortsetzte.« In symbolische Weise proklamiert das Bild die – im ursprünglichen und im übertragenen Sinne des Wortes – *grenzenlosen* Möglichkeiten des Evangeliums.

Im Zentrum des Bildes liegt die Confessio Augustana auf einer kunstvoll bestickten Decke und wird von einem über ihr schwebenden Engel in

---

[34] Abgedruckt bei MARSCH, Bilder, Nr. 96 [unpaginiert 136].

Kampfposition mit Feuerschwert und Schild bewacht. Die Engelsfigur repräsentiert den göttlichen Schutz, den die Confessio Augustana und damit die lutherische Kirche seit ihren Anfängen erfahren hat und – so ist die hoffnungsvolle Gewissheit 1730 – auch weiterhin erfahren werde. Die Bekenntnisschrift ist nicht nur ein Schriftstück innerhalb einer zwischenmenschlichen Kontroverse, sondern wird von Gott selber protegiert. Unter dem Tisch mit der aufgeschlagenen Bekenntnisschrift sieht man in einem Rahmen das typische Panoramabild der Stadt Augsburg, über der ein Engel der Verkündigung schwebt, der an seiner Trompete zu erkennen ist. Nicht nur die Bekenntnisschrift, auch Augsburg als Ort, an dem die Bekenntnisschrift erstmals verlesen wurde, erfährt damit eine heilsgeschichtliche Aufladung.

Die rechte Bildseite schließt an das Kampfmotiv des Engels an, indem sie an die Höhen und Tiefen verweist, die die lutherische Kirche bereits durchlebt hat. Im unteren Teil ist dafür zunächst ein von Feinden attackiertes Kirchengebäude dargestellt. Im Jahr 1730 war die lutherische Kirche gesellschaftlich gut verankert und ihre Existenz gesichert. Viele Menschen wussten jedoch, dass diese Situation nicht selbstverständlich war und dass noch 100 Jahre zuvor die Kirche in Augsburg mit ganz anderen Bedingungen zurechtkommen musste. hatte. Am 8. August 1629 hatte Kaiser Ferdinand II ein Restitutionsedikt erlassen, wegen dem in Augsburg alle evangelischen Pfarrer entlassen, ihre Kirchen geschlossen und zwei Kirchen sogar abgerissen wurden.[35] Vor diesem negativen Hintergrund bot das Jahr 1730 trotz auftretender innerprotestantischer Spannungen ausreichend Grund zur Dankbarkeit. Dass die Kirche die Anfechtungen erfolgreich überstanden hat, symbolisieren die zwei spitz zulaufenden Pyramiden auf dem Altar an, die stolz in den Himmel ragen. Sie verweisen auf die vergangenen 200 Jahre ihrer erfolgreichen Existenzerhaltung und untermalen als steinerne Bauwerke ihre Widerstandsfähigkeit. Memoria bedeutete hier also nicht nur der dankbare Rückblick auf die Bekenntnisschrift, sondern ebenso die Erinnerung an die in der Zwischenzeit von 200 Jahren mit allen erfahrenen Widerstände und deren Überwindung. Dass die Kirche ihre Daseinsberechtigung nicht aus sich selbst erhält, sondern von Gottes Zusage lebt, deutet ein Schild an, das von einer Putte direkt über den Pyramiden gehalten wird. In dem Schild sieht man Noah unter dem leuchtenden Regenbogen, der die unverbrüchliche Zusage Gottes an die Menschen und Gottes Bund mit den Menschen anzeigt. Ganz im lutherischen Sinne wird hier visuell auf das Wort Gottes hingewiesen und das Evangelium von der Gnade Gottes in Bildsprache verkündigt.

Dem Wort Gottes widmet sich dann auch die Seite links neben dem bewaffneten Schutzengel. Im oberen Teil, auf gleiche Höhe wie die zwei Säulen, sieht man zunächst in einem großen rechteckigen Bilderrahmen eine aufgeschlagene Bibel (»Verbum Dei«), deren Seiten allerdings keinen Text enthalten, sondern durchsichtig sind und den Blick auf einen dahinter liegenden Hafen frei geben. Die Bibel wird vorgestellt als ein Ort, zu dem die Menschen in den Stürmen des Lebens Zuflucht nehmen können.

Unter der Bibel befinden sich zwei wasserspeiende Brunnen, die für beiden Testamente der Bibel stehen. Kleine Putten säubern die Wasserstelle, die sich aus diesen Quellen speist, von hineingefallenem Müll. Die biblische Lehre, die aus den beiden Quellen entspringt, braucht permanente Aufräumarbeit, die inhaltlich den protestantischen Theologen zuzuordnen ist.[36]

---

[35] Vgl. BERND ROECK, Als wollt die Welt schier brechen. Eine Stadt im Zeitalter des Dreißigjährigen Krieges, München 1991, 231.
[36] Am unteren Bildrand ist dieses Motiv des Aufräumens noch einmal aufgenommen,

Die Zugangsmöglichkeiten zu diesem Wasser sind für die Menschen ganz unterschiedlich. An der Wasserstelle sind insgesamt elf Menschen versammelt, von denen einige aus Kelchen oder Schüsseln das Wasser aus dem Brunnen schöpfen. Andere wiederum gelangen selber nicht zum Wasser und sind auf Hilfe angewiesen. Eine Frau reicht einem liegenden Mann einen Trinkbecher an den Mund, ein bärtiger Mann trägt einen geschwächten Menschen auf dem Arm zum Wasser. Das Wort Gottes verpflichtet die Kirche nicht nur zu Aufräumarbeiten, sondern dazu, das Wasser für alle zugänglich zu machen, die durstig sind.

Dass direkt darunter die Referenz auf die außereuropäische Mission zu finden ist, ist kein Zufall. Zwei schwarze Putten mit stereotypisch exotischen Federrock und Kopfschmuck halten eine Landkarte Südindiens in Bild. Hier an dieser Karte wird für den Künstler die umfängliche Verantwortung der Kirche konkret. Er sieht ihre Aufgabe darin, auch im globalen Kontext für die Versorgung der Menschen mit dem lebensnotwendigen Wort Gottes einzutreten. Eine gute Lehre, die frei von Steinen und sonstigen Zusätzen allein an der Bibel orientiert ist, bildet dabei die Voraussetzung für die Missionsarbeit. Zugleich bestätigt die mit der Karte angedeutete Missionsarbeit die Gültigkeit und Wirkmacht der Lehre. Die Mission dient so zum Erfolgsindikator für eine am Evangelium ausgerichtete Kirche. Die Referenz auf die Indienmission ist für die Gesamtaussage des Bildes insofern unverzichtbar, weil die christliche Lehre, die in der Vergangenheit von Gott erhalten und gefördert wurde, hier in der Gegenwart hier ihre Strahlkraft zeigt. Dabei steht die Indienmission in Tranquebar für den Anfang einer Bewegung und deutet die für die Zukunft erhoffte und auch erwartete globale Ausbreitung des Evangeliums an, die durch keine Grenzen aufgehalten wird. Diese hoffnungsvolle Entgrenzung, die in der Sonnenszene und dem Noah-Bild symbolisiert ist, findet hier in dem Missionsbild ihren Höhepunkt. Die Verbreitung der im Evangelium gegründeten christlichen Lehre ist in der Vergangenheit durch die Confessio Augustana ermöglicht worden und wird auch in Zukunft durch nichts aufzuhalten sein, so die Aussage der Bildkomposition. Während dieser Kupferstich die Missionsarbeit selber gar nicht visualisiert, sondern lediglich mit der Karte auf ihre geographische Verortung hinweist, wird im nächsten Bild die Arbeit der Mission ohne direkten Bezug auf den Ort abgebildet.

>wenn dort ein theologisches Streitgespräch präsentiert wird, bei dem, wie – mit dem Symbol des Aussiebens angedeutet – die falsche Lehre von der richtigen getrennt wird.

Ein Kupferstich von Johann Christoph Kolb

Der zweite Kupferstich, der vorgestellt wird, stammt von Johann Christoph Kolb (1680–1743) und trägt den Titel »Evangelischer Christen Erbauliche Augen-Belustigung und lustige Gemuths-Erbauung«[37]. Er vermittelt nicht nur durch die Überschrift, sondern auch in der gesamten Bildgestaltung eine deutlich freundlichere Grundstimmung. Nicht ein kampfbereiter Engel, sondern eine Gruppe von Frauen bildet das Zentrum des Bildes.

[37] Abgedruckt bei MARSCH, Bilder, Nr. 92 [unpaginiert 132].

Während die obere Hälfte zeigt, wie die weibliche Allegorie des Glaubens (erkennbar an Kelch und Kreuz) von der personifizierten göttlichen Vorsehung eine Krone aufgesetzt bekommt, gruppieren sich in der unteren Hälfte schöne Frauengestalten glücklich musizierend um ein Klavier. Es handelt sich dabei um die allegorische Darstellung der Tugenden, die an ihren jeweiligen Attributen zu erkennen sind. Die Hoffnung spielt Klavier, die Geduld spielt die Flöte, die Mäßigkeit spielt auf dem Bass, die Gottseligkeit geigt, die Stärke spielt das Horn, die Liebe singt und die Gerechtigkeit hält das Notenblatt. Damit hat dieses Bild einen deutlich weiblicheren Charakter als das vorherige, bei dem vor allem muskulöse Männerkörper das Bild prägen. Die hohe Präsenz weiblicher Körper, die der barocken Bildsprache zu verdanken ist, darf nicht über die Tatsache hinwegtäuschen, dass dies alles Abstraktionen sind und historische Frauen keinen Eingang in den Bildkorpus fanden. Dies macht auch ein Blick auf die Memoria-Dimension des Bildes deutlich.

Wie schon im vorherigen Kupferstich finden sich zwei Pyramiden, die an die vergangenen zwei Jahrhunderte erinnern. Als Konkretion ist an die rechte Pyramide eine Liste derjenigen evangelischen Stände angehängt, die sich nach der Ablehnung der Confessio Augustana 1531 zum Schmalkaldischen Bund zusammengeschlossen hatten. Auf dem Postament, das dem Glauben als Sitzplatz dient, stehen die Namen von acht Reformatoren (Philipp Melanchthon, Justus Jonas, Georg Spalatin, Johannes Agricola, Johannes Bugenhagen, Friedrich Myconius, Ambrosius Blarer, Johannes Brenz). Martin Luther wird von dieser Gruppe noch einmal abgehoben, indem er als einziger mit einem Portrait abgebildet ist, das an prominenter Stelle von der göttlichen Vorsehung selbst gehalten wird. Wer in welcher Form erinnert wurde, spiegelte auch die gegenwärtigen Machtverhältnisse und so wurde die aktive Rolle von Frauen in der Reformation weitgehend ausgeblendet.[38] Frauen finden sich lediglich links neben dem Postament in einer Gruppe von Menschen, die von einem lutherischen Geistlichen Bibeln in Empfang nehmen und darin lesen. Dass in dem Kupferstich 1730 noch einmal an so prominenter Stelle auf die Verteilung und die Lektüre von Bibeln im europäischen Kontext eingegangen wurde, lag daran, dass die reformatorischen Forderungen nach Zugang zum Bibeltext für alle erst Anfang dieses Jahrhunderts mit der kostengünstigen Produktion von Bibeln in den Cansteinschen Bibelanstalten umgesetzt werden konnte.

---

[38] Siehe dazu den Überblick SONJA DOMRÖSE, Frauen der Reformationszeit, Göttingen ⁴2017.

Die Ausrichtung auf das Wort Gottes, die Luther als Gestaltungskriterium für Bilder gefordert hatte, ist auch in der Gesamtkomposition des Bildes präsent. So befindet sich ganz oben in der Sonne ein Buch mit der Abkürzung V.D.M.I.Æ, was als VERBUM DOMINI MANET IN ÆTERNUM aufzulösen ist und übersetzt heißt: »Das Wort des Herrn bleibt in Ewigkeit«. Der aus Jesaja 40,8 entnommene Halbvers bildete den Wahlspruch der Reformation und waren auch in vielen Jubiläumsgraphiken von 1730 präsent. Mit den drei zwiebelförmigen Schildern in der Mitte des Kupferstichs weist der Künstler auf die zentrale Leistung der Reformation, dieses Wort Gottes wieder zum Vorschein zu bringen und für alle sichtbar zu machen. Das protestantische Selbstverständnis als ›Wiederentdecker‹ der alten christlichen Botschaft wird in drei Szenen präsentiert. Es handelt sich um Embleme, die aus einem symbolischen Bild und einem lateinischen Lemma zusammengesetzt sind und nur in dieser Kombination zu entschlüsseln sind. Wie Simson den Honig im Löwen gefunden hat (Ri 14,8), der Ackermann den Schatz ausgräbt (Mt 13,44) und wie ein Steinmetz alte Schrift wieder lesbar macht (Röm 3,24), so habe Luther nichts Neues entwickeln oder erfinden wollen, sondern lediglich das vorher schon bestehende und immer schon gültige Wort Gottes ans Licht gebracht. Die im Begleitschreiben genannte Grundintention »non novo sed renovo« fasst diesen Aspekt zusammen. Hier schwingt, ähnlich wie im Motiv der verschmutzten Wasserquelle aus dem ersten Kupferstich, eine deutliche konfessionelle Polemik, indem der römisch-katholischen Kirche die Verdeckung der Lehre vorgeworfen wird.

Der Bezug zur indischen Mission befindet sich in diesem Bild an der Frontseite des Klaviers, wo ein Gottesdienst und ein Klassenraum dargestellt sind. Die Gestaltung der Bilder zeigt deutlich, dass weder Zeichner noch Kupferstecher jemals in Indien waren. Während die Räume völlig nichtssagend dargestellt sind, werden die indischen Personen in stereotyper Weise ohne Oberkörperbekleidung dargestellt. Zwei Palmen im Fenster bedienen zudem das Bedürfnis nach ›exotischer‹ Landschaft. Wie bereits oben bei der Verteilung der Bibeln ist auch hier die Bildung ausschlaggebend, mit der Zugang zur Bibel ermöglicht wird. Eine der ersten Projekte der Missionare in Indien war es, die Bibel ins Tamilische zu übersetzen.

Zusammenfassung

In den Kupferstichen eröffnen sich Lernräume, in denen man sich in unterschiedlicher Geschwindigkeit bewegen kann. Die Künstler boten ihrer Zielgruppe zahlreiche Anregungen, um die ihrer Ansicht nach zentralen Kernanliegen des Protestantismus zu entdecken, Grundentscheidungen zu erinnern und über deren Bedeutung für das eigene Leben zu reflektieren. Die exemplarische Analyse der beiden Kupferstiche zeigt, wie sich die Bilder nicht nur in ihrer didaktischen Zielrichtung, sondern sich auch mit ihrer Bezugnahme auf das Wort Gottes sowie mit ihrem Ansatz der Memoria an lutherischen Vorgaben orientieren, diese aber durch die Mission mit einer expliziten Gegenwarts- und Zukunftsbezogenheit erweiterten.

Die Bilder über die begonnene Mission in Tranquebar dienen als Nachweis für die erfolgreiche Ausbreitung des Evangeliums über die evangelischen Landesgrenzen hinweg und prognostizieren der evangelischen Kirche einen fortschreitendenden Erfolg. Die Kirche konnte sich erstmals mit aller Klarheit als ein globales Projekt mit hoffnungsvoller Zukunft präsentieren. Betrachtet man abschließend noch einmal die Position der Missionsbezüge innerhalb der beiden Kupferstiche, dann fällt auf, dass in beiden Fällen die Mission auf der Ebene angesiedelt sind, die dem Betrachtenden am nächsten liegt. Die Bildabschnitte haben schon von ihrer Lage her einen Anredecharakter und involvieren die Rezipienten in das Geschehen, indem sie zur Beteiligung an der Spendensammlung und zum Gebet auffordern.

Die Kupferstiche waren ein Medium des Lernens und Verstehens, der Selbstvergewisserung und der Selbstverortung und bieten bis heute spannendes Material für die kritische Auseinandersetzung mit dem theologischen Selbstverständnis der damaligen Zeit. Es wäre sicherlich ein lohnenswertes Unterfangen, dem Verhältnis von Jubiläumskultur und Mission auch im 19. und 20. Jahrhundert weiter nachzugehen.[39]

---

[39] Die detailreiche Studie von Johannes Hund zum Augustana-Jubiläum von 1830 zeigt, wie fruchtbar es sein kann, kirchenpolitischen und theologiegeschichtlichen Auswirkungen von protestantischer Jubiläumskultur zu untersuchen. Eine Ausweitung auf die außereuropäische Dimension wäre wünschenswert, zumal Hund an einigen Stellen durchaus auf die Relevanz der Mission zu dieser Zeit hinweist, ohne der Spur jedoch weiter zu folgen. Vgl. JOHANNES HUND, Das Augustana-Jubiläum von 1830 im Kontext von Kirchenpolitik, Theologie und kirchlichem Leben (Veröffentlichungen des Instituts für Europäische Geschichte 242), Göttingen 2016, 23 f.

Der Weltreligionen-Terminus
Zwischen Dominanz, Dialog und der Konstruktion von Einheit

Jaqueline Jüling

Der Begriff der Weltreligion »makes its appearance without ceremony, without explanation, and seemingly without history.«[1] Tomoko Masuzawa beschreibt das Auftauchen des Terminus Weltreligion(en) als einen Vorgang, der langsam und doch ganz plötzlich die Texte des 19. Jahrhunderts unterwandert hat. Was exakt unter dem Begriff verstanden wurde und was ihn charakterisierte, blieb nach Masuzawa unausgesprochen. Doch ist der Begriff wirklich ohne eine eigene Geschichte? Joseph Balduin Schreiner, ein Theologe des 19. Jahrhunderts, kann als ein Beispiel dienen an dem deutlich wird, dass der Terminus früh aufgegriffen und theologisch mit einem historischen Kontext versehen worden war.

»Endlich als ein großes und wichtiges Moment göttlicher Weissagungsgabe und höherer Gotteskraft Jesu habe ich noch zum Schlusse aufbewahrt die vielfach wiederholte Weissagung Jesu, daß seine Religion Weltreligion werden sollte, welche so fort [sic!] auch ihrer Vollendung entgegengeht.«[2] Obwohl in der Bibel der Begriff der Weltreligion keinen Platz einnimmt, wird in dem Zitat der Eindruck erweckt, als wäre es ein mit dem Anfang des Christentums, gar einer Weissagung Jesu eng verwobener Terminus. Schreiners Interpretation stellt jedoch nur einen winzigen Bruchteil der verschiedenen Verwendungsmöglichkeiten und weder den Anfang noch das Ende des Weltreligionen-Diskurses dar.

Es verwundert daher nicht, dass der Weltreligionen-Begriff einer der meist umstrittenen Termini innerhalb der modernen Religionswissenschaft ist.

---

[1] TOMOKO MASUZAWA, The Invention of World Religions. Or, How European Universalism Was Preserved in the Language of Pluralism, Chicago u. a. 2015, 11.

[2] JOSEPH BALDUIN SCHREINER, Lehrbuch der Weltreligion Jesu Christi; oder die Religion Jesu Christi philosophisch, historisch und exegetisch, aus ihrem welthistorischen Standpunkte betrachtet, Frankfurt am Main 1827, 195f.

Die Problematik der Verwendung von ›Weltreligion‹ kleidet sich in unterschiedliche Gewänder. Zum einen ist der Ursprung kontrovers behandelt worden – die einen sehen das Auftauchen des Begriffes in einem direkten Zusammenhang mit der Entwicklung der Religionswissenschaft,[3] während wieder andere ihn an die Komparative Theologie oder die Orientalistik des 19. Jahrhunderts binden. Zum anderen handelt es sich um einen eher unscharfen Ausdruck, der viel Raum für Interpretationen und verschiedene Verwendungen zulässt.

Wie dem Begriff der Religion, der alleine durch den lateinischen Ursprung eine Eurozentrik enthält, wird auch dem Begriff der Weltreligion die Bindung an eine europäische Perspektive attribuiert. Manfred Hutter weist daher auf eine weitere Problematik hin, indem er betont, dass es sich in der Regel um Fremdzuschreibungen handeln würde, wenn der Begriff angewandt werde.[4] Zudem ist weder geklärt, wie viele Weltreligionen es geben soll, noch ob es überhaupt welche geben kann. Die Anzahl schwankte in den letzten Jahrzehnten zwischen fünf bis zu zwölf Religionen, die zu dieser Kategorie gezählt wurden.[5] Je nach Definition und Kriterien, welche eine Weltreligion zu erfüllen habe, werden entweder Religionen aus der Liste gestrichen oder hinzugefügt. Gängige Aspekte, die eine Weltreligion auszumachen scheinen, sind das Alter, die Verbreitung, ein universeller Anspruch oder auch die Anzahl der Anhänger weltweit. Das Ehepaar Tworuschka fragt aus diesem Grund nicht nur, wie viele Kriterien eine Religion erfüllen müsse, sondern auch ob »alle Kriterien vorhanden sein [müssten], damit eine Religionstradition als Weltreligion ›geadelt‹ werden kann?«[6] In dieser Frage spiegelt sich bereits das nächste Problem innerhalb des Weltreligionen-Diskurses ab: die Wertung. Wenn eine Religion durch den Zusatz ›Welt-‹ geadelt wird, bedeutet dies, dass der Terminus die entsprechende religiöse Tradition über andere erhöht und ihnen mehr Bedeutung oder auch Wahrheitsgehalt innerhalb der Welt beimisst.

All dies führte dazu, dass ein Artikel in einem Nachschlagewerk zu rassistischen Sprachhandlungen die Weltreligionen als einen diskriminie-

---

[3] Siehe dazu u. a.: HELWIG SCHMIDT-GLINTZER (Hrsg.), Einleitung, in: MAX WEBER, Die Wirtschaftsethik der Weltreligionen. Konfuzianismus und Taoismus. Schriften 1915–1920, Tübingen 1989, 8.
[4] Vgl. MANFRED HUTTER, Die Weltreligionen, München 2005, 9, 13.
[5] Vgl. MONIKA TWORUSCHKA / UDO TWORUSCHKA, Religionen der Gegenwart, Münster 2011, 13.
[6] Ebd.

renden Terminus kennzeichnete.[7] Durch den anhaltenden und inzwischen global verbreiteten Gebrauch, verbunden mit den unscharfen Kriterien zur Begriffsbestimmung[8] und den unterschiedlichen Interpretationen, ist eine nähere Betrachtung des Weltreligionen-Diskurses unabdingbar. Aus diesen Gründen analysiert der vorliegende Artikel wie der Weltreligionen-Begriff entstanden ist und wie sich die Begriffsbedeutung sowie die Intention hinter der Verwendung des Terminus verändert hat. Im Anschluss soll kritisch reflektiert werden, ob es sich um einen Ausdruck handelt, der in den modernen Beschäftigungen mit Religion eine Anwendung finden sollte.

Denn obwohl der Begriff der Weltreligionen stark umstritten ist, wird er innerhalb der Veröffentlichungen und in Projekten weiterhin oftmals unreflektiert als ein moderner und geläufiger Ausdruck benutzt, um sich die Einheitsidee von Religion zunutze machen zu können.

---

[7] Siehe dazu: HANNA ACKE, »Religion« – »Weltreligion«, in: ADIBELI NDUKA-AGWU / ANTJE LANN HORNSCHEIDT (Hrsg.), Rassismus auf gut Deutsch. Ein kritisches Nachschlagewerk zu rassistischen Sprachhandlungen, Frankfurt am Main 2013, 381–384.

[8] Für die nähere Betrachtung der Begriffsgeschichte der Weltreligion(en) ist auf Tomoko Masuzawas Monografie »The Invention of World Religions« und den Aufsatz »›Weltreligion‹ als ein Leitbegriff der Religionswissenschaft im Imperialismus« von Christoph Auffarth zu verweisen. Während Auffarths Fokus auf die Wechselwirkungen zwischen einer europäischen und US-amerikanischen Perspektive bezüglich nicht-christlicher Traditionen ruht, befasst sich Masuzawa speziell mit dem europäischen Kontext des Terminus. Es muss jedoch kritisch angemerkt werden, dass, wann immer Masuzawa die US-amerikanische Verwendung des Begriffes und die Beziehung US-Amerikas zu den Religionen der Welt betrachtete, deutlich unreflektierter vorging als bei ihrem Arbeitsschwerpunkt. Dies sorgt für den Eindruck, dass europäische Forschende einen negativeren Umgang mit *dem Anderen* als US-amerikanische ausübten. Dass europäisches Gedankengut auf dem neu-*kolonialisierten* Kontinent Teil des US-amerikanischen Weltreligionen Diskurses wie ihrer Geschichte ist, wird dabei genauso außen vor gelassen, wie die vergleichbaren, hegemonialen Verhaltensweisen der jungen USA mit einheimischen, nicht-christlichen Menschen. Der bei Masuzawa beschriebenen ausgeübten Überlegenheit eines christlich konstruierten Europas, fehlt dabei sein Pendant – das ebenfalls christlich motivierte, jedoch *nach außen* pluralistisch konstruierte US-Amerika.

1. Die Auseinandersetzung mit »dem Anderen« im 18./19. Jahrhundert

Durch die Expansion der europäischen Länder, das ›Entdecken‹ zuvor unbekannter Kontinente, Religionen und Sprachen, veränderte sich das europäische Weltbild. Die Menschen sahen sich einer größeren Welt gegenüber, in der Europa nur ein kleiner Teil zu sein schien. Es begann ein Prozess der Selbstverortung und -konstruktion, welcher im 18. und 19. Jahrhundert zusehends die Religion in den Fokus nahm. Welche Rolle hatte das Christentum innerhalb der großen Anzahl anderer Vorstellungen? Gab es nur eine oder doch mehrere Religionen? Und was bedeutete dies für die Heilsbotschaft des Christentums? Fragen wie diese führten dazu, dass sich in den genannten Jahrhunderten christliche Theologen und Philosophen intensiv mit ›dem religiös Anderen‹ auseinanderzusetzen begannen und in diesem Prozess neue Identitätsbilder konstruierten. Im Rahmen der sich entwickelnden Sprach-, Kultur- und Geschichtswissenschaften, wurde auch Religion als ein natürliches menschliches Produkt wahrgenommen und damit zu einem analysierbaren Gut. Dabei bestimmten vor allem zwei Perspektiven die Beschäftigung mit nicht-christlichen Traditionen – die exklusivistische, welche das Christentum als die einzige Wahrheit betrachtete, und die inklusivistische Sicht, die das Christentum als die höchste Wahrheit ansah.[9]

Die Auseinandersetzungen mit anderen Religionen waren kontinuierlich Abgrenzungskonstruktionen unterworfen und müssen folglich als »a discourse of othering«[10] angesehen werden. Zwar wurden auf der einen Seite Ähnlichkeiten hervorgehoben und genutzt, um das Fremde zu vereinnahmen, auf der anderen Seite wurde die Identität des christlichen Europas aber auch durch einen gezielten Differenzierungs- und Distanzierungsprozess von ›dem Anderen‹ neu gestaltet.

Die Religionsforschung stand dabei in einer steten Wechselwirkung mit anderen Disziplinen. So führten etwa die vermehrten Übersetzungen und die Entschlüsselung der Sprachfamilien,[11] zu einer Neuausrichtung

---

[9] Exklusivismus und Inklusivismus stellen dabei theoretische Idealtypen dar, deren praktische Grenzen fließend sind und oftmals ineinander übergehen.

[10] MASUZAWA, Invention., 14. Siehe dazu auch: LAJOS BRONS, Othering, an Analysis, in: Transcience 6(1) 2015, 69–90.

[11] Ein prominenter Sprachwissenschaftler des 19. Jahrhunderts ist Friedrich Max Müller. Vermutlich geht auf ihn die Benennung der »heiligen Schriften Asiens« zurück. Die Texte wurden damit nicht nur einem europäischen Kreis zur Verfügung

der europäischen Wurzeln. Nun wurde nicht nur der Buddhismus zu einer verwandten Religion, dem lang vergessenen spirituellen Erbe Europas, wie Masuzawa es ausdrückt, welches zum großen Teil im Christentum aufgegangen sei,[12] auch der Islam bekam durch die Ähnlichkeiten des Arabischen zum Hebräischen eine neue Gestalt und wurde in die Gruppe der semitischen Religionen aufgenommen. Dennoch wurde dieser, ähnlich wie das Judentum, bis zum Ende des 19. Jahrhunderts nicht als vollwertige Religion verstanden. Judentum und Islam stellten damit zwar verwandte Religionen des Christentums dar – als Vorläufer und Abkömmling –, die absolute und höchste Wahrheit schien dennoch nur im Christentum zu finden zu sein.

Die anfängliche Unterteilung in das Christentum und der Rest, wurde im ausgehenden 18. Jahrhundert durch eine lokale Klassifikation der ›großen Religionen‹ oder auch der ›lebenden Religionen‹ ersetzt, welche sich in den Nahen Osten (Judentum, Christentum, Islam), Südasien (Hinduismus, Buddhismus, Zoroastrismus, Jainismus) und Fernost (Konfuzianismus, Taoismus, Shinto) gliederte.[13] Als Resultat des neuen Interessenbereiches bildeten sich im 19. Jahrhundert parallel zwei Wissenschaften heraus, die sich mit den Religionen beschäftigten – die Komparative Theologie und die Religionswissenschaft, wobei letztere erst ein Jahrhundert später ihre anerkannte und von der Theologie losgelöste Form erhielt. Tomoko Masuzawa sieht geradewegs in der Komparativen Theologie die Wurzeln der Religionswissenschaft und des Pluralismus-Diskurses über die Weltreligionen.[14] Bedenkt man, dass im Fokus der Komparativen Theologie im Diskurs mit ›den Anderen‹ die Wahrheitsfrage stand, zieht dies den Schluss nach sich, dass der Weltreligionen-Begriff auf theologischen Überlegungen basiert und somit an christliches exklusivistisches oder inklusivistisches Gedankengut gebunden ist.

Cornelis Petrus Tiele beeinflusste die Komparative Theologie und den Weltreligionen-Diskurs nachhaltig, indem vermutlich durch ihn der Weltreligionen-Begriff ins Leben gerufen worden war. In 1880ern erschien Tieles Klassifikation der Religionen in der Encyclopedia Britannica, welche in zwei große Gruppen unterteilt war und innerhalb von dieser, verschie-

gestellt, es konnte nun auch ein Vergleich mit »anderen« heiligen Schriften beginnen. Hutter sieht vor allem in Müller den Grund dafür, dass die Buchreligion zu einem Kriterium für die Weltreligionen-Teilhabe wurde (Vgl. HUTTER, Weltreligionen, 11).

[12] Vgl. MASUZAWA, Invention, 179.
[13] Vgl. a. a. O., 3.
[14] Vgl. a. a. O., 22 f.

dene Kategorien von religiösen Ausdrucksformen auflistete. Die erste Gruppe nannte er die Naturreligionen, welche er wiederum in polydämonistische, magische Religionen unter der Kontrolle des Animismus, magische, polytheistische Religionen und den menschenähnlichen Polytheismus unterschied. Wertend fügte er dieser Gliederung hinzu, dass die erstere Untergruppe unzivilisierten, religiösen Menschen zu eigen war. Zu den Naturreligionen zählte Tiele unter anderem die Mayas, Inkas und die ägyptische Religion, aber auch die griechische, römische und hellenische Mythologie.[15] Das Schema Tieles folgte demnach einer Hierarchisierung innerhalb der Naturreligionen, an dessen Spitze die europäischen Religionen der Antike standen. Mehr noch befinden sich diese bereits in einem Übergang zu den ethischen Religionen und scheinen damit als weiterentwickelt vorgestellt zu werden. Betrachtet man Tieles Einordnung genauer, wird deutlich, dass sein System den linguistischen Entdeckungen treu bleibt. Jene Kulturen, die durch die Sprachfamilien in Verbindung mit der europäisch-christlichen Kultur gesetzt werden konnten, wurden zu höher entwickelten Religionen stilisiert, während alle anderen als vorläufiger deklariert wurden. Bemerkenswert ist jedoch, dass den nichtchristlichen Traditionen zu diesem Zeitpunkt der tielschen Schrift weder abgesprochen wird eine Religion zu sein, noch von vornherein das Christentum als einzig wahrer oder einzig höher entwickelter Theismus gegenübergestellt wird.

Die zweite Gruppe umfasste die ethischen Religionen und wurde durch Tiele in zwei Unterkategorien unterteilt – Nationalreligionen mit Gesetzgebungen, darunter der Brahmanismus, der primitive Buddhismus und das Judentum sowie der Taoismus und Konfuzianismus in China, und schließlich die Weltreligionen (Universalreligionen).[16] Die Faszination der östlichen Kultur findet sich in dieser Klassifikation ebenso wie die Idee, dass der Buddhismus eine Vorstufe des Christentums sei. Da das Christentum nicht nur als eine Religion mit Gesetzgebungen, wie das frühe Judentum, verstanden, sondern als ethische Religion interpretiert wurde, verlangte Tieles Klassifikation keine Erklärung, welche Religion ganz an der Spitze zu stehen hatte. Das Christentum war damit zwar nicht sofort als einzige Weltreligion tituliert, denn Tieles Unterkategorie war im Plural gehalten und damit frei für Hinzufügungen, doch unbestritten eine von

---

[15] Vgl. CORNELIUS PETRUS TIELE, Religions, in: The Encyclopedia Britannica 20, ⁹1886, 258–371, online verfügbar unter: https://www.1902encyclopedia.com/R/REL/religions.html. Letztes Zugriffsdatum: 17. 03. 2022; MASUZAWA, Invention, 110.

[16] Vgl. TIELE, Religions; MASUZAWA, Invention, 110.

diesen. »Strictly speaking, there can be no more than one universal or world religion«[17], welche diese sei, so hielt Tiele fast schon kritisch fest, wäre jedoch eine Glaubensfrage.[18] Tieles Weltreligionen weisen universelle Züge auf und sind nicht mehr an nationale Grenzen gebunden, sondern diesen linear entwachsen. Ein Charakteristikum der Weltreligion ist demnach ein für alle Menschen geltender Anspruch innerhalb der Lehren. Masuzawa weist in dem Zusammenhang mehrfach darauf hin, dass Tiele zu dem Schluss gekommen sei, dass nur das Christentum den universellen Charakter einer Weltreligion aufweisen würde.[19] Tiele führte damit nicht nur den Weltreligionen-Begriff ein, er nutzte ihn schlussendlich doch, um das Christentum über alle anderen Religionen der Welt zu erheben. Damit wurde der Begriff theologisch aufgeladen und kann nicht als Ersatz für die vorherigen Bezeichnungen, wie ›die Religionen der Welt‹, angesehen werden. Vielmehr erscheint der Terminus diesem entgegengesetzt, denn er wird den Religionen der Welt als ›einzige‹ Weltreligion gegenübergestellt.

Hinter dieser Vorstellung verbirgt sich sowohl ein exklusivistischer als auch ein inklusivistischer Ansatz. Das Christentum wird nicht mehr explizit als einzig wahre Religion, sondern als höchste Form der verschiedenen Religionen dargestellt. Es wird dabei weder die Existenz der anderen religiösen Traditionen geleugnet, noch wird diesen ihr Platz in der Welt als Religion abgesprochen, doch der Weltreligion-Titel wird alleine dem Christentum verliehen. Der Ausdruck selber hat einen inklusivistischen Charakter, denn er nimmt den Begriff der Welt auf und verbindet diesen mit einer einzigen Religion. Die Religionen der Welt müssten der Idee folgend und dem Begriff nach in der einen Weltreligion aufgehen. Die missionarische Auseinandersetzung der Komparativen Theologie mit ›dem Anderen‹ erhielt so einen Terminus.

Der Glaube an eine »essential unity and sameness in all religions«[20], welcher sich im Inklusivismus finden lassen kann, führte in der Übergangsphase vom 19. zum 20. Jahrhundert zu dem Wunsch nach Einheit und dem Glauben an eine Verwandtschaft aller Religionen. Dies wird an einem weiteren Punkt deutlich, der nachhaltig den Umgang mit und die Nutzung von dem Weltreligionen-Begriff der Folgezeit prägen sollte: Das Erste Parlament der Weltreligionen. Es fand 1893 im Rahmen der ersten

---

[17] TIELE, Religions.
[18] Vgl. ebd.
[19] Vgl. MASUZAWA, invention, 112, 116.
[20] A. a. O., 315.

Weltausstellung[21] außerhalb Europas in Chicago statt und bot die Bühne für zehn geladene Religionen, welche durch Abgeordnete vorgestellt und vertreten wurden.[22] Bis in die Moderne ist unter den Forschenden umstritten, ob dieses Parlament tatsächlich zur objektiven Selbstdarstellung der Religionen der Welt dienen sollte oder ob es sich lediglich um eine Präsentation des Christentums gehandelt habe.[23] Festzuhalten ist jedoch, dass zuvor kein derartiges Treffen zustande gekommen war und das Erste Parlament der Weltreligionen nicht nur als Legitimationspunkt für den globalen Weltreligionen-Diskurs angesehen werden darf, sondern auch als die erste Vorstellung von nicht-christlichen Religionen durch eigene Vertreter und Vertreterinnen innerhalb der westlichen Welt. Während des Treffens wurden zudem religiöse Konstrukte entworfen, die nachhaltig das Bild der einzelnen Religionen prägten. Richard King stellt anschaulich dar, wie Swami Vivekananda den Hinduismus als ein einheitliches religiöses System präsentierte und damit neugestaltete. So griff Vivekananda nicht nur den europäisch aufgeladenen Einheitsbegriff des Hinduismus auf, sondern betonte spezielle Merkmale innerhalb ›seiner‹ Religion Indiens, um den Standards der westlichen Welt gerecht zu werden.[24] Vivekananda habe den Hinduismus damit nicht nur zu einer universal gültigen Religion, sondern auch zur Urreligion der Europäer und damit einem perfekten Konstrukt gemacht,[25] welches auf diese Weise zu einer Weltreligion aufstieg.

Das Parlament sorgte zudem dafür, dass der Weltreligionen-Diskurs außerhalb Europas populär gemacht und die Nutzung des Terminus zementiert wurde – nun jedoch mit dem Blick auf mehrere Religionen und

---

[21] Seit 1851 wurden sogenannte Weltausstellungen in den großen Städten Europas veranstaltet. Auffarth sieht in diesen speziellen Ausstellungen ein Medium, das der Zurschaustellung der europäischen Überlegenheit gedient habe (vgl. CHRISTOPH AUFFARTH, »Weltreligion« als ein Leitbegriff der Religionswissenschaft im Imperialismus, in: ULRICH VAN DER HEYDEN / HOLGER STOECKER (Hrsg.), Mission und Macht im Wandel politischer Orientierungen, Stuttgart 2005, 35).

[22] Diese waren: Judentum, Christentum, Islam, Hinduismus, Taoismus, Konfuzianismus, Zoroastrismus, Shintoismus, Buddhismus und Jainismus.

[23] Vgl. MASUZAWA, Invention, 267.

[24] Vgl. KING, Orientalism, 160, 173. Da eine Weltreligion in Anlehnung an das Christentum im Glaubenszentrum ein heiliges Buch, einen Gott und spezielle Repräsentanten haben musste, wurden die Veden als heilige Schriften und die Brahmanen als Repräsentanten von Vivekananda offiziell anerkannt. Zudem stellte er in die Mitte seines Neohinduismus ein einzelnes, universelles Prinzip, welches als Nichtdualismus bezeichnet wurde.

[25] Vgl. AUFFARTH, Weltreligion, 30.

nicht nur auf das Christentum gewandt. Masuzawa betont, dass das Parlament als Startpunkt der (US-amerikanischen) Beschäftigung mit den Weltreligionen angesehen werden könne und sich die historisch-vergleichende Religionswissenschaft aus diesem herausgebildet habe.[26] Dies würde bedeuten, dass die moderne Religionswissenschaft durch das Aufeinandertreffen der zehn Religionen 1893 ihre Loslösung von der Theologie erhalten und sich selber konstruiert haben muss, aber auch, dass die Anfänge der vergleichenden Religionswissenschaft untrennbar mit dem Begriff der Weltreligionen verbunden wären.

Das Parlament sollte zudem eine Welteinheit und globale Verwandtschaft innerhalb und außerhalb der Religionen demonstrieren,[27] welche bereits wenige Jahre später durch die zwei Weltkriege Lügen gestraft wurde.

2. Die Welt wird global – das 20. Jahrhundert

Durch die Erfahrungen der Weltkriege, der transatlantischen Allianzen und des beginnenden Welthandels, hielt schließlich das Gefühl der Globalität Einzug – die Welt wurde nicht nur weiter wahrgenommen, die Länder banden sich auch nachhaltig aneinander. Indem die Welt als Ganzes in

---

[26] Vgl. MASUZAWA, Invention, 270.

[27] Ironischerweise steht diesem Ereignis die noch sehr junge Geschichte der USA gegenüber, die durch einen Prozess der Enteignung und Assimilation der Kultur und Religion der indigenen Menschen gekennzeichnet ist. 60 Jahre vor der Zurschaustellung einer Einheit und Verwandtschaft verschiedenster Kulturen, begann die Deportation und damit die Vernichtung großer Teile der indigenen Stämme und ihrer Lebensweise. Vorstellen durften sich bei diesem Treffen demnach nur jene Religionen, die von einer europäisch-christlichen Gruppe ausgewählt wurden. Die Faszination des 20. Jahrhunderts für den Osten und die ›Entdeckung‹ der dortigen heiligen Schriften findet sich ebenfalls in der Auswahl wieder, wie der Bezug zur Theorie der verwandten Kulturen, die als Vorstufe des Christentums angesehen worden waren. Einzig der Hinduismus, als Religion eines kolonialisierten Landes, konnte sich auf diesem Treffen selber als Weltreligion konstruieren, während diesem zuvor wenig Beachtung entgegen gebracht worden war. »Religionen der Welt« waren demnach nicht auf dem Parlament der Weltreligionen vertreten, sondern nur eine Auswahl, die in Verbindung mit dem Christentum, Europa oder ethischen Werten, die der christlich-europäischen Sicht entsprachen, gebraucht werden konnten. Alle anderen Religionen wurden außenvorgelassen und nicht angehört. Die Weltreligionen waren damit eine gezielt ausgewählte ›Elite‹, die keine Einheit aller Religionen darstellte, sondern ihre Ähnlichkeiten und Unterschiede im Vergleich zum Christentum in einer christlichen Welt präsentierten.

den Fokus geriet, wurden auch die Religionen in ein globales Gewand gekleidet.

Nach dem Ersten Weltkrieg nahm die Beschäftigung mit sogenannten primitiven, prähistorischen und rudimentären Religionen ab. Masuzawa sieht dies damit begründet, dass die sogenannten primitiven Religionen kaum Veränderungen durchzumachen schienen, mehr noch Europa als historisches Land, Afrika hingegen als Ort ohne Geschichte betrachtet worden war und damit auch ohne Wandel innerhalb der Religion.[28]

Dieses Desinteresse findet sich ansatzweise in der 1927 veröffentlichte Liste der lebenden Religionen von Carl Clemen, welche in seinem Buch »Die Religionen der Erde« erschien. Die Liste ist chronologisch sortiert und beginnt mit den prähistorischen Religionen sowie den primitiven Religionen, dessen Spuren sich noch in den lebenden Religionen finden lassen können,[29] befasst sich dann jedoch nicht weiter mit diesen. Es folgen die alten Nationalreligionen, zu denen unter anderem die ägyptische, chinesische, indische, griechische und römische sowie die japanischen Religionen gezählt werden. Die vierte Kategorie benennt die Weltreligionen, die, im Gegensatz zu Tieles Liste des 19. Jahrhunderts, die sogenannte hebräische Religion, den Buddhismus, das Christentum und den Islam umfasst.[30] Die chronologische Sortierung sorgt dafür, dass erst einmal innerhalb der einzelnen Abschnitte keine Hierarchisierung hineingelesen werden kann. So steht das Christentum innerhalb der Weltreligion an dritter Stelle, was weder den Eindruck hervorruft, dass es die Wurzel, noch die Spitze der *großen Religionen* darstellen könnte. Als Gesamtsystem werden in Clemens Schema die Weltreligionen jedoch als nächste Stufe durch die Sortierung in prähistorisch, primitiv und Nationalreligionen dargestellt – Tieles Entwicklungsvorstellung wird damit Folge geleistet. Entscheidend sind jedoch zwei Aspekte: Der Titel des Buches macht deutlich, dass es einen Unterschied zwischen »Den Religionen der Welt/Erde« und dem Begriff der Weltreligionen in Clemens Denken gibt. Beide sind nicht deckungsgleich. Vielmehr wird an seiner Darstellung deutlich, dass die Bezeichnung Religionen der Erde ein Überblickswort für alle bekannten oder noch in Fragmenten existierenden religiösen Traditionen ist, während der Weltreligionen-Diskurs eine Wertung nach sich zieht, die spezielle

---

[28] Vgl. MASUZAWA, Invention, 41–43.
[29] Siehe dazu auch: CARL CLEMEN, Die Reste der primitiven Religion im ältesten Christentum, o. O. 2012.
[30] Vgl. MASUZAWA, Invention, 296.

Religionen der Welt auswählt und nach unbestimmten Mustern in diese Kategorie aufnimmt.

Parallel zu Clemens Liste der Religionen, entwickelte Karl Jaspers die Theorie der Achsenzeit, welche das achte bis zweite Jahrhundert vor Christus als die Entstehungszeit der Philosophien und Weltreligionen festlegte. In Jaspers Vorstellung gibt es nicht nur einen Ursprung und ein Ziel für die ganze Menschheit, sondern auch eine »Einheit der Menschheitsgeschichte«[31]. Der oben genannte Zeitraum habe unabhängig voneinander in den Religionen Chinas, Indiens und des Abendlandes zu tief greifenden geistigen Veränderungen geführt, die dem Menschen sein Selbst, einen ganzheitlichen Blick auf das Sein sowie die menschlichen Grenzen bewusst gemacht habe.[32] Durch die vergeistigten Prozesse und das Eingliedern des ohnmächtigen Menschen in ein Gesamtsystem, wurde auch das Streben nach Höherem, das Überwinden von Grenzen zu einem tiefen Ansinnen des Menschen und so Teil der Religionen und Philosophien. »In der Achsenzeit entsteht also der eigentliche geistige Mensch in voller Aufgeschlossenheit.«[33] Für Jaspers ist in dieser Zeit der Beginn einer Kommunikation mit globalen Ausmaßen möglich, welche sich kreisförmig über die Welt ausbreitete, alle religiösen Traditionen inspirierte und damit schlussendlich assimilierte. Die Religionen, welche die neuen Inhalte nicht aufnahmen oder sich nicht auflösten, blieben Naturreligionen.[34] Jaspers beschreibt mit seiner Achsenzeit demnach eine geistige Höherentwicklung innerhalb voneinander abgegrenzter Räume, die ältere Ansichten und Lehren ersetzte. Die sogenannten Naturreligionen werden damit zu unterentwickelten, rückständigen Traditionen deklariert, während all jene Religionen und Philosophien, die mit der Achsenzeit in Verbindung gebracht werden können, als überlegen verstanden werden. Dieses Schema sorgt zudem dafür, dass Teile des Judentums als Restbestand und Zeugnisse der rückständigeren Ansichten tituliert werden konnten. Das Christentum wiederum, dessen Entstehungszeit in einem ähnlichen Zeitraum wie die Achsenzeit verortet wurde, konnte als höher entwickelt als die jüdische Tradition vorgestellt werden. Das Judentum wurde damit – bewusst oder unbewusst – aus den Weltreligionen ausgeschlossen.

---

[31] GENOVEVA TEOHAROVA, Karl Jaspers Philosophie auf dem Weg zur Weltphilosophie, Würzburg 2005, 71.
[32] Vgl. a. a. O., 71f.
[33] Ebd., 73.
[34] Vgl. a. a. O., 73f.

Die Achsenzeitvorstellung inspirierte weitere Forschende und sorgte dafür, dass sich die Idee einer sich entwickelnden Elite innerhalb der Religionen und Kulturen durchsetzen konnte.[35] Sowohl die Vorstellung einer evolutionsähnlichen Entwicklung, als auch der Glaube an eine Einheit innerhalb von Religion oder als Ziel, auf das sich die Religionen hin entwickeln würden, wurden grundlegend. Dies bestärkte zudem die Vorstellung einer Vergleichbarkeit aller Religionen.

Anhand der zwei Beispiele wird deutlich, dass sich zwar eine relative Offenheit gegenüber anderen Religionen entwickelt hatte und der Terminus der Weltreligion nicht mehr gleichbedeutend mit dem Christentum war, die Texte jedoch eine Tendenz zum Antijudaismus enthielten und der Vorrang der christlichen Tradition innerhalb der Hierarchie der Weltreligionen nicht kritisch reflektiert wurde. Der Antisemitismus fand seinen Höhepunkt in der politischen Instrumentalisierung und Pervertierung von geisteswissenschaftlichen Auseinandersetzungen mit dem Judentum und der Konstruktion eines arischen, deutschen Christentums des NS-Regimes.[36]

Geprägt von der Weltkriegserfahrung, den transatlantischen Allianzen und Besatzungszeiten sowie der aufkeimenden Weltwirtschaft veränderten sich die Diskurse über Religion in der zweiten Hälfte des 20. Jahrhunderts. War das 19. Jahrhundert durch Trennung und Abgrenzung geprägt, war das 20. Jahrhundert zusehends von Themen der Gerechtigkeit, Gleichheit und des Friedens durchdrungen.[37] Auch der Weltreligionen-Diskurs und

[35] TWORUSCHKA, Religionen, 14. So soll Rudolf Otto seinerseits, nach Tworuschka, den Zeitraum Jaspers aufgegriffen haben und sah in diesem den Übergang vom Mythos zum Logos (Vgl. ebd., 15). Allerdings ist nicht eindeutig geklärt, ob Ottos Idee durch Jaspers Achsenzeit inspiriert worden war, ob dies andersherum vonstattenging oder sich die Theorien sogar parallel entwickelt haben könnten.

[36] MASUZAWA, Invention, 302; SUSANNAH HESCHEL, The Aryan Jesus. Christian Theologians and the Bible in Nazi Germany, New Jersey 2008.

[37] Ein Beispiel stellt die Gründung des Ökumenischen Rates der Kirchen (ÖRK) in der direkten Nachkriegszeit (1948) dar. Anhand des ÖRK kann man nicht nur eine Zusammenkunft und einen vermehrten Austausch christlicher Kirchen der Welt in der zweiten Hälfte des 20. Jahrhunderts deutlich machen, sondern auch von Beginn an eine explizite Auseinandersetzung mit Fragen der sozialen Ethik, politischer Verantwortung, Religionsfreiheit und Menschenrechten innerhalb des Religionsdiskurses ausmachen. Für Näheres siehe u. a.: WOLFRAM STIERLE (Hrsg.), Ethik für das Leben. 100 Jahre ökumenische Wirtschafts- und Sozialethik; Quellenedition ökumenischer Erklärungen, Studientexte und Sektionsberichte des ÖRK von den Anfängen bis 1996 (Ökumenische Studien 5), Rothenburg ob der Tauber 1996.

damit einhergehend der Umgang mit ›dem religiös Anderen‹ wandelte sich und der Blick der Religionswissenschaft und Komparativen Theologie wurde globaler. Dies zog eine Veränderung in der Vorstellung nach sich, welche religiösen Traditionen zu den Weltreligionen zu zählen seien. So wuchs die Liste in der zweiten Hälfte des 20. Jahrhunderts und das Judentum erhielt einen festen Platz im Weltreligionen-Diskurs.[38]

Gab es bei Tiele nur eine wirkliche Weltreligion, zählt Helmut Glasenapp in den 1960er Jahren bereits acht Religionen auf, welche der Kategorie der Weltreligion entsprechen würden.[39] Die Auswahl basiert dabei zum einen auf der globalen Verbreitung (Hinduismus, Buddhismus, Chinesischer Universismus, Christentum, Islam) und auf dem enthaltenen Glauben an eine sittliche Ordnung und Verantwortung in der Welt (zusätzlich Jainismus, Parismus und Judentum). Diese Auswahl unterteilt er abermals in östliche und westliche Weltreligionen oder auch ethische Hochreligionen, wie er sie parallel bezeichnet. Während er in den westlichen Religionen eine Tendenz zu geschichtlichen Gottesoffenbarungen sieht, richten sich nach Glasenapp die östlichen nach einem Weltgesetz, welches ein ewiges Entstehen und Vergehen beinhalten würde.[40] Bei Glasenapp zeichnet sich eine Tendenz ab, die zu Beginn des 20. Jahrhunderts, unter anderem in Texten von Max Weber und Albert Schweitzer an Bedeutung gewonnen hatte,[41] in der gesamten zweiten Hälfte desselben Jahrhunderts aufgegriffen wurde und bis in die Moderne hineinwirkt: Ethik und Moral rücken in den Fokus. Obwohl Glasenapp betont, dass seine Auswahl der Weltreligionen kein Werturteil darstellen würde,[42] sind lediglich »ethisch hochstehende Glaubensformen«[43] für seine Abhandlung von Relevanz. Wenn Ethik zu einem Auswahlkriterium wird, bedeutet

---

[38] Siehe dazu u. a. auch die erste offizielle christliche Schrift mit Bezug zur Shoah nach dem Zweiten Weltkrieg: Servizio Internet Vaticano (Hrsg.), Erklärung Nostra Aetate. Über das Verhältnis der Kirche zu nichtchristlichen Religionen, Punkt 1, online verfügbar unter: http://www.vatican.va/archive/hist_councils/ii_vatican_council/documents/vat-ii_decl_19651028_nostra-aetate_ge.html. Letztes Zugriffsdatum: 11. 01. 2022.

[39] Vgl. Helmut von Glasenapp, Die fünf Weltreligionen. Brahmanismus, Buddhismus, Chinesischer Universismus, Christentum, Islam, Köln ³1972, 9.

[40] Vgl. ebd.

[41] Siehe dazu u. a. Albert Schweitzer, Das Christentum und die Weltreligionen, München 2002; MWG hg. v. Helwig Schmidt-Glintzer, u. a., Gesamtausgabe: Schriften und Reden. Die Wirtschaftsethik der Weltreligionen. Hinduismus und Buddhismus: 1916–1920, Tübingen 1996.

[42] Vgl. Glasenapp, Weltreligionen, 5.

[43] A. a. O., 11.

dies nicht nur, dass viele Aspekte einer Religion außenvorgelassen werden, sondern auch, dass die religiöse Tradition einer Wertung ausgesetzt wird. Es wird automatisch ein Vergleich vorgenommen, welcher zwar auf der einen Seite darstellen soll, dass ethische Grundlagen ein Verbindungselement zwischen den Religionen der Welt sein könnten, aber die Religionen auch in eine Relevanz zueinander stellt. Auf diese Weise entsteht eine Hierarchie, die nicht nur eine Sortierung nach dem Gehalt von Ethik innerhalb der verschiedenen Traditionen vornimmt, sondern auch ein Ausschluss von eben solchen, die augenscheinlich keine ethischen Werte innerhalb des Glaubenssystems in ihrem Mittelpunkt haben. Zumal Werte von Kulturkreis zu Kulturkreis variieren können und nicht offensichtlich ist, wie diese Unterschiede bewertet werden. Es bleibt die Frage offen, ob die sittliche Ordnung in der Welt und Verantwortung für die Welt, nicht tatsächlich einen Abgleich mit christlichen Werten darstellt. Ist dem so, wird abermals jede Religion, die in den Weltreligionskanon aufgenommen werden möchte, einem Vergleich mit dem Christentum standhalten müssen. Dies würde alte Vorgehensweisen im Umgang mit anderen Religionen lediglich wiederholen und diese unter dem Deckmantel der Ethikfrage rezipieren.

Wie bedeutend der Aspekt der Ethik innerhalb des Weltreligionen-Diskurses im 20. Jahrhundert geworden war, wird besonders deutlich am Beispiel des Projektes Weltethos des katholischen Theologen Hans Küng. Mit dem Blick auf die veröffentlichten Befunde des *Club of Rome* über den Zustand der Erde, die zahlreichen Kriege und die fortschreitende Säkularisierung, stellte Küng die Frage, ob es Normen, Ideale und Werte gibt, die allen Religionen gemein sind und die die Weltgemeinschaft mit dem Blick auf ein friedliches Miteinander – eine tiefere Humanität – zusammenführen könnten.[44] Küng bindet die Weltreligionen direkt an den interreligiösen Dialog und an das Ziel des Weltfriedens. »Kein Überleben ohne Weltethos. Kein Weltfriede ohne Religionsfriede. Kein Religionsfriede ohne Religionsdialog.«[45] Dabei nutzt Küng gezielt ethische Werte, welche eine christliche Basis haben, wie seine fünf Gebote der Menschlichkeit (das Humanum), welche untersagen, zu töten, zu lügen, zu stehlen, Unzucht zu treiben und gebieten, die Eltern und Kinder zu achten.[46] Zusam-

---

[44] Vgl. CHRISTEL HASSELMANN, Die Weltreligionen entdecken ihr gemeinsames Ethos, Mainz 2002, 14; KUSCHEL, KARL-JOSEF, Keine Religion ist eine Insel. Vordenker des interreligiösen Dialogs, Ostfildern 2016, 179, 199.
[45] HANS KÜNG, Projekt Weltethos, München 1990, 13.
[46] Vgl. a. a. O., 82.

men mit dem Terminus Weltreligion, welcher fest an Küngs Weltethos gebunden ist, wird eine direkte Verknüpfung zum Christentum hergestellt. Anders als Tiele oder Clemen, nutzt Hans Küng den Begriff gleichbedeutend zu ›Religionen der Erde‹. Das wird auch daran deutlich, dass sein Weltethos keine Religionsgruppe ausgeschlossen hat – indigene Vertreter und Vertreterinnen unterschrieben das Ethos ebenso als Teil der Weltreligionen, wie jene Abgesandten des Islams oder Buddhismus. Zudem wurde mehrfach erklärt, dass es beim dem Weltethos eher darum gehe, bewusst zu machen, dass in den *großen* Weltreligionen eine gemeinsame Ethik vorhanden sei.[47] Zwar werden die Weltreligionen zu einem Synonym für ›Religionen der Welt‹ formiert, jedoch wird durch die Spezifizierung in ›große‹ Weltreligionen innerhalb dieser Kategorie auf die ehemalige Auswahl der Weltreligionen Bezug genommen und so problematische Gehalte tradiert. Küng verwischt mit seiner Suche nach Verbindendem innerhalb der Religionen nicht nur die Differenzen zwischen diesen, sondern auch den Bedeutungsunterschied zwischen Weltreligion und Religionen der Welt. Dies spiegelt eine Entwicklung wider, welche in der zweiten Hälfte des 20. Jahrhunderts begann und ein fester Teil des Weltreligionen-Diskurses des 21. Jahrhunderts geworden ist.

Neben der ethischen Komponente,[48] beginnt die individuelle Wahl in den Mittelpunkt der Religionsforschung zu rücken und damit auch in den Weltreligionen-Diskurs. So wird bei Gustav Mensching die Weltreligion als eine Wahlgemeinschaft verstanden, die von Individuen getragen wird.[49] Dies unterscheidet er von der Geburtsgemeinschaft, welche sich vor allem in Volksreligionen finden lassen würde.[50] In erster Linie scheint nicht mehr die Anzahl der Anhängerinnen und Anhänger eine Weltreligion auszumachen, sondern die Möglichkeiten zu der Religion zu gelangen. War die Gemeinschaft ein Kernmerkmal der Volksreligion und in dieser das Heil auffindbar, zeichneten sich die Weltreligionen durch die stete Unheilsituation und die individuelle Leistung oder göttliche Gnade aus, welche das Individuum zum Heil führen können.[51] Mit dieser Einteilung ist seine Definition der Weltreligion direkt ein Produkt seiner Zeit, in der die Frage nach einer Individualgesellschaft in den Sozialwissenschaften aufkam.

---

[47] Vgl. KUSCHEL, Religion, 202.
[48] Siehe dazu auch: GUSTAV MENSCHING, Die Weltreligionen, Darmstadt 1972, 295.
[49] Vgl. a. a. O., 38.
[50] Vgl. ebd.
[51] Vgl. ebd.

Für die zweite Hälfte des 20. Jahrhunderts lässt sich zusammenfassen, dass vor allem Ethik und Individualisierung den Weltreligionen-Diskurs prägten. Zwar wurde die Anzahl ›der großen Religionen‹ erweitert und das direkte Gespräch mit Glaubensvertretern und -vertreterinnen gesucht, doch die alte Hierarchisierung wurde nicht überwunden. Den Weltreligionen wurden immer noch jene gegenübergestellt, die vermeintlich »auf einer weniger differenzierten Stufe der Kultur stehen und deren authentische religiöse Überlieferung im wesentlichen nicht schriftgebunden ist.«[52] Der Aspekt der Schriftgebundenheit, welcher von Hans-Werner Gensichen betont wird, ist eine weitere Übernahme aus dem vergangenen Jahrhundert. Die Schrift im Mittelpunkt ist außerdem eine direkte Anbindung an Judentum, Christentum und Islam und sorgt damit für eine unmittelbare Aufnahme von diesen in die Weltreligionen-Gruppe.

3. Zwischen Einheitsgemeinschaft und Individualgesellschaft – das 21. Jahrhundert

Infolge des Religionsdiskurses der vorherigen Jahrzehnte, findet im 21. Jahrhundert vor allem der Pluralismus eine neue Betonung und wird als Lösungsansatz für einen toleranten Umgang mit verschiedenen religiösen Traditionen propagiert. Der Pluralismus ist dabei dem Exklusivismus und Inklusivismus entgegengestellt und dadurch scheinbar aus einem christlichen Rahmen herausgelöst. Dabei entstand der Pluralismus-Begriff, ebenso wie das Konstrukt der Weltreligionen, in einem europäischen Kontext mit einer ähnlich ambivalenten Geschichte.[53] In der Moderne wird der religiöse Pluralismus in eine enge Beziehung zum Einheitsgedanken gesetzt – die Einheit in Vielfalt wird zu einem Leitthema des 21. Jahrhunderts. Religion wird dadurch auf der einen Seite zu einem Unterscheidungsmerkmal innerhalb der Gesellschaft generiert, welche auf den individuellen Charakter und die individuelle Wahl jedes Einzelnen verweist, und auf der anderen Seite wird das Bild einer Einheit unter dem Konstrukt der Religion hergestellt. Dies kann beispielhaft an einem Video, das von dem »Pope World Prayer Network«[54] entwickelt wurde, deutlich gemacht werden, in dem

---

[52] HANS-WERNER GENSICHEN, Weltreligionen und Weltfriede, Göttingen 1985, 18.

[53] Siehe dazu: PAMELA E. KLASSEN / COURTNY BENDER, Intoduction. Habits of Pluralism, in: PAMELA E. KLASSEN / COURTNY BENDER (Hrsg.), After Pluralism. Reimagining Religious Engagement, New York 2010, 1–28.

[54] Das »Pope World Prayer Network« versteht sich als eine globale Initiative, die die Menschlichkeit und den interreligiösen Dialog im Fokus hat.

Papst Franziskus gerade diese Einheit in Verschiedenheit betont. »Many think differently, feel differently, seeking God or meeting God in different ways. In this crowd, in this range of religions, there is only one certainty we have for all: we are all children of God.«[55] Nicht nur der Glaube an eine höhere, übernatürliche Macht wird als verbindendes Element dargestellt, sondern die göttliche Instanz wird als Ursprung aller Menschen verstanden und die Liebe als Grundpfeiler der verschiedenen Religionen. Neben dem Papst, werden ein katholischer Priester, eine Buddhistin, ein Jude und ein Muslim vorgestellt werden, die in wenigen Zeilen ihren Glauben darstellen – dies sind und waren die Hauptdarstellerinnen und Hauptdarsteller innerhalb des Weltreligionen-Diskurses.

Auch die Hamburger Akademie der Weltreligionen (AWR) beschäftigt sich mit dieser Auswahl an Akteuren zuzüglich des Hinduismus. Das Institut sehe sich vor der Kernaufgabe, »Menschen für ein Leben in einer von kultureller, religiöser und sozialer Vielfalt geprägten Gesellschaft zu befähigen.«[56] Im Zentrum steht dabei der interreligiöse Dialog, der mit Themen der Religionen und Problemen der Gesellschaft verbunden wird.[57] Wie selbstverständlich wird der Terminus genutzt und auch hier mit dem interreligiösen Dialog, Toleranz und Akzeptanz verbunden.[58] An diesem Beispiel wird deutlich, in welchem Umfang sich die Semantik verändert hat. Obwohl der Terminus Weltreligion(en) inzwischen fast deckungsgleich mit Religionen der Welt in der Verwendung erscheint, sind es doch in der Regel ganz spezielle Religionen, die aufgezählt werden. Das bedeutet, dass zwar in der Theorie von einem pluralistischen Weltreligionen-Begriff gesprochen werden kann, dieser in der Praxis jedoch immer noch an unscharfen Kriterien wie der Mitgliedszahl, der globalen Ausdehnung oder gar der zeitabhängigen Popularität gebunden ist.

Papst Franziskus beendet das Video mit den hoffnungsvollen Worten, dass ein ernst gemeinter und aufrichtiger interreligiöser Dialog in eine

---

[55] THE VATICAN, Pope Francis' prayer intentions for January 2016, 2016, online verfügbar unter: https://www.youtube.com/watch?v=-6FfTxwTX34&feature=youtu.be, 0:26–0:48. Letztes Zugriffsdatum: 12.01.2022.
[56] UNIVERSITÄT HAMBURG, Profil der Akademie der Weltreligionen, 2019, online verfügbar unter: https://www.awr.uni-hamburg.de/ueber-awr/profil.html. Letztes Zugriffsdatum: 12.01.2021.
[57] Vgl. ebd.
[58] Vgl. UNIVERSITÄT HAMBURG (Hrsg.), Akademie der Weltreligionen der Universität Hamburg. Interreligiöser Dialog in Forschung, Lehre und Gesellschaft, online verfügbar unter: https://www.awr.uni-hamburg.de/website-content/pdfs-flyer/awr-flyer-deutsch-23012018.pdf. Letztes Zugriffsdatum: 12.01.2021.

Welt des Friedens und der Gerechtigkeit führen möge.[59] Diese Gedanken sind spätestens seit Hans Küngs Weltethos keine neuen mehr, doch werden sie im 21. Jahrhundert zu einer unsichtbaren Maxime, welche die christlichen Konfessionen durchzieht.

Die Weltreligionen dienen dabei als Veranschaulichung des Pluralismus. Sie scheinen in der modernen Vorstellung nämlich zweierlei zu vereinen: Sie symbolisieren eine nicht näher bestimmte und willkürlich zu ergänzende Vielzahl an religiösen Traditionen und sie drücken – durch die Verwendung des vereinheitlichen Begriffes der Religion in Verbindung mit dem Welt-Zusatz – ein globales, zusammenhängendes Gefüge aus. Das Weltreligionen-Konstrukt wurde demnach aus seinen Anfängen herausgehoben und zum Sinnbild für eine Gesellschaft der Einheit in Vielfalt erhoben.

Resümee

Religion und das Sprechen über Religion sind nicht losgelöst von soziokulturellen Diskursen zu verstehen, sondern müssen vielmehr als Prozesse angesehen werden, die sich wechselseitig beeinflussen. Durch die Dekonstruktion der Entstehung und Veränderung innerhalb des Weltreligionen-Begriffes wurde deutlich, inwiefern sich in der Bedeutung und der Verwendung des Terminus ein Wandel vollzog, der durch gesellschaftliche Vorgänge beeinflusst ist.

Die Beschäftigung mit nicht-christlichen Traditionen diente zu Beginn einer (Neu-)Verortung Europas und einem Bedürfnis, die Stellung des Christentums als höchste Wahrheit innerhalb des Weltgefüges zu verteidigen. In diesem Prozess bildeten sich vor allem zwei Disziplinen heraus, welche heute vornehmlich als Komparative Theologie und Religionswissenschaft verstanden werden. Der Weltreligionen-Diskurs des 20. Jahrhunderts war vor allem durch den Blick auf die Ethik innerhalb der Religionen sowie einem Einheitswunsch geprägt. Das 21. Jahrhundert hat schließlich die Pluralität im Fokus ihres Diskurses und der Weltreligionen-Begriff wird parallel zum Terminus Religionen der Welt verwendet. Theoretisch kann in der Moderne jede Religion diese Adelung erhalten. Praktisch muss sie jedoch unklar definierten Richtlinien genüge leisten, welche das Christentum als Maßstab haben. Weisen die ethischen Aspekte

---

[59] Vgl. THE VATICAN, Pope Francis', 1:07–1:15.

der jeweiligen Religion Parallelen zum Christentum auf oder sind diesem zumindest nicht entgegen gesetzt, steht die Tradition in keinem Widerspruch zu den euro-amerikanischen Vorstellungen von Freiheit, Individualität und Zukunftsträchtigkeit, und schaffen es die entsprechenden religiösen Lehren sich angemessen zu präsentieren und Gehör zu verschaffen, könnten sie hypothetisch in die Gruppe der Weltreligionen aufgenommen werden. Damit wird jedoch auch deutlich, dass, obwohl der Terminus seinen Exklusivismus verlor, er noch immer an bestimmte Vorstellungen gebunden ist, die als westlich und christlich bezeichnet werden können. Dass innerhalb des Weltreligionen-Diskurses die Teilhabe des Christentums an dieser Kategorie zu keiner Zeit infrage gestellt wurde, während der Status aller anderen religiösen Traditionen verhandelt oder diesen sogar teilweise der Titel Religion gänzlich abgesprochen wurde, macht deutlich, dass die christliche Tradition als Basis und Maßstab für alle anderen Religionen verstanden wird.

Europäische Einheitsvorstellungen, christlicher Inklusivismus und eine Hierarchisierung der Religionen, sind damit immer noch in diesen Terminus eingeschrieben.

Wenn Religionswissenschaft und Theologie einen ehrlichen, respektvollen Austausch und Umgang mit anderen Religionen anstreben, muss entschieden werden, inwiefern noch von Weltreligionen gesprochen werden sollte und ob nicht vielmehr neue Termini gefunden werden müssen. Sie sollten dabei die Geschichte des Weltreligionen-Begriffes jedoch nicht verleugnen, sondern sich dem Ausdruck kritisch und reflektiert stellen. Nur auf diese Weise kann eine Basis für einen Dialog auf Augenhöhe, eine Akzeptanz der ›Vielfalt‹ und ›Einheit‹, aber auch der bleibenden Differenz sowie eine wertfreie Beschäftigung mit den umgebenden Religionen angestrebt werden.

Autorinnen und Autoren

Jason W. Alvis, PhD, ist Privatdozent, Mitglied des Research Centre for Religion and Transformation in Contemporary Society sowie des Instituts für Philosophie an der Universität Wien.

Joane Beuker, Dr. phil., ist Lehrerin für Sozialpädagogik und Evangelische Religion an der Berufsbildenden Schule 3 der Stadt Oldenburg.

Carina Branković, Dr. phil., ist wissenschaftliche Mitarbeiterin am Institut für Evangelische Theologie und Religionspädagogik der Carl von Ossietzky Universität Oldenburg in den Bereichen Religionswissenschaft und Jüdische Studien.

Vera Gaide, geb. Boetzinger, Dr. phil., ist Lehrerin an der IGS Lüneburg sowie Lehrbeauftragte am Institut für Ethik und Theologie der Leuphana Universität Lüneburg.

Dominik Gautier, Dr. phil., ist wissenschaftlicher Mitarbeiter am Institut für Evangelische Theologie und Religionspädagogik der Carl von Ossietzky Universität Oldenburg im Bereich Systematische Theologie.

Sabine Hübner ist Assistentin der Abteilung für Frieden, Gerechtigkeit und Bewahrung der Schöpfung (JPIC) der Vereinten Evangelischen Mission (VEM).

Jaqueline Jüling, ist wissenschaftliche Mitarbeiterin am Institut für Evangelische Theologie und Religionspädagogik der Carl von Ossietzky Universität Oldenburg im Bereich Systematische Theologie.

Mugurel Pavaluca, Dr. theol., ist Privatdozent an der Carl von Ossietzky Universität Oldenburg, Lehrbeauftragter am Institut für Evangelische Theologie der Universität Dortmund und Gastprofessor am Institut für Philosophie der Universität Bukarest.

Roman Winter-Tietel, Dr. phil., ist wissenschaftlicher Mitarbeiter am Fachbereich Evangelische Theologie der Goethe-Universität Frankfurt am Lehrstuhl für Systematische Theologie und Religionsphilosophie.

Knut V. M. Wormstädt, Dr. phil., ist wissenschaftlicher Mitarbeiter am Institut für Katholische Theologie der RWTH Aachen im Lehr- und Forschungsgebiet »Grenzfragen von Theologie, Naturwissenschaften und Technik«.

Patrick Reinard (Hrsg.)

Werkzeuge der Historiker:innen

Antike

Verlag W. Kohlhammer

Dieses Werk einschließlich aller seiner Teile ist urheberrechtlich geschützt. Jede Verwendung außerhalb der engen Grenzen des Urheberrechts ist ohne Zustimmung des Verlags unzulässig und strafbar. Das gilt insbesondere für Vervielfältigungen, Übersetzungen, Mikroverfilmungen und für die Einspeicherung und Verarbeitung in elektronischen Systemen.
Dieses Werk enthält Hinweise/Links zu externen Websites Dritter, auf deren Inhalt der Verlag keinen Einfluss hat und die der Haftung der jeweiligen Seitenanbieter oder -betreiber unterliegen. Zum Zeitpunkt der Verlinkung wurden die externen Websites auf mögliche Rechtsverstöße überprüft und dabei keine Rechtsverletzung festgestellt. Ohne konkrete Hinweise auf eine solche Rechtsverletzung ist eine permanente inhaltliche Kontrolle der verlinkten Seiten nicht zumutbar. Sollten jedoch Rechtsverletzungen bekannt werden, werden die betroffenen externen Links soweit möglich unverzüglich entfernt.

Umschlagabbildung: *Tessera nummularia*, Modena; mit freundlicher Genehmigung des Ministero della Cultura – Soprintendenza archeologia, belle arti e paesaggio per la città metropolitana di Bologna e le province di Modena, Reggio Emilia e Ferrara. Vervielfältigung zu Gewinnzwecken (auch indirekten) verboten.

1. Auflage 2023

Alle Rechte vorbehalten
© W. Kohlhammer GmbH, Stuttgart
Gesamtherstellung: W. Kohlhammer GmbH, Heßbrühlstr. 69, 70565 Stuttgart
produktsicherheit@kohlhammer.de

Print:
ISBN 978-3-17-040102-0

E-Book-Formate:
pdf: ISBN 978-3-17-040103-7
epub: ISBN 978-3-17-040104-4

Inhalt

Vorwort 7

1 Einführung in die Historischen Grundwissenschaften
  der Antike 10
  Patrick Reinard

I. Grundwissenschaften

2 Literarische Quellen 35
  Lennart Gilhaus

3 Epigraphik 59
  Krešimir Matijević

4 Papyrologie 82
  Patrick Sänger

5 Numismatik 106
  Peter Franz Mittag

6 Klassische Archäologie 126
  Achim Lichtenberger

II. Benachbarte Disziplinen

7 Chronologie 149
  Michael Zerjadtke

8 Prosopographie 177
  Werner Eck

| 9 | Antike Rechtsgeschichte | 189 |

Kaja Harter-Uibopuu

| 10 | Historische Geographie | 213 |

Michael Rathmann

III. Anhang

Verzeichnis der Autorinnen und Autoren 233

Abbildungsverzeichnis 236

Index 238

Vorwort

Als im Jahr 1958 Ahasver von Brandt (1909–1977) seine Einführung in die historischen Hilfswissenschaften, *Werkzeug des Historikers*, als 33. Band der Urban Taschenbücher vorlegte, rechnete wohl niemand damit, dass dieses Buch zu einem der meistverkauften Lehrbücher der Geschichtswissenschaft werden würde. Noch immer findet das Werk in seiner mittlerweile 18. Auflage nicht nur in der universitären Lehre reiche Anwendung, sondern gibt die Standards in der Quellenkunde vor.

Obwohl es für jeden Wissenschaftsverlag eine große Freude und Genugtuung ist, einen so erfolgreichen Titel im Programm zu wissen, haben wir uns entschieden, das Werk durch eine Neufassung zu ersetzen. Notwendig wurde dies vor allem aus zwei Gründen: Zum einen haben sich von Brandts Ausführungen sehr stark auf die Hilfs-/Grundwissenschaften der mittelalterlichen Geschichte konzentriert. Zum anderen haben sich die Hilfs-/Grundwissenschaften in den letzten Jahren nicht nur emanzipiert, sondern merklich weiterentwickelt – nicht zuletzt deshalb, weil sich die klassische Geschichtswissenschaft ausgehend von ihren politik- und rechtsgeschichtlichen Traditionen in einem früher ungeahnten Maße geöffnet hat. Mit der Einbeziehung zahlreicher neuer Forschungsfelder ging auch die Zuwendung zu neuen Quellengruppen einher. Diese Entwicklung ist noch lange nicht abgeschlossen.

Eine breite Auseinandersetzung mit neuen Quellen setzt deren ubiquitäre Zugänglichkeit voraus, die erst mit der allgemeinen Verbreitung von Digitalisaten durch das Internet sowie neue elektronische Erschließungsverfahren möglich geworden ist. So sind nicht nur neue Hilfsmittel und Methoden für alle historischen Teilfächer selbstverständlich geworden, sondern es werden auch gänzlich neue Quellengattungen – nicht nur, aber vor allem in der Zeitgeschichte – erschlossen und erforscht. Die damit einhergehenden Herausforderungen bergen gleichzeitig auch ganz neue Erkenntnispotentiale. Die nächsten Generationen von Wissenschaftler:innen benötigen daher dringend Orientierungspunkte in diesem Dickicht digitalisierter Quellenmassen. Sie benötigen Werkzeuge, um für künftige Fragestellungen mit den Quellen und ihren Digitalisaten auf allen Ebenen umgehen zu können. Zugleich ist auch die konkrete Arbeit an und mit den historischen Quellen stärker an Methoden orientiert und damit herausfordernder geworden. Durch die konsequente Einbeziehung früher als randständig betrachteter Quellengruppen können heute gänzlich neue Fragestellungen bearbeitet werden. Gleichzeitig steigt aber auch der Aufwand, um diese Quellen in ihrer ganzen Breite nutzen zu können.

Vor diesem Hintergrund war es dem Verlag sowie den Herausgeber:innen ein Anliegen, für die historischen Hilfs-/Grundwissenschaften eine moderne, zeitgemäße und alle Epochen berücksichtigende Einführung zu bieten: die *Werkzeuge der Historiker:innen* in vier Einzelbänden (Antike, Mittelalter, Neuzeit, Zeitgeschichte) mit jeweils rund zehn bis zwanzig Beiträgen. Gegenüber den neun behandelten Disziplinen bei Ahasver von Brandt können so die inhaltlichen und methodischen Entwicklungen der vergangenen Jahrzehnte deutlich umfassender behandelt werden. Die Bände streben trotz gebotener Kürze an, möglichst viele Teildisziplinen entsprechend der verschiedenen Quellengattungen sowie der besonderen hilfs-/grundwissenschaftlichen Arbeitstechniken einführend zu präsentieren. Um Redundanzen zu vermeiden, wurden die Inhalte der einzelnen Bände aufeinander abgestimmt. Dennoch bleibt jeder Band für sich alleinstehend verständlich und nutzbar und berücksichtigt umsichtig die Spezifika der einzelnen Epochen.

Je nach behandelter Epoche zwingt die Erweiterung und Heterogenität der Quellenbasis zu unterschiedlichen Herangehensweisen. So ist die Alte Geschichte trotz einer ursprünglichen Dominanz der literarischen Überlieferung seit jeher gezwungen, die ohnehin geringe Quellenbasis voll auszunutzen, während die Mediävistik stärker alltagsbezogene Quellengruppen wie Inschriften, Graffiti oder serielle Quellen lange Zeit zugunsten herrschaftsnaher Quellen wie Urkunden und Historiographie systematisch vernachlässigte. Mit dem erheblichen Anwachsen der Überlieferung in der Neuzeit und Zeitgeschichte strukturiert in diesen Epochen die gezielte Auswahl der in vertretbarer Zeit bearbeitbaren Quellen den Forschungsprozess. Hinzu kommen gänzlich neue Quellen wie Ton- und audiovisuelle Aufzeichnungen oder gespeicherte digitale Kommunikation.

Genau hier setzen die Bände der *Werkzeuge der Historiker:innen* an und zeigen, welche Entwicklungen die Disziplin in den jeweiligen Fachbereichen genommen hat und welche Veränderungen sich gerade auch durch die Digitalisierung ergeben haben. Zielgruppe bleiben Studierende, die eine sichere Basis brauchen, von der aus erste Schritte zum eigenen Forschen möglich werden. Im Vorwort zur 7. Auflage seines Werkes schrieb von Brandt: »Das vorliegende Buch ist aus der Praxis des akademischen Unterrichts entstanden«. Dies gilt auch für die neuen *Werkzeuge*, die auf Lehrerfahrung nicht nur aus dem ganzen deutschsprachigen Raum, sondern auch weit darüber hinaus gestützt sind.

Wir haben uns entschlossen, den traditionsreichen Titel in eine gendergerechte Sprache zu überführen. Ob die einzelnen Kapitel diese verwenden, blieb jedoch im Ermessen der Autor:innen.

Wir sind zuversichtlich, dass diese zeitgemäßen *Werkzeuge der Historiker:innen* es schaffen werden, die Tradition des Klassikers aus der Feder Ahasver von Brandts fortzuführen.

Der Verlag und die Herausgeber:innen

1 Einführung in die Historischen Grundwissenschaften der Antike

Patrick Reinard

Das Buch ist als Einführung in die Grundwissenschaften der Antike konzipiert und richtet sich insbesondere an Studierende. Es gliedert sich in zwei große Bereiche:

1. Die Grundwissenschaften im engeren Sinne, die sich über die intensive Beschäftigung mit einer Quellengattung definieren und die jeweilgen Quellen zur weiteren wissenschaftlichen Nutzung aufarbeiten und publizieren: die literarischen Quellen, die Epigraphik, die Papyrologie, die Numismatik und die Archäologie.
2. Die benachbarten Disziplinen, die die so erschlossenen Quellen unter Fokussierung auf eine besondere Thematik einer Auswertung unterziehen und historische Informationen so für Nichtspezialisten zugänglicher machen: die Chronologie, die Prosopographie, die Antike Rechtsgeschichte, die Historische Geographie.

Im Sinne der Lesbarkeit wurden möglichst wenige Fußnoten verwendet und die Beiträge sind im Ansatz ähnlich gegliedert. Neben kurzen Bemerkungen zu Forschungsgeschichte und Forschungsstand liegt der Fokus der Darstellung jeweils auf der spezifischen Methodik und den Disziplininhalten. Am Ende eines jeden Beitrags finden sich Quellen-, Literatur- und Internetverweise. Abgeschlossen wird der Band durch ein Register, dessen Einträge sich auf grundwissenschaftlich relevante Termini sowie Personennamen beschränken.

Historisches Arbeiten basiert stets auf einer Kombination spezieller Kompetenzen aus verschiedenen Grundwissenschaften. Insofern ergeben sich zwischen den hier versammelten Beiträgen inhaltliche und methodische Überschneidungen. Auf solche Anknüpfungspunkte wird durch einen Querverweis zu anderen Kapiteln hingewiesen. Doch zunächst einmal gilt es, den Begriff ›Grundwissenschaften‹ zu erklären, sowie eine kurze Orientierung über die Bereiche zu geben, in denen sich die einzelnen Disziplinen berühren, überschneiden und ergänzen. Darauffolgend werden kurz die

Termini ›Quelle‹ und ›Quellenkritik‹ eingeführt und Zeit und Raum der griechisch-römischen Antike beschrieben.

1.1 Historische Grundwissenschaften: Gemeinsames und Trennendes

Die Termini ›Hilfs-‹ und ›Grundwissenschaft‹ werden in diesem Buch synonym aufgefasst, wobei die zweitgenannte Bezeichnung favorisiert wird, da sie keine hierarchische Einordnung suggeriert; in früherer Zeit wurden in der Geschichtswissenschaft einige benachbarte Disziplinen sogar als *ancilla* (lat. ›Dienerin‹) bezeichnet. Es ist daher wichtig zu betonen, dass alle Grundwissenschaften gleichrangig nebeneinanderstehen und sich gegenseitig stützen. Inhalte, Methoden und Ergebnisse einer Grundwissenschaft können wechselseitig auch von den anderen genutzt werden. Ja, vielfach ist es sogar zwingend nötig, Erkenntnisse aus anderen Grundwissenschaften wahrzunehmen. Deshalb ist der mitunter als wertend empfundene Begriff ›Hilfswissenschaften‹ irreführend.

Innerhalb der Alten Geschichte wurden die ›Historischen Grundwissenschaften‹ nicht als eigenes Fach aufgefasst, wie dies etwa in der Mittelalterlichen Geschichte üblich ist. Verschiedene Disziplinen entwickelten sich vielmehr zu eigenen Fächern, deren Methoden und Inhalte in unterschiedlichen Ausmaßen in das ›Fach‹ Alte Geschichte integriert sind. Die Archäologie, die Papyrologie oder die Klassische Philologie sind an den Universitäten gänzlich selbstständige Fächer, die zwar auf das Engste mit der Alten Geschichte verbunden sind, aber dennoch jeweils eigene, weit in die Vergangenheit zurückreichende Traditionen aufweisen. Dagegen gelten Epigraphik und Numismatik in der Regel als fachinterne Teildisziplinen der Althistorie, die auf der Schnittstelle zwischen den archäologischen und altgeschichtlichen Fächern angesiedelt sind.

Gemeinsam ist diesen Grundwissenschaften, dass sie sich jeweils mit einer spezifischen Quellengruppe befassen: Die Archäologie (s. Kap. 6) behandelt generell materielle Hinterlassenschaften, die Papyrologie (s. Kap. 4) befasst sich mit handschriftlichen Zeugnissen – insbesondere, aber nicht ausschließlich mit solchen auf Papyri und Scherben (griech. ὄστρακα, ›Ostraka‹) –, die Klassische Philologie (s. Kap. 2) konzentriert sich auf die antiken Sprachen sowie auf durch Manuskripte überlieferte lateinische und griechische Literaturwerke, die Numismatik (s. Kap. 5) fokussiert sich auf

Münzen sowie vergleichbare Objekte und die Epigraphik (s. Kap. 3) ist für sämtliche Texte zuständig, die auf Stein, Bronze, Blei, Holz, Keramik etc. überliefert sind. Bei diesen Grundwissenschaften handelt es sich also um quellenaufbereitende Disziplinen. Insofern könnte man sie auch als *Grundlagenforschungen* bezeichnen. Dabei beschränken sie sich natürlich nicht ausschließlich auf ein ›Verfügbarmachen‹ von Quellen, sondern thematisieren vielfältige disziplinspezifische und historische Fragen.

Selbstverständlich bestehen zwischen den Grundwissenschaften diverse Überschneidungen und Zusammenhänge: Antike literarische Werke liegen auch auf Papyri vor, in Stein gesetzte Inschriften überliefern manchmal antike Dichtung (z. B. metrische Grabepigramme) und manches Graffito entpuppt sich als Zitat eines bekannten antiken Autors. Klassische Philologie, Papyrologie und Epigraphik bieten also aufgrund ihrer Ausrichtung auf das geschriebene Wort vielfältige Überschneidungen und Anknüpfungspunkte. Dies gilt im besonderen Maße für einzelne Quellengruppen, die zwischen Papyrologie und Epigraphik stehen: Handschriftliche Texte haben sich nicht ausschließlich auf Papyri und Ostraka erhalten, sondern auch auf antiken Wänden, auf Schreib- und Wachstafeln, auf hölzernen Mumienetiketten oder auf Textilien etc. Während die Schreibtafeln zumeist zu gleichen Teilen von Papyrologie und Epigraphik behandelt werden, lassen sich für andere Textgruppen bestimmte Schwerpunkte erkennen. Graffiti auf Wänden werden z. B. tendenziell meist der Epigraphik zugeordnet, während die Mumientäfelchen – letztlich auch aufgrund ihrer geographischen Herkunft (Ägypten) – hauptsächlich der Papyrologie zugeschlagen werden. Bei handschriftlichen Zeugnissen kann auch die Anbringungsart für eine Zuordnung zu einer ›Grundwissenschaft‹ entscheidend sein. Mit Tinte beschriebene Scherben werden häufiger der Papyrologie zugerechnet, während geritzte Texte eher Gegenstand der Epigraphik sind; dies liegt auch daran, dass mit Tinte beschriebene Keramikstücke jenseits der üblichen Fundregionen papyrologischer Texte (Ägypten und im geringeren Umfang beispielsweise noch Syrien, Levante, Nordafrika oder Kreta) seltener erhalten sind. Hinsichtlich der Unterscheidung, die sich aufgrund der Funktion eines Textes auf einem Keramikstück erkennen lässt, ist Folgendes zu bemerken: Manche Texte wurden auf Keramikgefäßen angebracht, als diese noch intakt und funktionsfähig waren. Diese Zeugnisse hatten also eine Bedeutung im Zusammenhang mit dem Gebrauch des Gefäßes in der Antike; man spricht z. B. von Dipinti oder Tituli Picti. Andere Texte – und dies sind im Wesentlichen die als Ostraka angesprochenen Stücke – wurden erst auf einer Tonscherbe angebracht, als das Gefäß, der Teller, die Amphore etc. nicht mehr in Funktion war (s. Abb. 4.1). Aus defekten Keramikgefäßen wurden in sekundärer Nutzung – gewissermaßen durch ›Recycling‹ – Schriftträger. Im ersten Fall werden die Texte meistens der Epigraphik (s. Kap. 3), im zweiten Fall eher der Papyrologie (s. Kap. 4) zugerechnet.

Die mannigfaltigen Überschneidungen zwischen Klassischer Philologie, Papyrologie und Epigraphik ergeben sich auch aufgrund von Gemeinsamkeiten in der methodischen Aufarbeitung und Auswertung der Texte. Eigentlich sind sämtliche erhaltenen Textzeugnisse für sprachgeschichtliche Forschungen von Relevanz, wobei sich aber die Sprachwissenschaft nicht als einzelne ›Grundwissenschaft‹ der Alten Geschichte entwickelt hat. Sie ist im Wesentlichen eine Domäne der Klassischen Philologie und – mit einem Fokus auf der Alltagssprache – der Papyrologie. Ein weiterer Unterschied liegt auch in der literaturwissenschaftlichen Bewertung, die in der Papyrologie und Epigraphik eine untergeordnete Rolle spielt, während sie in der Klassischen Philologie (s. Kap. 2) von zentraler Bedeutung ist. Hier ergibt sich auch ein wichtiger Anknüpfungspunkt zwischen dem philologischen und dem althistorischen Fach: Für die Althistorie ist im Zuge der Quellenauswertung die konkrete literatur- und gattungsgeschichtliche Einordnung eines Textes sowie eine möglichst tiefgehende soziokulturelle Verortung eines Autors sehr wichtig, weshalb Inhalte und Methoden der Klassischen Philologie adaptiert werden müssen.

Für die Philologie ist wiederum charakteristisch, dass sie sich im Zuge der Textüberlieferung und -wiederherstellung grundlegend mit nachantiken Manuskripten beschäftigt und dadurch in vielerlei Hinsicht auch mediävistische Methoden und Kompetenzen umfasst.

Zwischen Archäologie und Numismatik gibt es ebenfalls grundlegende Überschneidungen: Beide ›Grundwissenschaften‹ befassen sich mit ikonographischen Quellen bzw. mit einer Quelle, in der ikonographische Darstellung und Textinformation verbunden sind. Gewiss gibt es auch Graffitizeichnungen oder Papyrusmalereien, die Material für eine Beschäftigung mit ›Bildquellen‹ sein können, doch ist die wissenschaftliche Auswertung ikonographischer Zeugnisse im Besonderen eine Aufgabe der Archäologie (s. Kap. 6). Die Münzen sind dabei eine spezielle Fundgruppe, die in vielerlei Hinsicht eigene Herausforderungen, Methoden und Inhalte aufweist und dabei können u. a. auch geld- und wirtschaftshistorische Fragen verfolgt werden (s. Kap. 5).

Neben der ikonographischen Überlieferung befasst sich die Archäologie auch mit architektonischen, typologischen, siedlungsarchäologischen oder grabungstechnischen Themen. Man kann zu Recht sagen, dass sie unter den auf ausgewählte Quellengruppen orientierten Grundwissenschaften die breiteste Disziplin ist; letztlich ist alles, was Papyrologie, Epigraphik und Numismatik auswerten, zunächst einmal ein archäologischer Fund. Sofern ein archäologischer Fundkontext vorliegt, können die archäologischen Fundzusammenhänge fundamentale Informationen (Herkunft, Datierung, soziokulturelle und wirtschaftliche Bedeutung etc.) über ein papyrologisches, epigraphisches oder numismatisches Quellenzeugnis liefern. Dies ist natürlich *vice versa* ebenfalls möglich: So können etwa Münzen und Papyri für die Datierung eines Grabungsbefundes von Bedeutung sein, oder der Name einer archäologisch untersuchten Siedlung ist vielleicht nur dank einer Inschrift oder eines Ostrakons bekannt.

Zwischen den auf einzelne Quellengruppen konzentrierten ›Grundwissenschaften‹ gibt es nicht nur diverse Berührungspunkte, sondern diese Disziplinen überschneiden und ergänzen sich in vielen Bereichen. Dies gilt im besonderen Maße für die Chronologie (s. Kap. 7), die Prosopographie (s. Kap. 8), die Rechtsgeschichte (s. Kap. 9) und die Historische Geographie (s. Kap. 10). Diese vier Disziplinen sind in erster Linie durch eine besondere Methodik sowie die Fokussierung auf spezielle Themen und Methoden gekennzeichnet. Allerdings sind sie keineswegs auf eine spezielle Quellengruppe begrenzt.

Der Erfolg und Umfang der prosopographischen Forschung, d. h. der Untersuchung bestimmter Personengruppen mit dem Ziel der Verdeutlichung von ›Personengeschichten‹ und sozio-politischen Verbindungen, ist abhängig vom verfügbaren Quellenmaterial; insbesondere ist eine gewisse Quantität an Zeugnissen notwendig, um verlässliche Informationen durch die Prosopographie zu erreichen. Dabei sind die Inschriften die wichtigste Quellengruppe, aber natürlich müssen auch literarische oder papyrologische Quellen ausgewertet werden. Die Übergänge zwischen den Quellendisziplinen können daher in prosopographischen Arbeiten häufig fließend sein. Ein besonderer Bereich ist dabei auch die Onomastik (griech. ὄνομα, ›Name‹), die namenskundliche Forschung (s. Kap. 8). Personennamen können Informationen über die kulturelle, geographische oder ethnische Herkunft einer Person liefern; mitunter können auch Erkenntnisse zu Datierungsfragen von Personennamen abgeleitet werden.

Als spezielle historische Methode ist auch die Historische Geographie zu verstehen, die die antike Raumwahrnehmung und -vorstellung sowie die Veränderung von Naturräumen, aber auch den Umgang mit naturräumlichen und nautischen Gegebenheiten oder die Toponymik unter-

1 Einführung in die Historischen Grundwissenschaften der Antike 15

sucht. Hierbei werden – wie in der Prosopographie – sämtliche Quellengruppen, die entsprechende Informationen liefern können, in den Blick genommen. Ferner spielt die Wahrnehmung der rezenten topographischen Situationen sowie die Auswertung nachantiker Karten, Reiseberichte, Landschaftsdarstellungen etc. eine Rolle. Letztlich wird sämtliche historische Überlieferung über einen bestimmten Ort oder eine bestimmte Region für die Bewertung antiker historisch-geographischer Fragestellungen rezipiert; insbesondere mit der Archäologie bestehen breite Überschneidungen.

Eine besondere Methodik und Fragestellung zeichnet auch die Chronologie (s. Kap. 7) aus. Diese Disziplin untersucht die antiken Techniken der Zeitbestimmung, der Zeitrechnung oder der Zeitangabe. Damit ist diese Grundwissenschaft unmittelbar mit der in der Geschichtswissenschaft omnipräsenten Datierungsfrage verbunden. Für alle Grundwissenschaften und generell für jedwedes historisches Forschen ist eine zeitliche Einordnung von Ereignissen, Personen, materiellen Gegenständen, schriftlichen Texten etc. von zentraler Wichtigkeit. Da für die Datierung archäologischer Funde in den jeweiligen spezialisierten Disziplinen besondere Methoden etabliert sind, besteht ein intensiver Austausch mit der Chronologie.

Schließlich ist noch die Rechtsgeschichte (s. Kap. 9) zu nennen, die eine besondere Form des historischen Forschens darstellt. Sie fokussiert sich auf die Etablierung, Praxis, Entwicklung, Verbreitung und Rezeption des antiken Rechtswesens. Diese Thematik, die anhand besonderer methodischer Zugriffe zu erforschen ist, hat dazu geführt, dass die Rechtsgeschichte teilweise als eigenes Fach gesehen wird, das nicht selten auch tatsächlich von Juristen betrieben wird. Die Rechtsgeschichte basiert in weiten Teilen auf ganz unterschiedlichen Quellengattungen. Für die römische Zeit sind insbesondere die großen spätantiken Gesetzessammlungen zu nennen; für das antike Griechenland liefern Inschriften oder literarisch überlieferte Reden die wichtigsten Erkenntnisse. Doch auch andere Überlieferungsgruppen stellen Quellenmaterial zur Erforschung des antiken Rechts zur Verfügung. Für die Rechtsgeschichte ist nicht nur die Auswertung erhaltener Gesetzestexte wichtig, sondern generell jede direkte oder indirekte Aussage zu Gesetzen, normativen Regeln und Rechtsprechung. Dazu werden sämtliche verfügbaren Quelleninformationen gesichtet, weshalb Methoden der entsprechenden Grundwissenschaften zu adaptieren sind.

Einzelne Arbeitsmethoden werden von verschiedenen Grundwissenschaften angewendet. Bei der Analyse von Handschriften oder Schriftbildern kommen Methoden der Philologie und der Papyrologie (s. Abb. 4.1 bis 4.3) zur Anwendung; man spricht von Paläographie (griech. παλαιός,

›alt‹; γράφειν, ›schreiben‹), wobei dieser Terminus generell die Beschäftigung mit alten Schriften und mit der Entwicklung von Schriftzeichen meint und dabei keinesfalls strikt als auf Handschriftliches begrenzt zu verstehen ist. So wird z. B. auch in der Epigraphik von Paläographie gesprochen. Hier geht es dann um die Ausführung gemeißelter oder gestanzter Buchstaben. Bei Amphorenaufschriften oder Wandgraffiti kann zudem ebenfalls von Paläographie die Rede sein, wenn der Fokus auf der handschriftlichen Ausführung einer Aufschrift liegt; hier ist die Arbeitsweise dann wieder sehr eng mit der Papyrologie verwandt.

Eine ebenfalls in verschiedenen Grundwissenschaften wichtige Methode ist die Autopsie (griech. αὐτός, ›selbst‹; ὄψις, ›das Sehen‹), das Prüfen von Quellen am Originalbestand. Autopsie kann z. B. im Museum bei der Analyse von Kunstwerken, Papyri oder Inschriften, aber ebenso auch in einer Landschaft bzw. vor Ort an einem Denkmal, Gebäude, einer Wegführung etc. erfolgen.

1.2 Was ist eine Quelle?

Die Erforschung der antiken Geschichte steht vor dem Problem einer relativen Quellenarmut. Nur ein geringer Bruchteil der einstigen literarisch-schriftlichen sowie der materiellen Kulturleistungen sind erhalten geblieben. Diese ›Armut‹ bedingt einerseits die zentrale Bedeutung der Grundwissenschaften für das historische Forschen, denn das stete Aufbereiten und Zugänglichmachen neuer Zeugnisse ist immer ein großer Gewinn, der unser Bild von der Antike manchmal massiv und nachhaltig verändert. Andererseits führt die ›Armut‹ dazu, dass sich die Grundwissenschaften in vielen Bereichen überschneiden und gegenseitig aufeinander angewiesen sind, denn stets muss man bemüht sein, jede greifbare historische Information in verschiedensten Quellengattungen wahrzunehmen. Vor diesem Hintergrund ist es sinnvoll, einleitend den ›Quellenbegriff‹ zu thematisieren.

Für die antike Geschichte werden verschiedene Grundkategorien des Quellenbegriffs differenziert. Grundsätzlich ist zwischen ›unmittelbar‹ und ›mittelbar‹ überlieferten Quellen zu unterscheiden, was mit der Überlieferungssituation zusammenhängt. Ein literarischer Text, wie ein Geschichtswerk oder ein Epos, ist nur mittelbar bekannt. Denn alle diese Texte wurden bereits in der Antike und in späteren Jahrhunderten immer wieder von Hand abgeschrieben; dabei ist ein solches Kopieren zum einen aus dem

1 Einführung in die Historischen Grundwissenschaften der Antike

Grund des Texterhalts, zum anderen aufgrund von Vervielfältigungs- und Verbreitungsabsichten erfolgt (s. Kap. 2). Die ›Originale‹ liegen nie vor, weil kein Autograph (griech. αὐτός, ›selbst‹; γράφειν, ›schreiben‹) eines antiken Autors erhalten ist. Auch wenn literarische Werke auf einem antiken Papyrus erhalten geblieben sind, handelt es sich dennoch ›nur‹ um eine mittelbare Überlieferung. Denn der Papyrus selbst stammt zwar aus der Antike, aber der auf ihm niedergeschriebene Text ist bereits das Resultat einer Abschrift, die nicht unmittelbar vom Autor ausgeht. Nur äußerst selten sind literarische Werke ausschließlich epigraphisch überliefert; etwa der philosophische Text des Diogenes von Oinoanda oder der Tatenbericht des Augustus. Und auch diese Beispiele sind nur mittelbare Abschriften, die von einem anderen Schriftträger in Stein übertragen wurden.

Inschriften, Papyri, Ostraka, Münzen sowie archäologische Fundstücke jeder Art sind im Unterschied dazu unmittelbar überliefert. Es handelt sich um materielle Zeugnisse, die in der Antike entstanden und direkt auf uns gekommen sind. Anders als literarische Werke mussten sie nicht abgeschrieben oder vervielfältigt werden, um über lange Zeit erhalten zu bleiben. Natürlich gibt es aber auch hierbei Ausnahmen: In der Epigraphik werden z. B. gelegentlich auch Inschriftentexte behandelt, die heute verloren sind, in früheren Zeiten jedoch bereits schriftlich dokumentiert wurden. In diesen Fällen kann die Inschrift nicht mehr in Autopsie untersucht werden, man muss stattdessen quellenkritisch die erhaltene schriftliche oder zeichnerische Dokumentation überprüfen (s. Abb. 7.5); hier ergeben sich dann Gemeinsamkeiten mit der Klassischen Philologie, die intensiv nachantike Manuskripte behandelt.

Neben der Unterscheidung unmittelbar/mittelbar können Quellen auch in die Kategorien ›bewusste‹ und ›unbewusste‹ Überlieferung eingeordnet werden. Diese Einteilung hat nichts mit der Überlieferungssituation zu tun, sondern hängt mit dem Quelleninhalt sowie dem Grund zusammen, warum ein Quellenzeugnis überhaupt existiert. Von einer bewussten Überlieferung spricht man dann, wenn eine Quelle gezielt für die Öffentlichkeit und/oder die Nachwelt entstanden ist. Der Schöpfer der Quelle hat also bewusst Informationen verbreitet oder für spätere Zeiten zu erhalten versucht. Ein literarischer Text ist für ein Publikum entstanden, eine Statue oder ein Denkmal (s. Abb. 3.1 und 3.4) sollten öffentlich sichtbar sein, Münzen vermitteln via bildlicher und schriftlicher Aussage (Legende/Umschrift) bestimmte Intentionen etc. (s. Kap. 5). Dabei kann man wiederum zwischen den Adressaten differenzieren: Adressierte der Schöpfer ein zeitgenössisches Publikum oder vielmehr die Nachwelt? Bei intentional entstandenen

Quellen kann ein bestimmtes Motiv vorausgesetzt werden (Selbstinszenierung etc.), sodass das vermittelte Bild nicht mit der Realität übereinstimmen muss.

Unbewusste Überlieferungen sind entsprechend jene Quellenzeugnisse, die nicht gezielt für eine Öffentlichkeit oder die Nachwelt angefertigt wurden. Keramik- und Glasfragmente, die Inventarliste eines Verwalters oder Privatbriefe auf Schreibtafeln, die auf einer Müllhalde entsorgt wurden, waren nicht als Wissensspeicher für spätere Rezipienten gedacht. Es handelt sich um Zeugnisse, die in aller Regel nicht für einen öffentlichen Raum bestimmt waren, sondern in privaten oder begrenzten Personenkreisen verwendet wurden und für die Benutzer einen funktionalen Charakter besaßen. Bei diesen Quellen handelt es sich oft um Gebrauchsgegenstände und Texte, die irgendwann ihre Bedeutung für ihre Besitzer verloren und nicht mehr benötigt wurden.

Unbewusst überlieferte Quellen liefern – im Gegensatz zu literarischen Werken – häufig keine ›Erzählungen‹ über die Vergangenheit; sie berichten nicht narrativ über Ereignisse und nehmen keine retrospektive Perspektive ein. Unbewusst überlieferte Quellen stammen vielmehr aus dem historischen Zusammenhang, über den sie informieren. Die Wandmalerei, die Innenausstattung und das Graffito in einer Taverne geben unmittelbar Eindruck von der Lebenswirklichkeit und dem Ambiente in einer Gaststätte des 1. Jahrhunderts n. Chr. Keine intentionale Absicht verfälscht die Informationen.

Allerdings ist bei der inhaltlichen Kategorisierung von Quellen stets Vorsicht geboten! Das Beispiel der Taverne zeigt bereits an, wie problematisch die Unterscheidung zwischen bewusster und unbewusster Überlieferung sein kann. Das Kriterium des ›Publikumscharakters‹ ist bei einem literarischen Werk oder einer Statue klar gegeben. Allerdings ist ebenso festzuhalten, dass Aussagen einer Wandmalerei als Bildquelle oder die Graffiti, die jemand an eine Wand gekritzelt hat, ebenfalls als bewusste ›Botschaften‹ an ein Publikum aufgefasst werden können. Auch Alltagsgegenstände können durch ikonographische Gestaltung eine ›Geschichte‹ referieren, etwa mythologische Szenen auf Keramikprodukten. Wie lässt sich zwischen bewusster und unbewusster Überlieferung kategorisch unterscheiden? Die Unterscheidung bewusst/unbewusst fokussiert stets auf die Intention, die ein bestimmtes Bild von Ereignissen und Personen zeichnen möchte. Besonders wichtig scheint dabei, besagte Intentionen im politischen und ereignisgeschichtlichen Kontext zu erkennen und bewusste Überlieferung quellenkritisch einzuordnen. Denn für historische Fragestellungen ist man auf berichtende literarische Zeugnisse oder auf Inschriften, Denkmäler, Edikte etc. angewiesen, die von einem Herrscher oder einer politischen Administration stammen und ein bestimmtes Bild vermitteln wollen. Das konkrete quellenkritische Erkennen und Einordnen einer etwaigen Darstellungsabsicht spielt somit eine entscheidende Rolle bei der Rekonstruktion vergangener Realitäten und eine Sensibilisierung für das Überlieferungsbewusstsein einer Quelle muss entwickelt werden.

Generell ist zu betonen, dass die Einordnung in bewusste oder unbewusste Überlieferungskategorien natürlich immerzu von den jeweiligen Fragestellungen abhängt. Die Statue eines römischen Kaisers (s. Abb. 6.8) ist hinsichtlich der politischen Repräsentation des jeweiligen Machthabers zweifellos eine bewusste Überlieferung. Wenn man die Statue aber als Quelle für eine kunsthistorische Frage – etwa mit einem Fokus auf die Entwicklung der Bildhauerkunst in einer bestimmten Region oder mit Fokus auf die Rezeption spezieller ikonographischer Merkmale – heranzieht, kann man nicht mehr von einer bewussten Quelle sprechen. Für diese Fragen ist die durch die Statue überlieferte Information keineswegs intentionell verfälscht. Ähnliches gilt für Münzen: Unabhängig von der Repräsentation eines Herrschers kann eine Münze in Kombination mit dem Fundort ggfs. auch für wirtschafts- oder handelsgeschichtliche Fragen interessant sein. Was z. B. ein hellenistischer König mit den Darstellungen auf Münzen, die heute in Indien entdeckt werden, beabsichtigt hat, ist für die Wirtschaftsgeschichte zweitrangig. Solche Münzfunde können beispielsweise über Handelsbeziehungen und -wege oder vielleicht ansatzweise sogar über Handelsvolumen Auskunft geben. Trägt man diese Fragen an die Münzen heran, sind sie als unbewusste Überlieferung einzuordnen. Bewusste und unbewusste Überlieferung können also in ein und derselben Quelle zusammenfallen – die Grenzen sind fließend.

Bei der Behandlung der Frage ›Was ist eine Quelle?‹ ist auch die abstrakte Überlieferung zu bedenken. Losgelöst von der Überlieferungssituation gibt es kulturelle Traditionslinien, die über lange Zeiträume konstant bleiben und dadurch historisches Wissen transferieren. Viele Gewässernamen in Mitteleuropa gehen etwa auf keltische Wörter zurück. Man fasst damit ein Relikt aus der Vergangenheit, das indirekt anzeigt, dass einst eine keltischsprachige Bevölkerung in einer bestimmten Region über lange Zeit ansässig gewesen sein muss. Mittels der Etymologie (griech. ἔτυμος, ›wahr, echt‹; λόγος, ›Wort‹) ist es möglich, solche ›Wortgeschichten‹ zu rekonstruieren und damit sehr altes Kulturgut heute noch erkennbar zu machen. Auch in Personen- und Götternamen oder in Toponymen können solche Informationen konserviert worden sein. Zudem gehen mitunter Sitten und Brauchtum auf sehr frühe Ursprünge zurück. Solche Kulturkonstanten müssen nicht an materielle Quellen gebunden sein, sondern wurden über Generation weitergegeben, weshalb man von einer abstrakten Überlieferung spricht.

Schließlich ist für die Alte Geschichte der Unterschied zwischen ›Quelle‹ und moderner wissenschaftlicher ›Literatur‹ zu nennen. Systematisch muss zwischen den historischen Quellen einerseits und der Forschungsliteratur andererseits unterschieden werden. Letztere ist keine Quelle, sondern das Resultat der intensiven Bewertung und kritischen Interpretation historischer Überlieferung. ›Forschungsliteratur‹ basiert auf der ausführlichen Beschäftigung mit und der Auswertung von ›Quellen‹.

1.3 Was ist Quellenkritik?

Jede historische Überlieferung ist hinsichtlich ihres Aussagewertes kritisch zu prüfen. Die besonderen Eigenschaften einer Quelle sind zu beachten. Dabei sind die Überlieferungssituation, der Erhaltungszustand, die Herstellungsart, das Material, die Datierung und die geographische Verortung wichtige Aspekte. Dies wird als ›äußere‹ Quellenkritik aufgefasst.

Bei literarischen Quellen ist eine intensive Beschäftigung mit dem Autor grundlegend; hier kann man sich an den sogenannten W-Fragen bzw. ähnlichen Fragen orientieren, die als Einstieg für ein tiefergehendes Reflektieren über den Quellenwert hilfreich sind: *Wer* war der Autor? *Wann* hat er *wo* gelebt? *War* er ein Zeit- oder gar Augenzeuge der geschilderten Ereignisse? *Welche* Zeitspanne liegt zwischen seiner Lebenszeit und den berichteten Ereignissen? In *welchem* Lebensabschnitt des Autors ist das Werk entstanden? *Warum* und *wo* hat er sein literarisches Werk geschrieben? *Was* will ein Autor mit einem Text erreichen bzw. welches Ziel verfolgt er? *Welche* politische, religiöse, soziale, kulturelle, wirtschaftliche etc. Prägung besaß er? *Welche* persönliche Distanz besaß ein Autor zu den geschilderten Ereignissen oder haben diese sein Leben direkt oder indirekt beeinflusst? In *welcher* Sprache dachte und schrieb er? *Was* sagt er über seine Biographie, seine Bildung, seine Aufenthalts- und Wohnorte und seinen beruflichen Werdegang aus? An *wen* hat er sein Werk adressiert? *Welche* Quellen hat er verwendet? In *welchen* Sprachen waren diese Quellen verfasst und wie datieren sie? Liegen diese Quellen heute noch vor? *Was* für eine Textgattung liegt vor und *welche* genretypischen Stilelemente sind für diese üblich? *Wie* sind die Stilistik seiner Sprache und die Textgestaltung zu bewerten? *Welche* Inhalte eines Texts werden ausführlich, welche eher knapp oder gar nicht behandelt? Ist der Inhalt generell plausibel und realistisch oder durch Übertreibungen geprägt?

Solche und ähnliche Fragen ermöglichen einen Einstieg in eine kritische Beschäftigung mit einem literarischen Text. Die Fragen sind in ähnlicher Form auch für die anderen Quellenarten adaptierbar, gleichwohl der Erkenntnisgewinn bei einzelnen Fragen in der Beschäftigung mit Inschriften, Papyri, archäologischen Befunden etc. stets unterschiedlich bemessen ist. Die kritischen Fragen, die auf die inhaltliche Glaubwürdigkeit einer Quelleninformation abzielen, können allgemein als ›innere‹ Quellenkritik bezeichnet werden. Jedoch überschneiden sich ›innere‹ und ›äußere‹ Quellenkritik je nach Quellengattung und je nach Fragestellung.

Wichtig ist das beständige Verifizieren oder Falsifizieren der Informationen, die aus einer Quelle gewonnen werden können. Dabei sind Parallelquellen von zentraler Bedeutung. Darunter versteht man Quellen, die über ein gleiches Thema, ein gleiches Ereignis oder eine gleiche Person Informationen liefern, dabei aber nicht inhaltlich voneinander abhängig sind. Wenn etwa Autoren wie Sueton, Tacitus oder Cassius Dio über eine vermeintlich willkürliche Herrschaft eines Kaisers berichten, kann dies nicht voreilig als gegenseitiges Stützen der historischen Information aufgefasst werden. Vielmehr muss geprüft werden, ob die besagten Autoren ihre jeweiligen Werke gekannt und sie für ihr eigenes Werk als Quelle verwendet haben. Möglicherweise können auch alle uns heute vorliegenden Quellen von einem nicht mehr vorliegenden Text abgeschrieben sein. Besteht eine solche Quellenabhängigkeit und bieten die Autoren gleiche oder ähnliche Bewertungen, kann eine Überlieferungstradition vorliegen. Daher kann durch einen Vergleich der Textinhalte deren Aussage nicht zwingend verifiziert werden. Anders liegt der Fall, wenn Autoren über die gleichen Themen berichten, aber unterschiedliche Wertungen und Informationen liefern. Hier werden individuelle Wertungen oder gar unterschiedliche Quellenvorlagen ersichtlich und man kann diese dann nicht als eine Tradition abqualifizieren. Es zeigt sich hier, dass das kritische Bewerten der Quelleninhalte ein schwieriger und unter Selbstreflektion stetig zu wiederholender Arbeitsprozess ist.

Das Arbeiten mit Parallelquellen ist insbesondere dann vielversprechend, wenn man Zeugnisse unterschiedlicher Quellengattungen vergleicht. Werden die Aussagen eines antiken Autors etwa durch inschriftliche oder papyrologische Informationen bestätigt, liegt in aller Regel eine

Parallelüberlieferung vor. So können beispielsweise literarisch verbürgte Lebensdaten anhand von sogenannten *cursus-honorum*-Inschriften überprüft oder etwa literarisch referierte Gesetze eines ptolemäischen Königs mit auf Papyri erhaltenen Gesetzestexten abgeglichen werden.

1.4 Zeit der Alten Geschichte

Aus Sicht der Grundwissenschaften ist der Beginn der griechisch-römischen Antike mit dem Aufkommen griechischer Literatur ab etwa dem 8. Jahrhundert v. Chr. anzusetzen. Frühere Jahrhunderte können nicht gänzlich außer Acht gelassen werden, denn kulturelle, religiöse, politische, materielle, soziale etc. Gegebenheiten haben bis in die Zeit gewirkt, die uns durch die griechische Literatur erkennbar wird. Auch gab es früher bereits eine griechische Schriftsprache, das sogenannte Linear B. Diese Sprache wurde in der Mykenischen Zeit entwickelt, welche in der späten Bronzezeit als erste schriftnutzende Kultur Griechenlands aufkam (ca. 1500–1100 v. Chr.). Andere an die östliche Mittelmeerwelt angrenzende Hochkulturen, etwa Kulturvölker des Alten Orients oder Ägyptens, verfügten bereits früher über Schriften. Die Entzifferung und Auswertung der Texte und Schriftsysteme, die vor dem 8. Jahrhundert v. Chr. existierten, werden von speziellen Wissenschaften (Mykenologie, Altorientalistik, Ägyptologie) durchgeführt, die als ›Nachbarwissenschaften‹ der Grundwissenschaften der griechisch-römischen Antike anzusehen sind. Weniger statisch ist diese ›Grenze‹ in der Archäologie. Zwar gibt es auch Spezialausrichtungen wie die Vor- und Frühgeschichte, doch befasst sich auch die ›klassisch‹ orientierte Archäologie vielfach mit der mykenischen und der insbesondere auf Kreta konzentrierten minoischen Kultur, die Ausgangspunkte für die materielle und kulturelle Geschichte der griechischen Hochkultur sind. Aufgrund des Fokus auf die Grundwissenschaften muss das Aufkommen der klassischen griechischen Schriftsprache als wichtige ›Zäsur‹ betont werden.

Ein Endpunkt der griechisch-römischen Welt ist ebenfalls nicht einfach festzulegen. Oft wird das ›Ende‹ der Antike mit dem ›Ende‹ des römischen Staats gleichgesetzt, wobei dieser in Form des byzantinisch-oströmischen Reichs bis ins 15. Jahrhundert fortbestand. Auf der Suche nach Epochengrenzen können ferner wichtige politische und religiös-kulturelle Zäsuren betont werden, wie die Gründung Konstantinopels im Jahr 330 n. Chr., die dann als neue Hauptstadt des (ost-)römischen Reiches bis 1453 bestehen blieb; die sogenannte ›Völkerwanderung‹ und die Etablierung germanischer

1 Einführung in die Historischen Grundwissenschaften der Antike   23

Nachfolgestaaten in Westeuropa und Nordafrika, die die römische Staatlichkeit ersetzten und einen Ausgangspunkt für die mittelalterliche Geschichte bilden; die Absetzung des Romulus Augustulus im Jahr 476 n. Chr., die symbolisch als Ende des Kaisertums im Westen angesehen werden kann; der Aufstieg des Christentums zur dominierenden Religion ab dem 4. Jahrhundert n. Chr. und der damit einhergehende Rückgang der ›paganen‹ antiken Kulte; die Herrschaftszeit Justinians I. (527–565 n. Chr.), der nochmals weite Teil des römischen Westens zurückerobern konnte; die Herrschaftszeit des Herakleios (610–641 n. Chr.), in der der letzte römisch-sasanidische Krieg beendet wurde; die arabische Expansion ab den 630er Jahren, die ganz Nordafrika und Teile Spaniens im Westen sowie weite Gebiete der arabischen, orientalischen, aber auch der oströmischen Welt erfasste und zudem eine neue Weltreligion verbreitete; die sogenannte Themenreform, die im 7./8. Jahrhundert zu einem neuen administrativen System von Militärprovinzen im byzantinisch-oströmischen Staat führte; die Kaiserkrönung Karls des Großen im Jahr 800 n. Chr., wodurch im Westen wieder ein ›römisches‹ Kaisertum existierte; in dieser Zeit entstand im Westen auch die sogenannte karolingische Renaissance, welche für die Überlieferung antiker Literaturwerke in Westeuropa sehr wichtig war.

Diese Ereignisse und Zeitspannen, die exemplarisch aufgelistet wurden, sind einzeln nicht geeignet, um ein ›Ende‹ der antiken Geschichte definieren zu können. Das ›Ende‹ der Antike ist als dynamischer und multikausaler Transformationsprozess vom frühen 4. Jahrhundert bis ins 8. Jahrhundert aufzufassen.

Aus Sicht der Grundwissenschaften ist dabei zu betonen, dass es auch für die Übergangsphase zwischen Antike und Mittelalter verschiedene Spezialdisziplinen gibt, die als Nachbarwissenschaften angesprochen werden müssen. Die Byzantinistik behandelt die Geschichte und Kultur des byzantinisch-oströmischen Staates zwischen dem 4. und dem 15. Jahrhundert. Arabistik und Islamwissenschaft befassen sich mit der Geschichte und Kultur der arabischen Welt. Die Mediävistik ist für die Geschichte und Kultur des lateinischen Mittelalters in Westeuropa zuständig. Insbesondere für die Überlieferung antiker Texte sind diese drei ›Nachbarn‹ von großer Bedeutung und es gibt entsprechend viele methodische und inhaltliche Anknüpfungspunkte mit der Alten Geschichte und Klassischen Philologie. Erst in jüngerer Vergangenheit wird dabei die große Bedeutung der arabischen Gelehrten des Mittelalters für die Vermittlung antiker Kulturgüter, insbesondere philosophischer und wissenschaftlicher Schriften, angemessen berücksichtigt.

Jede Form der Epocheneinteilung ist künstlich und als Versuch zu begreifen, in der Rückschau historische ›Einheiten‹ herzustellen, um eine geschichtliche Orientierung zu vereinfachen. Dies gilt auch für die Unterteilung einer Epoche. Die Antike kann grob in die Griechische und in die Römische Geschichte aufgeteilt werden. Als wesentliche Epocheneinteilungen sind zu nennen: die Archaik (8. Jh. v. Chr. bis 510/490 v. Chr.), die Klassik (490 bis 323 v. Chr.) und der Hellenismus (323 bis 30 v. Chr.) bzw. die Römische Königszeit (ca. 753 bis ca. 510 v. Chr.), die Römische Republik (510 bis 27 v. Chr.), die Römische Kaiserzeit (27 v. bis 284 n. Chr.) und die Spätantike (ab 284 n. Chr.). Dabei liegen die drei griechischen Epochen zeitlich parallel mit der Römischen Königszeit und der republikanischen Zeit Roms.

Die Unterteilung der römischen Zeit ist durch politische Veränderungen gekennzeichnet: Zum einen die Vertreibung des letzten Königs Tarquinius Superbus und die Etablierung einer aristokratisch geprägten Mischverfassung, die sich erst in einem längeren Prozess entwickelt hat und die retrospektiv als Republik bezeichnet wird. Diese *res publica* wurde nach einem Jahrhundert voller Bürgerkriege (133 bis 30 v. Chr.) durch die Herrschaft eines Mannes kontrolliert, der ab 27 v. Chr. als Augustus in die Geschichte einging. Abgeleitet vom Namen Caesar wird diese Herrschaftsform, die bis zum Ende der Antike bestand, als Kaiserherrschaft bezeichnet. Die Spätantike ist gekennzeichnet durch besondere politische sowie kulturelle Konstellationen – wie eine Vierkaiserherrschaft (Tetrarchie) am Ende des 3. und zu Beginn des 4. Jahrhunderts; ein Mehrkaisertum, welches zu einer Aufteilung zwischen westlichem und östlichen Reichsteil führte (ab 395, s. Abb. 1.1); gelegentliches Kindkaisertum im 5. Jahrhundert; Völkerwanderung und Nachfolgestaaten; Christianisierung; Gründung einer neuen Hauptstadt etc. Aufgrund dieser hier nur beispielhaft genannten Besonderheiten wird die Spätantike als Epocheneinteilung von der Kaiserzeit getrennt.

Für die Unterteilung der griechischen Geschichte dienen ebenfalls kunsthistorische und politische Ereignisse. Die Klassik geht zurück auf die Weiterentwicklung rundplastischer Kunst, wobei ein deutlicher Entwicklungssprung in den Jahrzehnten zwischen 510 und 490 v. Chr. erkennbar wird. Hier ergibt sich eine ›Zäsur‹, die man grob mit politischen Entwicklungen synchronisiert. Zu nennen ist etwa die Vertreibung der Peisistratiden aus Athen (510 v. Chr.) oder der Ionische Aufstand (500/499–494 v. Chr.); damals begehrten Griechenstädte an der Westküste der heutigen Türkei gegen die persische Herrschaft auf. Eine Folge davon waren u. a. die dank Herodot von Halikarnassos berühmt gewordenen Perserkriege des 5. Jahrhunderts v. Chr., die als politisches Groß-

1 Einführung in die Historischen Grundwissenschaften der Antike

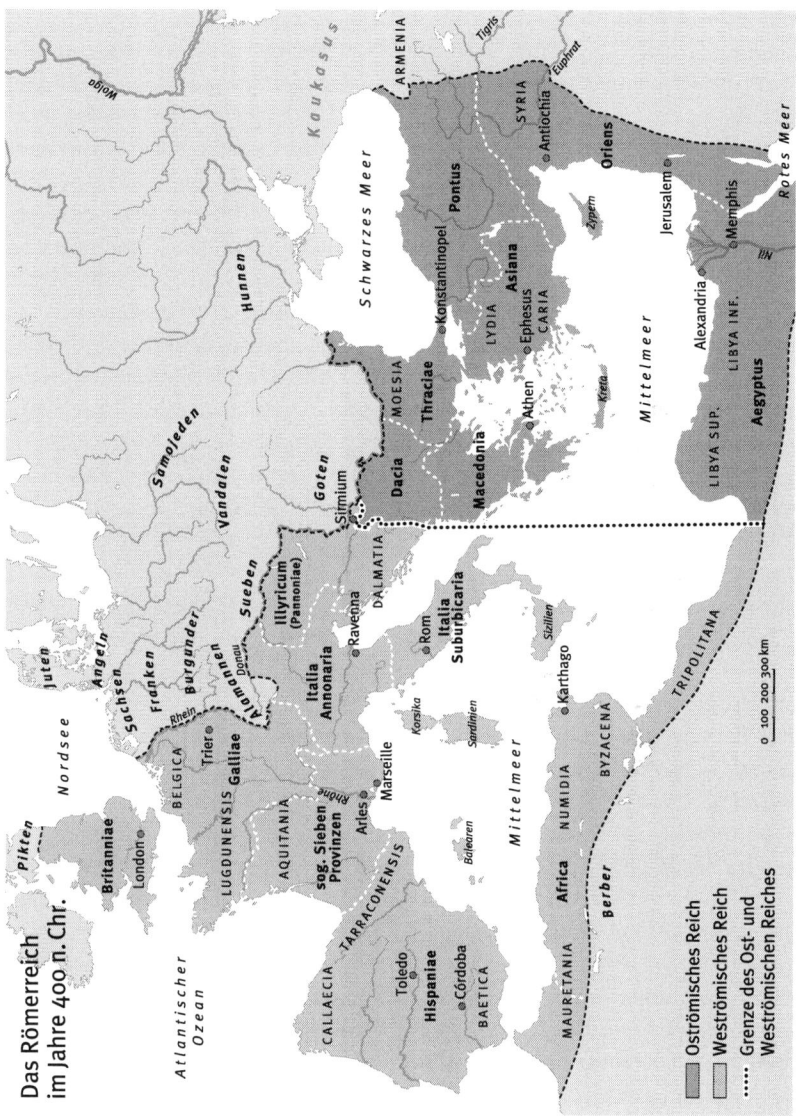

Abb. 1.1: West- und Oströmisches Reich in der Spätantike.

ereignis am Beginn der Klassik stehen. Der Übergang zum Hellenismus ist schließlich durch ein politisches Ereignis markiert: Makedonien stieg zur führenden Herrschaftsmacht Griechenlands auf. Insbesondere ist der nach dem Tod Philipps II. (336 v. Chr.) von seinem Sohn Alexander III. (der Große) unternommene Angriff auf das persische Großreich als epochemachend zu nennen. Der Alexanderzug sowie die sich nach dem Tod Alexanders (323 v. Chr.) etablierenden sogenannten Diadochenreiche sorgten für eine sehr weite Verbreitung der griechischen Sprache und Kultur im Osten der Mittelmeerwelt sowie im Orient. In der Zeit der Römischen Republik weitete sich die Macht der Tiberstadt immer weiter gen Osten aus und beherrschte schließlich die ganze Mittelmeerwelt. Als letztes Diadochenreich fiel das Reich der Ptolemäer in Ägypten unter römische Herrschaft: Mit Kleopatra VII. starb 30 v. Chr. die letzte ptolemäische Königin. Zugleich beendete Octavian, der bald darauf Augustus genannt wurde, die römischen Bürgerkriege und sicherte sich als Alleinherrscher die Kontrolle über den römischen Staat. Das Ende der hellenistischen und der römischrepublikanischen Epoche fallen hier zusammen und gehen in der Kaiserzeit auf.

1.5 Raum der Alten Geschichte

Geographisch umfasst die griechisch-römische Antike in etwa den Raum von der afrikanischen Atlantikküste im Westen bis zum Hindukusch im Osten sowie von den schottischen Highlands im Norden bis zur Sahara im Süden bzw. von der russischen Steppe bis zum Horn von Afrika. Diese vage Beschreibung resultiert aus einer groben künstlichen Zusammenfügung der beiden politisch-kulturellen Gebiete, die das sogenannte Alexanderreich (s. Abb. 1.2) und das Römische Reich (s. Abb. 1.3) ausgemacht haben. Dabei ist die hier umrissene geographische Ausbreitung ein vereinfachtes Konstrukt, das lediglich eine Orientierung über den Gesamtraum der griechisch-römischen Antike vermittelt. Die geographische Ausdehnung war in verschiedenen Jahrhunderten unterschiedlich, während der Mittelmeerraum stets das Zentrum der griechisch-römischen Kultur bildete.

In diesem skizzierten Großraum waren – vereinfacht gesagt – die griechische und die lateinische Sprache und Kultur verbreitet. Allerdings erfolgte keinesfalls eine gleichmäßige Vereinheitlichung von Kultur, Sprache, Religion etc. Ferner gab es Gebiete außerhalb dieses Raumes, die ebenfalls durch die griechisch-römische Kultur beeinflusst waren und die in einem intensiven Austausch mit der Mittelmeerwelt standen: z. B. die

1 Einführung in die Historischen Grundwissenschaften der Antike

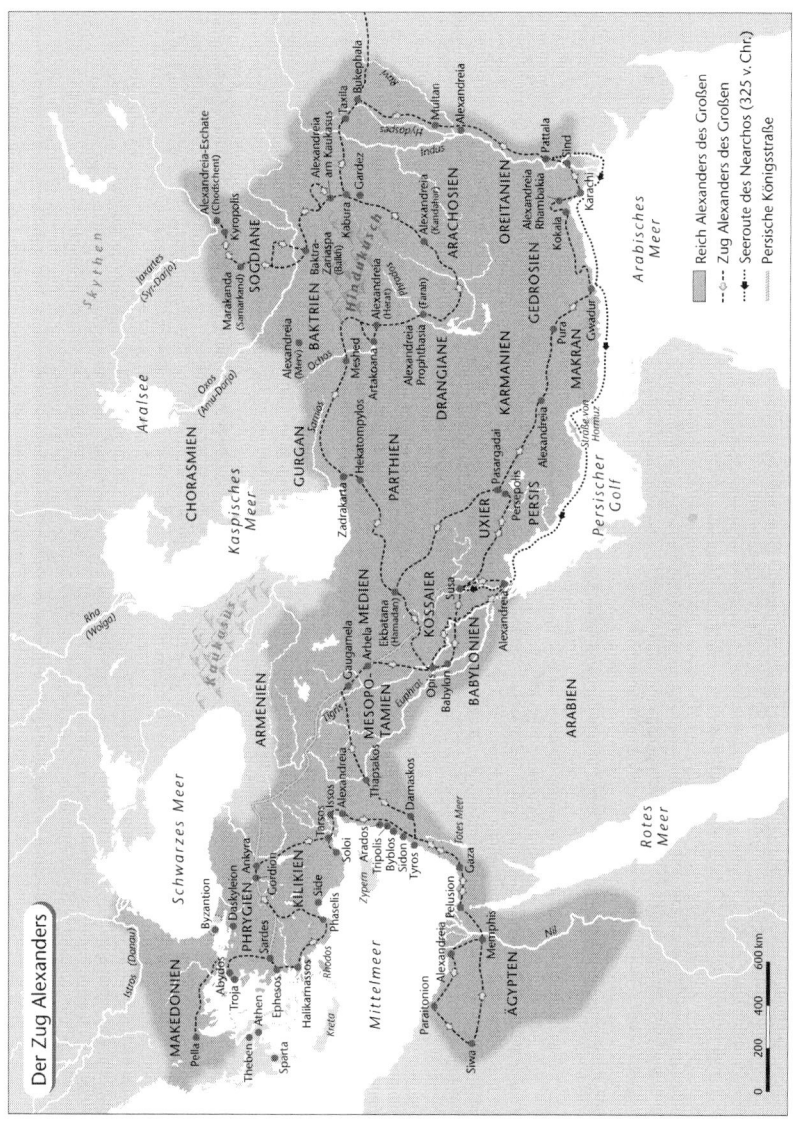

Abb. 1.2: Der Zug Alexanders III.; die größte Ausdehnung der hellenistischen Machtausübung.

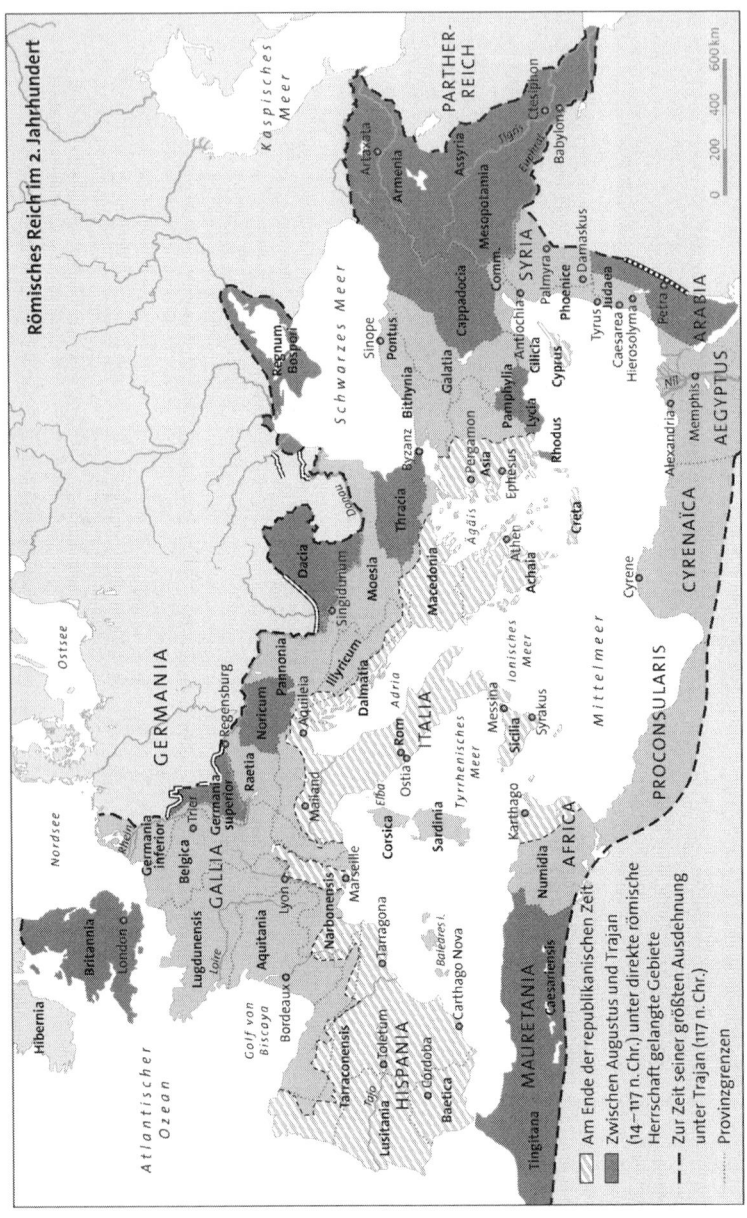

Abb. 1.3: Römisches Reich in seiner größten Ausdehnung (2. Jh.).

Verbindungen zu keltischen oder germanischen Völkern in Nord- und Osteuropa, die vielfältigen Kontakte in den eurasischen Steppenraum, der Indienhandel über das Rote Meer und den Indischen Ozean oder der rege Austausch über die sogenannte(n) Seidenstraße(n).

Verlässt man die Makroperspektive, so stellt man schnell fest, dass innerhalb dieses Raumes diverse unterschiedliche kulturelle und ethnische Gruppen existierten. Dies verdeutlicht sich nicht nur in politischen Konstellationen sowie religiösen Besonderheiten, sondern auch in verschiedenen gleichzeitig lebendigen Sprachen. Die diversen Kulturgruppen blieben über Jahrhunderte lebendig und haben teilweise, wie etwa die koptische, keltische und germanische Sprache, die antike Zeit überlebt. Gelegentlich spricht man aus einer griechisch-römischen Perspektive von ›Randvölkern‹, wobei dieser Begriff eine geographische Randlage suggeriert, die nicht immer gegeben war. In der römischen Kaiserzeit waren z. B. mit dem Etruskischen und Oskischen in Italien oder mit dem Karischen im Südwesten der heutigen Türkei noch indigene Sprachen und damit einhergehend auch kulturelle Traditionen lebendig, die man keinesfalls als peripher bezeichnen kann. Die Bezeichnung trifft auch nicht auf den keltischen Kulturkreis zu, der an der südfranzösischen Küste, in Norditalien und in Galatien schon in hellenistischer bzw. republikanischer Zeit intensiv und direkt mit der griechisch-römischen Welt verbunden war.

Diese sprachliche und kulturelle Vielfalt innerhalb der ›Welt‹ der griechisch-römischen Antike hat dazu geführt, dass sich verschiedene Spezialdisziplinen entwickelten, die als weitere Nachbarwissenschaften anzusehen sind. So befassen sich etwa die Altorientalistik, Ägyptologie, Keltologie und Etruskologie mit der Geschichte, Sprache und Kultur der jeweiligen Ethnien bzw. der entsprechenden Regionen und Kulturen. Diese Disziplinen sind ein wichtiger Kooperationspartner für die ›klassischen‹ Grundwissenschaften. Es ergeben sich vielfache inhaltliche, geographische und methodische Überschneidungen. Für die Erforschung der Perserkriege des 5. Jahrhunderts v. Chr. oder des Alexanderzuges im 4. Jahrhundert v. Chr. ist neben den griechischen Quellenzeugnissen beispielsweise auch die altorientalische Überlieferung ausgesprochen bedeutsam. Das Gleiche gilt für die Geschichte des griechisch-römischen Ägyptens: Während der langen Zeitspanne vom 3. Jahrhundert v. Chr. bis zur arabischen Eroberung des Nillands in der ausgehenden Antike war die altägyptische Kultur und Sprache stets präsent und so liegen natürlich auch viele Quellen in ägyptischer Sprache vor. Aufgrund solcher Befundlagen dürfen die angeführten Nachbardisziplinen nicht strikt von der klassischen Fokussierung der althistorischen

Grundwissenschaften auf die griechisch-römische Antike getrennt werden. Dennoch hat die ›Dominanz‹ der griechischen und der lateinischen Sprache dazu geführt, dass sich die Alte Geschichte hauptsächlich auf diese beiden Überlieferungsbereiche konzentriert. Die Sprachgrenzen haben also zu Fachgrenzen geführt, die mitunter eine Trennung suggerieren, die chronologisch, geographisch, kulturell, religiös, politisch, sozial etc. gar nicht gegeben ist.

Dabei tangieren die eben angesprochenen Nachbardisziplinen die in diesem Band behandelten Grundwissenschaften unterschiedlich stark. Zwischen der Papyrologie und der Ägyptologie gibt es sehr enge Verbindungen. Nicht selten liegen z. b. bilinguale Texte vor, oder man hat es mit Personen zu tun, die sowohl in griechischen wie auch in ägyptischen Urkunden bezeugt sind; letztlich basiert die kulturell-religiöse Lebenswelt des griechisch-römischen Ägyptens natürlich direkt auf der altägyptisch-pharaonischen Zeit und kann deshalb nicht isoliert betrachtet werden; insbesondere bei sozial-, kultur- und religionsgeschichtlichen Fragestellungen sowie z. b. bei Personen-, Götter- oder Ortsnamen sind ägyptologische Inhalte für die Papyrologie sehr wichtig (s. Kap. 4). Für bestimmte Themen der Klassischen Archäologie kann beispielsweise eine Spezialdisziplin wie die Etruskologie ein zentraler Bezugspunkt sein. Inhalte der Keltologie können für die Epigraphik – z. b. im Bereich der Onomastik oder bei Weihinschriften für indigene Gottheiten – sowie für die Provinzialrömische Archäologie oder für die Numismatik grundlegend sein. Lokale Datierungs- und Zeitbestimmungssysteme waren langlebig und die Grundwissenschaft der Chronologie kann sich deshalb nicht nur auf typisch griechische oder typisch römische Techniken der Zeitbestimmung konzentrieren, sondern muss auch andere, z. b. babylonische oder koptische Datierungspraktiken (s. Kap. 7), im Blick haben.

1.6 Literatur

1.6.1 Einführungen und Überblickswerke

Barchiesi, Alessandro/Scheidel, Walter (Hrsg.): The Oxford Handbook of Roman Studies, Oxford 2010.
Bartels, Jens/Blum, Hartmut/Fündling, Jörg: Die Antike. Grundzüge der griechischen und römischen Geschichte, Konstanz 2015.

Beard, Mary/Henderson, John: Kleine Einführung in die Altertumswissenschaft, Stuttgart 2015.
Blois, Lukas/Spek, Robartus J. van der: Einführung in die alte Welt, Stuttgart 1994.
Blum, Hartmut/Wolters, Reinhard: Alte Geschichte studieren, 3. Aufl., München 2021.
Boshof, Egon/Düwell, Kurt/Kloft, Hans: Grundlagen des Studiums der Geschichte. Eine Einführung, 5. Aufl., Köln 1997.
Brandt, Ahasver von: Werkzeug des Historikers. Eine Einführung in die Historischen Hilfswissenschaften, 18. Aufl., Stuttgart 2012.
Christ, Karl: Die Römer. Eine Einführung in ihre Geschichte und Zivilisation, 3. Aufl., München 1994.
Gehrke, Hans-Joachim/Schneider, Helmuth (Hrsg.): Geschichte der Antike. Studienbuch, 4. Aufl., Stuttgart 2013.
Günther, Linda-Marie: Griechische Antike, 2. Aufl., Tübingen 2011.
Günther, Rosemarie: Einführung in das Studium der Alten Geschichte, 3. Aufl., Paderborn 2009.
Huttner, Ulrich: Römische Antike, Tübingen 2008.
Kirn, Paul: Einführung in die Geschichtswissenschaft, hrsg. von Joachim Leuschner, 6. Aufl., Berlin 1972.
Kuhle, Antje/Lindner, Martin: Alte Geschichte. Quellen – Methoden – Studium, mit zwei Kapiteln von Dorit Engster, Göttingen 2020.
Leppin, Hartmut: Einführung in die Alte Geschichte, München 2005.
Mann, Christian: Antike. Einführung in die Altertumswissenschaft, Berlin 2008.
Meister, Klaus: Einführung in die Interpretation historischer Quellen, Bd. 1: Griechenland, Bd. 2: Rom, Paderborn 1997/1999.
Möller, Astrid: Quellen der Antike, Paderborn 2020.
Schuller, Wolfgang: Einführung in die Geschichte des Altertums, Stuttgart 1994.
Sehlmeyer, Markus: Die Antike, 2. Aufl., Paderborn 2014.
Vollmer, Dankward: Alte Geschichte in Studium und Unterricht. Eine Einführung mit kommentiertem Literaturverzeichnis, Stuttgart 1994.
Wirbelauer, Eckhard (Hrsg.): Antike, 2. Aufl., München 2007.

1.6.2 Digitale Hilfsmittel

eManual Alte Geschichte – https://emanualaltegeschichte.blogs.uni-hamburg.de [22.7.2022].
Sehr gute Lernplattform des Fachs Alte Geschichte an der Universität Hamburg. Siehe dazu Riess, Werner/Seehusen, Jan: Das eManual Alte Geschichte. Strategien des selbständigen Wissenserwerbs in digitalen Lernszenarien, in: Matijević, Krešimir (Hrsg.): Funktion und Aufgabe digitaler Medien in Geschichtswissenschaft und Geschichtsunterricht, Gutenberg 2020, 117-127.

I. Grundwissenschaften

2 Literarische Quellen

Lennart Gilhaus

2.1 Einleitung

Die literarischen Quellen bilden nach wie vor die zentrale Grundlage für die Auseinandersetzung mit der Antike. Zwar eröffnen Inschriften, Papyri, Münzen und andere archäologische Funde Perspektiven auf gesellschaftliche Teilbereiche, die durch die antike Literatur nur unzureichend zu fassen sind, doch nur die antiken Texte und insbesondere die historiographischen Werke bieten ein erzählerisches Grundgerüst, ohne das andere Zeugnisse kaum zu kontextualisieren und zu deuten wären.

Zur antiken Literatur im engeren Sinne gehören alle zusammenhängenden schriftlichen Werke, die für ein größeres Publikum veröffentlicht wurden und über einen konkreten Anlass hinaus Wirkung entfalten wollten. Weil für die meisten Bereiche der Alten Geschichte dokumentarische Primärquellen wie Urkunden und Archivalien weitgehend fehlen (s. Kap. 3 und 4), kommt den literarischen Quellen eine überragende Bedeutung zu. Weil nahezu all diese Texte gewissen ästhetischen Ansprüchen genügen wollten, nach gattungsspezifischen Regeln gestaltet wurden und vor allem bereits Deutungen ihrer Umwelt bieten, müssen die enthaltenen Erzählungen zunächst mit einer quellenkritischen Methodik dekonstruiert werden, um mit ihnen arbeiten zu können. Die begrenzte Anzahl erhaltener Quellen aus der Antike macht zudem einen ganzheitlichen Zugriff auf das zur Verfügung stehende Material nötig. Ein Althistoriker muss sich daher mit einer Vielfalt an literarischen Zeugnissen – von der Geschichtsschreibung über philosophische Werke bis hin zu Epen und Gedichten – auseinandersetzen und daneben auch noch die materiellen Überreste gleichberechtigt miteinbeziehen. Diese besonderen Herausforderungen machen aber auch den Reiz der Alten Geschichte aus.

Der Großteil der antiken Literatur ist unwiederbringlich verloren. Kein einziges antikes Werk ist als Autograph, d. h. als eine vom Autor selbst abgefasste Niederschrift, erhalten. Und nur in seltenen Einzelfällen – und dann meist in einem äußerst fragmentarischen Zustand – sind literarische Texte auf antiken Papyrusrollen erhalten (s. Kap. 4). Überliefert ist die antike Literatur in erster Linie durch mittelalterliche Handschriften, die zwischen dem 9. und 16. Jahrhundert n. Chr. entstanden sind. Jedes dieser Zeugnisse ist ein Unikat und enthält eigene Abschreibfehler und bewusste Änderungen. Daher ist es unmöglich, eine ursprüngliche bzw. authentische Autorenfassung zu rekonstruieren.

2.2 Forschungsgeschichte und -perspektiven

Auch antike Autoren waren sich des Problems bewusst, dass verschiedene Lesarten von Texten existieren. Schon im 5. und 4. Jahrhundert v. Chr. begann man, sich kritisch mit den überlieferten Texten auseinanderzusetzen. Die Philologie bekam aber einen gewaltigen Aufschwung in hellenistischer Zeit, als in Alexandria und anderen Metropolen große Bibliotheken aufgebaut wurden und Gelehrte aus der ganzen griechischen Welt in diesen Beschäftigung fanden. Dabei wurden auch grundlegende Prinzipien für den Umgang mit Texten geschaffen und Editionen von ›Klassikern‹ herausgegeben, die in der Folgezeit maßgeblich wurden. Während Papyrusfunde der homerischen Texte vor dem 2. Jahrhundert v. Chr. noch ganz erhebliche Textschwankungen erkennen lassen, setzte sich dann die Homerausgabe des alexandrinischen Philologen Aristarchos von Samothrake als maßgeblich durch, die zu einem der Ausgangspunkte für die mittelalterliche Überlieferung wurde.

Heute erhalten sind nur all jene Texte, die für wertvoll genug erachtet worden sind, immer und immer wieder abgeschrieben zu werden. Erst der Buchdruck machte das mühsame und kostspielige Kopieren von Hand obsolet und garantierte eine dauerhaftere Sicherung und Vervielfältigung von geschriebenen Texten. Schon in der Antike gingen daher nicht wenige Werke verloren. Mit den größten Verlusten an Texten ist allerdings für die Jahrhunderte der Spätantike und des Frühmittelalters zu rechnen. Die Gründe für diesen umfangreichen Bücherverlust sind ebenso vielseitig wie umstritten; er ist aber wohl weniger auf bewusste Zerstörungen zurückzuführen als auf die umfassenden kulturellen und sozialen Entwicklungen, die mit der Christianisierung und dem Untergang des (West-)Römischen Reiches einhergingen und auch zum Niedergang des antiken Bibliotheken- und Bücherwesens führten. Folgenreich war auch die allmähliche Ersetzung von Papyrusrollen durch Pergamentcodices als bevorzugtes Trägermedium für literarische Texte im Laufe des 4. Jahrhunderts n. Chr. Codices konnten eine größere Menge an Texten enthalten und waren widerstandsfähiger, aber auch teurer und wesentlich aufwendiger in der Herstellung. Insgesamt geht auch deshalb die Buchproduktion seit dem 4. Jahrhundert sehr deutlich zurück. Dies alles trug erheblich zu einem freilich nicht gesteuerten Prozess der Selektierung und Kanonisierung von Texten bei.

Während der Bruch zwischen antiker und mittelalterlicher Gelehrsamkeit im griechischsprachigen Osten weniger deutlich ausfällt, lässt sich ein verstärktes Interesse an den lateinischen Texten im Westen erst wieder in karolingischer Zeit feststellen, als auf Betreiben der fränkischen Herrscher die Hofbibliothek und die Klöster damit anfingen, die erhaltenen lateinischen Werke zu sammeln und zu kopieren. Für die meisten antiken griechischen und lateinischen Texte lässt sich die Überlieferung daher nur bis in die Zeit des 9. Jahrhunderts n. Chr. zurückverfolgen.

Während sich die mittelalterlichen Schreiber insbesondere im lateinischen Westen vor allem darauf beschränkten, die ihnen verfügbaren Schriften zu kopieren, setzten sich die Humanisten der Frühen Neuzeit wieder verstärkt mit den Überlieferungsproblemen auseinander und versuchten, Handschriften miteinander zu vergleichen, sie gegebenenfalls zu bearbeiten und dann auch die Texte als Drucke einer gebildeten Öffentlichkeit verfügbar zu machen. Von einer wissenschaftlichen Textkritik und Editionspraxis kann man jedoch erst ab dem 19. Jahrhundert sprechen, als klassische Philologen wie Karl Lachmann (1793–1851) ein methodisches Instrumentarium für historisch-kritische Editionen erarbeiteten, das noch bis heute maßgeblich ist und ständig verfeinert wurde.

Der Bestand der erhaltenen antiken Literatur ist weitgehend abgeschlossen. Gelegentlich bereichern Papyrusfunde die Überlieferungsgeschichte erhaltener Texte oder liefern beschränkte Einblicke in verlorene Werke. Die mittelalterlichen Codices bilden hingegen eine weitgehend klar umgrenzte Gruppe. Nichtsdestoweniger hat man in den 1970er Jahren 29 Briefe des spätantiken Kirchenvaters Augustinus von Hippo (354–430 n. Chr.) in zwei Codices entdeckt, später folgten einige Predigten, und in einem Kloster in Thessaloniki stieß man 2005 auf eine bislang nur dem Namen nach bekannte Schrift des römischen Arztes Galen (2. Jh. n. Chr.). Solche spektakulären Neuentdeckungen sind allerdings extrem selten. Aufgrund ihres begrenzten Umfangs und ihrer intensiven Erforschung ist nahezu die gesamte erhaltene antike Literatur durch kritische Editionen erschlossen und die meisten Werke antiker Autoren liegen auch in Übersetzung vor. Nicht selten sind aber Editionen und Übersetzungen veraltet und bedürfen einer Überarbeitung. Selbst für zentrale Autoren wie die attischen Redner Aischines (ca. 390–314 v. Chr.) oder Demosthenes (384–322 v. Chr.) muss man für einzelne Reden bis weit ins 19. Jahrhundert zurückgehen, um eine deutschsprachige Übersetzung zu finden.

Die heutigen technischen Möglichkeiten im digitalen Bereich bieten Anwendungsmöglichkeiten, die weit über das hinausgehen, was herkömmliche kritische Ausgaben leisten können. Zum einen liegen zahlreiche herkömmliche Editionen und Übersetzungen mittlerweile in elektronischer Form vor und sind so nicht nur leichter zu konsultieren, sondern können auch gezielter durchsucht werden. Echte digitale Editionen antiker literarischer Texte gibt es bisher nur ganz vereinzelt. Die gewaltigen Speicher- und Darstellungsmöglichkeiten der digitalen Techniken machen es möglich, gleichzeitig verschiedene Ebenen des Textes vom Faksimile einzelner Manuskripte bis hin zur kritischen Edition zu erfassen und so auch von den Herausgebern getroffene Entscheidungen transparenter und nachvollziehbarer zu machen. Durch die digitale Technik ergeben sich zudem vollkommen neue Möglichkeiten für alte Großprojekte wie den *Thesaurus Linguae Graecae* und den *Thesaurus Linguae Latinae*, die sich das Ziel gesetzt haben, den gesamten Wortschatz der antiken Literatur aufzunehmen und auswertbar zu machen. Großes Potenzial haben möglicherweise auch Text-Mining-Verfahren, bei denen größere Textkonvolute algorithmenbasiert ausgewertet werden. Diese Verfahren wurden aber erst in geringem Umfang getestet. Der beachtliche, aber doch klar umrissene Umfang der antiken Quellen könnte sich hierbei als Vorteil erweisen.

2.3 Vom Codex zur historisch-kritischen Edition

Die wichtigsten Träger der antiken Überlieferung sind mittelalterliche Codices. Jede Abschrift eines antiken Texts enthält individuelle Fehler und Veränderungen. Das Spektrum reicht von einfachen Verschreibungen, Verwechslungen und Auslassungen bis hin zu größeren Bearbeitungen und Einschüben. Aufgabe der Editionsphilologie ist es, aus allen erhaltenen Textzeugnissen die Überlieferungsgeschichte des Textes zu rekonstruieren, um einen möglichst von Fehlern bereinigten Text zu erstellen und so die Voraussetzungen für eine weitere Auseinandersetzung mit dem Text als

Quelle zu schaffen. Das textkritische Vorgehen erfolgt dabei in mehreren methodischen Schritten:

1. Heuristik

Zunächst müssen für einen zu edierenden Text alle Überlieferungszeugen gesammelt und gesichtet werden. In der Regel ist dies eine mehr oder weniger große Anzahl an mittelalterlichen Handschriften, dazu kommen noch kleinere oder größere Papyrusfragmente und in einigen Fällen sind auch noch frühe Drucke (sog. *Inkunabeln*) zu berücksichtigen. Ebenfalls von Bedeutung kann die indirekte Überlieferung in Form von Zitaten und Erwähnungen (sog. *Testimonien*) in anderen antiken Texten sein, mithilfe derer nicht selten textkritische Probleme geklärt werden können. Eine kleinere Anzahl medizinischer, fachlicher, philosophischer und christlicher Schriften liegt zudem auch oder ausschließlich in Form von spätantiken und mittelalterlichen Übersetzungen vor.

Die Überlieferungslage gestaltet sich je nach Text höchst unterschiedlich und ist daher jeweils individuell zu betrachten. Während etwa die *Ilias* in mehr als 200 Codices erhalten ist und zudem auch zahlreiche Papyrusfragmente des homerischen Epos existieren, sind etwa die ersten sechs Bücher der *Annalen* des Tacitus (ca. 58–120 n. Chr.) nur aus einer einzigen Handschrift bekannt. Die Schrift *De re publica* (»Über den Staat«) von Cicero (106–43 v. Chr.) ist sogar nur unvollständig in Form eines *Palimpsests* erhalten: Das heißt, das Werk wurde aus dem Codex eradiert und ein anderer Text darübergeschrieben – angesichts der hohen Kosten eines Pergamentcodex ein durchaus übliches Verfahren. Die im Umkreis des Aristoteles (384–322 v. Chr.) entstandene *Athenaion Politeia* (Ἀθηναίων πολιτεία, ›Der Staat der Athener‹), die nicht nur einen historischen Überblick zur staatlichen Entwicklung Athens bietet, sondern auch die politischen Institutionen des 4. Jahrhunderts v. Chr. beschreibt, ist durch einen außergewöhnlich gut erhaltenen Papyrus überliefert (s. Kap. 4).

2. Recensio

Nachdem alle relevanten Überlieferungsträger gesammelt wurden, müssen diese geordnet, verglichen und hinsichtlich ihrer Stellung in der Überlieferungsgeschichte analysiert werden. Anhand von sogenannten Bindefehlern, die sich in verschiedenen Manuskripten wiederfinden, und Trennfehlern, die klare Unterschiede markieren, werden die einzelnen Handschriften in Gruppen zusammengefasst. Diese Abhängigkeiten werden in einem *Stemma* zusammengetragen, mit dem die Überlieferungsgeschichte bildlich dargestellt wird. Dadurch können all jene Handschriften ausgesondert werden, die nur Abschriften älterer erhaltener Manuskripte sind. Vor allem wird aber ein sogenannter *Archetypus* als ältestes erschließbares Überlieferungsstadium erarbeitet. Lassen sich mehrere Handschriften zu Familien zusammenschließen, die zu gesonderten Überlieferungssträngen ohne unmittelbare Überschneidungen gehören, spricht man von einer gespaltenen Überlieferung mit mehreren *Hyparchetypi*. Eine solche Überlieferungslage besteht etwa bei Caesars *De bello Gallico* (»Über den Gallischen Krieg«) vor. Der Text ist in einer großen Zahl mittelalterlicher Handschriften überliefert. Auch wenn die Überlieferungsgeschichte des Gallischen Krieges nicht in Gänze erforscht ist, lassen sich alle Handschriften aufgrund bestimmter Gemeinsamkeiten zwei Hauptsträngen zuordnen. Die ältesten und damit auch wichtigsten Überlieferungsträger sind die mit Großbuchstaben gekennzeichneten Handschriften A, B, T und U, dazu kommt die Handschrift E, die nur Auszüge aus dem Werk enthält und in enger Verbindung zu B steht, aber nach Ansicht der Herausgeber häufig die besseren Lesarten bietet. Die jeweilige erschließbare Vorlage der beiden Überlieferungsstränge (der *Hyparchetypus*) wird mit einem griechischen Buchstaben bezeichnet: A, B und (E) gehen direkt oder mittelbar auf α, dagegen T und U auf β zurück. Der *Archetypus* (ω) ist also nur über Umwege erschließbar. Im abgebildeten Stemma (s. Abb. 2.1) gibt der Herausgeber zudem noch abhängige Handschriften an, die aber für Einzelstellen von Bedeutung sind (Q, M, S, V).

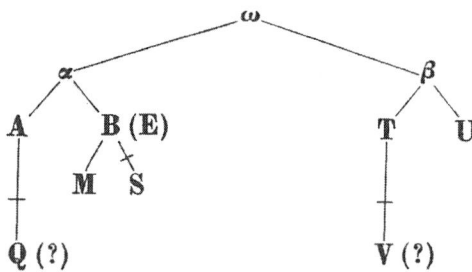

Abb. 2.1: Stemma der wichtigsten Überlieferungsträger zu Caesars *De bello Gallico* nach Wolfgang Hering.

3. Examinatio und Emendatio

Auf dieser Grundlage muss nun ein Text erstellt werden, der dem vermuteten ursprünglichen Wortlaut so nahe wie möglich kommt. Die Grundlage bietet der erschlossene Archetypus. Der rekonstruierte Überlieferungsbefund wird in der *Examinatio* (»Überprüfung«) dahingehend durchleuchtet, inwiefern er hinsichtlich Sprache, Stil, formaler Kriterien und der inhaltlichen Schlüssigkeit dem Original entsprechen kann. Kein einziger Text hat die Zeiten ohne Veränderungen und Fehler überdauert, daher sind vielfach mehrere Versionen des Wortlauts überliefert, von denen mehr als eine korrekt erscheinen kann. Hier muss der Herausgeber eine Entscheidung treffen, welche der Version am ehesten den ursprünglichen Sinn und Wortlaut trifft. Dabei gilt das Prinzip, dass der schwierigeren Lesung (*lectio difficilior*) Vorrang zu geben ist, weil angenommen wird, dass durch das mehrfache Abschreiben ein Text eher vereinfacht als komplexer wiedergegeben wird.

Daneben gibt es auch Fehler und Veränderungen, die in den besten und ältesten Handschriften auftauchen, bei denen der Editor in der *Emendatio* (»Verbesserung«) Eingriffe in die Überlieferung vornehmen muss. Dafür stellt er eine Vermutung (*Konjektur*) an, wie der ursprüngliche Wortlaut am wahrscheinlichsten gelautet haben könnte. Solche Veränderung des Wortlauts der Überlieferung sollten immer nur das letzte Mittel darstellen, da sie in den verbürgten Text der Manuskripte eingreifen. Zahlreiche Fehler sind leicht zu identifizieren und zu beheben: Kopieren war Handarbeit und Abschreib- und Flüchtigkeitsfehler entstanden entsprechend häufig. Daneben konnten Kopisten aber auch eine ganze Reihe an bewussten Veränderungen vornehmen. Nicht zuletzt wurde es erst im Mittelalter üblich, Texte mit Interpunktion zu versehen und im Griechischen Akzente und Spiritus zu setzen. Daneben veränderten Kopisten auch den Wortlaut, weil sie das Geschriebene nicht mehr verstanden, für falsch hielten oder dem damaligen Sprachgebrauch anpassen wollten, wodurch natürlich Bedeutungsveränderungen entstehen konnten. Es konnten auch Abschnitte aus den verschiedensten Gründen gestrichen, aber auch hinzugefügt werden. So werden etwa die geographischen Exkurse und insbesondere die Beschreibungen von Tieren im Herkynischen Wald in Caesars *Gallischem Krieg* von den meisten, aber nicht allen Forschern als solche Ergänzungen (*Interpolationen*) angesehen, auch wenn diese in beiden Überlieferungssträngen auftauchen (Caes. Gall. 6,25–28). Spätere Zusätze werden entweder getilgt oder mit eckigen Klammern als solche markiert (*Athetese*; von griech.

ἀθέτησις, ›Aufhebung‹). Textstellen, die nach Überzeugung des Herausgebers fehlerhaft sind, für die aber keine überzeugende Konjektur gefunden werden konnte, werden üblicherweise mit Kreuzen markiert († ... †).

2.4 Die historisch-kritische Edition

Auf Grundlage dieser Arbeitsschritte wird eine historisch-kritische Edition erstellt. Die Edition ist deshalb historisch, weil alle Überlieferungsträger hinsichtlich ihrer Stellung in der Überlieferungsgeschichte untersucht und ausgewertet werden. Die Texte werden zudem nicht einfach nur abgedruckt, sondern kritisch analysiert und editorische Entscheidungen in einem kritischen Apparat transparent und nachvollziehbar gemacht.

Historisch-kritische Ausgaben können unterschiedlich gestaltet sein, folgen aber in der Regel einer bestimmten Grundform. Zunächst legt der Herausgeber in der *Praefatio* (Vorwort/Vorrede) – die insbesondere in den traditionellen Reihen der *Bibliotheca Teubneriana* und der *Oxford Classical Texts* auch heute noch auf Latein verfasst wird – alle wesentlichen Informationen zu der in der *Recensio* rekonstruierten Überlieferungsgeschichte und zur Nutzung der Edition dar. Sofern möglich, wird auch ein Stemma erstellt.

Der Text des Werks‹ erscheint in der Form, die der Herausgeber in der *Examinatio* und *Emendatio* als dem ursprünglichen Wortlaut am nächsten kommend erschlossen hat. Die Interpunktion folgt meist den Regeln der jeweiligen Muttersprache des Editors. An den Rändern des Texts wird eine standardisierte Gliederung des Werks in Kapitel, Paragraphen bzw. Verse, in seltenen Fällen auch entsprechend der Seitenzahl einer alten Edition angegeben. Daneben steht noch eine Zeilenzählung für die jeweilige Seite, auf die im kritischen Apparat Bezug genommen wird.

Im kritischen Apparat werden die abweichenden Varianten zum dargebotenen Wortlaut verzeichnet und sichtbar gemacht, wo der Editor in den überlieferten Wortlaut eingegriffen hat. Die Ausführlichkeit eines kritischen Apparats kann dabei sehr unterschiedlich ausfallen. Unterschieden wird zwischen einem positiven Apparat, der zunächst den im Text aufgegriffenen Wortlaut nennt und dann nach einer Klammer die Varianten in anderen Handschriften mit ihren jeweiligen Kürzeln auflistet. Häufiger ist die Form des negativen Apparats, der nur die Varianten zum im Haupttext angenommenen Wortlaut angibt. Auch die verwendeten Kürzel und Erklärungen im kritischen Apparat sind in aller Regel auf Latein verfasst.

Als Beispiel sei hier eine Seite aus der kritischen Edition von Caesars *De bello Gallico* von Wolfgang Hering gezeigt (s. Abb. 2.2): Durch den kritischen Apparat wird schnell deutlich, dass in den Handschriften vielfach fehlerhafte Schreibungen und Vereinfachungen von Völkernamen und geographischen Bezeichnungen enthalten sind, die den Kopisten nicht mehr geläufig waren oder im Mittelalter anders geschrieben wurden. In Z. 12 bieten beispielsweise alle Handschriften und daher auch der angenommene Archteypus (ω) das unverständliche *sebusianos*, was bereits Carl Nipperdey als Editor des 19. Jahrhunderts dazu veranlasste, eine Konjektur vorzunehmen und den auch ansonsten bekannten Stammesnamen *Segusiavos* zu schreiben (*corr. Nipp.*). Hingegen hatte bereits der Renaissancegelehrte Ciacconius den Namen der Haeduer in Z. 20 als zwar in allen Manuskripten vorkommende, aber zu verwerfende Ergänzung betrachtet (*del. Ciacc.*), da die Ambarrer als Verwandte und Verbündete der Haeduer, aber nicht als diesen zugehörig charakterisiert werden (Z. 20: *necessari et consanguinei Haeduorum*) und auch sonst die Haeduer von den Ambarrern unterschieden werden. *Haedui* ist als Tilgung gegenüber der Überlieferung in eckigen Klammern geschrieben, entsprechend sind Ergänzungen wie *oppidum* in Z. 10 mit spitzen Klammern kenntlich gemacht. Varianten der Textüberlieferung betreffen etwa Umstellungen und grammatikalische Änderungen (Z. 35: *silvas proximas* in T bzw. *proximis silvis* in U) oder Ergänzungen (Z. 36: *partes vel pagos* in T statt nur *pagos* in den anderen Manuskripten).

Die als Lachmann'sche Methode bekannte, hier vorgestellte Rekonstruktionseditorik wurde im 19. Jahrhundert entwickelt und immer weiter verfeinert. Sie kennt aber auch Grenzen und funktioniert ohne Abstriche nur bei ›geschlossenen‹ Überlieferungen. So muss man wesentlich häufiger als von der älteren Forschung gedacht von einer ›kontaminierten‹ Überlieferungslage ausgehen, bei der Abschriften auf Grundlage mehrerer Vorlagen erstellt wurden, wobei der Schreiber bemüht war, die beste Variante zu finden. Die Kopie trägt dann Merkmale mehrerer Überlieferungsstränge, was die Suche nach klaren Abhängigkeiten und die Aufstellung eines Stemmas schwierig bis unmöglich macht. Zudem ist die Annahme eines einzigen Archetypus, der am Anfang der mittelalterlichen Überlieferung steht, häufig unzutreffend. Etwa bei den Komödien des Plautus (ca. 254–184 v. Chr.) kann man sicher davon ausgehen, dass die erhaltenen Handschriften auf mindestens zwei verschiedene spätantike Ausgaben zurückgehen. Komplizierter wird es bei in der Antike weit verbreiteten und bearbeiteten Schriften wie der homerischen *Ilias*, die in mehr als 200 Handschriften und 1500 Papyrusfragmenten überliefert ist. Die *Ilias* war während der gesamten An-

BELLVM GALLICVM I 7–12

finibus absunt, quae civitas est in provincia. id si fieret, intellegebat 2
magno cum periculo provinciae futurum, ut homines bellicosos, populi
Romani inimicos, locis patentibus maximeque frumentariis finitimos habe-
ret. ob eas causas ei munitioni, quam fecerat, T. Labienum legatum prae- 3
fecit. ipse in Italiam magnis itineribus contendit duasque ibi legiones con-
scribit et tres, quae circum Aquileiam hiemabant, ex hibernis educit et,
qua proximum iter in ulteriorem Galliam per Alpes erat, cum his quinque
legionibus ire contendit. ibi Ceutrones et Graioceli et Caturiges locis 4
superioribus occupatis itinere exercitum prohibere conantur. compluribus 5
his proeliis pulsis ab Ocelo, quod est ⟨oppidum⟩ citerioris provinciae
extremum, in fines Vocontiorum ulterioris provinciae die septimo pervenit. inde in Allobrogum fines, ab Allobrogibus in Segusiavos exercitum
ducit. hi sunt extra provinciam trans Rhodanum primi.

Helvetii iam per angustias et fines Sequanorum suas copias traduxe- 11
rant et in Haeduorum fines pervenerant eorumque agros populabantur.
Haedui cum se suaque ab iis defendere non possent, legatos ad Caesarem 2
mittunt rogatum auxilium: ita se omni tempore de populo Romano meri- 3
tos esse, ut paene in conspectu exercitus nostri agri vastari, liberi eorum
in servitutem abduci, oppida expugnari non debuerint. eodem tempore 4
[Haedui] Ambarri, necessarii et consanguinei Haeduorum, Caesarem cer-
tiorem faciunt sese depopulatis agris non facile ab oppidis vim hostium
prohibere. item Allobroges, qui trans Rhodanum vicos possessionesque 5
habebant, fuga se ad Caesarem recipiunt et demonstrant sibi praeter agri
solum nihil esse reliqui. quibus rebus adductus Caesar non ex⟨s⟩pectan- 6
dum sibi statuit, dum omnibus fortunis sociorum consumptis in Santonos
Helvetii pervenirent.

Flumen est Arar, quod per fines Haeduorum et Sequanorum in Rho- 12
danum influit, incredibili lenitate, ita ut oculis, in utram partem fluat,
iudicari non possit. id Helvetii ratibus ac lintribus iunctis transibant. ubi 2
per exploratores Caesar certior factus est tres iam partes copiarum Hel-
vetios id flumen traduxisse, quartam vero partem citra flumen Ararim
reliquam esse, de tertia vigilia cum legionibus tribus e castris profectus
ad eam partem pervenit, quae nondum flumen transierat. eos impeditos 3
et inopinantes adgressus magnam partem eorum concidit; reliqui sese
fugae mandarunt atque in proximas silvas abdiderunt. is pagus appella- 4
batur Tigurinus; nam omnis civitas Helvetia in quattuor pagos divisa est.

7 iis α U ‖ 8 graiocaeli α gaioceli β ‖ 10 oppidum *add. R. Schn.* ‖ 12 sebusianos ω *corr. Nipp.* ‖ 14 helvitii AM[1] ‖ 16 his T eis U ‖ 18 nostri] nri A n̄ M p. r. T nisi U ‖ 20 Haedui *del. Ciacc.* ‖ 21 sese] sese con (cum A[c]) A (*repet. ex l. 20* consanguinei) ‖ 23 habeant TU[1] ‖ 26 helvitii A ‖ 27 *inde a* flumen *incipit* E | hedùorum E ‖ 28 lanitate E ‖ 29 *cum* possit *deficit* E | helvitii A ‖ 30 haelvitios A ‖ 31 vero] fere α ‖ 34 sese] esse A se T ‖ 35 silvas proximas T proximis silvis U ‖ 36 tygurinus AU | helvitia A | pagos] partes vel pagos T

5

Abb. 2.2: Seite aus Caesars *De bello Gallico* in der Edition von Wolfgang Hering (1987). Der kritische Apparat am Seitenende dokumentiert die Überlieferung und Entscheidungen des Editors.

tike ein ›lebendiger‹ Text, von dem verschiedene Varianten kursierten und der auch schon von den alexandrinischen Philologen ausgiebig bearbeitet wurde. Man spricht daher von einer ›offenen‹ Überlieferung ohne Archetypus.

In jüngster Zeit wird daher zunehmend die Zielsetzung, dem ursprünglichen Urtext so nahe wie möglich zu kommen, infrage gestellt; zumal der Editor durch Konjekturen und Entscheidungen für bestimmte Varianten ja nicht das Original wiederherstellt, sondern selbst einen Text konstruiert, den es so nie gegeben hat. In der herkömmlichen Editionsphilologie würde so die Autorität der editorischen Setzung über die Authentizität der verbürgten Überlieferung gestellt und der Text letztlich enthistorisiert. Dementsprechend begnügen sich nicht wenige neuere Editionen damit, vor allem evidente Fehler zu korrigieren und die Überlieferungsgeschichte zu analysieren, während man im 19. und frühen 20. Jahrhundert auch vor größeren stilistischen und inhaltlichen Eingriffen nicht zurückschreckte. Gerade in den neueren Philologien setzt sich entsprechend verstärkt eine überlieferungsgeschichtliche Editionspraxis durch, die verschiedene Parallelfassungen durch synoptische Darstellungen als Varianten nebeneinander stehen lässt, wofür die vielfältigen Wiedergabemöglichkeiten und potenziell unbegrenzten Speicherkapazitäten im digitalen Raum bisherige Beschränkungen aufgebrochen haben. Für antike Werke und ihre häufig wesentlich komplexere Textgeschichte wurde diese Möglichkeit bisher aber nur in Einzelfällen erprobt.

2.5 Überlieferungsgeschichte

Die überlieferten antiken Werke verteilen sich höchst ungleichmäßig über die Zeit. Sie repräsentieren nicht die ursprüngliche Literaturproduktion und geben auch kein adäquates Bild der antiken Literaturgattungen. Die bereits im Hellenismus einsetzende, aber verstärkt in der Spätantike anzutreffende Kanonisierung hat dazu geführt, dass wir über einzelne Epochen viel besser unterrichtet sind als über andere. Für die Geschichte des klassischen Athens hat man nicht nur zeitgenössische historiographische Quellen, sondern auch Tragödien, Komödien, zahlreiche Reden und philosophische Traktate zur Verfügung. Vor allem die griechischen Literaten der Kaiserzeit betrachteten diese Zeit als die Blütephase der griechischen Kultur und verfassten selbst biographische, geographische, antiquarische und anekdotische Schriften, in denen sie sich mit der Welt der griechischen Poleis und insbesondere Athen auseinandersetzten und sich vielfach auf heute nicht mehr erhaltene Werke dieser Zeit bezogen. Hingegen gleicht die Überlieferung der hellenistischen Zeit einer ›Trümmerlandschaft‹, obwohl sich viele Literaturgenres erst in dieser Zeit wirklich entfalteten.

Viele Werke der lateinischen Literatur gehen auf die Umbruchsphase von der Republik hin zum Prinzipat zurück, in der die römische Kultur tiefgreifende Veränderungen durchlebte. Insbesondere die damals entstandene Dichtung, aber auch die Reden Ciceros galten als stilistische Vorbilder, die späteren lateinischen Autoren immer wieder als Referenzpunkte dienten. Das umfassende Geschichtswerk des Livius, das von der sagenhaften Gründung Roms bis in seine eigene Lebenszeit (gest. 17 n. Chr.) reichte, galt bald als maßgeblich und machte die älteren römischen Geschichtswerke obsolet.

Aus der unruhigen Zeit des 3. Jahrhunderts n. Chr. sind nur wenige Werke der griechischen und lateinischen Literatur erhalten. Danach, ab dem späten 4. Jahrhundert n. Chr., explodiert aber die Zahl erhaltener Werke geradezu, die nun aber in erster Linie christlicher Natur waren. Diese hatten wesentlich bessere Chancen, tradiert zu werden, weil sie häufig bereits direkt in Codices aufgezeichnet wurden und weil die theologischen, kirchenhistorischen und sonstigen christlichen Werke zu den grundlegenden Texten der Kirchen in Ost und West wurden. Daher sind jedoch nur wenige Texte von theologischen Standpunkten überliefert, die der katholischen bzw. der byzantinischen Kirchenlehre widersprachen. Gleichzeitig zeigt sich in der Anfertigung von kurzgefassten abrissartigen Geschichtswerken (Breviarien) sowie ausführlichen historiographischen Schriften, Lobreden (Panegyriken) und Dichtungen weiterhin die Lebendigkeit der paganen Literatur bis ins 5. Jahrhundert n. Chr. Zudem erfreuten sich in der Spätantike, aber auch im Mittelalter, auszughafte Zusammenfassungen (Epitomen) und Inhaltsangaben (Periochae) von älteren Werken der antiken Geschichtsschreibung einer gewissen Beliebtheit. So sind etwa große Teile des Werks des kaiserzeitlichen Historiographen Cassius Dio (ca. 163–235 n. Chr.) nur aus den Auszügen (Exzerpt) der byzantinischen Gelehrten Johannes Xiphilinos (11. Jh. n. Chr.) und Johannes Zonaras (12. Jh.) bekannt und auch für zahlreiche Bücher des Livius existieren nur noch spätere Inhaltsangaben und Zusammenfassungen.

Das Ende der antiken Literatur ist nicht an einem unstrittigen Ereignis oder Datum festmachen. Als das Römische Reich im Westen endete und germanische Kriegerverbände auf dessen Boden eigene Herrschaftsgebiete etablierten, entwickelte sich Latein zu einer reinen Literatur- und Gelehrtensprache, die aber das wichtigste Instrument blieb, um Wissen aufzuschreiben und zu bewahren. Doch Latein wurde von immer weniger Leuten gesprochen. Im 6. Jahrhundert n. Chr. wurden auch die Bücherverluste der Spätantike und Völkerwanderungszeit im Westen deutlich. Der spätrömische Gelehrte Cassiodor (ca. 485–580 n. Chr.), der am Hof des ostgotischen Königs Theoderich (ca. 451–526 n. Chr.) wirkte und später ein eigenes Kloster gründete, machte es sich zur Aufgabe, die ihm zugängliche antike Literatur zu sammeln, und verfasste einen für die Ausbildung von Mönchen gedachten Studienführer. Seine Werke und ähnliche Bestrebungen von Zeitgenossen machen deutlich, dass die Tradierung antiken Wissens nun auf die neu entstandenen Klöster übergegangen war und sich der verfügbare Bestand an lateinischer Literatur im 6. Jahrhundert n. Chr. bereits der Zahl an Werken angenähert hatte, die noch den Gelehrten der Karolingerzeit bekannt war und auch uns heute noch zugänglich ist.

Im Oströmischen Reich lässt sich hingegen bis ins 7. Jahrhundert n. Chr. eine Kontinuität des Schul- und Bildungswesens greifen. Was in den folgenden Jahrhunderten verloren ging, lässt sich kaum erfassen. Als etwa zeitgleich zur ›karolingischen Renaissance‹ im Westen auch in Byzanz wieder ein verstärktes Interesse an der antiken, hier allerdings ausschließlich griechischen Literatur einsetzte, verfügten byzantinische Lexikographen, wie Photios (9. Jh. n. Chr.) und der Autor der *Suda*, einem mittelbyzantinischen Lexikon, aber noch über zahlreiche heute verlorene Texte, was ihnen trotz des enormen zeitlichen Abstands zu ihren Quellen enorme Wichtigkeit für die Erforschung Antike gibt. Einen tiefen Einschnitt markierte die Eroberung von Byzanz im Vierten Kreuzzug (1204 n. Chr.). Die Kreuzritter plünderten die Stadt und etablierten für mehrere Jahrzehnte das Lateinische Kaiserreich. Die Traditionen byzantinischer Gelehrsamkeit wurden dadurch zwar nicht zerstört, da sich eine Exilregierung in Nikaia hielt und 1261 Byzanz zurückgewinnen konnte. Nichtsdestoweniger gingen in dieser Zeit zahlreiche Texte unwiederbringlich verloren und der Bestand der antiken griechischen Literatur hatte sich in etwa auf die heute noch erhaltene Anzahl an Werken reduziert. Die byzantinische Philologie erlebte in den folgenden Jahrhunderten noch eine späte Blüte. Als 1453 die Osmanen Konstantinopel eroberten, strömten zahlreichen Gelehrte, vielfach auch mit ihren Büchern, in den Westen und gaben dem bereits erwachten Interesse der italienischen Humanisten an der griechischen Antike weitere wichtige Impulse, die nun zu den wesentlichen Trägern der Überlieferung wurden.

2.6 Fragmente und Scholien

Die Überlieferungsgeschichte der antiken Texte bringt es mit sich, dass zahlreiche Autoren und Werke nur vom Namen her oder in Zitaten von anderen Autoren bekannt sind, oder sich lediglich Abschnitte des einstigen Textes in Papyri (s. Kap. 4.) und spätantiken und mittelalterlichen Textsammlungen erhalten haben. Man spricht in diesen Fällen von Fragmenten. Erst die Zusammenstellung der verstreuten Zeugnisse erlaubt ihre Kontextualisierung und Interpretation für verschiedene Fragestellungen. Wichtige Akzente für andere Fragmentsammlungen setzten Felix Jacobys in den 1920er Jahren begonnenen *Fragmente der griechischen Historiker* (FGrHist). Die Sammlung wird noch heute fortgesetzt und ist in überarbeiteter Form auch digital verfügbar. Jacoby selbst hatte bis zu seinem Tod 1959 bereits Fragmente von mehr als 800 griechischen Historikern gesammelt und veröffentlicht. Dieser ernüchternde Befund zeigt auch, wie viel von der antiken Literatur verloren ist und als wie begrenzt wir unsere vermeintlich gesicherten Kenntnisse über die Entwicklung und Charakteristika der verschiedenen Literaturgattungen ansehen müssen.

Von hohem Wert in dieser Hinsicht sind auch *Scholien*. Dabei handelt es sich um Notizen und Erläuterungen zum eigentlichen Werk, die seit der Spätantike gelegentlich an den Rändern von Manuskripten vermerkt und weiterkopiert wurden. Kürzere Worterklärungen werden *Glossen* genannt, exegetische Bemerkungen zu theologischen und biblischen Texten als *Katenen* bezeichnet. Die Praxis der deutenden Anmerkung und Kommentierung alter Texte war schon in der griechischen Klassik bekannt, fand aber besondere Verbreitung bei den hellenistischen Philologen und in der römischen Kaiserzeit. Die häufig ausführlichen Kommentare, von denen sich nur wenige – wie etwa Servius' Arbeiten zu Vergil – erhalten haben, wurden von den spätantiken Scholiasten exzerpiert. Teilweise handelt es sich aber auch um mittelalterliche Hinzufügungen. In Scholien können sich neben textkritischen Bemerkungen auch sonst nicht überlieferte Sachinformationen erhalten haben. Autorschaft, Quelle und Datierung von Scholien sind allerdings häufig nicht sicher zu bestimmen, der inhaltliche Wert von Scholien ist daher jeweils einzeln zu bewerten.

2.7 Gattungen

Bereits die antike Literaturtheorie bemühte sich, literarische Werke zu ordnen und zu kategorisieren. Die heutigen westlichen Gattungsbegriffe gehen nahezu ausnahmslos auf die antiken, vor allem griechischen Bezeichnungen zurück. Antike und moderne Gattungen sind aber keinesfalls immer deckungsgleich. In der Antike richtete man sich viel stärker an formalen Kriterien aus. Autoren orientierten sich an festen Konventionen und Vorbildern, was aber im Hellenismus und in der römischen Kaiserzeit Experimente und bewusste Durchbrechungen der Regeln keineswegs ausschloss.

Freilich lassen sich aber auch nicht alle Texte klar einer bestimmten Gattung zuordnen.
Antike Autoren bedienten sich häufiger bestimmter, immer wiederkehrender inhaltlicher Motive (sog. *Topoi*). So hatten sich schon früh ›Gemeinplätze‹ herausgebildet, wie Herrscher gelobt oder verdammt werden konnten, und gerade Motive der Tyrannentopik finden sich in verschiedenen Varianten angewandt auf griechische Alleinherrscher, orientalische Könige und in der Form des Cäsarenwahnsinns bei den römischen Kaisern. Literarische Quellen nur als Steinbrüche für Informationen anzusehen, ist daher verfehlt. Die Interpretation antiker literarischer Texte ist vielmehr sehr voraussetzungsreich und setzt Kenntnisse des Entstehungskontexts, der jeweiligen literarischen Gattung und des Werkzusammenhangs einer konkreten Stelle sowie der Position des Autors voraus.

2.7.1 Die antike Geschichtsschreibung

Aufgrund der grundsätzlichen Quellenarmut der Antike und dem Mangel an dokumentarischen Quellen sind die Texte der Geschichtsschreibung und verwandte Werke von besonderer Bedeutung. Sie beschäftigen sich mit Ereigniszusammenhängen und können Überblicke zu längeren Zeiträumen bieten. Ohne das narrative Grundgerüst der antiken Historiographie ließen sich primäre Quellenzeugnisse nur wesentlich ungenauer kontextualisieren. Jede Geschichtsschreibung ist aber eine deutende Rekonstruktion der Vergangenheit. Auch wenn die antiken Historiker in der Folge von Herodot (ca. 485–425 v. Chr.) und Thukydides (ca. 460–400 v. Chr.) den Anspruch erhoben, vermeintliche Objektivität und Sorgfalt bei der Ermittlung ihrer Quellen walten zu lassen, müssen ihre Geschichtswerke als literarische Texte gelesen werden, die vor allem ästhetischen und formalen Ansprüchen genügen wollten.

Obwohl er auf Vorgängern aufbauen konnte, galt Herodot von Halikarnassos bereits in der Antike als »Vater der Geschichtsschreibung« (Cic. de leg. 1,1,5). Seine *Historien* (griech. ἱστορίαι, ›Erkundigungen‹) schließen zwar das Mythische nicht grundsätzlich aus, konzentrieren sich jedoch primär auf die Antriebe menschlichen Handelns und wahren dabei kritische Distanz zu ihrem historischen Gegenstand. In seinen *Historien* beschäftigt er sich mit den Perserkriegen (499–479 v. Chr.) und deren Vorgeschichten, weshalb er auch zahlreiche ethnographische Exkurse in sein Geschichtswerk einflechtet. In Anknüpfung und Abgrenzung zu Herodot beschäftigte sich Thukydides mit seiner unmittelbaren Zeitgeschichte und verfasste mit einer Geschichte des *Peloponnesischen Krieges* (431–404 v. Chr.) nicht nur als erster Autor eine fokussierte historische Monographie, sondern stellte dabei auch grundsätzliche Gedanken zur historischen Methodik an (Thuk. 1,20–23).

Beide Autoren prägen das Selbstverständnis der antiken Geschichtsschreibung entscheidend und die Werke der ihnen nachfolgenden Autoren weisen einige grundlegende Charakteristika auf: In einem Proömium definiert und begründet der Autor sein Thema und gibt Auskunft über seine Methoden und Intentionen. Ein immer wiederkehrendes Element sind Reden, die keineswegs tatsächlich Gesagtes wiedergeben, sondern den Akteuren vom Autor in den Mund gelegt werden, um Situationen, Personen und Motive zu charakterisieren. Die antike Historiographie ist zudem in erster Linie Kriegsgeschichtsschreibung. Auch wenn Autoren gerne ethnographische und geographische Exkurse in ihre Werke einbrachten, liegt der Fokus doch primär auf den Taten ›großer Männer‹. Eine zunehmende Personalisierung der griechischen Geschichtsschreibung ist daher unverkennbar.

Seit dem späten 4. Jahrhundert v. Chr. und insbesondere im Hellenismus diversifiziert sich die antike Geschichtsschreibung immer weiter. Die Entwicklungen sind im Einzelnen aber nur schwer nachvollziehbar, weil abgesehen von Xenophons *Hellenika* (ca. 430–355 v. Chr.), den *Historien* des Polybios (ca. 200–120 v. Chr.) und Diodors *Bibliothek* (ca. 90–30 v. Chr.) die ursprünglich überaus umfangreiche Geschichtsschreibung dieser Zeit nur in Bruchstücken erhalten ist. Die thematische Bandbreite reicht dabei von Lokal- bis hin zu Universalgeschichten, von personenzentrierten Monographien, besonders zu Alexander dem Großen, bis hin zu Werken über fremde Völker. Wie bei Polybios bildet auch zunehmend der Aufstieg Roms zur führenden Macht im Mittelmeerraum einen thematischen Schwerpunkt.

In stilistischer Hinsicht unterscheiden sich die Werke stark. Während sich einige Autoren zunehmend um die rhetorische Ausgestaltung bemühen, ist anderen an einer wirklichkeitsnahen Darstellung gelegen, wobei Emotionen und Affekte im Vordergrund stehen. Historiker konzentrierten sich vornehmlich darauf, Kausalzusammenhänge zu ergründen, um daraus Lehren für die vor allem politisch tätigen Leser zu ziehen. Ein moralischer Impetus und der Anspruch, nutzbringend zu sein und Anleitungen zum Handeln zu bieten, ist aber ein sich durchziehendes Element der Geschichtsschreibung. Ebenso gehört es zur Gattung, dass Historiker erklärten, Distanz zu den geschilderten Ereignissen zu wahren und diese wahrheitsgemäß wiedergeben zu wollen. Berühmt ist etwa Tacitus' Wort, er habe die Geschichte des frühen Prinzipats *sine ira et studio* (»ohne Abneigung und Vorliebe«; Tac. ann. 1,1,3) niedergeschrieben, auch wenn die Wirklichkeit hinter diesem Anspruch immer – freilich in unterschiedlichem Ausmaß – zurückblieb.

In dieser Situation entstanden im 3. Jahrhundert v. Chr. auch die ersten römischen Geschichtswerke, die zunächst auf Griechisch verfasst wurden und von denen sich kaum mehr als Namen und verstreute Zitate erhalten haben. Die römischen Geschichtsschreiber der republikanischen Zeit waren in aller Regel Senatoren und richteten sich mit ihren Werken an ihre Standesgenossen. Die Werke beschränken sich daher auf die Geschichte Roms, setzen in der Regel mit einer Darlegung der römischen Frühgeschichte ein und schildern kurz die folgenden Jahrhunderte, um dann ausführlich die Zeitgeschichte darzustellen. Die Ereignisse werden dabei mehr oder weniger streng nach der Abfolge der Amtsjahre der Magistrate geschildert, weshalb diese Literatur auch als *Annalistik* bezeichnet wird. Erhalten ist von diesen Werken allein das aus augusteischer Zeit stammende Geschichtswerk *ab urbe condita* (a. u. c., »seit Gründung der Stadt«) des Livius (59 v.–17 n. Chr.), der sich zwar noch am annalistischen Schema orientierte, dieses aber in Stil und Geschichtsauffassung bereits überwindet. Sein Werk ist somit zugleich Höhe- und Endpunkt der Annalistik. Livius war kein Senator und stand als augusteischer Autor nicht mehr in den politischen Konfrontationen wie die senatorischen Annalisten der ausgehenden Republik, die ihre Parteilichkeit auch spürbar in ihre schriftstellerische Tätigkeit hatten miteinfließen lassen. So konnte er seiner Leserschaft vor allem Selbstvergewisserung über die eigene Vergangenheit bieten.

Aus spätrepublikanischer Zeit sind mit Sallusts Werken (86–35/34 v. Chr.) auch die ersten lateinischen historischen Monographien erhalten, die zeitgenössische Themen behandeln. In der Kaiserzeit konzentriert sich die Geschichtsschreibung vor allem auf die Taten der Kaiser und orientiert sich an dynastischen Zäsuren. Gerade für die senatorischen Geschichtsschreiber wie Tacitus (ca. 58–120 n. Chr.), die bis ins 2. Jahrhundert n. Chr. das Feld bestimmen, war das Verhältnis zwischen Senat und Princeps der Dreh- und Angelpunkt der historischen Bewertung. Mit der verstärkten Integration provinzialer Eliten in die Reichsverwaltung im 2. Jahrhundert n. Chr. ordneten sich nun auch griechischsprachige Autoren wie Appian (ca. 90–160 n. Chr.), Cassius Dio (ca. 163–235 n. Chr.) oder Herodian (ca. 175–250 n. Chr.) in die römische Geschichte ein, boten aber neue Zugänge und berücksichtigten ebenso wie lateinische Geschichtsschreiber viel stärker als bisher auch Geschehnisse in den Provinzen. Die Einheit von Reich und Monarchie war dabei auch in der senatorischen Geschichtsschreibung zu einer Selbstverständlichkeit geworden.

In der Spätantike führten Autoren wie Ammianus Marcellinus (ca. 330–395 n. Chr.) diese Traditionen fort. Vielfach entstanden nun knappe geschichtliche Abrisse und Zusammenfassungen älterer Werke, die kompakt Wissen über die Vergangenheit liefern sollten. Mit Prokop (ca. 465–528 n. Chr.) und anderen Autoren wurden aber auch noch weit bis ins 6. Jahrhundert n. Chr. literarisch anspruchsvolle historische Monographien verfasst. Daneben wurde mit der Kirchengeschichtsschreibung eine neue historische Gattung geschaffen, die weitgehend auf Reden verzichtet und zunehmend mit der säkularen Geschichtsschreibung in eins fiel. Bezugsrahmen dieser christlichen Chronistik ist die gesamte Menschheitsgeschichte, die eschatologisch ausgedeutet wird. Im 5. Jahrhundert n. Chr. konzentrierten sich einige der Chroniken verstärkt auf die eigene Region, was aber weniger einer bewussten Entscheidung, sondern der zunehmenden Fragmentierung und Auflösung des Römischen Reichs geschuldet war. Die Tradition der christlichen Chronistik setzte sich im Osten wie im Westen auch im Mittelalter fort.

Eng verwandt mit der antiken Geschichtsschreibung sind Biographien, da auch sie historische Ereignisse schildern und erklären. Anders als die Historiographie sind sie weniger an den historischen Zusammenhängen selbst als vielmehr an der Zeichnung von Charakterbildern interessiert. Entsprechend frei gingen die Biographen teilweise mit dem historischen Material und Kontext um. Vorformen der Biographie entstanden im 4. Jahrhundert v. Chr. Erhalten haben sich – neben den *Doppelviten* Plutarchs (ca. 45–125 n. Chr.), der jeweils einen Griechen mit einem Römer vergleicht – vor allem Biographien römischer Kaiser und im christlichen Kontext ab dem 4. Jahrhundert n. Chr. auch Heiligenviten. Ein eigenes Genre bilden antike Biographien gerade aufgrund ihrer unterschiedlichen Zielsetzungen nicht.

Autobiographien im heute üblichen Sinne waren fast überhaupt nicht bekannt, die *Confessiones* (»Bekenntnisse«) des Augustinus (354–430 n. Chr.) betreten hier Neuland. Nur in der Form und Leistungs- und Rechenschaftsberichten oder (Amts-)Tagebüchern (lat. *commentarii* bzw. griech. ὑπομνήματα) fanden Schriften mit autobiographischer Ausrichtung weite Verbreitung. Das bekannteste Beispiel sind Caesars (100–44 v. Chr.) *Commentarii* über den Gallischen Krieg, der sich damit zwar in die Tradition von dokumentarischen Aufzeichnungen von Magistraten stellt, sein Werk aber geschickt zur politischen Rechtfertigung nutzt.

2.7.2 Weitere Prosagattungen

Die älteste und ursprünglich reichhaltigste Prosagattung war die Fachschriftstellerei, zu der auch die Spezialform der philosophischen Werke zu zählen ist. Die ersten Werke stammen von griechischen Naturphilosophen des 6. Jahrhunderts v. Chr., die Erklärungen und Ursprünge für Naturphänomene suchten. Ab dem späten 5. Jahrhundert, vor allem aber im Hellenismus differenzierte sich die Fachliteratur immer weiter aus. Für einzelne Bereiche bildete sich nun auch eine spezifische Wissenschaftssprache und Formen der Wissensvermittlung heraus. Erhalten haben sich neben philosophischen Werken vor allem medizinische Schriften. Die antike Fachschriftstellerei war abgesehen von juristischen Schriften (s. Kap. 9) vor allem, aber keineswegs ausschließlich in griechischer Sprache verfasst. Lateinische Autoren der Kaiserzeit tradierten und vermittelten eher das bestehende Wissen, als Neues hinzuzufügen.

Reden, die gezielt so konzipiert waren, um auch oder ausschließlich schriftlich publiziert zu werden, sind erstmals im demokratischen Athen des 5. Jahrhunderts v. Chr. entstanden. Damals boten gerichtliche Prozesse, Leichenfeiern und politische Verhandlungen in der Volksversammlung zahlreiche Gelegenheiten zum Halten einer Rede. Schon im Hellenismus entstand ein Kanon von attischen Rednern, die als mustergültig angesehen und deshalb überliefert wurden. Dazu kamen noch griechische Reden aus dem 2. und 4. Jahrhundert n. Chr., die als besonders gute Nachahmungen der großen Vorbilder galten, und neben panegyrischen Reden auf Kaiser vor allem epideiktische Reden, die in erster Linie dem Zweck dienten, das Können des Rhetors zu demonstrieren. In den Auseinandersetzungen der späten Republik erlebte auch die lateinische Redekunst eine Blüte, von der sich jedoch nur das umfangreiche Œuvre Ciceros (106–43 v. Chr.) erhalten hat. Die römische Rhetorik der Kaiserzeit betrachtete sich gegenüber diesem großen Vorbild als zweitklassig, sodass nur wenige kaiserzeitliche Reden überliefert wurden.

Literarische Briefe sind seit dem 4. Jahrhundert v. Chr. überliefert, aber zur Veröffentlichung bestimmte Korrespondenz ist vor allem aus römischer Zeit und der Spätantike bekannt. Ciceros Privatkorrespondenz wurde erst nach seinem Tod herausgegebenen, die Briefliteratur der Kaiserzeit konnte sich durchaus an einen konkreten Empfänger richten, die Texte waren aber häufig als offene Briefe gestaltet und richteten sich ebenso wie die Briefe Plinius des Jüngeren (ca. 61–113 n. Chr.) oder des Q. Aurelius Symmachus (ca. 342–402/3 n. Chr.) von vorherein an einen größeren Adressatenkreis. So wurden auch Lehrbriefe wie die *Epistulae morales ad Lucilium* (»Briefe über Ethik an Lucilius«) des Seneca (1–65 n. Chr.) oder poetische Briefe verfasst. Ebenso publizierten auch zahlreiche christliche Kleriker und Bischöfe wie Cyprian von Karthago (ca. 200–258) ihre Briefe, die nicht nur Einblicke in den Austausch und Auseinandersetzungen zwischen den Gemeinden, sondern bisweilen auch theologische Inhalte diskutieren. Der Brief wurde damit zu einer in verschiedenen Gattungen einsetzbaren Textsorte gemacht.

Der Roman wurde von der antiken Literaturtheorie nicht beachtet, längere fiktionale Erzählungen in Prosaform lassen sich aber ab frühhellenistischer Zeit fassen. Dabei werden literarische Mittel und Motive aus zahlreichen anderen Gattungen übernommen. Erzählt wurden in erster Linie Abenteuer- und Liebesgeschichten, die Einblicke in die Sozial-, Alltags-, Mentalitäts- und Kulturgeschichte der jeweiligen Entstehungszeit eröffnen.

2.7.3 Poesie

Die ersten überlieferten literarischen Werke sind die im 8. bzw. 7. Jahrhundert v. Chr. niedergeschriebenen homerischen Epen *Ilias* und *Odyssee*. Sie blicken auf eine lange orale Tradition der versgebundenen Erzählungen über die mythische Welt des trojanischen Krieges zurück und bleiben für die gesamte Antike hinweg wichtige Referenzpunkte. Im weiteren Sinne umfasst die Epik sämtliche längere hexametrische Dichtung, im engeren Sinne aber vor allem solche Verserzählungen, die sich auf bedeutsame Gegenstände beziehen. Neben den *Argonautika* des Apollonios von Rhodos (3. Jh. v. Chr.) haben sich vor allem lateinische Epen wie Vergils *Aeneis* (70–19 v. Chr.) und die historischen Epen des Lucan (39–65 n. Chr.) und Silius Italicus (ca. 25–100 n. Chr.) erhalten. Aber auch in der Spätantike blieben Epen beliebt und als neue Form entstand die hexametrische Bibeldichtung. Daneben entwickelten sich bereits in der Archaik Klein-Epen und Epos-Parodien, die bewusst das Absurde oder Alltägliche in den Mittelpunkt stellen. Zu den weiteren hexametrischen Dichtungen gehört das Lehrgedicht, dessen prominentester Vertreter Hesiod (7. Jh. v. Chr.) sowohl mythisch-religiöses Wissen bzw. Vorstellungen als auch Lebensregeln des

2 Literarische Quellen

bäuerlichen Alltags vermittelt. Mit der Entstehung der prosaischen Fachliteratur verliert das Lehrgedicht an Bedeutung und wird vor allem eine literarische Spielart, bei römischen Werken – wie bei Lukrez' Darstellung der epikureischen Physik und Ethik (ca. 99–55 v. Chr.) – wird aber zuweilen weiterhin ein Lehranspruch vertreten.

Die Ursprünge und Vorformen der Tragödie und Komödie sind nicht restlos geklärt, ihre Blütezeit erlebten Bühnenstücke im Athen des 5. und 4. Jahrhunderts v. Chr. Zwar wurden nicht nur dort zu den wichtigen Feiern des Gottes Dionysos Tragödien und Komödien in Form eines Wettkampfs aufgeführt, doch nur von den athenischen Dramatikern Aischylos (525–456 v. Chr.), Sophokles (497–406 v. Chr.) und Euripides (480–406 v. Chr.) verfügen wir über vollständige Tragödien, dazu kommen für die Komödie noch Aristophanes (ca. 450–380 v. Chr.) und die umfangreichen Fragmente des Menander (342–290 v. Chr.).

Die Tragödie bedient sich mythologischer Stoffe, um über Fragen des menschlichen Daseins zu reflektieren, aber auch um aktuelle politische Probleme in Form der Verfremdung kritisch zu beleuchten. Ähnlich verfährt auch die Alte Komödie, sie siedelt die Handlungen allerdings in der Gegenwart an, deren Rahmen sie durch utopische und fantastische Elemente sprengt. Zudem spart die Komödie nicht mit Spott an Personen des öffentlichen Lebens. Mit der Neuen Komödie und ihrem Hauptvertreter Menander verlieren die Stücke jeglichen Bezug zur Politik. Es handelt sich nunmehr um Genrestücke, die ein ausgeprägtes Interesse an menschlichen Verhaltensweisen und Charakterzügen entwickeln, weshalb sie vor allem um Probleme des bürgerlichen Alltags herum konstruiert sind. Tragödien und Komödien wurden auch von den Römern rezipiert und zunächst Dramatiker aus dem griechischen Sprachraum mit Aufführungen beauftragt. Keine Tragödie aus republikanischer Zeit hat sich erhalten, dafür aber die Komödien des Plautus (ca. 254–184 v. Chr.) und des Terenz (ca. 195–159 v. Chr.), die vor allem Werke der Neuen Komödie aus dem Griechischen ins Lateinische übertrugen und für ein römisches Publikum adaptierten. Sowohl in der Tragödie als auch in der Komödie wurden auch spezifisch römische Inhalte entwickelt, von denen sich jedoch nur Spuren erhalten haben. Im 1. Jahrhundert v. Chr. wurden sowohl im griechischen als auch im lateinischen Sprachraum kaum mehr Bühnenstücke aufgeführt, später verfasste Dramen wie Senecas Tragödie oder die spätantike Komödie *Querolus* waren vermutlich reine Lesedramen.

Kleine Dichtungen werden heutzutage in der Regel unter dem Sammelbegriff der Lyrik zusammengefasst. In der Antike wurde jedoch wesentlich stärker differenziert und eine Vielzahl von poetischen Gattungen anhand formaler Kriterien wie dem Metrum oder dem Anlass und anhand inhaltlicher Konventionen unterschieden. Ab dem Hellenismus wurde aber zuweilen bewusst mit diesen Grenzen gespielt. Lyrik bezeichnete zunächst jene Dichtung, die zu Musik gesungen wurde. Sie ist zumindest in der Frühphase stets kontextgebunden, aber durch eine große Vielfalt an Themen bestimmt, die von Sieges-, Hochzeit- und Trauerliedern bis hin zu Liebes- und Schmähgedichten reicht. Elegie und Iambos wuden teilweise mit spezifischen Inhalten verbunden, aber von der Lyrik vor allem aufgrund der Verwendung spezifischer Versmaße unterschieden. Als Epigramme wurden ursprünglich Versinschriften auf Gegenständen bezeichnet, seit der Spätarchaik lockerte sich diese Zweckgebundenheit aber allmählich und es entstanden literarische Epigramme, die sich als Aufschriften ausgeben oder als kurze, pointierte Gedichte gänzlich frei komponiert sind. Die Gattungen der griechischen Poetik wurden auch von den Römern übernommen, als römische Erfindung gilt die Satire (lat. *satura*), deren Zentralmerkmale Spott, Kritik und Polemik sich auf eine Vielzahl von Themen beziehen konnten.

2.8 Zur Auseinandersetzung mit antiken literarischen Texten

Die Arbeit mit antiken literarischen Werken ist voraussetzungsreich. Schon sprachliche Barrieren verhindern häufig eine intensive Auseinandersetzung mit den Texten. Übersetzungen bieten zwar die Möglichkeit, sich schnell mit einer Quelle vertraut zu machen, sind aber bereits Interpretationen des ursprünglichen Textes und können niemals alle Feinheiten, Nuancen und Ambivalenzen des Originals abbilden. Zudem muss man sich stets vergegenwärtigen, dass auch der Text der Ausgangssprache, wie er sich in einer kritischen Edition oder einer zweisprachigen Ausgabe findet, bereits eine Konstruktion ist. Gleichzeitig muss man sich darüber im Klaren sein, dass man sich mit literarischen Texten auseinandersetzt, die ihrerseits in teilweise jahrhundertealten Traditionen stehen. Die ästhetische Gestaltung, die Verwendung topischer Motiven und Elementen sowie Gattungskonventionen sind bei der Interpretation einer Einzelstelle ebenso zu berücksichtigen, wie Darstellungsabsichten des Autors und der Kontext einzelner Aussagen im Gesamtwerk.

2.9 Literatur

2.9.1 Einführungen und Überblickswerke

Albrecht, Michael von: Geschichte der römischen Literatur. Von Andronicus bis Boëthius, 2 Bde., 3. Aufl., Berlin 2012.
Döpp, Siegmar (Hrsg.): Lexikon der antiken christlichen Literatur, 3. Aufl., Freiburg 2002.
Fuhrmann, Manfred: Geschichte der römischen Literatur, Stuttgart 2005.
Graf, Fritz (Hrsg.): Einleitung in die lateinische Philologie, Stuttgart/Leipzig 1997.
Herzog, Reinhart/Schmidt, Peter Lebrecht (Hrsg.): Handbuch der lateinischen Literatur der Antike, 8 Bde., München 2002 ff.
Harrison, Stephen (Hrsg.): A Companion to Latin Literature, Malden, MA/Oxford 2004.
Hose, Martin: Kleine griechische Literaturgeschichte. Von Homer bis zum Ende der Antike, 2. Aufl., München 2012.
Hose, Martin/Schenker, David (Hrsg.): A Companion to Greek Literature, Malden, MA/Oxford 2016.
Jäger, Gerhard: Einführung in die klassische Philologie, 3. Aufl., München 1990.
Landfester, Manfred (Hrsg.): Geschichte der antiken Texte: Autoren- und Werklexikon, DNP Suppl. 2, Stuttgart 2007.
McGill, Scott/Watts, Edward (Hrsg.): A Companion to Late Antique Literature, Hoboken, NJ 2018.
Nesselrath, Heinz-Günther (Hrsg.): Einleitung in die griechische Philologie, Stuttgart/Leipzig 1997.
Nickel, Rainer: Lexikon der antiken Literatur, Düsseldorf/Zürich 1999.
Pöhlmann, Egert: Einführung in die Überlieferungsgeschichte und in die Textkritik der antiken Literatur, 2 Bde., Darmstadt 1994–2003.
Riemer, Peter/Weißenberger, Michael/Zimmermann, Bernhard: Einführung in das Studium der Gräzistik, 2. Aufl., München 2017.
Riemer, Peter/Weißenberger, Michael/Zimmermann, Bernhard: Einführung in das Studium der Latinistik, 3. Aufl., München 2013.
Schütze, Oliver (Hrsg.): Metzler Lexikon antiker Autoren, Stuttgart/Weimar 1997.
Zimmermann, Bernhard (Hrsg.): Handbuch der griechischen Literatur der Antike, 3 Bde., München 2011 ff.
Zimmermann, Bernhard (Hrsg.): Metzler Lexikon antiker Literatur: Autoren – Gattungen – Begriffe, Stuttgart/Weimar 2004.

2.9.2 Spezialliteratur

Flach, Dieter: Einführung in die römische Geschichtsschreibung, 4. Aufl., Darmstadt 2013.
Lendle, Otto: Einführung in die griechische Geschichtsschreibung. Von Hekataios bis Zosimos, Darmstadt 1992.

Marincola, John (Hrsg.): A Companion to Greek and Roman Historiography, 2 Bde., Malden, MA/Oxford 2007.
Meister, Klaus: Die griechische Geschichtsschreibung. Von den Anfängen bis zum Ende des Hellenismus, Stuttgart 1990.
Näf, Beat: Antike Geschichtsschreibung. Form – Leistung – Wirkung, Stuttgart 2010.
Rüpke, Jörg: Römische Geschichtsschreibung. Eine Einführung in das historische Erzählen und seine Veröffentlichungsformen im antiken Rom, 2. Aufl., Marburg 2015.

2.9.3 Digitale Hilfsmittel

Bibliothek der Kirchenväter – https://bkv.unifr.ch [22.7.2022].
Sammlung von patristischer Literatur mit deutschen Übersetzungen.
Bibliotheca Teubneriana – https://www.degruyter.com/serial/BT-B/html [22.7.2022].
Kritische Editionen zahlreicher griechischer und lateinischer Werke; kostenpflichtig, aber häufig durch Universitätsbibliotheken bereitgestellt.
Perseus – http://www.perseus.tufts.edu [22.7.2022].
Sammlung von griechischen und lateinischen Texten mit englischer Übersetzung.
Sammlung Tusculum – https://www.degruyter.com/serial/TUSC-B/html [22.7.2022].
Digitalisate der Bände der Sammlung Tusculum: griechische und lateinische Texte mit deutscher Übersetzung; kostenpflichtig, aber häufig durch Universitätsbibliotheken bereitgestellt.
The Latin Library – https://www.thelatinlibrary.com [22.7.2022].
Sammlung von lateinischen Texten.
Thesaurus Linguae Graecae – http://stephanus.tlg.uci.edu [22.7.2022].
Sammlung der gesamten griechischen Literatur bis zum Fall von Konstantinopel 1453.
Thesaurus Linguae Latinae – http://www.thesaurus.badw.de [22.7.2022].
Sammlung der gesamten lateinischen Literatur bis ca. 600 n. Chr. in Form eines Wörterbuchs; unvollständig.

3 Epigraphik

Krešimir Matijević

3.1 Einleitung

Inschriften erweitern unsere Kenntnis über die in den historischen Quellen thematisierte antike Ereignisgeschichte. Zugleich geben sie Auskunft über Bereiche, die in den literarischen Texten weniger häufig thematisiert werden: z. B. Alltag, Religion, Wirtschaft, Gesellschaft, Militär, Verwaltung, Mobilität. In Bezug auf die Antike sind dies hauptsächlich die lateinischen und griechischen Zeugnisse auf zumeist altersbeständigem Material, wie Stein oder Metall. Diese sind uns, anders als die literarischen Texte, als unmittelbar überlieferte Quellen erhalten. Hierbei ist zu beachten, dass Inschriftentexte in aller Regel über Mitglieder der privilegierten sozialen Gruppen informieren, die sich eine entsprechende Herstellung leisten konnten. Von den ursprünglich zweifellos in großer Anzahl existierenden Inschriften und Texten auf organischem Material hat sich über die Jahrtausende hinweg nur wenig erhalten (vgl. z. B. die Vindolanda-Täfelchen; s. Kap. 4).

Die Epigraphik (Inschriftenkunde; von griech. ἐπιγράφειν, ›daraufschreiben, einschreiben, einritzen‹) befasst sich mit dem Studium der Inschriften. Die Charakterisierung der Epigraphik als Grund- oder Hilfswissenschaft ist lange Zeit und mit beträchtlichem Energieaufwand geführt worden. Anders als für die Papyrologie und die Archäologie gibt es im deutschsprachigen Raum inzwischen keine Lehrstühle mehr, die einzig bzw. hauptsächlich der lateinischen oder griechischen Epigraphik vorbehalten sind. Gelehrt wird die Inschriftenkunde üblicherweise von Vertretern der Alten Geschichte, der Klassischen Philologien oder auch der Klassischen und Provinzialrömischen Archäologie. Die besondere Herausforderung an den Epigraphiker ist die sinnvolle und nachvollziehbare, dabei aber zurückhaltende Vervollständigung der beschädigten antiken Inschrifttexte. Hierfür ist eine langjährige Erfahrung sowohl mit den epigraphischen Texten des entsprechenden Arbeitsgebiets als auch in praktischer Hinsicht am Monument vonnöten. Während der handwerkliche

Bereich ›im Feld‹ alle Epigraphiker eint, sind sie inhaltlich in aller Regel entweder auf die griechische oder auf die lateinische Epigraphik spezialisiert.

3.2 Forschungsgeschichte

Aufsteller von Inschriften wandten sich mit ihren Monumenten und Texten in aller Regel an antike Leser. Buchstaben wurden farbig ausgemalt, wichtige Bereiche einer Inschrift in größeren Lettern gefertigt und Monumente mit Inschrifttext möglichst dicht an Straßen und Wegen positioniert, um Aufmerksamkeit zu finden. Verschiedene antike Gewährsleute erwähnen auch entsprechende In-/Aufschriften (lat. *tituli*), die ihnen zur Kenntnis gelangt sind. So publizierte Krateros von Makedonien (FGrH Nr. 342) z. B. athenische Volksbeschlüsse mit Kommentaren. Polybios (3,22,3; 26,1) gibt an, Bronzetafeln mit römisch-karthagischen Verträgen selbst in Augenschein genommen zu haben. Livius (40,52,4–7) zitiert eine Inschrift an einem Tempel auf dem Marsfeld. Bisweilen mussten im Altertum berühmte epigraphische Zeugnisse gesucht werden, wie die Grabinschrift des Archimedes von Cicero bei Syrakus (Tusc. 5,64–66; vgl. Plut. Marc. 17,12), die heute wiederum verloren ist. Ebenso haben sich Inschriften erhalten, die bereits in der Antike als bedeutend angesehen und erwähnt wurden, wie die Weihung für Apollon durch Peisistratos (IG I^3 948), den Enkel des gleichnamigen Tyrannen, die bei Thukydides (6,54,6 f.) Erwähnung findet. Im Mittelalter müssen nach wie vor viele Inschriften sicht- und lesbar gewesen sein – zumal die lateinische Sprache zumindest noch von den Geistlichen beherrscht wurde. Insbesondere römische Weihungen sind offensichtlich wahrgenommen und in nicht wenigen Fällen innerhalb christlicher Kirchen zweckentfremdet worden, z. B. als Altarstein (mit nach unten gewendeter ›heidnischer‹ Inschrift). Es kam ferner zu ersten Dokumentationen von Inschriften, wie etwa der Einsiedler Inschriftensammlung.

In der Renaissance wurden Epigraphika mit neuem Interesse betrachtet, und es entstanden die ersten Schriften, in denen auch inschriftliche Texte berücksichtigt wurden. Der Humanist und Politiker Cola di Rienzo instrumentalisierte die in einem Altar der Lateranbasilika 1347 entdeckte *Lex de imperio Vespasiani* politisch zu seinen Gunsten. Cyriacus von Ancona bereiste als Kaufmann verschiedene Orte im Mittelmeerraum und dokumentierte zeichnerisch viele griechische und lateinische Inschriften in der 1. Hälfte des 15. Jahrhunderts.

In dieser Zeit entstanden auch die ersten handschriftlichen Sammlungen lateinischer Inschriften. Gedruckte Exemplare erschienen in der 1. Hälfte des 16. Jahrhunderts, wie Johannis Huttichs *Collectanea antiquitatum in urbe, atque agro Moguntino repertarum* 1520 in Mainz oder Peter Apians *Inscriptiones Sacrosanctae Vetustatis non illae quidem Romanae* 1534 in Ingolstadt. Es folgten weitere Bände mit lokalen, regionalen und überregional bedeutenden Beständen; ebenso wirkte sich die Attraktivität von Inschriften und den sie tragenden Denkmälern aber auch in anderer, negativer Hinsicht aus: Vermehrt wurden Fälschungen verbreitet, auf Papier oder sogar nachgebildet in Stein, die sogenannten *Falsae*. Genannt wird hier häufig der neapolitanische Architekt und Ausgräber Pirro Ligorio im 16. Jahrhundert, der inzwischen aber differenzierter beurteilt wird. Nicht selten sind diese konstruierten Inschriften nur schwer von falsch oder ungenau abgeschriebenen echten, aber nicht mehr erhaltenen Tituli zu scheiden (letztere sind somit mittelbar überliefert worden). Das gilt insbesondere für die spätere Zeit ab dem 19. Jahrhundert, als die Fälscher immer gewiefter wurden und noch heute erscheinen im Antiquitätenhandel bisweilen Inschriften, insbesondere auf Metall, die aus professionellen Fälscherwerkstätten stammen. Im 19. Jahrhundert ist das Interesse an archäologischen Ausgrabungen und den hierbei zutage geförderten Funden generell stark angestiegen, wie die Gründung von zahlreichen Vereinen demonstriert, die den Altertumswissenschaften verschrieben waren (z. B. der ›Verein von Alterthumsfreunden im Rheinlande‹ im Jahre 1841).

Am Ende des 18. und zu Beginn des 19. Jahrhunderts begann die aus heutiger Sicht kritische Wissenschaft der Epigraphik mit wichtigen Ausgaben von Gaetano Marini zu den Arvalinschriften und von Bartolomeo Borghesi zu den Konsularfasten, also der chronologisch so wichtigen Auflistung der römischen Konsuln. Die Bedeutung Borghesis zeigt sich insbesondere in der großen Wertschätzung, die Theodor Mommsen ihm entgegenbrachte. Letzterer wiederum setzte nach jahrelangem ›Kampf‹ die Abfassung des *Corpus Inscriptionum Latinarum* (CIL) nach seinen Vorstellungen unter dem Dach der Preußischen Akademie der Wissenschaften durch. Mommsen legte auch heute noch gültige Maßstäbe bei der Bearbeitung von Inschriften fest. So ist für die Edition einer Inschrift, trotz in technischer Hinsicht völlig neuer Bedingungen, die eigene Autopsie des Denkmals, also die tatsächliche Überprüfung von Text und Textträger, immer noch eine *conditio sine qua non*. Der erste Band, das CIL I, erschien

1863 und beinhaltet die republikanischen Inschriften bis zur Ermordung Caesars. Schneller war die parallel angelegte, von August Boeckh aber auch bereits 1815 initiierte Sammlung griechischer Inschriften; hier erschienen die ersten Bände des *Corpus Inscriptionum Graecarum* (CIG) 1828 und 1843. Als *Inscriptiones Graecae* (IG) wurde die Edition seit 1902 in Anlehnung an das CIL fortgeführt, wofür Ulrich von Wilamowitz-Moellendorff verantwortlich zeichnete.

3.3 Forschungsstand und Ausblick

Die großen Projekte CIL und IG werden unter dem Dach der Berlin-Brandenburgischen Akademie der Wissenschaften im Rahmen von Supplementbänden zu den bereits bestehenden Ausgaben und überarbeiteten Auflagen immer noch fortgeführt. Daneben haben sich weitere kleinere Reihen und Editionen etabliert, die in aller Regel den Bestand einzelner Regionen und Provinzen (z. B. *Inscriptiones Daciae Romanae*; *The Inscriptions of Roman Tripolitania*) oder auch moderner Staaten (z. B. *Inscriptions grecques et latines de la Syrie*; *Inscriptiones Graecae in Bulgaria repertae*) zu fassen suchen. Eine wichtige eigene Reihe haben die christlichen Inschriften erhalten (*Inscriptiones Latinae Christianae Veteres*). Darüber hinaus existieren inzwischen zahlreiche Editionen, welche alle Inschriften bestimmten Charakters (z. B. *Lois sacrées des cités grecques*; *The Athenian Tribute Lists*) oder einzelner Orte, militärischer Chargen und Einheiten oder auch Gottheiten versammeln und die in aller Regel eine kleine Anzahl an Spezialisten ansprechen. Mittlerweile ist die Forschung dazu übergegangen, die lateinischen und griechischen Texte in moderne Sprachen zu übersetzen. Das gilt inzwischen selbst für die ›altehrwürdigen‹ Corpora CIL und IG, in denen die Kommentare zu den Inschriften ebenfalls nicht mehr in Latein abgefasst werden, was, auch angesichts der immer ausführlicheren Anmerkungen und Fundbeschreibungen, sinnvoll ist. Eine Übersetzung bietet zudem gerade bei schwierigen Texten eine entsprechende Deutung der jeweiligen Inschrift.

An großer Wichtigkeit gewonnen haben nach der vorläufigen Fertigstellung der Hauptbände des CIL und des IG die Zeitschriften *Année Épigraphique* (AE) für lateinische Inschriften und das *Supplementum Epigraphicum Graecum* (SEG) für die griechischen Pendants. Beide Organe versammeln sämtliche Neufunde und Neulesungen bereits bekannter Tituli, die an anderer Stelle publiziert worden sind, wobei sie wegen des hohen Fundaufkommens jeweils mehrere Jahre hinterherhinken. Auf beide lässt sich inzwischen auch (kostenpflichtig) online zugreifen.

Die digitale Katalogisierung von griechischen und lateinischen Inschriften ist mittlerweile sehr weit vorangeschritten. Nach einer Übergangszeit, in der entsprechende Sammlungen auf Datenträgern gespeichert waren, existieren inzwischen umfangreiche Datenbanken im Netz. Für die griechischen Inschriften wertvoll sind die *Searchable Greek Inscriptions* vom Packard Humanities Institute. Während die Datenbank früher damit warb, mehr als 200 000 Inschriften zu versammeln, verschweigt sie inzwischen die genaue Anzahl. Allerdings wird die Datenbank in regelmäßigen Abständen aktualisiert, sodass die Zahl an Belegen fortlaufend steigen dürfte. Für die lateinischen Inschriften existiert in der *Epigraphik-Datenbank Clauss/Slaby* (EDCS) ein wesentlich umfangreicheres Arbeitsinstrument, welches mehr als 530 000 Inschriften enthält. Was die EDCS besonders auszeichnet, ist die Verlinkung jeder einzelnen Inschrift zu entsprechenden Einträgen in anderen Datenbanken (wie LUPA, EDH etc.; vgl. das Literaturverzeichnis), wenn ein Text dort ebenfalls besprochen oder abgebildet wird. Die meisten Datenbanken liefern allerdings keine Edition, da eine Diskussion/Erläuterung der jeweiligen Lesung mittels Apparatus Criticus oder Kommentar unterbleibt. Die Texte werden zudem in aller Regel nicht entsprechend der jeweils aktuellen Lesung überarbeitet und auch nicht nach den Vorgaben des *Leidener Klammersystems* (s. u.) dargestellt. Somit handelt es sich bei den Datenbank-Einträgen um ein nützliches Werkzeug, das aber nicht von der Überprüfung jedes einzelnen Beleges in einer Standardedition entbindet. Nachweise mittels EDCS- oder anderer Online-Datenbanken-Nummer sind somit keineswegs ausreichend, zumal die meisten umfangreichen digitalen Sammlungen Dubletten aufweisen. Auch statistische Erhebungen und Schlussfolgerungen allein auf Grundlage von Suchergebnissen in der EDCS sind deshalb mit Skepsis zu betrachten. Nichtsdestotrotz bietet gerade diese Datenbank mit den zahlreichen Suchmöglichkeiten und Beschränkung auf die notwendigsten Informationen eine unverzichtbare Hilfe bei der Suche nach Parallelbelegen für Namen, sprachliche Phänomene etc.

Die zukünftige Entwicklung dürfte von der konventionellen Publikation von Inschriften in Monographien und Aufsätzen weg- und zu hybriden oder rein digitalen Editionen hinführen. Hierbei wird es allerdings kaum möglich sein, wie im Falle der meisten epigraphischen Datenbanken (vgl. insbesondere die EDCS), Fortschritte allein auf Grundlage privater Initiative zu erreichen. Ziel muss es sein, die verschiedenen digitalen Datenbestände transnational zu bündeln, dauerhaft zu sichern und zu finanzieren sowie eine einheitliche Wiedergabe der Inschriftentexte auf Grundlage des *Leidener Klammersystems* zu bieten. Dabei müssen nach wie vor einzelne, entsprechend spezialisierte Personen die editorische Arbeit leisten. Die so genannte ›Schwarmintelligenz‹ kann dies erfahrungsgemäß nicht leisten, könnte aber wiederum für die Erweiterung des Bestands an Abbildungen, Maßen und der weiteren notwendigen allgemeinen Informationen zu den Inschriften (Ausstellungsort, Maße etc.) Sorge tragen. Verschiedene mögliche und sinnvolle Vorgehensweise werden von der Community im Rahmen regelmäßiger stattfindender Treffen diskutiert (vgl. epigraphy.info).

3.4 Mögliche Kategorisierung

Es gibt unterschiedliche Möglichkeiten, Inschriften zu kategorisieren. Am weitesten verbreitet ist eine inhaltliche Differenzierung. Die größte Gruppe bilden bei dieser Einteilung die *Grabinschriften* (s. Abb. 3.2 und 3.5). Es folgen die *Weih- oder Votivinschriften*, also Texte, die auf Geschenken für Gottheiten vermerkt sind (s. Abb. 3.3). Hierbei kann es sich auch um einen Tempel handeln, womit die Weihinschrift zugleich eine *Bauinschrift* wäre (s. Abb. 3.1 für eine Kombination von Weih- und Bauinschrift). Bei *Ehreninschriften* für Personen handelt es sich ebenfalls häufig um Bauinschriften (z. B. bei Standbildern). Zu letzteren kann man ebenso die *Meilensteine* zählen, welche die Entfernung von ihrem Aufstellungsort bis zum Ausgangspunkt der Straße angeben, in gallischen und germanischen Provinzen bisweilen nicht in römischen Meilen (1481,5 m), sondern Leugen (ca. 1 ½ Meilen). Eine weitere Gruppe bilden die *offiziellen Urkunden* wie Militärdiplome, Gesetze, Senatsbeschlüsse und Staatsverträge, die bei den Römern üblicherweise in Bronzetafeln eingraviert wurden (s. Kap. 9). Die griechischen Pendants sind dagegen häufig in Stein festgehalten worden, wenn sie von öffentlichem Interesse waren; andernfalls waren sie zumeist auf organischem Material, v. a. Holz, verzeichnet. Ebenfalls zu dieser Kategorie zählen kann man offizielle Kalender und Fasten/Listen mit Beamten, Triumphatoren oder auch Priestern (s. Kap. 7). Selten erhalten haben sich die *privaten Urkunden* wie Adoptions-, Kaufverträge und Testamente, die überwiegend auf organischem Material vermerkt waren (s. Kap. 4).

Eine eigene Gruppe bilden die in Kursivschrift ausgeführten *Verwünschungstafeln* (lat. *defixiones*), die sich in griechischer und lateinischer Sprache erhalten haben, wohingegen die so genannten *Totenpässe* oder *Orphicae*

Lamellae vor allem ein griechischsprachiges Phänomen sind. Auch die sogenannten *Leges Sacrae* (Inschriften mit rituellen Vorschriften) haben sich häufiger in Griechisch erhalten als in Latein. Neben diesen Kategorien, die längere Inschriftentexte umfassen, existieren die *Kleininschriften* mit sehr kurzen und häufig stark abgekürzten Texten (vgl. die Abb. auf dem Buchcover). Hierzu zählen Herstellungs-, Besitz- oder Gewichtsangaben, Liebesbezeugungen und Bonmots auf Schmuckstücken sowie Tesserae-Beschriftungen, bei denen es sich um Ausweis-, Kontroll- und Eintrittsmarken handeln kann. Zum Teil sind derartige Inschriften gestempelt worden. Eine eigene Gruppe bilden zudem die *Graffiti* an Wänden, die – so z. B. in Pompeji – ein weites inhaltliches Spektrum von Literaturzitaten über Werbung bis hin zu Beleidigungen umfassen können.

Zusätzlich oder alternativ kann man Inschriften nach ihrem *Material* und der *Art der Erstellung* differenzieren. Das Kriterium Material erlaubt eine Einteilung beispielsweise in Inschriften auf Stein, Bronze, Blei und anderen Metallen, Holz, Tonware, Glas und Leder. Die Art der Erstellung erlaubt eine Kategorisierung in eingehauene, eingravierte, aufgemalte, eingelassene, gepunzte (also mittels Punkten erstellte), geritzte, angestiftete (d. h. mit einzelnen Gold-/Bronzebuchstaben erstellte), in Mosaik gelegte (s. Abb. 9.1), gestempelte oder gebrannte Inschriften.

3.5 Methoden

Üblicherweise werden Inschriften bei archäologischen Ausgrabungen gefunden und entsprechend bekanntgegeben. Eine ernsthafte Auseinandersetzung mit einer Inschrift, beispielsweise im Rahmen einer Edition, unterliegt trotzdem dem Autopsiegebot (s. o.). Im griechischsprachigen Raum hat man viele Inschriften bei großflächigen Surveys entdeckt.

Bei der Edition interessieren den Bearbeiter einer Inschrift sämtliche bekannten *Funddetails*, da der ursprüngliche Aufstellungsort bei der inhaltlichen Deutung eines (oftmals beschädigten) Textes Hinweise geben kann. Selbst wenn eine Inschrift nicht *in situ*, also am ursprünglichen Aufstellungsort, sondern in sekundärer Nutzung als sogenannte Spolie, beispielsweise in einer spätantiken Mauer oder einer Kirche, verbaut gefunden wird, kann der Fundplatz von Relevanz sein, weil insbesondere Steininschriften in aller Regel nicht über weite Strecken transportiert worden sind, um als Baumaterial genutzt zu werden. Verständlicherweise gilt das nicht für Orte an Gewässern, über welche Steine in ›steinarme‹ Gebiete verschifft worden sind (beispielsweise über den Rhein in die Niederlande). Funde in der Umgebung einer ausgegrabenen Inschrift wie Münzen können ferner dazu dienen, diese zu datieren. Sind mehrere Inschriften als Spolien nahe beieinander verbaut worden, dann stammen sie zudem meist von demselben oder zumindest nahe beieinanderliegenden ursprünglichen Aufstellungsorten.

Bei der Analyse einer Inschrift ist der *Inschriftträger* von großer Bedeutung, weshalb er möglichst genau, insbesondere hinsichtlich seiner Erhaltung, beschrieben werden muss. Hierzu gehört auch die Angabe der Maße, wobei neben den Gesamtmaßen (H x B x T), die Abmessung des Inschriftfeldes und die Buchstabenhöhe interessieren. Der Abstand zwischen den Zeilen kann ebenfalls hilfreich sein. Ist ein Stein bzw. eine Inschrift beschädigt, dann wird die maximale Höhe, Breite und Tiefe verzeichnet. Die Denkmalgattung (z. B. Weihaltar oder Grabstele) kann wichtige Hinweise auf die Funktion einer Inschrift geben, was vor allem dann eine Rolle spielt, wenn entsprechend relevante Bereiche des Textes beschädigt sind. Von Bedeutung ist ferner die Bestimmung des Materials, welches in der Antike über die Verwendbarkeit entschied: Tuffstein eignete sich eher für den Mauerbau, während sich feiner Kalkstein oder Marmor für die Erstellung qualitätvoller Inschriften und Reliefs anbot. Nicht selten hat man aber einfach das benutzt, was günstig zu erstehen war, und Steinmaterial aus der Umgebung war erschwinglicher als solches, das über weite Strecken transportiert werden musste. Zum Teil entschied das Material über die Erhaltungschancen eines Denkmals: Während sich Inschriften auf organischem Untergrund generell schlechter erhalten haben, sind Inschrifttafeln aus Bronze wegen des Metallwerts vielfach eingeschmolzen worden. Steininschriften haben die Zeiten am besten überdauert und dominieren deshalb auch unter den erhaltenen Tituli. Gerade Kalksteine sind aber im 19. Jahrhundert für die Zementherstellung in großer Zahl in die Kalkmühlen gewandert. Zudem sind antike Bauten trotz gelegentlicher Verbote durch die Obrigkeit oft als Steinbrüche für moderne Gebäude benutzt worden. Selbst die Zahl der vorhandenen Steininschriften ist also nur ein Bruchteil dessen, was ursprünglich auf Friedhöfen, in Heiligtümern usw. aufgestellt war.

Der Erhaltungszustand kann sich auch nach der Entdeckung einer Inschrift verändert haben. So sind zahlreiche Monumente nach ihrer Auffindung in einem der beiden Weltkriege zerstört oder beschädigt worden. Unbearbeitete Bereiche eines Denkmals sind gelegentlich aus Gründen der Praktikabilität abgeschlagen worden. Manch eine Inschrift ist in früheren

Zeiten unsachgemäß restauriert worden, wobei man die Buchstaben zudem häufig falsch ausgemalt hat.

Wenn epigraphische Denkmäler, die der Forschung früher bekannt waren, inzwischen zerstört bzw. verschollen sind, kann eine Inschrift nur auf Grundlage früherer Publikationen und unpublizierter, in Archiven befindlicher Handschriften ediert werden. Auch im Falle von beschädigten Inschriften ist die frühere Forschung von Relevanz, wenn ihr der Text oder der Inschriftträger noch vollständiger vorlagen.

Der wichtigste Teil eines epigraphischen Denkmals ist natürlich die *Inschrift* selbst, die unter Berücksichtigung des *Leidener Klammersystems* zu transkribieren ist, wobei es letztlich Geschmackssache ist, ob man die einzelnen Inschriftzeilen (wie hier) untereinander oder hintereinander (getrennt durch / oder |) darstellt. Die *Leidener Vereinbarung* legt fest, wie beschädigte Buchstaben, ergänzte Bereiche der Inschrift, früher lesbare Textteile, Auflösungen von Abkürzungen usw. wiederzugeben sind. Folgende diakritischen Zeichen (der insgesamt wesentlich längeren Liste) erscheinen am häufigsten; die gleichen diakritischen Zeichen werden auch bei der Aufarbeitung papyrologischer Quellen genutzt (s. Kap. 4):

(abc)   Auflösung abgekürzter Texte
[abc]   Ergänzung zerstörter Buchstaben
⌜abc⌝   Korrektur durch Bearbeiter
<abc>   Ergänzung irrtümlich ausgelassener Buchstaben
{abc}   Tilgung fälschlich gesetzter Buchstaben
›abc‹   Antike Zufügungen
ȧbċ   Beschädigte Buchstaben, deren Lesung unter formalen Gesichtspunkten unsicher ist; es handelt sich somit um Buchstabenreste, die nur auf Grundlage des inhaltlichen Zusammenhangs ergänzt werden können
abc   Von früheren Herausgebern gelesene, inzwischen verlorene Buchstaben
[---]   Lücke unbestimmbarer Länge
[-1-2-] Lücke von – beispielsweise – etwa 1–2 Buchstaben. Weiß man die genaue Anzahl der fehlenden Buchstaben, kann diese auch durch Punkte in eckigen Klammern zum Ausdruck gebracht werden: z. B. [..] für zwei fehlende Buchstaben
------ Fehlender Anfang, fehlendes Ende der Inschrift mit unbestimmbarer Zeilenzahl

/	Zeilentrennung: Jede 5. Zeile wird die entsprechende Zeilenzahl vermerkt
+++	Reste von Buchstaben, die nicht mit Sicherheit oder ausreichender Wahrscheinlichkeit bestimmt werden können; die Zahl der Kreuze entspricht der Anzahl der Buchstaben
∧	Ligatur/Verschmelzung eines Buchstabens mit dem folgenden Buchstaben
∘	Buchstaben-/Worttrenner im Text
[[abs]]	eradierter (gelöschter) Text von beispielsweise der *damnatio memoriae* verfallenen Kaisern. Man spricht auch von einer Rasur.

Trotz der *Leidener Vereinbarung* von 1931 werden gewisse Zeichen, wie die Unterpunktung von Buchstaben, in der Forschung nach wie vor nicht einheitlich gesetzt.

Neben der Transkription des Textes sind auffällige Eigenarten der Inschrift im Kommentar zusätzlich zu erwähnen, selbst wenn eine Abbildung beigegeben wird. Hierzu zählt beispielsweise eine Einschätzung des *Inschriftduktus*, also der Ausführung der Inschrift durch den Steinmetz. Zu erwähnen sind auch auffällig gestaltete Buchstaben, Worttrenner, Worttrennungen am Ende der jeweiligen Zeile, Verbesserungen des Inschrifttextes etc.

Folgende Kalksteintafel aus Nida-Heddernheim/Frankfurt a. M. (s. Abb. 3.1) soll als Beispiel dienen. Auffällig sind in dieser Inschrift die kleineren »E« in Zeile 3 und Zeile 6, die jeweils in den Buchstaben »D« eingestellt und mit diesem verschmolzen (ligiert) sind. Herauszustellen sind ferner das übergroße »T« in Zeile 4 und »I« in Zeile 6 sowie das »A« in *Nidae* (Zeile 4) ohne Querstrich (ursprünglich sicherlich aufgemalt). Die Inschrift ist insgesamt recht sorgfältig in den Stein gearbeitet worden, wobei die Qualität der Ausführung von Buchstabe zu Buchstabe schwankt. Auch die Abstände zwischen den Lettern sind vielfach ungleichmäßig. Die Transkription gestaltet sich folgendermaßen.

3 Epigraphik

Abb. 3.1: Weihinschrift (AE 1962, 232) der Dendrophoren und Augustales aus Frankfurt. Die Tafel war ursprünglich an ihrem Versammlungsgebäude angebracht.

    Saluti ∘ Aug(ustae) ∘
    dendrophori ∘ Âug(ustales)
    consistentes ∘ Mêd(---?)
    iť(em)ͬqͨ(ue) ∘ Nidae ∘ sc(h)olam
5   *de suo ∘ fecerunt*
    loc(o) ∘ adsig(nato) ∘ a ∘ vic(anis) ∘ Nîde(nsibus).

»Für Salus Augusta haben die Dendrophoren (und) Augustales, die sich in Med(---?) und ebenso in Nida versammeln, ein Versammlungsgebäude aus eigenen Mitteln gemacht, nachdem ein Ort von den Einwohnern von Nida zugewiesen worden war.«

Von besonderem Interesse dieser Weih- bzw. Bauinschrift, die ursprünglich am erwähnten Versammlungsgebäude (*schola*) angebracht war, ist der Text am Ende von Zeile 3 und Beginn von Zeile 4. Ursprünglich stand hier *vi/co Nidae*, was dann zu *Med(---?) / it(em)q(ue) Nidae* umgearbeitet worden ist. Dabei ist die Cauda (der Abstrich) des »Q« vergessen oder wegen des kleinen Ausbruchs unter dem Buchstaben bewusst nicht in den Stein eingeschlagen worden. Von einer bereits antiken Korrektur mit Farbe ist auszugehen. Unter dem »I« zu Beginn von Zeile 4 ist noch deutlich das ursprüngliche, eradierte »C« zu erkennen, die übrigen vorher in den Stein gearbeiteten Buchstaben sind geschickt abgewandelt worden: das »V« in Zeile 3 zu einem »M«, das »I« zu einem »D« mit eingestelltem »E«, in das »O« zu Beginn von Zeile 4 ist das »T« eingeschrieben worden. Nicht beantwortet werden kann die Frage, ob die Korrektur direkt bei der (dann fehlerhaften) Erstanfertigung der Inschrift vorgenommen worden ist oder ob die Verbesserung in einer etwas späteren Zeit durchgeführt wurde, als das genannten Kollegium der Dendrophoren im Vicus Nida dazu überging, sich gemeinsam mit den entsprechenden Kollegen des bislang nicht sicher lokalisierbaren Ortes *Med(---?)* zu versammeln. Abweichende Lesungen durch die Forschung und philologische Besonderheiten sind in einem Apparatus Criticus zu verzeichnen.

In einem *historischen Kommentar* ist sodann die übergeordnete Bedeutung einer Inschrift zu thematisieren. Im Falle dieser Inschrifttafel ist erwähnenswert, dass es in Nida einen Kybele-Kult gab. Bei den Dendrophoren handelt es sich um ›Baumträger‹, die jeweils zum Fest für Kybele am 24. März einen Baum in die Stadt trugen und dort aufrichteten. Gleichzeitig hatten sie (als Augustales) offenbar eine Funktion im Kaiserkult. Hierauf deutet auch die Weihung für die Salus Augusta hin, die hier als personifiziertes Wohl des Kaisers bzw. Kaiserhauses aufgefasst werden kann. Die Inschrift ist zusätzlich auch deshalb von großer Wichtigkeit, weil es sich um den einzigen Beleg für den antiken Namen Nida (heute der Stadtteil Frankfurt a. M.-Heddernheim) handelt, der vor Ort gefunden worden ist. Nida war der Hauptort der Civitas Taunensium, und wenn in der Inschrift davon die Rede ist, dass die Bewohner des Ortes den Platz für das Versammlungshaus zur Verfügung gestellt haben, dann ist davon auszugehen, dass die Entscheidung von den Nidenser Stadträten (Dekurionen) getroffen worden ist.

Zuletzt ist eine Aussage zur *Datierung* einer Inschrift zu treffen. Im vorliegenden Fall war für die Ersteller des Textes die genaue zeitliche Fixierung des Schola-Baus offensichtlich nicht von Bedeutung, wenngleich eine Einweihung am 24. März Sinn ergäbe (s. o.). Die Inschrift selbst enthält keine indirekten Datierungshinweise (s. u.), die eine genauere zeitliche Einordnung ermöglichen könnten. Der archäologische Fundkontext und allgemeine Erwägungen zum Fundort sowie die Entwicklung der Inschriftsetzung, die im römischen Westen insbesondere in der Zeit der severischen Dynastie ihren Höhepunkt fand, weisen aber in die Zeit von der Mitte des 2. bis zur Mitte 3. Jahrhunderts n. Chr. für die Erstellung der Tafel.

3 Epigraphik

Wenn Inschriften datiert sind, erfolgt die Angabe des Jahres in aller Regel durch eponyme Beamte oder religiöse Funktionsträger (s. Kap. 7). In Athen waren dies die Archonten, die allerdings vom Sommer eines Jahres bis zum Sommer des folgenden amtierten, woraus sich ›Doppeljahr‹-Datierungen ergeben (z. B. Archontat Solons 594/593 v. Chr.). Die folgende Grabstele aus Athen nutzt diese Form der Datierung (s. Abb. 3.2).

Abb. 3.2: Grabstein des Kavalleristen Dexileos (IG II/III² 6217), der im Korinthischen Krieg gefallen ist.

> Δεξίλεως Λυσανίο Θορίκιος.
> Ἐγένετο ἐπὶ Τεισάνδρο ἄρχοντος,
> ἀπέθανε ἐπ' Εὐβολίδο
> ἐγ Κορίνθωι τῶν πέντε ἱππέων.
>
> »Dexileos, Sohn des Lysanias, aus Thorikos. Er wurde geboren unter dem Archon Teisandros, gestorben ist er unter (dem Archon) Euboulides bei Korinth (als einer) von fünf Reitern.«

Dexileos stammte aus Thorikos an der Ostküste Attikas. Durch die Angabe der Archonten wird sowohl sein Geburtsjahr 414/413, als auch sein Todesjahr 394/393 v. Chr. vermerkt. Hierdurch ergibt sich ferner der Erstellungszeitpunkt für die Stele, und die Darstellung auf derselben kann wiederum der chronologischen Fixierung stilistisch ähnlicher Denkmäler dienen. Zu sehen ist Dexileos zu Pferd, der über einen Gegner hinwegreitet. Die Inschrift nennt ihn als einen von fünf gefallenen Reitern. Der nähere Zusammenhang ist unklar, doch wird der Mann auch in der Gefallenenliste IG II/III^2 5222 aufgeführt. Die Schlacht bei Korinth wird zudem von Xenophon (hell. 4,2,9–23) erwähnt.

In römischen Inschriften wird mittels der erstgewählten, d. h. zu Beginn des Jahres amtierenden Konsuln (*consules ordinarii*) datiert. Seltener kommt es vor, dass nachgewählte Konsuln (*consules suffecti*) aufgeführt werden. Zu der Jahresdatierung kann noch die Angabe des Monats und Tages hinzutreten. Während es keinen einheitlichen griechischen (Mond-)Kalender und Jahresanfang gab, ist der römische (Sonnen-)Kalender seit Caesars Reform weitgehend identisch mit dem modernen (s. Kap. 7). Folgendes Beispiel (s. Abb. 3.3) zeigt eine entsprechende Datierung.

3 Epigraphik

Abb. 3.3: Altar (CIL XIII 6665) aus Mainz, der von Lucius Maiorius Cogitatus für die Aufaniae gestiftet worden ist.

Deab(us) ∘ Aufan(iabus oder -is)
et ∘ Tutelae ∘ loci
pro salute ∘ et in-
col<u>mitate ∘ sua
5 *suorumq(ue) ∘ om-*
nium ∘ L(ucius) ∘ Maiori-
us Cogitatus b(ene)f(iciarius)
co(n)s(ularis) ∘ vot(um) ∘ sol(vit) ∘ l(ibens) ∘ l(aetus) ∘ m(erito)
Idibus ∘ Iulis

10 *Gentiano* ° *et*
    Basso ° *co(n)s(ulibus).*

»Für die Göttinnen Aufaniae und die Schutzgöttin dieses (Aufstellungs-)Ortes (und) für das Heil und die Unversehrtheit der Seinen, und zwar aller, hat Lucius Maiorius Cogitatus, Benefiziarier des Statthalters (von Obergermanien) sein Gelübde gern und freudig nach Verdienst (der Gottheiten) eingelöst an den Iden des Juli, als Gentianus und Bassus Konsuln waren (= 15.7.211).«

Dieser Mainzer Altar ist von einem Soldaten gestiftet worden. Als Benefiziarier war er von seiner Legion – in diesem Falle sehr wahrscheinlich von der in Mainz stationierten 22. Legion – für den Dienst beim Statthalter abkommandiert worden. Die Benefiziarier konnten als Sekretäre direkt beim Statthalter dienen, sie konnten aber auch in Stationen an Wegen und Grenzen für Verwaltungszwecke zum Einsatz kommen. Der Name des Mannes und die in der Inschrift erwähnten Aufaniae zeigen, dass der Soldat ursprünglich aus der Nachbarprovinz Niedergermanien stammte, in der die Aufaniae vielfach angerufen wurden und in der auch sein Gentilnomen Maiorius mehrfach nachgewiesen ist.

Geweiht wurde der Altar am 15. Juli 211 n. Chr. Wie üblich werden die Konsuln nur mit ihrem Cognomen (im Ablativ) genannt. Der Tag wiederum war für den Soldaten von besonderer Bedeutung, denn zu den Iden des Januar und denjenigen des Juli gab es in Obergermanien üblicherweise einen Personalwechsel unter den Benefiziariern. Wie viele seiner Kollegen hat Maiorius aus Anlass dieses Wechsels ein Weihgeschenk für die von ihm favorisierten Gottheiten dargebracht, und er hat, wie die äußerst übliche Formel *votum solvit libens laetus merito* darlegt, dieses Weihgeschenk (den Altar) vorher versprochen und es nun, nachdem die Gottheiten es sich verdient hatten, geweiht.

Neben den durch Caesars Ermordung sprichwörtlich gewordenen Iden hatten die Römer zwei weitere Fixpunkte im Monat, die Kalenden und die Nonen (s. Kap. 7). Die Kalenden bezeichneten immer den 1. Tag eines Monats, die Nonen den 7. (im März, Mai, Juli und Oktober) oder 5. (in allen anderen Monaten) und die Iden den 15. (im März, Mai, Juli und Oktober) oder 13. (in allen anderen Monaten) Tag. Wollte man ein Datum zwischen diesen Fixpunkten angeben, setzte man eine Zahl vor die Kalenden, Nonen bzw. Iden, diese wurde dann vom 1., 5./7. bzw. 13./15. abgezogen, wodurch man das entsprechende Datum erhielt. Hierbei ist zu berücksichtigen, dass man den 1., 5./7. und 13./15. jeweils mitzählen musste. Beispiele:

- *ante diem III Idus Martias* = 3. Tag vor den Iden des März (die Iden mitgezählt!) = 13. März
- *ante diem VIII Kalendas Apriles* = 8. Tag vor den Kalenden des April = 25. März
- *ante diem IIII Nonas Ianuarias* = 4. Tag vor den Nonen des Januar = 2. Januar
- *pridie Nonas Maias* (selten: a.d. II Nonas Maias) = Tag vor den Nonen des Mai = 6. Mai

Wenn keine Tageszahl vor den Fixpunkten steht, also nichts abgezogen werden muss, stehen Iden, Kalenden, Nonen nicht im Akkusativ, sondern im Ablativ.

Weitere mehr oder weniger genaue Datierungen ergeben sich aus den Kaisertitulaturen. Der folgende Titulus (s. Abb. 3.4) aus Apollonia im heutigen Albanien schmückte einen Architrav und gehört somit zu der Kategorie der Bauinschriften.

Abb. 3.4: Inschrift (SEG 47, 836) von einem Gebäude, das im Auftrag von Kaiser Hadrian in Apollonia errichtet worden ist. Das kleinere Fragment befand sich ursprünglich direkt am linken Ende des größeren Bruchstücks.

[Αὐτοκράτωρ] Καῖσαρ θεοῦ Τ[ραιανοῦ ---]

»[Imperator] Caesar, Sohn des vergöttlichten T[raianus, ---]«

Auf Grundlage der vielen bekannten Kaiserinschriften ist der Anfang des Textes ohne jeden Zweifel zu rekonstruieren mit Autokrator, dem griechischen Pendant für Imperator. Es folgen *Kaisar* = »Caesar« und die Filiation (Angabe des Vaters), hier: *theou Traianou* = »(Sohn) des vergöttlichten Trajan«. Somit ist klar, dass das Gebäude, zu dem der Architrav gehörte, von Trajans Nachfolger, Kaiser Hadrian (117–138 n. Chr.), gestiftet worden ist, da der Kaiser im Nominativ und damit als handelndes Subjekt erwähnt wird.

Die (hier fehlende) Zählung der *tribunicia potestas* (tribunizische Amtsgewalt) liefert das genaue Regierungsjahr, die Anzahl der Konsulate und imperatorischen Akklamationen nur einen *terminus post quem* (den frühestmöglichen Zeitpunkt; s. Kap. 7). Die *tribunicia potestas* wurde bis Kaiser Trajan vom Tag des offiziellen Regierungsantritts an gezählt. Ab Trajan zählte man ab dem 10. Dezember eines Jahres (in der Republik der Wahltag der Volkstribunen). Im 3. Jahrhundert gibt es hiervon viele Abweichungen. Wird ein Kaiser als *divus* (vergöttlicht) bezeichnet, dann ist er zum Zeitpunkt der Anfertigung der Inschrift bereits tot. Kaiser, deren Namen nachträglich ausgemeißelt wurden, sind der *damnatio memoriae* verfallen, d. h. die Erinnerung an sie wurde aus den Inschriften getilgt.

Viele Datierungshilfen ergeben sich aus der aus anderen Quellen bekannten Geschichte des jeweiligen Fundortes: Eine Inschrift aus Olynthos auf der Chalcidike wird beispielsweise vor der Belagerung und Zerstörung durch Philipp II. 348 v. Chr. erstellt worden sein.

Neben diesen datierenden Angaben existiert eine Vielzahl an indirekten Datierungskriterien, die man wiederum durch Analyse der datierten Inschriften zusammengetragen hat. Häufig hat die Forschung auf Grundlage der Schriftform zu datieren versucht. Dieses Datierungskriterium ist sowohl bei griechischen wie auch bei lateinischen Tituli grundsätzlich kritisch zu betrachten. Je größer die Inschriftenmenge vor Ort, desto eher kann man über die Ausführung der Inschriften Datierungsaussagen treffen. In kleineren Orten mit weniger Inschriften aufgrund der Buchstabenform oder des Inschriftduktus datieren zu wollen, ist dagegen methodisch bedenklich. Einige grundsätzliche Aussagen sind freilich möglich.

Neben der für uns üblichen Schreibweise von links nach rechts wurden griechische Inschriften in archaischer Zeit, wie im Falle des phönikischen Vorbilds, auch von rechts nach links geschrieben (bis ins 6. Jahrhundert hinein). Längere Texte wurden zudem schön früh *boustrophedon* geschrieben, d. h., dass in jeder Zeile die Leserichtung wechselte: zuerst von links nach rechts, dann von rechts nach links usw. (griech. βουστροφηδόν, ›wie ein Rind sich wendet‹, gemeint ist: beim Pflügen; vgl. Paus. 5,17,6). Noch in der Klassik hat man diese Schreibweise für rituelle Inschriften benutzt, um einen bewusst archaischen Charakter zu evozieren. Bei den griechischen Tituli sind für Athen bzw. Attika verschiedene chronologische Datierungshinweise herausgearbeitet worden. Vom Ende des 6. bis zum letzten Viertel des 3. Jahrhundert wurde der *stoichedon*-Stil gepflegt, bei dem jede Zeile gleich viele Buchstaben enthalten hat, die genau über-/untereinander in den Stein gearbeitet wurden (griech. στοιχηδόν, ›in der Reihe‹). Im 5. Jahrhundert hat sich ferner die Form verschiedener Buchstaben verändert. Diskutiert wurde und wird insbesondere die Wandlung des aus drei Hasten bestehenden Sigma zum Buchstaben mit vier Hasten. Eine Einigung über die genauere Festlegung innerhalb des 5. Jahrhunderts scheint noch nicht in Sicht, zumal sich in neueren Studien abzeichnet, dass beide Schreibformen vielleicht doch über einen längeren Zeitraum nebeneinander herliefen (vgl. Tracy 2016). Ab dem 3. Jahrhundert findet man das Alpha mit nach unten gebrochener Querhaste (s. Abb. 3.4) und um das Jahr 200 v. Chr. hat man die spitzen Winkel in den Buchstaben nicht mehr geschlossen (der sogenannte ›offene Stil‹). Auch im späten Hellenismus und in der römischen Kaiserzeit gab es bestimmte Schreibweisen der griechischen Buchstaben, die – örtlich begrenzt – Datierungshinweise geben können. Eine Eigenart, welche die griechischen Inschriften von den lateinischen deutlich unterscheidet, ist die *scriptio continua*: Es wurden keine Abstände zwischen die Wörter gesetzt. Zwar existieren bisweilen Satzzeichen, doch sind diese dann häufig nicht durchgängig oder stringent gesetzt. Ein weiterer Unterschied besteht darin, dass die griechischen Inschriften weit weniger häufig Abkürzungen benutzen als die lateinischen.

In Rom und Italien sind die wenigen bekannten Tituli der frühen Zeit ebenfalls teilweise von rechts nach links oder *boustrophedon* geschrieben. Beliebter wurde die Inschriftsetzung erst in den letzten beiden vorchristlichen Jahrhunderten. Die Inschriften dieser Zeit sind an der Schreibung einzelner Buchstaben zu erkennen (weit offenes P) und daran, dass die Hasten gerade in den Stein geschlagen wurden. Am Übergang von der Republik zum Prinzipat kam die *Scriptura Capitalis Quadrata* auf, und sie blieb zumindest unter den qualitativ hochwertigen Inschriften in der Kaiserzeit erste Wahl. Sie zeichnet sich dadurch aus, dass die geraden Linien von beiden Seiten jeweils schräg in den Stein gehauen wurden, so dass eine dreiecksförmige Furche entstand, wobei die Breite derselben variierte. Zudem wurde darauf geachtet, dass die Buchstaben gleichmäßig breit und hoch ausfallen. Der hohe Aufwand machte eine derartige Inschrift sehr kostspielig und nur in größeren Orten wird man einen entsprechend fähigen Steinmetz gefunden haben. Als sogenannte *Scriptura Actuaria* wird die sparsamere, weniger sorgsame Version der Monumentalschrift bezeichnet. Kaiser Claudius führte zwei neue Buchstaben ein (nach seiner Regierungszeit wurden diese wieder fallen gelassen): ├ (halbes H) für kurzes y (Laut zwischen ē und ī); Ⅎ (umgekehrtes Digamma) für w (stimmhafter Reibelaut); ferner führte Claudius den alten Diphthong AI für AE wieder ein, der seine Regierungszeit aber ebenso wenig überdauerte. Bisweilen findet sich als Datierungskriterium die Meinung, dass Ligaturen (Verschmelzungen von Buchstaben) erst ab 150 n. Chr. erscheinen. Ligaturen finden sich aber schon im 1. Jahrhundert n. Chr. Die exzessive Nutzung von Ligaturen ist aber tatsächlich erst ein Phänomen des 2./3. Jahrhunderts. Ab dem 3. Jahrhundert finden sich in Inschriften häufiger Elemente der Kursivschrift.

Für die vielen weiteren indirekten Möglichkeiten, Inschriften zu datieren, sei auf die epigraphische Spezialliteratur verwiesen. Für die bislang noch nicht betrachtete Kategorie der Grabinschriften seien aber zuletzt noch einige Datierungsmöglichkeiten dargelegt. Bei der folgenden Inschrift (s. Abb. 3.5) handelt es sich um eine typische Grabinschrift aus Aguntum in der Provinz Noricum.

Abb. 3.5: Grabinschrift (AE 1996, 1191) für Viccia Severa aus Aguntum, die von ihrem Ehemann Gaius Iulius Pontianus (zusammen mit dem eigentlichen Grabbau) in Auftrag gegeben worden ist.

D(is) ∘ M(anibus) ∘ Vicciae
G(ai) ∘ f(iliae) ∘ Severae
ob(itae) ∘ ân(norum) ∘ X̂X̂XII ∘ con(iugi) ∘ k(arissimae) ∘
C(aius) ∘ Iul(ius) ∘ Pontiânus
5 et ∘ sibi ∘ et ∘ suis ∘ v(ivus) ∘ f(ecit).

»Den Totengöttern. Für Viccia Severa, Tochter des Gaius, gestorben mit 32 Jahren, seine sehr wertgeschätzte Ehefrau, hat Gaius Iulius Pontianus für sich und die Seinen zu Lebzeiten (diesen Grabstein) gemacht.«

Die Grabtafel war ursprünglich an einem größeren Grabbau befestigt, in dem zum Zeitpunkt der Herstellung der Inschrift nur Viccia Severa bestattet war. Am selben Ort sollte später ihr Ehemann Iulius Pontianus bestattet werden, und auch die weiteren Familienangehörigen durften die Grabstätte nutzen. Die Angabe *fecit* (er [Iulius Pontianus] hat gemacht) ist in aller Regel nicht wörtlich aufzufassen.

Eingeleitet wird die Inschrift mit der Widmung *Dis Manibus*, einer Formel, die in augusteischer Zeit aufkam und sich dann von Italien aus nach und nach in den Provinzen durchsetzte (in den germanischen Provinzen erscheint sie erst im ausgehenden 1. Jh. n. Chr.). Zu Beginn wird die Formel *Dis Manibus* noch ausgeschrieben und der folgende Name der verstorbenen Person(en) erscheint im Nominativ. Später wird die Formel dann abgekürzt und die Personennamen folgen im Genitiv oder Dativ. Die abgekürzte Formel in dieser Grabinschrift weist damit ins 2./3. Jahrhundert. Für das 2. Jahrhundert spricht hierbei der Umstand, dass der Mann noch ein Praenomen angibt, welches im 3. Jahrhundert häufig schon weggelassen wird. Die Bezeichnung der Ehefrau als *karissima* wiederum deutet auf das fortgeschrittene 2. Jahrhundert oder 3. Jahrhundert hin. Insgesamt ergibt sich hieraus eine Datierung in das ausgehende 2./beginnende 3. Jahrhundert n. Chr.

3.6 Literatur

3.6.1 Einführungen und Überblickswerke

Almar, Knud Paasch: Inscriptiones Latinae. Eine illustrierte Einführung in die lateinische Epigraphik, Odense 1990.
Bérard, François: Guide de l'épigraphiste: bibliographie choisie des épigraphies antiques et médiévales, 4. Aufl., Paris 2010.
Bodel, John (Hrsg.): Epigraphic Evidence. Ancient History from Inscriptions, London 2001.
Bruun, Christer/Edmondson, Jonathan (Hrsg.): The Oxford Handbook of Roman Epigraphy, Oxford 2015.
Calabi Limentani, Ida: Epigrafia Latina. Con un'appendice bibliografica di Attilio Degrassi, 3. Aufl., Mailand 1974.

Cooley, Alison E.: The Cambridge Manual of Latin Epigraphy, Cambridge 2012.
Eck, Werner: Epigraphik, in: Graf, Fritz (Hrsg.): Einleitung in die lateinische Philologie, Stuttgart/Leipzig 1997, 92–111.
Klaffenbach, Günther: Griechische Epigraphik, 2. Aufl., Göttingen 1966.
Lassère, Jean-Marie: Manuel d'épigraphie romaine, 2 Bde., 3. Aufl., Paris 2011.
McLean, Bradley H.: An Introduction to Greek Epigraphy of the Hellenistic and Roman Periods from Alexander the Great Down to the Reign of Constantine 323 B.C.–A.D. 337, Ann Arbor 2002.
Meyer, Ernst: Einführung in die lateinische Epigraphik, 3. Aufl., Darmstadt 1991.
Petzl, Georg: Epigraphik, in: Nesselrath, Heinz-Günther (Hrsg.): Einleitung in die griechische Philologie, Stuttgart, Leipzig 1997, 72–83.
Pfohl, Gerhard (Hrsg.): Das Studium der griechischen Epigraphik. Eine Einführung, Darmstadt 1977.
Robert, Louis: Die Epigraphik der klassischen Welt, Bonn 1970.
Sandys, John E.: Latin Epigraphy. An Introduction to the Study of Latin Inscriptions, 2. Aufl. überarb. v. S. G. Campbell, London 1927, ND Groningen 1969.
Schmidt, Manfred G.: Lateinische Epigraphik. Eine Einführung, 3. Aufl., Darmstadt 2015.
Walser, Gerold: Römische Inschriftkunst. Römische Inschriften für den akademischen Unterricht und als Einführung in die lateinische Epigraphik, 2. Aufl., Stuttgart 1993.

3.6.2 Spezialliteratur

Brodersen, Kai/Günther, Wolfgang/Schmitt, Hatto H. (Übers.): Historische Griechische Inschriften in Übersetzung, 3 Bde., Darmstadt 1992–1999.
Freis, Helmut (Übers./Hrsg.): Historische Inschriften zur römischen Kaiserzeit: von Augustus bis Konstantin, 2. Aufl., Darmstadt 1994.
Orlandi, Silvia/Santucci, Raffaella/Casarosa, Vittore/Liuzzo, Pietro M. (Hrsg.): Information Technologies for Epigraphy and Cultural Heritage. Proceedings of the First EAGLE International Conference, Rom 2014; URL: https://www.eagle-network.eu/wp-content/uploads/2015/01/Paris-Conference-Proceedings.pdf [22.7.2022].
Osborne, Robin/Rhodes, Peter J. (Hrsg.): Greek Historical Inscriptions, 478–404 BC, Oxford 2017.
Osborne, Robin/Rhodes, Peter J. (Hrsg.): Greek Historical Inscriptions, 404–323 BC, Oxford 2003, ND 2007.
Schillinger-Häfele, Ute: Lateinische Inschriften. Quellen für die Geschichte des römischen Reiches, Waiblingen 1982.
Schillinger-Häfele, Ute: Consules – Augusti – Caesares. Datierung von römischen Inschriften und Münzen. Mit einem Beitrag von P. Filtzinger, Stuttgart 1986.
Schumacher, Leonhard (Hrsg.): Römische Inschriften. Lateinisch/Deutsch, Stuttgart 1988.
Steinhart, Matthias (Übers./Hrsg.): Griechische Inschriften als Zeugnisse der Kulturgeschichte. Griechisch – Deutsch, Sammlung Tusculum, Berlin/Boston 2017.

Tracy, Stephen V.: Athenian Lettering of the Fifth Century B.C., Berlin 2016.
Woodhead, Arthur G.: The Study of Greek Inscriptions, 2. Aufl., Cambridge 1981.

3.6.3 Digitale Hilfsmittel

American Society of Greek and Latin Epigraphy (ASGLE) – https://www.asgle.org [22.7.2022].
Année Épigraphique (AE) – https://www.jstor.org/journal/anneepig [22.7.2022].
Attic Inscriptions Online (AIO) – https://www.atticinscriptions.com [22.7.2022].
Corpus Inscriptionum Latinarum (CIL) – https://cil.bbaw.de [22.7.2022].
Epigraphic Database Roma (EDR) – http://www.edr-edr.it/default/index.php [22.7.2022].
Epigraphische Datenbank Clauss/Slaby (EDCS) – http://db.edcs.eu [22.7.2022].
Epigraphische Datenbank Heidelberg (EDH) – https://edh-www.adw.uni-heidelberg.de [22.7.2022].
Europeana network of Ancient Greek and Latin Epigraphy (EAGLE) – https://www.eagle-network.eu/basic-search [22.7.2022].
Inscriptiones Graecae (IG) – http://pom.bbaw.de/ig [22.7.2022].
Searchable Greek Inscriptions (PHI): https://inscriptions.packhum.org [22.7.2022].
Supplementum Epigraphicum Graecum (SEG) – https://referenceworks.brillonline.com/browse/supplementum-epigraphicum-graecum [22.7.2022].
Roman Inscriptions of Britain (RIB) – https://romaninscriptionsofbritain.org [22.7.2022].
Ubi erat lupa (LUPA) – http://lupa.at [22.7.2022].
US Epigraphy Project (USEP) – http://usepigraphy.brown.edu [22.7.2022].

4 Papyrologie

Patrick Sänger

4.1 Einleitung

Der Name »Papyrologie« leitet sich von dem Beschreibstoff Papyrus ab. Dieser wurde aus den Stauden der gleichnamigen Pflanze (*Cyperus papyrus*) gewonnen, deren faseriges, in Scheiben geschnittenes Mark zu papierähnlichen Blättern verarbeitet wurde. Die Papyrologie ist die wissenschaftliche Disziplin, die sich mit den auf Papyrus erhaltenen Texten beschäftigt; es handelt sich also um mit der Hand geschriebene Schriftzeugnisse. Ein weiteres wesentliches Charakteristikum der Papyri besteht darin, dass sie direkt aus der Antike auf uns gekommen sind. Als originale Textquellen aus der antiken Vergangenheit sind sie ihrem Charakter nach den epigraphischen Quellen zur Seite zu stellen, und es ergeben sich in verschiedenen Bereichen methodische und inhaltliche Überschneidungen (s. Kap. 3). Da sich sowohl Papyrologie als auch Epigraphik über die Beschäftigung mit materiellen Textträgern aus der Antike definieren, hat man die erstere als die »jüngere Schwester« von letzterer bezeichnet. Die Einstufung als »jünger« liegt daran, dass sich das wissenschaftliche Interesse an den antiken Papyri aus geopolitischen Gründen erst im 19. Jahrhundert und damit deutlich später als jenes an den epigraphischen Zeugnissen entwickeln konnte.

Bevor näher auf den geopolitischen Aspekt eingegangen wird, sei zunächst festgehalten, dass der Beschreibstoff Papyrus in naturräumlicher und historischer Hinsicht untrennbar mit Ägypten verbunden ist: Hier gab (und gibt) es im Nildelta, im Niltal und in der Oasenregion Fayum (gleichzusetzen mit dem antiken Verwaltungsbezirk Arsinoites) ein natürliches Vorkommen der Papyruspflanze, und hier wurden auf Papyrusblättern bzw. -rollen seit dem 3. Jahrtausend v. Chr. Texte niedergeschrieben. Die natürliche und kulturelle Verwobenheit der Region mit dem Beschreibstoff manifestiert sich auch darin, dass die Herstellung der Papyrusblätter nur für Ägypten nachzuweisen ist, obwohl die Papyruspflanze in der Antike

4 Papyrologie

auch in Palästina und Babylonien wuchs. Als Spiegel für die zentrale Stellung, die Ägypten im Bereich der Papyrusproduktion einnahm, kann auf eine Passage in der *Naturalis historia* des Plinius des Älteren (1. Jahrhundert n. Chr.) verwiesen werden (13,70; Übers. R. König):

> »Dass bald darauf durch den Wetteifer der Könige Ptolemaios [V., 205–180 v. Chr.] und Eumenes [II., 197–158 v. Chr.] um ihre Bibliotheken zu Pergamon das Pergament [= *membrana*] erfunden wurde, nachdem Ptolemaios das Papier [= *charta*, ›Papyrus‹] zurückgehalten hatte, berichtet derselbe Varro. Später war die Verwendung des Schreibmaterials, auf dem die Unvergänglichkeit der Menschen beruht, uneingeschränkt.«

Bei der hier angesprochenen *membrana* handelte es sich um eine verfeinerte Form der bereits von dem Schriftsteller Herodot (5, 58, 3) im 5. Jahrhundert v. Chr. überlieferten Praxis, Tierhäute so zu präparieren, dass man sie beschreiben konnte. Ob die Erfindung dieser *membrana*, die nach der kleinasiatischen Polis Pergamon – in hellenistischer Zeit Hauptstadt des von der Attalidendynastie regierten, pergamenischen Reiches – benannt war, tatsächlich eine Reaktion auf einen am Beginn des 2. Jahrhunderts v. Chr. eingetretenen Engpass an Papyrusexporten aus Ägypten war, ist zwar fraglich. Was die angezeigte Stelle aber unmissverständlich zum Ausdruck bringt, ist das wohl auch noch zu Lebzeiten des Plinius des Älteren – also in der frühen römischen Kaiserzeit – nachvollziehbare Gedankenmodell, dass hinsichtlich der Versorgung mit Papyri eine maßgebliche Abhängigkeit von Ägypten bestand. Die Dimension dieser Abhängigkeit kann durchaus als universal erachtet werden, denn die Papyrusblätter und -rollen waren im gesamten Mittelmeerraum als Beschreibstoff (also etwa auch auf der Apenninhalbinsel bzw. in Rom) in Gebrauch.

Neben den gerade angeführten Aspekten ist für die Verbindung zwischen den Papyri und Ägypten noch eine andere Ebene von großer Bedeutung, die ebenfalls in den naturräumlichen Kontext gehört: die Fundumstände. Die Materialbeschaffenheit der Papyrusblätter bzw. deren organische Stofflichkeit bringt es nämlich mit sich, dass nur unter heißen und trockenen Bedingungen sowie bestenfalls bei lichtgeschützten Verhältnissen die Chance besteht, dass sich dieses Material über Jahrhunderte oder gar Jahrtausende erhält. Solche Verhältnisse sind in den Wüstengebieten Ägyptens reichlich vorhanden, was erklärt, warum die überwiegende Masse der Papyrusfunde im Land am Nil gemacht wurde. Das bedeutet aber keineswegs, dass man Papyri nicht auch vereinzelt in anderen Regionen des Mittelmeerraumes entdeckt hätte: als antike Fundstücke kamen sie in Herculaneum (bei Neapel in Italien) und Derveni (bei Thessaloniki in Griechenland) – in beiden Fällen in verkohltem Zustand – zu Tage, und auch in Palästina (darunter die berühmten Qumran-Rollen vom Toten Meer), dem nabatäischen Petra (heutiges Jordanien) und Dura Europos am Euphrat (heutiges Syrien) haben sie sich erhalten.

Quantitativ machen diese außerägyptischen Fundgruppen aber nur einen verschwindend geringen Anteil an der Gesamtzahl bislang bekannt gewordener Papyri aus. Dennoch sind sie in einer Hinsicht repräsentativ für den Gesamtbefund, denn sowohl außerhalb wie innerhalb Ägyptens haben die Papyrusfunde einen punktuellen Charakter. Dieser ist in Ägypten aufgrund der viel größeren Funddichte freilich anders bemessen, weil Papyri hier eben nicht singuläre Fundgruppen an voneinander (mehr oder weniger) weit entfernten Orten bilden. Vielmehr gibt es in Ägypten eine Vielzahl an Fundplätzen, die auch dort verstreut sind, sich aber in bestimmten Gebieten großflächiger zusammenballen. Letzteres ist der Fall in Mittelägypten, wo in den (antiken) Verwaltungsbezirken Arsinoites, Herakleopolites, Oxyrhynchites und Hermupolites bislang bei weitem die meisten Papyri entdeckt wurden. Für das restliche Ägypten liegen weit weniger oder aber auch kaum bis keine Papyrusfunde vor. Dies gilt etwa für den Raum des Nildeltas inklusive Alexandrien, wo die vorherrschende Feuchtigkeit der Erhaltung von Papyri – es sei denn, sie sind verkohlt – entgegensteht; Stücke aus dieser Region haben nur dann eine Chance auf Erhaltung, wenn sie uns südlich von Kairo im Niltal hinterlassen wurden. Insofern ist auch in Ägypten die Fundsituation bzw. -streuung nicht flächendeckend, sondern gleicht einem Flickenteppich mit größeren und kleineren Clustern.

Die Fundsituation der Papyri erklärt daher, warum die Papyrologie als wissenschaftliche Disziplin eng mit Ägypten verknüpft ist, beschäftigt sie sich doch überwiegend mit Texten aus diesem Kulturraum. Diese Verbindung führt zu der fachspezifischen Konvention, dass im Rahmen der Papyrologie neben den Papyri auch andere ähnliche Textträger aus Ägypten Behandlung finden; hierzu zählen etwa Tonscherben bzw. Ostraka (s. Abb. 4.1), Pergament, Holz- oder Wachstäfelchen sowie das aus Textilfasern hergestellte Hadernpapier. An dieser Stelle zeigen sich ganz konkrete Schnittstellen zwischen der Papyrologie und der Epigraphik, denn Ostraka sowie Holz- oder Wachstäfelchen fallen, sofern sie außerhalb Ägyptens gefunden werden, traditionellerweise in das Interessensgebiet der epigraphischen Forschung (s. Kap. 3).

4 Papyrologie

Abb. 4.1: Exemplarisches Foto eines Ostrakons (Ägyptisches Museum und Papyrussammlung – Staatliche Museen zu Berlin, Inv.-Nr. P 113).

4.2 Forschungsgeschichte

Reicht die Geschichte der Epigraphik bis in die Zeit des Renaissance-Humanismus im 15./16. Jahrhundert zurück (s. Kap. 3), ließe sich das für die Papyrologie nur dann behaupten, wenn man ihre Entwicklung stringent an jene der Paläographie bindet. Diese Disziplin, deren Bezeichung sich von den griechischen Begriffen *palaios* (παλαιός, ›alt‹) und *graphein* (γράφειν, ›schreiben‹) ableitet, ist ebenso alt wie die Epigraphik und beschäftigt sich – im Sinne von »Altschrift-Kunde« – mit der Entwicklung von Schrift- bzw. Buchstabenformen auf allen möglichen organischen (z. B. Papyrus; s. Abb. 4.2 und 4.3) oder anorganischen (z. B. Stein) Schriftträgern. Insofern umfasst die Paläographie nicht nur handschriftliche Texte, sondern genauso monumentale Inschriften. Eine engmaschige ›evolutionäre‹ Verknüpfung der Papyrologie mit der Paläographie verbietet überdies der Umstand, dass sich deren jeweilige Interessensschwerpunkte zwar bei dem Bemühen um Entzifferung und Deutung von Schrift bzw. Buchstaben überlappen, aus papyrologischer (wie auch epigraphischer) Sicht dies aber nur ein Schritt in Richtung des eigentlichen Zieles ist: der inhaltlichen Erschließung und des besseren philologischen und historischen Verständnisses des Textes. Somit ist die Paläographie eine Disziplin, deren Methoden und Kenntnisse sich die Papyrologie zunutze macht, aber nicht ihr Vorläufer.

Die ersten Papyri aus der Antike, die bekannt geworden sind, wurden zwischen 1752 und 1754 in verkohltem Zustand in der (zwischen Neapel und Pompeji gelegenen) kleinen Hafenstadt Herculaneum gefunden, die im Jahr 79 n. Chr. dem Vesuvausbruch zum Opfer fiel; durch Hitze karbonisiert, blieben die ursprünglich wohl zu einer Bibliothek überwiegend philosophischen Inhaltes gehörenden Papyri in der Villa dei Papiri (bzw. Villa dei Pisoni) unter einer Ascheschicht erhalten. Der eigentliche Beginn der wissenschaftlichen Disziplin Papyrologie ist aber in einen anderen Zusammenhang zu bringen, und zwar mit der ersten Veröffentlichung eines Papyrustextes. Sie erfolgte im Jahr 1788, als der dänische Gelehrte Niels Iversen Schow die sogenannte *Charta Borgiana* (= P.Schow 1 = SB I 5124) publizierte. Es handelt sich um eine Papyrusrolle, hinter der der erste ›Papyrusankauf‹ aus Ägypten steht: ein anonymer italienischer Händler hatte das Stück im Jahr 1778 nahe Memphis von ägyptischen Fellachen (Angehörigen der ackerbautreibenden Landbevölkerung) erworben und es dem Kardinal Stefano Borgia zum Geschenk gemacht. Besondere Beachtung wurde der *Charta Borgiana* deswegen zuteil, weil sie damals als erstes aus Ägypten stammendes Papyruszeugnis wahrgenommen wurde. Inhaltlich konnte der griechische Text die an ihn gestellte Erwartungshaltung aber nicht erfüllen, da er aus zeitgenössischer Sicht ›nur‹ eine Auflistung von Männern enthielt, die im Jahr 193 n. Chr. an den Bewässerungsdämmen und -kanälen des Arsinoites ihre Arbeit verrichtet hatten.

Als weiterer Meilenstein der Papyrologie kann das im Jahr 1826/27 von dem italienischen Jesuiten Amedeo A. M. Peyron, seines Zeichens Gräzist und Koptologe, herausgegebene Werk *Papyri graeci regii Musei Tauriensis* (›Griechische Papyri des königlichen Museums zu Turin‹) angesehen werden. Es stellt den ersten Editionsband nach modernem Verständnis dar und setzte in der wissenschaftlichen Bearbeitung der Texte zukunftsweisende Maßstäbe. Peyrons Werk musste aber hinter die Erwartungen zurücktreten, die sich an die Entzifferung der ägyptischen Hieroglyphen durch den französischen Sprachwissenschaftler Jean-François Champollion knüpften: Im Vergleich zu den spektakulären Einblicken, die man sich von den Hieroglyphentexten versprach, schenkte man Peyrons Papyri – die einen Rechtsstreit dokumentieren, in den ägyptische Totenpriester (*choachytai*) involviert waren – weniger Aufmerksamkeit.

Der wissenschaftliche Umgang mit den Papyrustexten ist nicht der einzige Aspekt, der hinsichtlich der Geschichte des Faches Papyrologie von Bedeutung ist. Es ist auch – wie schon bei der Behandlung der *Charta Borgiana* greifbar wurde – die Fundgeschichte, der in diesem Zusammenhang eine wichtige Rolle zukommt. Da die überwiegende Mehrzahl der von der Papyrologie behandelten Texte aus Ägypten stammt, ist der Zugang zu dieser Region als elementarer Faktor für die Herausbildung der Disziplin anzusehen. Als Epochenjahr kann hier auf das Jahr 1798 verwiesen werden, in dem Napoleon seine ›Ägyptenexpedition‹ unternahm, die im 19. Jahrhundert sodann eine vermehrte Reisetätigkeit von Europäern in das Land am Nil nach sich zog. Diese Situation sowie das in Europa immer ausgeprägter werdende Interesse an Antiquitäten aus Ägypten kamen zunächst der Entwicklung der Ägyptologie zugute; gleichzeitig waren die Voraussetzungen für die Entwicklung eines regen Antikenhandels geschaffen, durch den nun eine steigende Anzahl an Papyri nach Europa gelangte.

Maßgeblich gefördert wurde die Entdeckung von Papyri gerade im 19. Jahrhundert durch den verstärkten Anbau von Zuckerrohr und Baumwolle. Dieser führte zu einem intensivierten Abbau antiker Abfallhaufen, welche die Fellachen nach Dünger durchforsteten. Auf diese Weise kamen im Jahr 1877 nördlich der heutigen Hauptstadt des Gouvernements al-Fayyum Tausende von Papyri zu Tage, wodurch eine bislang ungeahnte Fülle an Texten verfügbar wurde. Die meisten der im Rahmen dieses sogenannten »Ersten Fayumer Fundes« entdeckten Papyri wurden von dem Wiener Antiquitätenhändler Theodor Graf in Kairo erworben, der sie neben anderen Abnehmern im Jahr 1883/84 über die Vermittlung von Joseph von Karabacek, Professor für Geschichte des Orients an der Universität Wien, auch Erzherzog Rainer von Österreich verkaufte. Bis in das Jahr 1889 nahm Graf weitere Papyrusankäufe im Auftrag von Erzherzog Rainer vor, und als letzterer im Jahr 1899 seine Sammlung Kaiser Franz Joseph I. anlässlich dessen Geburtstags zum Geschenk machte, wurde die kaiserliche Hofbibliothek (heute Österreichische Nationalbibliothek) Verwahrort einer der größten Papyrussammlungen der Welt: die dahinterstehenden Ankäufe, die nicht nur Papyri aus dem Arsinoites, sondern auch aus dem Herakleopolites und Hermupolites betreffen, markieren ausgehend vom »Ersten Fayumer Fund« den wohl bedeutsamsten Erwerb von Papyri in der Geschichte der Papyrologie.

Die Bestände der Papyrussammlungen gehen allerdings nicht allein auf Ankäufe zurück, sondern können seit den späten 1880er Jahren auch Ergebnis gezielter Grabungstätigkeiten sein. Bis in das 20. Jahrhundert hinein wurden im Zuge britischer, französischer oder deutscher, über ganz Ägypten verstreuter Unternehmungen zahlreiche Papyrusfunde gemacht. Dies bildet auch den Hintergrund der bislang größten Fundgruppe griechischer Papyri, nämlich der in Oxford aufbewahrten und nach ihrem Fundort benannten Oxyrhynchos-Papyri; entdeckt wurden sie von den Oxforder Gelehrten Bernard P. Grenfell und Arthur S. Hunt an der Wende vom 19. zum 20. Jahrhundert im Rahmen ihrer Ausgrabungen auf dem Gebiet der antiken mittelägyptischen Stadt Oxyrhynchos. In dieser Zeit etablierten sich auch die Bezeichnungen »Papyrologie« für das Fach und »Papyrologe« bzw. »Papyrologin« für seine Vertreter:innen.

Ein Abriss der Geschichte der Papyrologie – so kurz er auch sein möge – wäre unvollständig, wenn nicht auch die Namen der deutschen Gelehrten Friedrich Preisigke und Ulrich Wilcken fallen würden. Als Schüler von Theodor Mommsen, einer der bedeutendsten und bis heute prägenden Forschergestalten im Bereich der Alten Geschichte und lateinischen Epigraphik, verschrieb sich Ulrich Wilcken dem Studium der griechischen Papyri und setzte dabei seinerseits zeitlose Maßstäbe; zu verweisen ist etwa auf die umfang- und inhaltsreichen Kommentare, die seine Papyruseditionen auszeichnen, sowie auf den Weitblick und die Tiefenschärfe, die er bei der historischen Auswertung des Materials an den Tag legte. Besonders gut lässt sich das an seinem noch heute zur Standardliteratur zu zählenden historischen Einführungswerk zur Papyrologie (*Grundzüge und Chrestomathie der Papyruskunde, Erster Band: Historischer Teil, Erste Hälfte: Grundzüge*, Leipzig/Berlin 1912) ermessen. Mit seinen Forschungen und Schriften schuf er genauso die Grundlagen der modernen Papyrologie wie durch die Gründung der ersten papyrologischen Fachzeitschrift (*Archiv für Papyrusforschung und verwandte Gebiete*) im Jahr 1901.

Obwohl Preisigke älter als Wilcken war, lässt sich sein Wirken ursächlich mit dem »papyrologischen Zeitgeist« verbinden, den der jüngere »Kollege« entfacht hat. Als Althistoriker galt Wilckens Interesse weniger den literarischen, sondern verstärkt den dokumentarischen Papyri, was schließlich zu einer gewissen Trennung der beiden Textgenres führte (s. Kap. 4.3). Preisigke teilte Wilckens große Affinität für griechische dokumentarische Papyri. Anders als letzterer konnte er – zuletzt in leitender Position im Post- und Telegraphenwesen tätig – seine akademische Ausbildung aber erst in fortgeschrittenem Alter absolvieren und dementsprechend spät seine papyrologischen Studien aufnehmen. In der weiteren Folge waren seine Bemühungen um die Papyrologie allerdings nicht minder verdienstvoll als jene von Wilcken. Besonders mit Preisigkes Namen verbunden sind die

Initiierung und Organisation von vier papyrologischen Grundlagenprojekten, an denen er auch selbst mitarbeitete und die größtenteils auch heute noch weiter gepflegt werden: das *Sammelbuch* (als Reihenwerk für verstreut, etwa in Zeitschriften, publizierte griechische dokumentarische Texte aus Ägypten); die *Berichtigungsliste* (als Reihenwerk zur Zusammenstellung von Korrekturen und Hinweisen zu einzelnen griechischen Papyri); das *Namenbuch* (als alphabetisches Nachschlagewerk zu den in den griechischen dokumentarischen Texten aus Ägypten bezeugten Personennamen); das mehrbändige *Wörterbuch* (der in den griechischen dokumentarischen Texten aus Ägypten bezeugten Begrifflichkeiten). Als Fachvertreter ergänzten sich Wilcken und Preisigke auf perfekte Weise; setzte der eine Maßstäbe für die editorische Bearbeitung und historische Durchdringung der Papyrustexte, organisierte der andere nicht weniger bahnbrechend die Erstellung der grundlegenden Arbeitsinstrumente der Disziplin – gemeinsam formten sie nachhaltig das wissenschaftliche Profil und Selbstverständnis der Papyrologie sowohl auf nationaler wie auf internationaler Ebene.

4.3 Einteilung papyrologischer Schriftträger

Die Fundumstände der papyrologischen Zeugnisse führen zu einem für das Verständnis dieses Quellenmaterials elementaren Aspekt: Bei den Schriftträgern handelt sich größtenteils um Abfallprodukte, und für alle gilt mehr oder weniger, dass sie unbeabsichtigt erhalten blieben. Das markiert etwa einen großen Unterschied zu epigraphischen Textzeugnissen in Gestalt von monumentalen Grab-, Ehren- oder Bauinschriften, die zumindest in der Antike von der Öffentlichkeit gesehen werden sollten. Ganz anders verhält es sich im Allgemeinen mit den Papyrustexten: Sie haben keinen Denkmalcharakter und sind Zeugen eines oftmals nur ephemeren Schriftgebrauchs. Die Art und Weise, wie sie uns hinterlassen wurden und im Boden die Jahrhunderte überdauert haben, führt dazu, dass sie in der Form von einzelnen Blättern oder Rollen in der Regel von Schmutz bedeckt und deformiert (etwa zu Knäuel gepresst, gefaltet, von Wurmfraß befallen) geborgen werden und konserviert und restauriert werden müssen, ehe die Papyrolog:innen ihre Arbeit an den meist fragmentarischen Texten beginnen können.

Grob kann man das Papyrusmaterial in zwei Textgattungen untergliedern: einerseits in *literarische*, andererseits in *dokumentarische* Papyri. Die literarischen Papyri überliefern Texte, die das primäre Interessensgebiet der Philologie darstellen (s. Kap. 2). In diese Kategorie gehören zunächst die Vertreter der literarischen Hauptgenres wie der Epik, des Dramas, der Lyrik, der Historiographie und anderer Prosaerzählungen. Spektakulär war die in das Jahr 1889 fallende Entdeckung der *Athenaion Politeia* auf einem im britischen Museum aufbewahrten Papyrus; er überliefert ein wahrscheinlich Aristoteles zuzuschreibendes Werk über die Verfassung Athens, das historisch von enormer Bedeutung und sonst nicht erhalten ist. Gleiches gilt für das Anfang des 20. Jahrhunderts publizierte Werk *Hellenika Oxyrhynchia* (»Griechische Geschichte aus Oxyrhynchos«), das sich aus Papyri zusammensetzt, die in London, Florenz und Kairo aufbewahrt werden; erhalten ist ein Geschichtswerk aus der Feder eines unbekannt bleibenden Autors, das deswegen wertvoll ist, weil es – indem die Ereignisse der Jahre 409 und 407 sowie 396–395 v. Chr. erschlossen werden – an die Darstellung des Peloponnesischen Krieges durch Thukydides anschließt.

Im Übrigen ist es gar nicht so lange her, dass im Jahr 2008 die monographische Publikation eines fragmentarischen Teiles einer Papyrusrolle mit Text und Zeichnungen – die bereits zehn Jahre zuvor in einer provisorischen Studie Behandlung fand – in der Fachwelt für Furore sorgte und zu kontroversen Debatten führte; identifiziert hatten die Herausgeber auf dem Papyrus eine Abschrift der Einleitung zum 2. Buch der *Geographoumena* des Artemidoros von Ephesos (2./1. Jahrhundert v. Chr.), dessen Werk bis zu dieser Entdeckung nur aus Zitaten zu erschließen war, die in Darstellungen anderer antiker Autoren zu finden waren. Gleichwohl (literatur-)historisch besonders wertvoll, stehen die *Athenaion Politeia*, *Hellenika Oxyrhynchia* und der Artemidor-Papyrus freilich nur stellvertretend für Literaturzeugnisse ersten Ranges, die ohne die Papyri als verschollen gelten müssten. Im christlichen Bereich könnte man ihnen leicht die Entdeckung bislang unbekannter (unkanonischer) Evangelien und verloren geglaubter Werke von Kirchenschriftstellern bzw. -lehrern wie Origines oder Didymos von Alexandrien gegenüberstellen. Zusammen mit weniger bedeutsamen Funden lassen uns die literarischen Prunkstücke jedenfalls erahnen, wie groß die Fülle an Literatur in der Antike ursprünglich gewesen sein muss und wie sehr Überlieferungsprozesse diesen Reichtum reduziert haben (s. Kap. 2).

Allerdings beschränken sich die literarischen Papyrusfunde nicht nur auf bislang unbekannte Werke. Vielmehr ist die Entdeckung von Texten hinzuzudenken, die uns aufgrund der mittelalterlichen Überlieferung bereits bekannt sind. Hier liegt der Nutzen der Papyri in ihrem höheren Alter, weil sie sich näher am Original befinden und damit helfen, die Qualität der mittelalterlichen Manuskripttradition einzuschätzen und die Überlieferungsgeschichte der Werke besser zu verstehen (s. Kap. 2). Als Paradebeispiel sind hier die frühptolemäischen Homerpapyri anzuführen, die in ihrer Textform mitunter recht deutlich von der sogenannten Vulgata, der späteren und ziemlich einheitlichen Homerüberlieferung, abweichen. Die homerischen Werke *Ilias* und *Odyssee* sind es übrigens auch, die unter den griechischen literarischen Papyri insgesamt die weitaus größte Zahl einnehmen. Der gesamte Befund lässt uns also zumindest rudimentär nachvollziehen, welche Autoren mit welcher Häufigkeit von den Menschen entlang des Niltals abgeschrieben und gelesen wurden. Zu vergessen ist schließlich auch nicht, dass die ältesten Abschriften des Alten und Neuen Testaments auf Papyrus vorliegen; auch diese Texte werden in die Kategorie literarische Papyri eingeordnet.

Zu der Kategorie der literarischen Papyri wird auch die Untergruppe der semi- oder paraliterarischen Texte gezählt. Sie umfassen etwa Kommentare, Lexika, grammatikalische Abhandlungen sowie Schriftzeugen aus dem Bereich der Schule und Bildung (Schreibübungen, Diktate), der Wissenschaft (Medizin, Mathematik, Naturwissenschaften) oder der Magie (Sammelwerke und einzelne Sprüche) und Astrologie (Horoskope) – ein unschätzbarer Fundus, der die mannigfaltigen Möglichkeiten des auf Basis des papyrologischen Materials zu erlangenden, kulturwissenschaftlichen Erkenntnisgewinns aufzeigt.

Die literarischen Papyri sind ihrem Inhalt nach dem Bereich der Sekundärquellen oder (geformten und überlieferten) Tradition zuzuordnen. Die semi- oder paraliterarischen Zeugnisse sind insofern hybrid, als man ihrem Genre teilweise auch Eigenschaften von Primärquellen oder eines – in seiner Bedeutung weitgehend auf seine Entstehungszeit beschränkten, nicht für die Nachwelt gedachten – zufälligen Überrests zuschreiben kann. Demgegenüber gehören die von der Papyrologie behandelten dokumentarischen Texte ganz klar in die Kategorie der Primärquelle bzw. des Überrests. Sie sind Artefakte aus dem Kontext alltäglicher Vorgänge und Kommunikation, mithin unverfälschter Spiegel der ägyptischen Lebenswelt schlechthin. Man kann dieses mannigfaltige Material grob dahingehend kategorisieren, ob die Dokumente der privaten oder öffentlichen Sphäre entstammen. In die erste Kategorie gehören etwa Privat- und Geschäftsbriefe, Verträge unterschiedlicher Typen (z. B. betreffs Ehe, Kauf, Pacht oder Darlehen) und Buchführungsunterlagen (z. B. Quittungen, Zahlungsanweisungen, Abrechnungslisten). Zu der zweiten Kategorie zählen u. a. Anordnungen von ptolemäischen Königen, römischen Kaisern oder hohen Administrativorganen, sodann

Amtsprotokolle und -korrespondenzen, Prozessprotokolle, Verwaltungsakten aus den Reihen des Militärs sowie – als Kommunikationskanäle zwischen Behörde und Individuum – Bittschriften an Amtsträger; schlussendlich ist auf das weite Feld der Deklarationen (z. B. im Zusammenhang mit Geburt, Tod, Zensus, Statuseinstufung) und Unterlagen zu verweisen, die im Rahmen des Steuer- und Liturgiewesens produziert wurden (s. Kap. 9).

Zu der inhaltlichen Vielfalt der dokumentarischen Evidenz kommt auch ihr Reichtum in quantitativer Hinsicht hinzu: Bei den bereits publizierten (griechischen und lateinischen) Texten stehen ca. 60 000 dokumentarischen Papyri etwas mehr als 5000 literarische und semi- oder paraliterarische Zeugnisse gegenüber, d. h. erstere machen momentan ca. 92 % der bislang veröffentlichten papyrologischen Texte aus – und es steht zu erwarten, dass sich dieses Verhältnis weiter zugunsten der dokumentarischen Papyri entwickeln wird (s. Kap. 4.5). Deren enorme Masse bietet zusammen mit der aufgezeigten inhaltlichen Varianz eine breite Palette an Untersuchungsgegenständen, die insbesondere (Alt-)Historiker:innen oder (alt-)historisch arbeitenden Papyrolog:innen attraktiv erscheinen mögen – abgesehen von der sich den Klassischen Philolog:innen eröffnenden Gelegenheit, anhand der Dokumente die Entwicklung der lebendigen Sprache über Jahrhunderte hinweg nachzuvollziehen. Historisch betrachtet, dienen die meisten dokumentarischen Papyri (auch aufgrund der oben beschriebenen Fundumstände) als ›Eintrittskarte‹ in eine zunächst lokale Lebenswelt, die es quellenkritisch konkret zu erschließen und hinsichtlich der unmittelbar ersichtlichen soziokulturellen Verortung der Texte zu kontextualisieren gilt. Die detaillierten Einblicke reichen dabei von der Verwaltungspraxis, die sich bis auf die unterste Ebene verfolgen lässt und sich nicht nur für ›staatliche‹, sondern auch für kultische und kirchliche Institutionen sowie grundherrschaftliche Verhältnisse nachvollziehen lässt, über das Erwerbs-, Wirtschafts- und Sozialleben bis in intime private Bereiche menschlicher Existenz. Die administrative Kontrolle von Grund und Boden sowie der Bevölkerung lassen sich genauso nachzeichnen wie Besitzverschiebungen, Preis- und Lohnentwicklungen, die Ausprägung des inner- und außerägyptischen Warenverkehrs und die Transformation von Rechtssystemen sowie von Kommunikations- und Beurkundungsformen; auch konkrete Aussagen zur Demographie, zu Migration, Mentalitäten und zu unterschiedlichen Spielarten ›staatlicher‹ Einflussnahme können getroffen sowie umweltgeschichtliche Fragestellungen aufgeworfen werden. Noch dazu erstrecken sich all die verfügbaren Informationen kontinuierlich über Jahrhunderte hinweg!

Die dokumentarischen Papyri erlauben es also, das antike Leben in all seinen Facetten aus größter Nähe zu erforschen und somit im wahrsten Sinne des Wortes »Geschichte von unten« zu betreiben. Dieses Schlagwort birgt viel mehr Potenzial in sich, als man es unter dem Etikett der »Alltagsgeschichte« zum Ausdruck bringen könnte, ein Etikett, das in Zusammenhang mit der Charakterisierung der Papyrusdokumentation als »Zeugen des Alltags« immer wieder verwendet wird. Auf ein derartiges Labeling greift man oftmals deshalb zurück, um die Papyri in einem populärwissenschaftlichen Kontext medienwirksam zu verkaufen, womit man diese Quellen und den ihnen inhärenten inhaltlichen Reichtum aber eher banalisiert und der Papyrologie damit ihre hohe Signifikanz für das Verständnis der antiken Lebenswelt nimmt.

Das Etikett »Geschichte von unten«, das sich mit den dokumentarischen Papyri so treffend verbinden lässt, kann auch als ein Fingerzeig auf das einzige dienen, wozu die dokumentarischen Texte aufgrund ihres Charakters tatsächlich kaum einen substanziellen Beitrag leisten können, und das ist ein besseres Verständnis der großen Züge der politischen Geschichte. Unter den wenigen Ausnahmefällen befindet sich immerhin der wahrscheinlich berühmteste und aus althistorischer Perspektive wichtigste Papyrustext: der im Jahr 1910 veröffentlichte und seitdem die Fachwelt beschäftigende P.Giss. I 40, dessen fragmentarische erste Kolumne die griechische Abschrift der sogenannten *Constitutio Antoniniana* überliefert, jenes Edikts, mit dem der römische Kaiser Caracalla im Jahr 212 n. Chr. allen freien Bewohnern seines Reiches das römische Bürgerrecht verlieh.

4.4 Die Ausrichtung des Faches

Der hybride Charakter der Papyrologie zeigt sich in mehrerlei Hinsicht: ein evidenter Aspekt ist etwa die Diversität der Schriftträger, die im Rahmen der Papyrologie behandelt werden. Der Umstand, dass auf allen betreffenden Materialien mit der Hand geschrieben und sie im Großen und Ganzen dieselben Verwendungszwecke aufwiesen, mag die Konvention, auch handschriftliche Zeugnisse, die nicht auf Papyrus geschrieben wurden, in der Papyrologie zu behandeln, aber durchaus als gerechtfertigt erscheinen lassen. Hinzukommt die ebenfalls schon angesprochene Schnittmenge mit der Epigraphik, welche die geographische ›Zuständigkeit‹ für Schriftträger anbelangt, die auch außerhalb Ägyptens in nennenswerter Weise auftreten (s.

Kap. 3); diese Überschneidung ist aber nur formal festzustellen, für den Forschungsalltag ist sie praktisch nicht von Belang.

Aus der Perspektive der Klassischen Altertumswissenschaft war das Fach Papyrologie seit seiner Herausbildung immanenter Bestandteil des klassischen Fächerkanons. In einer maßgeblichen Einführung in die Papyrologie aus der Feder von Hans-Albert Rupprecht wurde das Fach als »die wissenschaftliche Beschäftigung mit den griechischen und lateinischen Texten Ägyptens als Ausdruck der hellenistisch-römischen Gesellschaft und Kultur« (Rupprecht 1994, 1) beschrieben. Dieser Sichtweise liegt zu Grunde, dass es am Beginn der Papyrologie Klassische Philolog:innen und Althistoriker:innen – also Klassische Altertumswissenschaftler:innen – waren, deren explizites Interesse sich auf die Papyri aus Ägypten richtete und die die Entwicklung des Faches dadurch maßgeblich prägten. Auch ist zuzugeben, dass die griechischen Schriftzeugnisse seit dem durch die Eroberungen Alexanders des Großen eingeläuteten Hellenismus die schriftliche Überlieferung Ägyptens bis in das 7. Jahrhundert n. Chr. dominieren, was dazu führte, diesen von den griechischen Papyri geprägten Zeitraum als »papyrologisches Millennium« zu bezeichnen – zusammengesetzt aus einer ptolemäischen (Ende 4. Jahrhundert–30 v. Chr.), römischen (30 v. Chr.–284 n. Chr.) und spätantiken bzw. byzantinischen Epoche (284–Mitte 7. Jahrhundert n. Chr.). Dennoch gerät man mit der angezeigten Definition in eine empfindliche Schieflage, wenn man bedenkt, dass auf Papyri und anderen vergleichbaren Schriftträgern nicht nur griechische und (in deutlich geringerem Ausmaß) lateinische Texte zu finden sind. Vielmehr treten neben den griechischen (und lateinischen) Zeugnissen Tausende von Papyri auch in anderen Sprachen und Schriften auf, so in Hieroglyphen, Hieratisch, Demotisch, Koptisch, Aramäisch, Mittelpersisch (Pahlevi) und Arabisch. Hieroglyphen, Hieratisch, Demotisch und Koptisch sind Schriftsysteme der ägyptischen Sprache, von denen die ersten drei in die Zeit vor das »papyrologische Millennium« zurückreichen und das letzte über dieses hinaus in Verwendung stand – alle zusammen sind sie Gegenstand der Ägyptologie. Mittelpersisch ist mit der sasanidischen Okkupation Ägyptens zwischen 619 und 629 n. Chr. zu verbinden und Arabisch kommt mit den Arabern, die das Land am Nil im Jahr 641 n. Chr. endgültig dem Herrschaftsgebiet des byzantinischen Reiches entrissen.

Aufgrund der angezeigten Diversität der auf den Papyrustexten bezogenen Sprachen und Schriften stellt sich anders als in der Epigraphik, wo im Rahmen der die Klassische Altertumswissenschaft interessierenden Zeiten und Räume ganz klar eine Monopolstellung der griechischen und lateinischen Schriftzeugnisse zu konstatieren ist, heute die Frage, ob eine derartige Monopolisierung auch für die Papyrologie geltend gemacht werden sollte bzw. kann – zumal wenn sie Gesellschaft und Kultur in Ägypten gesamtheitlich abbilden möchte. In der Tat hat sich die Beschäftigung mit Papyri in Disziplinen wie der Ägyptologie, Demotistik und Koptologie, die außerhalb der Klassischen Altertumswissenschaft stehen, in einem Maße entwickelt, dass man auch in diesen Bereichen von einer Papyrologie als ›Hilfs-‹ bzw. ›Grundwissenschaft‹ sprechen kann – und es würde keineswegs zu weit gehen, dies auch für die Religions- und Rechtsgeschichte sowie die Arabistik zu behaupten. Vor diesem Hintergrund mag eine moderne und auf Einheit bedachte Definition die Papyrologie als Hilfs- bzw. Grundwissenschaft beschreiben, deren traditionellen Kernbereich zwar die Klassische Altertumswissenschaft bildet, die aber auch all jene weiteren (Sprach-)Wissenschaften umfasst, die Schriftquellen aus Ägypten erschließen oder sich mit diesen auseinandersetzen.

Der hybride Charakter der Papyrologie bleibt selbst dann bestehen, wenn man den Blick auf die Situation innerhalb der Klassischen Altertumswissenschaft beschränkt. Da – anders als im Bereich der Epigraphik – die literarischen und semi-/paraliterarischen Zeugnisse (gleichwohl quantitativ klar hinter den dokumentarischen Texten zurückstehend) einen gewichtigen Bereich bilden, kommt es bei Papyrolog:innen unweigerlich zu diesbezüglichen Interessensschwerpunkten. Sie manifestieren sich öfters in Fachvertreter:innen, die als Klassische Philolog:innen das literarische, und solchen, die als Althistoriker:innen das dokumentarische Segment bedienen. Dennoch sollte im Kontext der Klassischen Altertumswissenschaft innerhalb der papyrologischen Wissenschaft ein »Universalitätsanspruch« herrschen, wie es Dieter Hagedorn in einem einschlägigen Einführungsartikel zur Papyrologie (Hagedorn 1997, 60) festgehalten hat. Die traditionellen Zentren der Papyrologie in Heidelberg, Köln und Trier waren diesem Grundsatz immer verbunden, gleichwohl ihnen unterschiedliche universitäre Strukturen zugrunde liegen. Zunehmende Spezialisierungen lassen sich im derzeitigen Wissenschaftsbetrieb nicht vermeiden; dennoch sollte ein kleines Fach wie die Papyrologie in der Außenwirkung nach größtmöglicher Einheitlichkeit und Inklusion streben.

4.5   Forschungsstand und Ausblick

Ein elementarer Beitrag, den die Papyrologie zur Mehrung unserer Kenntnisse der antiken Lebenswelt zu leisten imstande ist, betrifft die Veröffentlichung bzw. Edition noch unpublizierten Materials, was auch immer wieder zu unerwarteten und spektakulären neuen Einblicken führt. Im Fächerkanon der Klassischen Altertumswissenschaft ist die Papyrologie wahrscheinlich diejenige Textwissenschaft, die auch ohne weitere Ausgrabungen momentan den größten Quellenzuwachs versprechen kann: Von den hunderttausenden Papyri, die im Wüstensand Ägyptens entdeckt wurden und heute in Sammlungen aufbewahrt werden, sind die meisten tatsächlich noch nicht entziffert bzw. ediert. Es ist daher selbstverständlich, dass die Textedition bis auf weiteres als eine der primären Aufgaben der Papyrologie aufzufassen ist. Da sich das noch nicht erschlossene Material wohl zu einem überwiegenden Teil aus dokumentarischen Texten zusammensetzt, wird quantitativ der größte Profit in diesem Bereich zu verzeichnen sein.

Was die Möglichkeiten anbelangt, aus dem von papyrologischen Texten gebildeten Quellenschatz analytischen Nutzen zu ziehen, hat sich die Papyrologie, wie bereits dargelegt wurde, zu einem interdisziplinären Exerzierfeld entwickelt. Hier geht es nicht nur um eine Auswertung aus philologischer oder historischer Perspektive. Vielmehr ist auch die Archäologie nicht zu vergessen, deren Kenntnisstand die Papyrustexte etwa dann ergänzen, wenn sie Informationen über Wertgegenstände, Textilien bzw. Kleidung oder andere Formen des Mobiliars enthalten und damit den persönlichen Besitzstand und die Ausstattung von Wohnbereichen beleuchten (s. Kap. 6); Grundstückbeschreibungen in papyrologischen Texten erlauben überdies die Rekonstruktion von Siedlungstopographie. Aufgrund der Materialität der Papyri können diese auch selbst zum Gegenstand von Untersuchungen werden, bei denen naturwissenschaftliche Methoden – etwa zur Analyse der Tinte oder der Materialbeschaffenheit – zur Anwendung kommen, die heutzutage fast schon selbstverständlich zum Spektrum der Archäologie gehören. Im Übrigen ist es mittlerweile zeitgemäß, wenn auf Grabungen in Ägypten auch Papyrolog:innen einen wichtigen Beitrag zu einer gesamtheitlichen Auswertung des Befundes leisten.

Aufgrund der großen thematischen Breite und der Vielfalt der interdisziplinären Anknüpfungspunkte, die die Papyrustexte bieten, sowie der gerade zu verzeichnenden dynamischen und verzweigten Entwicklung der Papyrologie erscheint es kaum möglich, den Forschungsstand auf eine Weise darzustellen, die allen relevanten Bereichen gerecht würde – denn für jedes der zuvor genannten Forschungsfelder (s. Kap. 4.3) würde sich eine eigene Bestandsaufnahme anstellen lassen (und auch das wäre nur eine Momentaufnahme, die man nach ein paar Jahren durch neu hinzugekommene Interessensgebiete ergänzen müsste). Zu berücksichtigen wäre in diesem Kontext selbstredend auch die Fortschrittlichkeit, die in der Papyrologie seit jeher hinsichtlich der digitalen Aufbereitung des betreffenden Quellenbestandes an den Tag gelegt wird. Mittlerweile online verfügbare Datenbanken, die das Material systematisch und nach verschiedenen Parametern erschließen und mittels Wortsuchen auch die Recherche nach Textparallelen erlauben, legen ein beredtes Zeugnis von den unschätzbaren Bemühungen ab, die manche Fachkolleg:innen im Dienst der Fortführung und Weiterentwicklung dieser papyrologischen Tools auf sich nehmen.

Exemplarisch sei im Folgenden auf eine Zugangsweise näher eingegangen, die sich aus offensichtlichen Gründen als so prägend erwiesen hat, dass sie sich dazu eignen mag, der Thematisierung des Forschungsstandes zumindest in historischer Hinsicht als repräsentativer und diskursiver Impulsgeber zu dienen. Es geht darum, dass die Dokumentation aus Ägypten vor allem für das »papyrologische Millennium« vergleichsweise so dicht und vielschichtig ist, dass sich Fragen nach Wandlungsprozessen in der *longue durée* so gut wie in keiner anderen Region untersuchen lassen – was man freilich schon zu Wilckens Zeiten erkannt hatte. Vor diesem Hintergrund hat der verdienstvolle Papyrologe Naphtali Lewis im Jahr 1968 eine prominente Debatte über Kontinuitäten und Brüche zwischen dem hellenistischen und römischen Ägypten eröffnet. Sein damaliges Ziel war, über die *communis opinio* der älteren Forschung hinauszugelangen, die ein hohes Maß an Kontinuität zu fassen meinte. Lewis selbst identifizierte offenkundige Unterschiede in der administrativen Praxis und beobachtete im Bereich des Militärwesens die stärksten Divergenzen zwischen der ptolemäischen und römischen Epoche. Damit hat Lewis der Papyrologie den Weg gewiesen, denn heute wird bei einem Vergleich des hellenistischen und römischen Ägypten im Hinblick auf die Verwaltung – als Ausdruck der üblichen römischen Herrschaftspraxis – zwischen Kontinuitäten und Brüchen differenziert: Im Kontext der Entwicklung der Bezirkshauptstädte im kaiserzeitlichen Ägypten etwa tendiert man zu der ›konservativeren‹ Sichtweise, der Kontinuität, wohingegen man sich bei Betrachtung der Armeeorganisation darauf beschränkt, einen Bruch zu konstatieren. Das Interesse an Strukturveränderungen ist nach wie vor ungebrochen und verschiebt sich momentan in Richtung des Endes des »papyrologischen Millenniums«, wo es um den Übergang vom byzantinischen zum arabischen Ägypten und mithin um die Herausbildung des muslimischen Staatswesens geht. All das vermag auf das enorme und bereits erwiesene Potenzial zu deuten, Ägypten auf der Grundlage aller seiner Quellen zum Mittelpunkt interdisziplinärer und diachron angelegter Analysen zu machen, die vor allem Epochengrenzen – auch über das »papyrologische Millennium« hinaus – in den Blick nehmen. Die Papyrologie könnte bei einem solchen modernen Ansatz als gewichtiger Teil einer übergreifenden, auf Ägypten bezogenen Regionalforschung (*Area Studies*) verstanden werden; der zeitliche Rahmen könnte dabei weit gefasst sein und vom Alten Reich bis in die Moderne reichen.

Das (momentan gewiss noch fiktive) Aufgehen in einer historischen ›Superdisziplin‹ zur Erforschung Ägyptens sollte aber nicht dazu führen, den Bereich zu vernachlässigen, dem die Papyrologie ihre Entstehung verdankt: nämlich die Klassische Altertumswissenschaft, zumal die Bedeutung des Faches in ihren Reihen – vor allem im derzeitigen Wissenschaftsbetrieb des englisch- und deutschsprachigen Raumes – immer wieder gerne marginalisiert wird. Gerade die althistorische Forschung tendierte dazu, das Land am Nil aus verschiedenen Gründen als Sonderfall zu betrachten und so zu einem Wissensgebiet von ›Spezialist:innen‹ zu machen, die mit der Flut an in unterschiedlichen Sprachen überlieferten (und vielfach nur in diesem Teil der Mittelmeerwelt erhalten gebliebenen) Quellen umzugehen wissen und deren Forschungsergebnisse (mit gewissen Ausnahmen) weitgehend nur lokale und regionale Relevanz beanspruchen dürfen. Obwohl ›der Sonderfall Ägypten‹ als starres (und zudem stets subjektives) Konstrukt längst nicht mehr zu halten ist sowie kontinuierlich differenziert und abgebaut wird, scheint es dennoch aufgrund der Forschungstraditionen insgesamt schwer zu fallen, Ägypten und seinen Quellenbestand von dem Kuriositätenstatus zu befreien und eine unverkrampfte Einbettung des Befundes in den – trotz seiner inneren Diversität doch ebenso als Einheit begriffenen – Kulturkreis der hellenistisch-römischen und byzantinischen Welt zu realisieren. Zwar fehlt es keineswegs an erfolgreichen Versuchen, bei der Bearbeitung des papyrologischen Quellenbestandes den Blick zu komparativen Zwecken oder zur Erlangung eines breiteren Verständnisses über die Grenzen Ägyptens hinaus zu richten oder ganz grundsätzlich auf einen überregional oder ›global‹ angelegten analytischen Vergleich von Phänomenen abzustellen. Man würde aber gerne mehr von solchen Ansätzen (die auch aus der Richtung anderer Fächer kommen können) sehen, die vielleicht auch ganz dezidiert das Ziel verfolgen, klar ersichtlich zu machen, welche Verbindungslinien es zwischen Ägypten und dem restlichen hellenistisch-römischen und byzantinischen Kulturkreis bzw. dessen Geschichte (und darüber hinaus) gibt, um das Land am Nil als Ausdruck einer Vielheit in der Einheit des antiken Mittelmeerraumes darzustellen. Damit könnte möglichen Marginalisierungstendenzen innerhalb der Klassischen Altertumswissenschaft systematisch entgegengewirkt werden.

4.6 Methoden

Die vielfältigen Informationen und Auswertungsmöglichkeiten, die die papyrologischen Texte philologisch, historisch und archäologisch arbeitenden Wissenschaftler:innen bieten, erfordern die Anwendung unterschiedlicher Methoden. Die entsprechenden Arbeitsweisen kommen nicht aus der Papyrologie selbst, sondern aus den Disziplinen, denen diese als Hilfs- oder Grundwissenschaft dient (s. Kap. 4.4).

Bei der Edition von papyrologischem Material handelt es sich grundsätzlich um eine Tätigkeit, die sich genuin aus den Anforderungen ergibt, die Texte zunächst zu entziffern und dann ihrem Kontext entsprechend zu interpretieren. Um der editorischen Aufgabe innerhalb der Papyrologie, die traditionell – und zumal aufgrund der großen Zahl noch unpublizierter Papyri – gleichwertig neben der analytischen Auswertung des Materials steht, gerecht zu werden, bedarf es eines guten Auges, solider Sprachkenntnisse und einer gewissen Vorstellung davon, welche Textkategorien bzw. Inhalte zu erwarten sind. Ziel ist die Herstellung eines möglichst gesicherten Textes und dessen Kommentierung. Die Arbeit der Papyrolog:innen setzt hier nach der Konservierung und Restaurierung der Schriftträger durch eigens geschultes Personal ein. Zur Entzifferung der Stücke oder zur weiteren Kontrolle von Lesungen ist es erforderlich, die Originale einzusehen, was in den jeweiligen Papyrussammlungen zu erfolgen hat; alternativ kann auf Fotografien oder Digitalisate zurückgegriffen werden, wenngleich die eigene Autopsie vor Ort nach wie vor durch nichts zu ersetzen ist.

Die editorische Aufgabe der Papyrolog:innen umfasst nicht nur das Erschließen neuer Texte, sondern auch die neuerliche Deutung bereits publizierten Materials, was gegebenenfalls zu einer Neuedition führen kann. In Editionsbänden werden entweder mehrere Papyri aus einer Sammlung oder ein Archiv – eine Textgruppe, die etwa die Lebensumstände und Geschäftstätigkeit einer Familie oder Privatperson oder aber die Agenden eines Amtsträgers dokumentieren – veröffentlicht; zu einer solchen Aufbereitung des Materials gehören auch Konkordanzen und Wortindizes. Eine bibliographische Zusammenstellung der bislang herausgegebenen Editionsbände bietet die *Checklist of Editions of Greek, Latin, Demotic, and Coptic Papyri, Ostraca, and Tablets*. Einzelne Texte können der Fachwelt auch in geeigneten wissenschaftlichen Zeitschriften in der Form von Artikeln zur Kenntnis gebracht werden; derartige Veröffentlichungen werden laufend im *Sammelbuch* zusammengetragen.

Der Vorgang des Edierens lässt sich grob in vier Arbeitsabläufe unterteilen:

1. das Entziffern;
2. die Herstellung des Textes, die durch die Suche nach Parallelen unterstützt wird und in eine Transkription nach Vorgabe des *Leidener Klammersystems* (s. Kap. 3) mündet;
3. das Übersetzen;
4. die inhaltliche und sprachliche Kommentierung.

Die genannten Schritte entsprechen keinem starren evolutionären Muster, sondern sind vielmehr als ein in sich verschränkter, organischer und auch ›durcheinander‹ verlaufender Vorgang – natürlich begleitet von Hilfsmitteln wie etwa den von Preisigke geschaffenen Instrumentarien und digitalen Datenbanken bzw. Suchmaschinen – anzusehen.

Die grundsätzlichen Anforderungen, die das Edieren an die Papyrolog:innen stellt, mag man auf einen Blick nachvollziehen, wenn man die Abbildungen der Papyri P.Eleph. 1, P.Giss. I 40 und BGU I 304 nebeneinanderlegt bzw. die digital verfügbaren Abbildungen vergleicht.[1] Was sofort auffällt, sind die Unterschiede in der Paläographie bzw. der Schreibweise der Papyri; der aus dem Jahr 310 v. Chr. stammende P.Eleph. 1 mag dabei dem ungeübten Auge als einfacher zu entziffern erscheinen als BGU I 304 aus dem Jahr 647 n. Chr., wo der Duktus dem einer typischen byzantinischen Kanzleischrift entspricht. Das Entziffern erfordert demnach eine Kenntnis der unterschiedlichen paläographischen Erscheinungsformen, die die ptolemäische, römische und byzantinische Zeit für griechische Texte nach sich ziehen (für weitere Beispiele s. Abb. 4.2 und 4.3).

Versucht man, den Erhaltungszustand der angezeigten Papyri zu bewerten, so zeigen sich unschwer erhebliche Unterschiede: P.Eleph. 1 scheint vollständig zu sein; BGU I 304 ist mitten in der ersten erkennbaren Zeile abgebrochen, im Folgenden aber ohne Textverlust erhalten; der ungefähr in das Jahr 215 n. Chr. datierende P.Giss. I 40, der zwei Kolumnen überliefert, ist links sowie oben und unten beschädigt, was besonders in der ersten Kolumne, wo die ersten 16 Zeilen als griechische Abschrift der *Constitutio Antoniniana* identifiziert werden, zu erheblichem Textverlust führt. Dass gerade ein derartiges Zeugnis fragmentarisch erhalten ist, ist hinsichtlich

---

1 Die Digitalisate sind, Stand 22.7.2022, abrufbar unter: https://berlpap.smb.museum/03734 (P.Eleph. 1), http://bibd.uni-giessen.de/papyri/images/pgiss-inv015recto-1600kb.jpg (P.Giss. I 40) und https://berlpap.smb.museum/01033 (BGU I 304).

der Herstellung und Übersetzung des Textes besonders misslich, da es keine Parallelen gibt, die zu einer halbwegs gesicherten Rekonstruktion des Wortlautes herangezogen werden könnten.

Demgegenüber wäre es bei einer Urkunde wie BGU I 304 weitaus einfacher, verlorene Textpassagen wiederherzustellen: Es handelt sich um einen Vertrag über eine Brotlieferung, dessen Formular sich aufgrund vorhandener Parallelen gut erschließen und sinnbringend übersetzen ließe. Was die Kommentierung anbelangt, stellt jeder Text andere Anforderungen an die Editor:innen. P.Eleph. 1 ist ein Ehevertrag und stellt den ältesten genau datierbaren griechischen Papyrus dar, was bei der Interpretation grundsätzlich eine andere inhaltliche Gemengelage erzeugt als eine ›alltäglichere‹ Urkunde wie BGU I 304. Dass P.Giss. I 40 ob seiner großen historischen Bedeutung ein spektakuläres Zeugnis darstellt, wurde oben (s. Kap. 4.3) bereits erläutert.

Niemand wird das Edieren allein anhand der Lektüre einer theoretischen Abhandlung lernen: hier gilt, wie bei so vielem: *learning by doing!* Wer die editorische Aufgabe der Papyrolog:innen ernsthaft in Angriff nehmen möchte, dem sei zur weiteren Vertiefung der diesbezüglichen Kenntnisse unbedingt das Konsultieren maßgeblicher Editionsreihen (etwa CPR, P.Heid., P.Köln oder P.Oxy.) empfohlen, um sich einen Überblick über die jeweilige inhaltliche Gestaltung und Präsentation der Texteditionen zu verschaffen. Deren essentielle und maßgebliche Elemente sind der folgenden Auflistung zu entnehmen:

- Herkunft
- Datierung
- Maße des Schriftträgers (Höhe; Breite; Buchstabenhöhe)
- Formalbeschreibung oder diplomatische Beschreibung des Schriftträgers (Material; Beschaffenheit; vollständig erhalten oder fragmentarisch?)
- Inventarnummer/Aufbewahrungsort
- Transkription des Textes (nach dem *Leidener Klammersystem*)
- Übersetzung
- kritischer Apparat (Berichtigung von »Fehlern« im Text; eventuell Hinweis auf außergewöhnliche Schreibungen)
- allgemeiner Kommentar (Erläuterung des Inhalts bzw. der Gattung des Textes)
- Zeilenkommentar (punktuelle Stellungnahmen zu einzelnen Textelementen)

Abb. 4.2: Der Papyrus überliefert eine Vorladung wegen Nichtrückzahlung eines Weizendarlehens; typische Handschrift des 2. Jh. v. Chr. (P.Trier I 5).

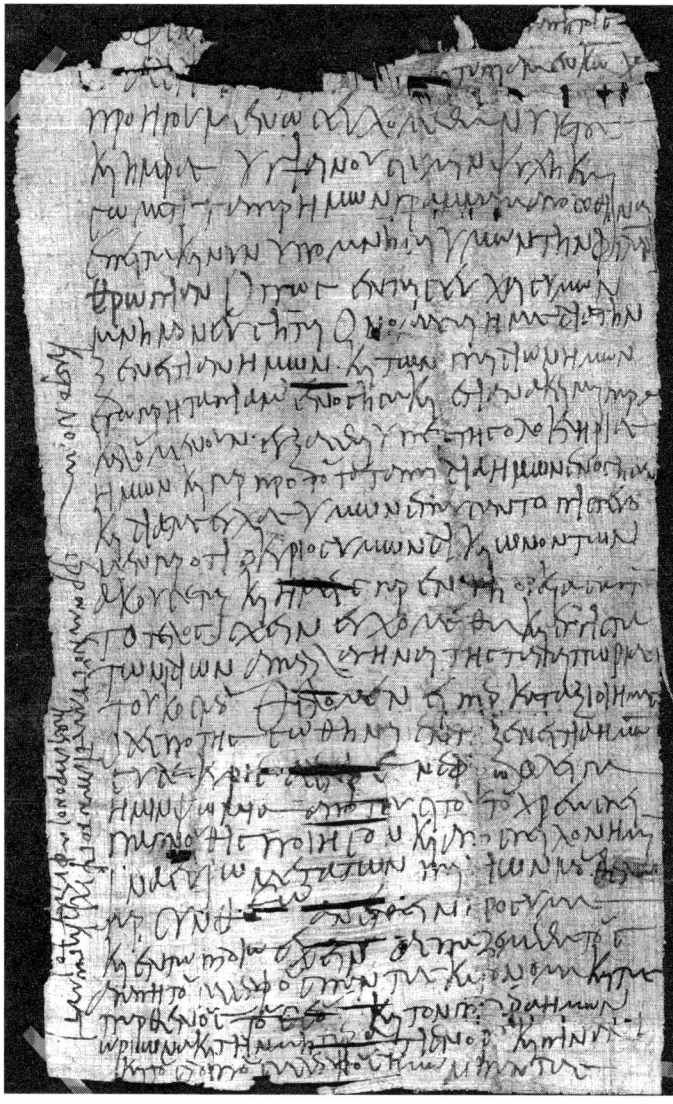

Abb. 4.3: Der Papyrus überliefert einen Privatbrief an Mönche eines Klosters mit Postskriptum am linken Rand; typische Handschrift des 4. Jh. n. Chr. (P.Nepheros 1). Die beiden Papyri in Abb. 4.2 und 4.3 liegen mehr als ein halbes Jahrtausend auseinander und zeigen beispielhaft die unterschiedliche Ausgestaltung der Handschriften.

4.7 Literatur

4.7.1 Einführungen und Überblickswerke

Bagnall, Roger S. (Hrsg.): Egypt in the Byzantine World. 300–700, Cambridge 2007.
Bagnall, Roger S. (Hrsg.): The Oxford Handbook of Papyrology, Oxford 2009.
Bagnall, Roger S.: Reading Papyri, Writing Ancient History, 2. Aufl., London/New York 2019.
Bowman, Alan K.: Egypt after the Pharaohs, London 1986.
Capponi, Livia: Roman Egypt, London 2011.
Gallo, Italo: Greek and Latin Papyrology, London 1986.
Hagedorn, Dieter: Papyrologie, in: Nesselrath, Heinz-Günther (Hrsg.): Einleitung in die griechische Philologie, Stuttgart/Leipzig 1997, 59–71.
Hölbl, Günther: Geschichte des Ptolemäerreiches. Politik, Ideologie und religiöse Kultur von Alexander dem Großen bis zur römischen Eroberung, Darmstadt 1994/Stuttgart 2004.
Hoffmann, Friedhelm: Ägypten. Kultur und Lebenswelt in griechisch-römischer Zeit. Eine Darstellung nach den demotischen Quellen, Berlin 2000.
Huß, Werner: Ägypten in hellenistischer Zeit. 332–30 v. Chr., München 2001.
Legras, Bernard: L'Égypte grecque et romaine, Paris 2004.
Lloyd, Alan B. (Hrsg.): A Companion to Ancient Egypt, Chichester 2010.
Mitteis, Ludwig/Wilcken, Ulrich: Grundzüge und Chrestomathie der Papyruskunde, 2 Bde., Leipzig/Berlin 1912 (unv. ND Darmstadt 1963).
Montevecchi, Orsolina: La papirologia, Turin 1973/Mailand 1988.
Pfeiffer, Stefan: Die Ptolemäer. Im Reich der Kleopatra, Stuttgart 2017.
Reggiani, Nicola: Papirologia. La cultura scrittoria dell'Egitto greco-romano, Parma 2019.
Riggs, Christina (Hrsg.): The Oxford Handbook of Roman Egypt, Oxford 2012.
Rupprecht, Hans-Albert: Kleine Einführung in die Papyruskunde, Darmstadt 1994.
Schaub, Erhard: Geschichte des römischen Ägypten. Von der Eroberung unter Octavian/Augustus bis Diocletian, Rahden/Westf. 2017.
Schubert, Wilhelm: Einführung in die Papyruskunde, Berlin 1912, ND 1980.
Vandorpe, Katelijn (Hrsg.): A Companion to Greco-Roman and Late Antique Egypt, Chichester 2019.

4.7.2 Spezialliteratur

Bagnall, Roger S./Worp, Klaas A.: The Chronological Systems of Byzantine Egypt, Zutphen 1978.
Bagnall, Roger S./Worp, Klaas A.: Chronological Systems of Byzantine Egypt. 2. Aufl., Leiden/Boston 2004.
Bagnall, Roger S./Cribiore, Raffaella: Women's Letters from Ancient Egypt. 300 BC – AD 800, Ann Arbor, MI 2006.

Calderini, S. Daris: Dizionario dei nomi geografici e topografici dell'Egitto greco-romano, Bd. I,1: Cairo 1935; Bd. I,2: Madrid 1966; Bd. II–V: Mailand 1973-1987; Suppl. I (1935-1986): Mailand 1988; Suppl. II (1987-1993): Bonn 1996; Suppl. III (1994-2001): Pisa 2003; Suppl. IV (2002-2005), Pisa/Rom 2007; Suppl. V (2006-2009): Pisa/Rom 2010.

Gignac, Francis T.: A Grammar of the Greek Papyri of the Roman and Byzantine Periods, 2 Bde., Mailand 1976-1981.

Harrauer, Hermann: Handbuch der griechischen Paläographie, 2 Bde., Stuttgart 2010.

Hengstl, Joachim: Griechische Papyri aus Ägypten als Zeugnisse des öffentlichen und privaten Lebens, München 1978.

Hunt, Arthur S./Edgar, Campbell C.: Select Papyri, Bd. I: Private Affairs, Bd. II: Official Documents, Bd. III: Literary Papyri, London/Cambridge 1932, 1934, 1942.

Keenan, James G./Manning, Joseph G./Yiftach-Firanko, Uri (Hrsg.): Law and Legal Practice in Egypt from Alexander to the Arab Conquest. A Selection of Papyrological Sources in Translation, with Introductions and Commentary, Cambridge 2014.

Mandilaras, Basil G.: The Verb in the Greek Non-Literary Papyri, Athen 1973.

Mayser, Edwin: Grammatik der griechischen Papyri aus der Ptolemäerzeit mit Einschluss der gleichzeitigen Ostraka und der in Ägypten verfassten Inschriften, Bd. I,1-3 und II,1-3, Berlin/Leipzig 1906-1934; Bd I,1, 2. Aufl. hrsg. von Hans Schmoll, Berlin 1970; Bd. I,2, 2. Aufl., Berlin/Leipzig 1938; Bd. I,3, 2. Aufl., Berlin/Leipzig 1936.

Pestman, Pieter W.: The New Papyrological Primer, 5. Aufl., Leiden 1990.

Reggiani, Nicola: Digital Papyrology, Berlin 2017.

Reggiani, Nicola (Hrsg.): Digital Papyrology II. Case studies on the digital edition of ancient Greek papyri, Berlin 2018.

Rowlandson, Jane: Women and Society in Greek and Roman Egypt. A Sourcebook, Cambridge 1998.

Samuel, Alan E.: Ptolemaic Chronology, München 1962.

Schubart, Wilhelm: Papyrae graecae Berolinenses, Bonn 1911.

Seider, Richard: Paläographie der griechischen Papyri, 3 Bde., Stuttgart 1967-1990.

Seider, Richard: Paläographie der lateinischen Papyri, 3 Bde., Stuttgart 1972-1981.

Skeat, Theodore C.: The Reigns of the Ptolemies, 2. Aufl., München 1969.

Turner, Eric G.: Greek Manuscripts of the Ancient World, Oxford 1971 (2., überarb. und erw. Aufl. von Peter J. Parsons, London 1987).

4.7.3 Digitale Hilfsmittel

Checklist of Editions of Greek, Latin, Demotic, and Coptic Papyri, Ostraca, and Tablets – https://papyri.info/docs/checklist [22.7.2022].

Heidelberger Gesamtverzeichnis – http://aquila.zaw.uni-heidelberg.de/start [22.7.2022].

Papyri.info – http://papyri.info [22.7.2022].

Papyrology & Paleography (PapPal) – http://www.pappal.info [22.7.2022].

Trismegistos – https://www.trismegistos.org/index.php [22.7.2022].
  Vollzugriff nur mit Lizenz.

5 Numismatik

Peter Franz Mittag

5.1 Forschungsgeschichte

Zwar wurden bereits in der Antike Münzen gesammelt sowie ältere Münzen als Geschenke oder als ikonographische Vorlagen verwendet und interpretiert, doch fußt die moderne Forschung maßgeblich auf der Sammlungstätigkeit seit dem 14. Jahrhundert. Gut dokumentiert sind beispielsweise die entsprechenden Bemühungen des Francesco Petrarca (1304–1374), der neben Kaiser Karl IV. auch andere Sammler mit antiken Münzen versorgte. Bereits im 16. Jahrhundert wurde eine Vielzahl von numismatischen Büchern gedruckt, wobei die Ikonographie römischer Münzen der Kaiserzeit zunächst im Vordergrund stand, da sie einen Referenzrahmen für die Selbstdarstellung der zumeist adeligen Sammler bildete. Daneben traten aber auch schnell alle anderen Bereiche der antiken Numismatik in den Blick gelehrter Sammler und schon Wolfgang Lazius (1514–1565) forderte verlässliche Kataloge aller antiken Münzen, die er auf etwa 700 000 Exemplare schätzte. Vor allem Hubert Goltzius (1526–1583) nahm sich dieses Vorhabens an. Obwohl er Lücken in der Überlieferung durch phantasievolle Neuschöpfungen füllte, wurden seine aus diesem Grund zurecht kritisierten Werke bis ins 18. Jahrhundert immer wieder nachgedruckt. Dagegen waren es eher die akribischen Publikationen von großen Einzelsammlungen, die eine sichere Basis schufen. Die Habsburger, die französischen Könige und die brandenburgischen Markgrafen stachen hier hervor und bewiesen dabei häufig eine glückliche Hand bei der Auswahl der von ihnen angestellten Numismatiker. Daneben sammelte aber auch eine Vielzahl von Privatpersonen, an die sich erste Handbücher aus dem Ende des 17. Jahrhunderts wendeten. Die Forderung von Lazius konnte erstmals der ›Vater der modernen Numismatik‹, Joseph Hilarius Eckhel, mit seinem Hauptwerk *Doctrina numorum* (1792–1798) einlösen. Auf der breiten Basis damals vorliegender Sammlungspublikationen, die er kritisch überprüfte, gelang ihm eine auch heute in weiten Teilen noch wissenschaftlichen Ansprüchen genügende Ordnung aller antiken Münzen. Dabei beschränkte er sich nicht auf eine reine Katalogisierung, sondern nutzte die Münzen als historische und kulturgeschichtliche Quellengattung.

In der Folgezeit entwickelte sich die antike Numismatik zunächst in zwei Richtungen weiter. Zum einen entstanden immer bessere Kataloge – so publizierte Théodore-Edme Mionnet bereits in den Jahren 1806–1813 einen deutlich erweiterten Katalog, der sich mit Preisangaben allerdings eher an Sammler richtete. Zum anderen wurden immer mehr Spezialuntersuchungen vorgelegt, die häufig in den Fachzeitschriften erschienen, die ab der Mitte des 19. Jahrhunderts in zunehmender Zahl herausgegeben wurden. Seit dem 20. Jahrhundert wird die bis dahin weitgehend ikonographisch orientierte Forschung durch zwei weitere Forschungsrichtungen ergänzt. Zum einen werden v. a. mithilfe von naturwissenschaftlichen Methoden prägetechnische Fragen in den Blick genommen, zum anderen bildet die Berücksichtigung von Fundkontexten (zum Beispiel durch die mehrbändigen Werke *Die Fundmünzen der römischen Zeit in Deutschland* (FMRD) und *Coin Hoards*) die Grundlage für wirtschafts- und sozialgeschichtliche Ansätze.

5.2 Methoden

Die Numismatik befasst sich mit Münzen und münzähnlichen Objekten. In der Regel handelt es sich um geprägte oder gegossene, zumeist runde Metallobjekte. Sie sind Originalobjekte von hoher Aussagekraft, die nach bestimmten Regeln gefertigt wurden. Die Grundlage jeder wissenschaftlichen Beschäftigung sind Informationen über Auftraggeber, Herstellungsort, Datierung, Nominal sowie weitere technische Daten. Die gegen Ende des 7. Jahrhunderts v. Chr. geprägten frühesten Münzen zeigen bereits verschiedene Darstellungen und bald auch erste Münzlegenden, die zumindest eine geographische Zuordnung im westlichen Kleinasien erlauben. Als die Münzprägung innerhalb weniger Jahrzehnte von den meisten griechischen Städten aufgegriffen wurde, entschieden sich viele Prägeorte, ihre Münzen mit Darstellungen zu versehen, die sich eindeutig auf den Prägeort bezogen – die westkleinasiatische Stadt Phokaia wählte beispielsweise die Robbe (griech. φώκη, *phōkē*; s. Abb. 5.1). Daher ist eine Zuordnung zu einzelnen Orten zumeist unproblematisch. Manche Münzdarstellung war sogar so einprägsam, dass die Münzen nach ihr benannt wurden. Am bekanntesten sind die ›Eulen‹, die man sprichwörtlich nach Athen trägt, denn die athenischen Münzen zeigen seit etwa 530/520 v. Chr. auf ihren Rückseiten eine stehende Eule (s. Abb. 5.2).

Da die Gestaltung der Münzen in vielen Orten über lange Zeiträume weitgehend unverändert blieb und griechische Münzen in der Regel keine Datumsangaben tragen, ist eine exakte Datierung auch heute häufig umstritten. Mithilfe verschiedener methodischer Ansätze wird versucht, den Entstehungszeitraum möglichst eng einzugrenzen. Zuweilen haben sich wichtige historische Ereignisse in der Münzprägung niedergeschlagen, weshalb sich solche Münzen gut datieren lassen. Die Gründungs- und ggf. Zerstörungsdaten vieler griechischer Städte auf Sizilien und in Süditalien sind aus anderen Quellen bekannt, so dass deren Münzen zeitlich vergleichsweise gut eingeordnet werden können. Diese Münzen bilden dann häufig wichtige Datierungsanker für andere Münzen, die man ikonographisch vergleichen kann. Durch sogenannte Überprägungen, also die Verwendung von älteren Münzen als Schrötlinge für neue Münzen, ergeben sich weitere Datierungshinweise. Auch die Vergesellschaftung in Münzhorten, d. h. das gemeinsame Vorkommen verschiedener Münzen in einem archäologischen Befund, kann Indizien liefern. In der Regel enthalten Münzhorte Münzen aus unterschiedlichen Orten, die zudem zumeist über einen längeren Zeitraum im Umlauf waren. Mithilfe des Abnutzungsgrades lassen sich jüngere von älteren Münzen unterscheiden. Auf diese Weise können für die einzelnen Orte Münzreihen gebildet werden, deren jeweils jüngste Exemplare in etwa dem Vergrabungszeitpunkt des Hortfundes entsprechen dürften. Die relative Abfolge von Prägungen eines Ortes können zudem mithilfe von Stempelkopplungen rekonstruiert werden.

Die Münzprägung erfolgte mithilfe zweier Stempel für die Vorder- und Rückseite, wobei der für die Vorderseite (Avers) genutzte Stempel in einen

Abb. 5.1: Phokaia, EL-Stater, um 600 v. Chr. (?); 16,46 g, 23,5 mm; Avers: Robbe nach links; Revers: zwei Punzen; Bodenstedt 1.

Abb. 5.2: Athen, Tetradrachme, ca. 450–400 v. Chr.; 16,96 g, 28 mm; Avers: Kopf der Athena nach rechts; Revers: AΘE, stehende Eule nach rechts, dahinter Olivenzweig und Halbmond; Kraay 198.

Amboss oder eine feste Unterlage eingelassen wurde. Der bewegliche Stempel für die Münzrückseite (Revers) nutzte sich schneller ab als der Avers-Stempel, musste also bei fortgesetzter Münzprägung früher ersetzt werden als der Avers-Stempel. Dadurch ergeben sich überschneidende Reihen von Avers- und Reversstempeln. Unter Berücksichtigung des Abnutzungsgrades der Stempel lässt sich bei einer hinreichend großen Menge erhaltener Münzen so die relative Abfolge der Stempel rekonstruieren. Bei Kombination einer möglichst großen Informationsmenge aus diesen verschiedenen methodischen Ansätzen kann im Idealfall ein verlässliches Gerüst für die Datierung gewonnen werden.

Etwas einfacher gestalten sich die Verhältnisse seit der Herrschaft Alexanders des Großen (336–323 v. Chr.). Viele seiner Nachfolger ließen ihr eigenes Porträt oder zumindest ihren Namen auf ihren Münzen anbringen, so dass sich diese Münzen nicht nur diesen Personen zuweisen lassen, sondern sich angesichts der häufig nur kurzen Herrschaftsdauer auch vergleichsweise gut datieren lassen. Viele Münzen Mithradates' VI. von Pontos (ca. 120–63 v. Chr.) tragen darüber hinaus nicht nur Jahresangaben, sondern nennen auch die Monate, in denen sie geprägt wurden. Nicht nur in Bezug auf die Datierungen der Münzprägung bildete die Herrschaft Alexanders des Großen einen wichtigen Einschnitt. Die von ihm besiegten Achaimeniden hatten zwar nach der Eroberung des Lyderreiches (546 v. Chr.) die dort übliche Münzprägung übernommen, doch verbreitete sie sich nicht weiter in den Osten des Achaimenidenreiches. Erst der Feldzug Alexanders des Großen und die Münzprägung seiner Nachfolger führte zu einer Monetarisierung Ägyptens und Asiens bis nach Indien.

Die Römer begannen um 300 v. Chr. erst vergleichsweise spät mit einer eigenen Münzprägung. Das für die Münzprägung zuständige Kollegium aus drei Männern (*tresviri aere argento auro flando feriundo*: ›Dreierkollegium zum Gießen und Prägen von Kupfer, Silber und Gold‹) wurde jährlich neu bestimmt. Zwar sind viele Namen von Mitgliedern überliefert, doch lässt sich deren Mitgliedschaft nicht exakt datieren. Erst in der Kaiserzeit wird die Datierung einfacher, denn im Idealfall enthalten die Münzlegenden Hinweise auf verschiedene Ämter und Ehrennamen der Kaiser, die häufig eine jahrgenaue Datierung erlauben, in einigen Fällen lässt sich der Prägezeitraum sogar weiter einschränken. Die für die Datierung wichtigste Amtsgewalt ist die des Volkstribunen (*tribunicia potestas*), die jährlich (ab dem Ende des 1. Jh. n. Chr. immer am 10.12.) verliehen wurde. Auf vielen Münzen findet sich eine Angabe dieser Amtsgewalt (meist mit TR POT abgekürzt) mit fortlaufender Zählung. Ein weiteres wichtiges Amt, das der Kaiser immer wieder übernahm, war der Konsulat (abgekürzt als COS), der üblicherweise am 1.1. angetreten wurde. Häufig nennt die Kaisertitulatur auch die fortlaufend gezählte Ausrufung zum Imperator (IMP). Wenn mehrere dieser Amtsgewalten, Ämter oder Titel vermerkt sind, lassen sich diese Münzen zuweilen auf wenige Monate oder Wochen genau datieren (s. Abb. 7.3).

Als Münzmetalle wurden in der Antike Elektron, Gold, Silber und Kupferlegierung genutzt. Die frühesten Münzen bestanden aus Elektron, einer natürlich vorkommenden, aber auch künstlich hergestellten Legierung aus Gold und Silber. Seit der Mitte des 6. Jahrhunderts v. Chr. bevorzugte man reine Gold- und Silbermünzen, da sich so der Materialwert einfacher feststellen ließ. Im 5. Jahrhundert v. Chr. begannen die Griechen neben Edelmetallmünzen Bronzekleingeld herzustellen, doch wurden regional auch danach noch sehr kleine Nominale in Silber ausgebracht, die wegen ihres Gewichtes von Bruchteilen eines Gramms jedoch leicht verloren gehen konnten, weshalb sich Münzen aus Kupferlegierungen als Kleingeld trotz lokaler Widerstände in vielen Regionen durchgesetzt haben. Goldmünzen wurden häufig in sehr hoher Reinheit von rund 98 % geprägt, Silbermünzen erreichten diesen Reinheitsgrad nicht und wurden in Notzeiten gerne gestreckt. Bei einer Legierung mit einem Silberanteil von unter 50 % spricht man von Billon. Da Münzen aus Kupferlegierungen in der Regel einen deutlich höheren Nominal- als Materialwert besaßen, also überbewertet waren, konnten sowohl das Legierungsverhältnis als auch das Gewicht stärkeren Schwankungen als bei Edelmetallmünzen unterliegen. Es wurde lediglich darauf geachtet, dass eine bestimmte Menge Münzen in etwa einem festgelegten Sollgewicht entsprach (*al marco*). Das Gewicht von Edelmetallmünzen wurde dagegen bei jedem Einzelstück abgewogen (*al pezzo*).

Da Edelmetallmünzen nur leicht überbewertet waren, besaßen sie eine hohe Wertstabilität und damit Umlauffähigkeit. Das gilt insbesondere bei Münzen, die einem verbreiteten Gewichtssystem entsprachen.

Zu Beginn der Münzprägung herrschte eine große Bandbreite an regionalen Münzstandards. So prägten etwa die drei griechischen Städte auf Rhodos jeweils nach einem unterschiedlichen Standard, was den Geldverkehr auf der Insel sicher nicht vereinfachte. Die Athener versuchten im ersten attisch-delischen Seebund (478/477–404 v. Chr.) das von ihnen genutzte euböisch-attische Gewichtssystem durchzusetzen, das zwar weite Verbreitung fand, jedoch erst durch die Münzprägung Alexanders seinen endgültigen Siegeszug antrat, denn Alexander der Große entschied sich während seines Feldzuges dazu, das bisher von den makedonischen Königen verwendete Gewichtssystem gegen das euböisch-attische zu wechseln, was die Akzeptanz seiner Münzen deutlich erhöhte. Die meisten seiner Nachfolger übernahmen diesen Gewichtsstandard (s. Tab. 5.1). Die Grundeinheit der griechischen Nominalsysteme war zumeist der Stater (vom griech. Verb ἴστημι, ›wiegen‹) oder die Drachme (griech. δραχμή). Der Begriff ›Drachme‹ leitet sich vom griech. Verb *drattesthai* (δράττεσθαι, ›fassen‹) ab und bedeutet etwa so viel wie »was man in einer Hand halten kann«; gemeint sind *oboloi* (ὀβελοί, ›Bratspieße‹), die vor der Einführung der Münzprägung als Zahlungs- und Wertaufbewahrungsmittel verwendet wurden. Da man offenbar sechs solche normierten Bratspieße problemlos halten konnte, unterteilt sich eine Drachme häufig in sechs Obolen.

Tab. 5.1: Wichtige Nominale des Drachmen-basierten griechischen Systems.

Metall	Benennung	Verhältnis
aurum (AV)	Distater	2
	Stater	1
	Hemistater	½
	Hekte	⅙
argentum (AR)	Dodekadrachmon	14
	Dekadrachmon	10
	Oktadrachmon	8
	Tetradrachmon	4

Metall	Benennung	Verhältnis
argentum (AR)	Tridrachmon	3
	Didrachmon	2
	Drachme	1
	Hemidrachmon/Triobolon	½
	Diobolon	⅓
	Obolos/Tetratartemorion	⅙
aes (AE)	Tetrachalkon	4
	Dichalkon	2
	Chalkous	1
	Hemichalkon	½

Die Römer benutzten ein davon abweichendes Nominalsystem, bei dem der As die Grundeinheit bildete und ursprünglich ein römisches Pfund wog (ca. 327,45 g). Die anderen Nominale bezogen sich auf den As und besaßen ›sprechende‹ Namen als Vielfache (u. a. 2-fach = *dupondius*) oder Teiler (u. a. ½ = *semis*, ⅓ = *triens*, ¼ = *quadrans*, ⅙ = *sextans*).

Die frühesten Silbermünzen, die vielleicht im Rahmen des Krieges gegen die südapulische Stadt Tarent im Jahr 281 v. Chr. geprägt wurden, orientierten sich am griechischen Gewichtssystem und wurden als Didrachmen (Doppeldrachmen) ausgebracht. Viele dieser Didrachmen zeigen auf dem Revers eine Gottheit in einer Quadriga, weswegen sie bereits in der Antike als *quadrigati* bezeichnet wurden. Der Denar wurde erst während des 2. Punischen Krieges (218–201 v. Chr.) eingeführt. Er war zunächst 10 Asses wert und erhielt ebenso wie der Quinar und der Sesterz einen sprechenden Namen (Denar von *decem* = 10, Quinar von *quinque* = 5, Sesterz von *semis tertius* = »halb drei« = 2,5). Für die unteritalischen und sizilischen Gebiete wurden daneben Münzen etwa im Wert eines ¾-Denars geprägt, was dem Wert einer Drachme entsprach; ihr Name, *victoriatus*, leitet sich von der Darstellung der Siegesgöttin Victoria auf dem Revers ab. Das Wertverhältnis des Denars zum inzwischen im Gewicht reduzierten As wurde im 2. Jahrhundert v. Chr. auf 1 : 16 erhöht, weshalb der damals noch in Silber geprägte Sesterz nun 4 Asses und der Quinar 8 Asses wert war (s. Tab. 5.2).

Die römischen Goldmünzen der Kaiserzeit erhielten ihren Namen vom Metall (*aureus*: »Gold«), seit Konstantin dem Großen (306–337 n. Chr.) von dem nach den Problemen des 3. Jahrhunderts n. Chr. wiederhergestellten

›soliden‹ Gewichtsstandard von 72 Goldmünzen aus einem römischen Pfund (*solidus*). Der *solidus* überlebte das Ende des Weströmischen Reiches und bildete bis ins 12. Jahrhundert eine Art europäischer Leitwährung.

Tab. 5.2: Römisches Nominalsystem der Kaiserzeit.

Metall	Benennung	Verhältnis
aurum (AV)	Aureus	400
	Goldquinar	200
argentum (AR)	Denar	16
	Quinar	8
aes (AE)	Sesterz	4
	Dupondius	2
	As	1
	Semis	½
	Quadrans	¼

Der besondere Fortschritt durch die Erfindung der Münze bestand in erster Linie darin, das auch zuvor als Zahlungsmittel verwendete Metall zu normieren und damit das jeweils notwendige Wiegen durch das Abzählen einzelner Münzen abzulösen. Die normierten Edelmetallstückchen wurden durch Stempel gekennzeichnet und es dauerte nicht lange, bis geschäftstüchtige Nachahmer auf die Idee verfielen, Münzen zu fälschen.

Unter der glänzenden Edelmetalloberfläche der Fälschungen verbarg sich häufig ein Kern aus Kupferlegierungen (*subaerat*) oder Eisen (*subferrat*). Aus dem neuzeitlichen Western kennen wir das Beißen zum Testen einer Münze. Über die Weichheit lässt sich nicht nur die Reinheit des Goldes abschätzen, beißt man kräftig genug, erlauben die entstehenden Löcher den Blick ins Innere der Münze. In abgewandelter Form wurde diese Prüfmethode auch in der Antike angewandt. Mithilfe der Farbe des Abriebs auf einem sogenannten Probierstein konnte die Feinheit bestimmt werden, durch das Einschlagen von kleinen Punzen oder Kerben wurde die Güte des Kerns überprüft. Fremde oder stark abgenutzte Münzen wurden zuweilen durch sogenannte Gegenstempel für umlauffähig, also für gültig erklärt. Diese technischen Details erlauben häufig wichtige Rückschlüsse auf die Nutzung von Münzen und damit auf sozial- und wirtschaftsgeschichtliche Fragestellungen.

5.3 Münzen als historische Quellen

Auf der Basis der inzwischen zumeist sehr guten Kataloge lassen sich fundierte historische Schlussfolgerungen ziehen. Hierbei werden verschiedene Fragestellungen verfolgt. Wie im Rahmen der Forschungsgeschichte bereits angedeutet, gehen traditionell viele Fragen von der Ikonographie aus. Die Selbstdarstellung von prägenden Städten und insbesondere von Monarchen steht noch immer im Fokus vieler aktueller Forschungsansätze. Da die Münzen griechischer Städte meist über lange Zeiträume hinweg die gleichen Motive aufweisen, spiegeln sie nur selten politische Ereignisse wider. Von den wenigen Fällen, in denen dies doch möglich ist, seien die Münzen aus dem in Nordsizilien gelegenen Himera hervorgehoben, deren Reverse nach der Eroberung durch Akragas die für die Münzen aus Akragas typische Krabbe zeigen (s. Abb. 5.3). Als Zankle (heute Messina im Nordosten Siziliens) im frühen 5. Jahrhundert v. Chr. von Samiern besetzt wurde, erhielten die dort geprägten Münzen samische Bildtypen.

Größere Variationsmöglichkeiten als Münzen der griechischen Städte weisen die Prägungen der Nachfolger Alexanders des Großen auf. Sie begannen, ihr eigenes Porträt auf ihre Münzen prägen zu lassen, und konnten damit sehr unterschiedliche Botschaften vermitteln. Attribute wie ein Diadem, ein Helm, ein von der Ikonographie der Götter übernommenes Kleidungsstück oder Objekt sollten jeweils sehr spezifische Qualitäten des Porträtierten zum Ausdruck bringen. Ungewöhnliche Blickrichtungen – in den meisten Fällen schauen Monarchen nach rechts –, die Haar- und Barttracht oder außergewöhnliche Legendenbestandteile erlauben ebenfalls

Abb. 5.3: Himera, Didrachme, um 483–472 v. Chr.; 8,39 g, 20 mm; Avers: HIMERA, Hahn steht nach links, Revers: Krabbe; SNG ANS 157.

Rückschlüsse auf die beabsichtigten Botschaften. So trugen einige hellenistische Könige eine Haartracht, die eine erstaunliche Ähnlichkeit zu der Alexanders des Großen aufweist, wodurch eine besondere Nähe zu diesem nach seinem Tod mystifizierten König betont werden sollte.

Auch die römischen Kaiser nutzten ein breites Repertoire von Kleidungsstücken und Attributen. Ein Kopf ohne Kopfbedeckung konnte eine zivile und nicht herausgehobene Position betonen, Brustpanzer, Feldherrenmantel, Waffen und Helm symbolisierten dagegen militärische Stärke und Sieghaftigkeit. Die Strahlenkrone, die zunächst ein Zeichen von Göttlichkeit gewesen zu sein scheint, wurde seit der zweiten Hälfte des 1. Jahrhunderts n. Chr. ein Symbol, das lediglich den doppelten Wert des Nominals andeutete (auf dem Dupondius als doppeltem As, im 3. Jahrhundert auch auf dem sogenannten Antoninian als doppeltem Denar; bei weiblichen Porträts übernahm eine Mondsichel unter der Büste diese Funktion der Wertangabe).

Nicht nur die Porträts können in dieser Weise interpretiert werden, sondern auch die Legenden der Münzen. Phasenweise begnügten sich einzelne Kaiser mit extrem kurzen Legenden (etwa HADRIANVS AVGVSTVS, s. Abb. 5.4), dieselben Kaiser verwendeten kurz davor oder danach jedoch Legenden, die möglichst viele Amtsgewalten und Ehrentitel enthielten (z. B. IMP CAESAR TRAIANVS HADRIANVS AVG PONT MAX TR POT COS II). Kurze Legenden hat auch Augustus, der Begründer der römischen Kaiserzeit, verwendet, so dass Legenden wie HADRIANVS AVGVSTVS als bewusste Anspie-

Abb. 5.4: Hadrian, Aureus, Rom, 124–127 n. Chr.; 7,29 g, 20 mm; Avers: HADRIANVS AVGVSTVS, Kopf mit Lorbeerkranz und Drapierung auf der linken Schulter nach rechts; Revers: CO(n)S(ul) III, Hadrian reitet nach rechts, rechte Hand erhoben; RIC II.3 781.

lung auf dessen Herrschaft gedeutet werden könnten. Dagegen konnten ausführliche Legenden den Nutzern signalisieren, dass der Kaiser die üblichen Amtsbefugnisse seiner Vorgänger besaß und deren legitimer Nachfolger war (anfangs nutzte Hadrian auch den Namensbestandteil TRAIANVS, da er von seinem Vorgänger Trajan angeblich adoptiert worden war).

Viel wichtiger als die Averse waren jedoch die Reverse für die Selbstdarstellung der Prägeherren. Seit den 130er Jahren v. Chr. konnten die für die Prägung verantwortlichen *tresviri* die Münzen frei gestalten und nutzten dieses Medium häufig, um auf die Bedeutung der eigenen Familie hinzuweisen oder politische Statements zu setzen. Die Reverse zeigten zuweilen Gottheiten, mythische Szenen oder Personen, die mit der eigenen Familiengeschichte eng verbunden waren. Die Reverse kaiserzeitlicher Münzen werden dagegen häufig als eine Art Herrschaftsprogramm gelesen. Sie weisen bis in die Spätantike hinein ein breites Spektrum an Darstellungen von Göttern, Personifikationen (s. Kap. 3, s. Abb. 7.1), Gebäuden, Mitgliedern des Kaiserhauses, Tieren und Gegenständen auf, wobei die Schwerpunktsetzungen bei jedem Kaiser anders waren. In der Regel wurden sie zudem fortlaufend den sich ändernden Rahmenbedingungen angepasst, so dass sie einen jeweils aktuellen Spiegel kaiserlicher Selbstdarstellung bilden. Besonders häufige Darstellungen sind etwa Annona (Hinweis auf die Getreideversorgung Roms), Ceres (Göttin der Landwirtschaft), Concordia (Eintracht), Felicitas (Glückseligkeit), Fides (Treue), Fortuna (Glück), Pietas (pflichtgemäßes Verhalten gegenüber Menschen und Göttern), Salus (Gesundheit), Spes (Hoffnung), Victoria (Sieg) und Virtus (Tapferkeit).

Die Reverse der von hellenistischen Königen geprägten Münzen sind dagegen viel monotoner. Am extremsten sind die ptolemäischen Münzen, deren Hauptnominal (die Tetradrachme) seit der Herrschaft des Dynastiegründers Ptolemaios I. bis zur letzten Ptolemäerin, Kleopatra VII., in der Regel nicht nur auf dem Avers stets ein Porträt Ptolemaios' I., sondern auf dem Revers einen auf einem Blitzbündel stehenden Adler zeigt. Die seleukidischen Tetradrachmen, auf deren Avers üblicherweise das Porträt des herrschenden Königs abgebildet wurde, tragen auf dem Revers bis zum späten 2. Jahrhundert v. Chr. entweder eine Zeus- oder eine Apollondarstellung; letztere, weil Apollon als Stammvater der Seleukiden galt. Aber auch diese Gleichförmigkeit bzw. dieses enge Repertoire kann historisch gedeutet werden. Einerseits konnte durch das gewohnte Aussehen die Akzeptanz der Münzen erhöht werden, andererseits die Legitimität der Könige gestützt werden, die sich in eine lange Reihe von verwandten Vorgängern stellten. Historisch besonders interessant sind die Münzen der baktrischen/indogriechischen Könige, denn die literarischen und epigraphischen Zeugnisse sind dermaßen dürftig, dass drei Viertel der wohl 45 Könige einzig durch ihre Münzen bekannt sind und die Münzen daher die zentrale Quellengattung zur Rekonstruktion der etwa 250-jährigen Geschichte dieses Königreiches darstellen.

Die während der Kaiserzeit geprägten Münzen griechischer Städte zeigen auf ihren Aversen zumeist ein Mitglied der kaiserlichen Familie; die Reverse konnten aber zur Selbstdarstellung der Stadt genutzt werden. Hier wurden regelrechte Propagandaschlachten zwischen Städten ausgetragen, die um kaiserliche Privilegien konkurrierten. Insbesondere vom Kaiser und seiner Administration verliehenen Ehrentiteln, v. a. dem provinzialen zentralen Kult des Kaisers (Neokorie), kam hierbei eine große Rolle zu. Diese Konkurrenz um regionalen Vorrang hatte tiefe Wurzeln und zeigt sich numismatisch das erste Mal während der Herrschaft des seleukidischen Königs Antiochos IV. (175–164 v. Chr.), als die beiden benachbarten phönizischen Städte Sidon und Tyros auf ihren Münzen einen ›Kleinkrieg‹ austrugen, in dem sich Tyros als »Metropolis (= Mutterstadt) der Sidonier« bezeichnete, während sich Sidon als »Metropolis von Kambe, Hippo, Kition und Tyros« feierte.

Bei der Nutzung von Münzen als historischer Quelle sind stets die Adressaten zu berücksichtigen, denn diese wurden bei der Gestaltung häufig gezielt in den Blick genommen. Münzen dienten in vielen Fällen vor allem dem Zweck, Militärkosten zu decken, so dass häufig Soldaten die primären Adressaten waren. So kopierten viele der auf Sizilien von den Karthagern geprägten Tetradrachmen griechische Vorbilder, da mit ihnen griechische Söldner bezahlt wurden. Und als Alexander nach dem Feldzug gegen die Achaimeniden einen großen Teil seines Heeres nach Hause entließ, wurden in den Ausschiffungshäfen genau diejenigen Münzsorten geprägt, die die entlassenen Soldaten zuhause problemlos nutzen konnten. Die Münzempfänger hatten in diesen Fällen also einen großen Einfluss auf die Münzgestaltung.

Die Anzahl der geprägten Münzen richtete sich in der Regel nach der konkret benötigten Geldmenge. Zwar konnten Kosten auch mit älteren Münzen gedeckt werden – und für einzelne römische Kaiser ist es wahrscheinlich, dass nur 10 % der Staatsausgaben mit neu geprägten Münzen beglichen wurde –, doch können Münzen zuweilen mit konkreten Anlässen verbunden werden. Die zu Herrschaftsbeginn römischer Kaiser häufig versprochenen Geldgeschenke wurden wohl mit Münzen ausgezahlt, die den neuen Herrscher zeigten. Viele römische Bronzemünzen tragen Darstellungen der kaiserlichen Freigiebigkeit (*liberalitas*) und standen möglicherweise im Zusammenhang mit kaiserlichen Geldspenden. Denare aus der Zeit um 100 v. Chr. zeigen die Legende *ad fru(mentum) emu(ndum)* (s. Abb. 5.5; zum diakritischen Zeichen bei aufgelösten Abkürzungen s. Kap. 3) und wurden demnach zum Ankauf von Getreide geprägt. Anlässlich von Herrscherjubiläen wurden Münzen mit der Angabe der Herrschaftsjahre (beispielsweise *decennalia*: 10 Jahre, *vicennalia*: 20 Jahre) geprägt und anlässlich der Saekularspiele im Jahr 88 n. Chr. ließ Domitian eine umfangreiche Münzemission mit verschiedenen Motiven prägen. Eine besonders enge Beziehung zwischen der benötigten Geldmenge und der Anzahl der geprägten Münzen lässt sich unter Mithradates VI. von Pontos (ca. 120–63 v. Chr.) zeigen. Der König führte drei Kriege gegen Rom, in deren Vorbereitungsphasen jeweils besonders viele Münzen geprägt wurden. Die bereits genannten monatsgenau datierten Münzen des Königs dienten allem Anschein nach dazu, diese Kriegskosten zu decken. Die Söldner wurden also vorzugsweise mit Münzen bezahlt, die ein Porträt des Auftraggebers zeigten.

Abb. 5.5: L. Calpurnius Piso und Q. Servilius Caepio, Denar, Rom, um 100 v. Chr.; 3,29 g, 19 mm; Avers: PISO CAEPIO Q(uaestores), Kopf des Saturn mit Lorbeerkranz nach rechts, dahinter ein Krummmesser; Revers: AD FRV(mentum) EMV(ndum) EX S(enatus) C(onsulto), zwei Quaestoren sitzen auf einer Bank, links und rechts jeweils eine Kornähre; RRC 330/1a.

Nicht nur die Gestaltung und Menge der Münzen richtete sich nach den gegebenen Anlässen, sondern auch die Auswahl der Nominale. Oben wurde bereits auf die an bestimmte Adressaten angepassten Münzen Alexanders des Großen hingewiesen und Mithradates VI. prägte in erster Linie Tetradrachmen nach euböisch-attischem Standard, die als internationale Währung zur Anwerbung auswärtiger Söldner besonders gut geeignet waren. Auch in Rom wurden während der Republik und der frühen Kaiserzeit vor allem große Nominale geprägt, mit deren Hilfe Ausgaben des Staates beglichen werden konnten. Das führte zu einem Kleingeldmangel, der durch die private Halbierung und Vierteilung von Münzen ausgeglichen wurde. Erst ab der Mitte des 1. Jahrhunderts n. Chr. wurde verstärkt Kleingeld geprägt, um den Bedürfnissen des monetarisierten Marktes Genüge zu tun.

Während sich heute die Geldmenge und die Anzahl der im Umlauf befindlichen Münzen und Scheine nach wirtschaftlichen Überlegungen richtet, orientierte sich die Münzprägung in der Antike nicht primär an solchen Kriterien. Dennoch hatte die Münzprägung natürlich Auswirkungen auf das Marktgeschehen. Die schnelle Verbreitung der Münzprägung in der griechischen Welt – und fast nur dort – ging einher mit sozialen und politischen Entwicklungen, die zur Herausbildung der klassischen Polis führten. Die Wechselwirkungen dieser parallelen Entwicklungen werden unterschiedlich interpretiert, auffallend dürfte aber sein, dass in einer Welt, in der alte Adelsstrukturen zunehmend durchbrochen wurden und das geschriebene Gesetz seinen Siegeszug antrat, die neu erfundene Münze den Namen *nomisma* (νόμισμα) erhielt, dessen semantische Nähe zum Begriff *nomos* (νόμος, ›Gesetz‹) nicht zu übersehen ist.

Die Verwendung von Münzen nach ihrem Inumlaufbringen ist ein wichtiges weiteres Forschungsfeld. Da die Münzen zumeist als Geld verwendet wurden (zu anderen Verwendungen s. u.), könnten aus den Fundorten und Fundumständen grundsätzlich Rückschlüsse auf wirtschaftliche Verflechtungen gezogen werden. Allerdings spiegeln Münzen Handelsbeziehungen nicht exakt wider, denn Handelswaren mussten nicht notwendigerweise in barer Münze gezahlt werden. Händler nahmen statt Geld in der Regel wieder Waren mit nach Hause, die sie dort verkaufen konnten. Antike Autoren betonen jedoch, dass athenische Münzen auch als Handelsware geschätzt wurden. Die athenischen Tetradrachmen erfreuten sich international sogar so großer Beliebtheit, dass sie in Regionen nachgeprägt wurden, in denen zuvor keine Prägetätigkeit nachzuweisen ist (etwa in Arabien und am Persischen Golf).

Da die für die Münzprägung verwendeten Metalle nicht an allen Orten in gleicher Weise verfügbar waren und denselben Wert besaßen, ist bei der Interpretation eines verstärkten Fundaufkommens weit ab des Prägeortes grundsätzlich Vorsicht geboten. Dennoch belegen beispielsweise die vielen kleinasiatischen Tetradrachmen, die im Hellenismus in die syrische Erde gelangten, dass es offenbar einen regen Handelsverkehr zwischen den beiden Regionen gab. Silber scheint vom Westen in den an natürlichen Silbervorkommen vergleichsweise armen Osten ›gewandert‹ zu sein. Die Tatsache, dass sich von den riesigen Geldmengen, die als Reparationsleistungen und Tribute seit dem 2. Jahrhundert v. Chr. aus dem östlichen Mittelmeerraum nach Rom flossen, dort nichts erhalten hat, zeigt aber auch, wie schwierig es ist, aus archäologischen Funden Rückschlüsse zu ziehen. Die seit dem Hellenismus internationale Währung der nach euböisch-attischem Standard geprägten Tetradrachmen wurde schließlich vom römischen Denar abgelöst. Auch römische Münzen fanden eine weite Verbreitung. In Südindien, das über Monsunwinde vom Roten Meer aus gut zu erreichen war und das für den Indienhandel sowie den Fernosthandel eine zentrale Bedeutung besaß, wurden nicht nur römische Münzen gefunden, sondern dort wurden auch römische Münzen kopiert. Bereits antike Autoren wie der ältere Plinius (nat. hist. 6,101; 12,84) beklagten den massiven Geldabfluss nach Indien. Hier greifen literarische Belege und archäologische Funde also idealtypisch ineinander.

Durften die meisten griechischen Städte unter römischer Herrschaft zunächst noch lokales Kleingeld weiter prägen und wurden sogar im Namen des Kaisers in kaiserlichen Münzprägestätten auch Edelmetallmünzen nach lokalen Standards hergestellt, so machte die ›Krise des 3. Jahrhunderts‹ dieser Vielfalt ein Ende. Denn politische, militärische und wirtschaftliche Probleme führten zu einer massiven Verschlechterung der römischen Reichsmünzen. Die Silbermünzen besaßen schließlich nur noch einen Silberanteil von unter 2 %, so dass das bisherige Kleingeld aus Kupferlegierung aufgrund seines Gewichtes häufig einen deutlich größeren Materialwert als die ›Silber‹-Münzen besaß, deren Nominalwert nach wie vor offiziell aber höher war. Erstaunlicherweise kam es bis ca. 270 oder 274/275 n. Chr. nicht zu einer ernstzunehmenden Inflation, das insbesondere aus papyrologischen Quellen bekannte Preisniveau blieb weitgehend konstant; der Kaufwert einer Münze war nicht durch den Edelmetallgehalt, sondern durch das Vertrauen in die staatliche Garantie des Nominalwertes determiniert (Geldillusion). In den 270er Jahren scheint das Vertrauen in die neuen Münzen jedoch ernsthaft erschüttert gewesen zu sein. Die Folge war auch ein Zusammenbruch der lokalen Währungssysteme der bisher weiter prägenden Städte. Nach einer Stabilisierung der Verhältnisse unter Diokletian (284–305 n. Chr.) wurden in über einem Dutzend zum Teil neu geschaffener und über das gesamte Reichsgebiet verteilter Prägestätten nur noch Münzen nach einem einheitlichen neuen Währungssystem hergestellt (s. Abb. 5.6), wodurch der bis dahin – und für lange Zeit – größte einheitliche Währungsraum geschaffen wurde. Da die Münzen durch Kürzel den einzelnen Prägeorten zugewiesen werden können, lassen sich auch aus den Fundorten dieser Münzen nach wie vor Schlüsse auf interregionale Kontakte ziehen.

Abb. 5.6: Diocletianus, Follis, Cyzicus, 295–296 n. Chr.; 9,68 g, 27 mm; Avers: IMP(erator) C(aesar) C(aius) VAL(erius) DIOCLETIANVS P(ius) F(elix) AVG(ustus), Kopf mit Lorbeerkranz nach rechts; Revers: GENIO POPVLI ROMANI, im Abschnitt: K(yzikos) Γ (= griech. 3, d. h. 3. Abteilung der Münzprägestätte in Cyzicus), Genius des römischen Volkes steht frontal, Kopf mit Kalathos (Korb) nach links, in der Rechten Opferschale, im linken Arm Füllhorn haltend; RIC 12a.

Fundmünzen lassen sich grundsätzlich zwei Kategorien zuordnen: Einzelfunden, bei denen es sich meist um Verluste handelt, stehen Hortfunde gegenüber, die häufig über einen längeren Zeitraum angesammelt wurden. In einigen gut dokumentierten Fällen lässt sich der Prozess des sukzessiven Sammelns nachvollziehen, da die Münzen in Päckchen, Rollen oder Schichten nach und nach in einem Gefäß deponiert wurden. Auch wenn es sich wahrscheinlich jeweils um Münzen handelt, die dem Geldverkehr entzogen wurden, spiegeln diese Horte den Geldverkehr nicht unbedingt eins zu eins wider, da bewusst bestimmte Münzen gehortet worden sein könnten. Zumindest bis zur Mitte des 3. Jahrhunderts n. Chr. waren alle älteren römischen Münzen offizielles Zahlungsmittel, weshalb sich Edelmetallmünzen unterschiedlicher Qualität im Umlauf befanden. Bereits vor dem 3. Jahrhundert war es zu Verschlechterungen des Edelmetallanteils und zu Gewichtsreduzierungen gekommen. Vollwertige schwere und minderwertige leichte Münzen liefen parallel um und besaßen denselben Nominalwert. Nach dem Gresham'schen Gesetz verschwinden vollwertigere und/oder schwerere Münzen aus dem Umlauf, da jeder versucht, mit den leichteren bzw. minderwertigeren Münzen zu bezahlen, die vollwertigeren oder schwereren Münzen aber zu bewahren. Hortfunde dürften daher besonders viele vollwertige und schwere Münzen enthalten und damit den Geldumlauf nicht direkt widerspiegeln. Nur in wenigen Fällen scheint ein direktes ›Abbilden‹ des alltäglichen Umlaufs gegeben zu sein. Der bekannteste Fall ist die beim Ausbruch des Vesuvs im Jahr 69 n. Chr. verschüttete Ladenkasse einer pompejanischen Schenke. In ihr befanden sich v. a. relativ neue Münzen, aber auch ältere römische und sogar ptolemäische Münzen, die im kaiserzeitlichen Italien kein offizielles Zahlungsmittel waren.

Viele Münzen wurden dem Geldumlauf aber auch entzogen, um danach nicht mehr als Geld verwendet zu werden. Diese Münzen bieten wichtige Einblicke in die Mentalitätsgeschichte. Besonders verbreitet war die Sitte, den Verstorbenen eine Münze auf die Zunge oder zumindest mit ins Grab zu legen, mit der sie den Fährmann in der Unterwelt bezahlen konnten. In einigen Fällen wurden hierzu besondere Münzen oder münzähnliche Objekte von hohem Alter ausgewählt. Offenbar waren mit diesen alten Münzen besonders positive Aspekte oder Erwartungen verbunden. Alte Münzen wurden darüber hinaus in römischer Zeit gerne zu Neujahr und bei anderen Gelegenheiten verschenkt – wohl ebenfalls, weil man mit ihnen Positives verband. Einige Münzen weisen zudem Löcher oder Ösen auf und dienten wahrscheinlich als Schmuckstücke und Amulette. In der Spätantike wählte man hierzu besonders gerne Münzen Alexanders des Großen. Da solche alten Münzen nur in begrenzter Anzahl zur Verfügung standen, behalf man sich häufig mit mehr oder weniger exakten Kopien. Hierzu zählen beispielsweise die sogenannten Kontorniaten, die zwischen der Mitte des 4. und dem Beginn des 5. Jahrhunderts in Rom hergestellt wurden und nie als Münzen dienen sollten. Auch die römischen Kaiser haben immer wieder sogenannte Medaillons prägen lassen, die aufgrund ihrer Größe und ihres Gewichtes zunächst nicht als Münzen konzipiert waren. Bei ihnen handelt es sich wahrscheinlich um Geschenke an Freunde und Mitglieder der militärischen und zivilen Administration. Aufgrund ihrer zuweilen ungewöhnlichen Ikonographie erlauben viele Medaillons einen anderen Blick auf die Kaiser als die von ihnen geprägten Münzen.

Nicht nur in der Spätantike kopierte man ältere Münzen, sondern auch in der Neuzeit wurden insbesondere Medaillons, aber auch seltene Münzen gerne nachgegossen oder nachgeprägt; zuweilen entstanden auch sehr phantasievolle Neuschöpfungen. Am bekanntesten sind die Fälschungen der Stempelschneider Giovanni Cavino (1500–1570) und Carl Wilhelm Becker (1772–1830), der in der Regel schlecht erhaltene antike Münzen als Schrötlinge verwendete, so dass seine handwerklich sehr guten Fälschungen von den Zeitgenossen nicht am Metall bzw. der Legierung zu erkennen waren. Die Fälschungen Cavinos und Beckers sind gut erforscht, ihre Stempel befinden sich heute in der Bibliotheque Nationale in Paris bzw. im Berliner Münzkabinett. Die Fälschungen selbst erzielen auf Auktionen ansehnliche Preise. In vielen Fällen sind Fälschungen aber nur sehr schwer zu erkennen und in den großen Sammlungen wurden einige Stücke im Lauf der Zeit immer wieder zwischen dem regulären Bestand und den Tabletts für Fälschungen hin- und hergeschoben. Auch im Münzhandel tauchen regelmäßig zum Teil sehr gute Fälschungen auf, deren Enttarnung zuweilen zu hohen finanziellen Schäden führt. In der Regel bedarf es einer jahrelangen Schulung des Auges, um solche Fälschungen zu erkennen, aber auch namhafte Numismatiker sind bereits auf Fälschungen hereingefallen. Da es sich dabei um wenige Einzelstücke handelt, die zumeist schnell als Fälschung enttarnt werden, bleibt der wissenschaftliche Schaden jedoch sehr begrenzt. Die in die Hunderttausende gehenden echten antiken Münztypen sind davon unbeschadet eine historische Quellengattung ersten Ranges.

5.4 Literatur

5.4.1 Einführungen und Überblickswerke

Christ, Karl: Antike Numismatik. Einführung und Bibliographie, 3. Aufl., Darmstadt 1991.
Daehn, William E.: Annotated Bibliography of Ancient Greek Numismatics, 2. Aufl., Lancaster u. a. 2013.
Göbl, Robert: Antike Numismatik, München 1978.
Göbl, Robert: Numismatik. Grundriß und wissenschaftliches System, München 1987.
Howgego, Christopher: Geld in der antiken Welt. Was Münzen über Geschichte verraten, 2. Aufl., Darmstadt 2011.
Leschorn, Wolfgang: Lexikon der Aufschriften auf griechischen Münzen, 2 Bde., Wien 2002/2009.
Metcalf, William E. (Hrsg.): The Oxford Handbook of Greek and Roman Coinage, Oxford 2012.

Mittag, Peter Franz: Griechische Numismatik. Eine Einführung, Heidelberg 2016.
Nicolet-Pierre, Hélène: Numismatique grecque, Paris 2002.
Plant, Richard: Greek Coin Types and Their Identification, London 1979.
R.-Alföldi, Maria: Antike Numismatik, Mainz 1978.
Schmidt-Dick, Franziska: Typenatlas der römischen römischen Reichsprägung von Augustus bis Aemilianus, 2 Bde., Wien 2002/2011.
Schrötter, Friedrich von: Wörterbuch der Münzkunde, Berlin/Leipzig 1930 (unv. ND Berlin 1970).

5.4.2 Spezialliteratur

A Catalogue of the Greek Coins in the British Museum, London 1873 ff. (BMC)
  Mehrbändiges Werk von verschiedenen Autoren.
Bopearachchi, Osmund: Monnaies gréco-bactriennes et indo-grecques, Paris 1991.
Burnett, Andrew u. a.: Roman Provincial Coinage, London/Paris 1994 ff. (RPC).
Crawford, Michael H.: Roman Republican Coinage, Cambridge 1974 (RRC).
Die Fundmünzen der römischen Zeit in Deutschland, 1960 ff. (FMRD)
  Mehrbändiges Werk von verschiedenen Autoren.
Head, Barclay V.: Historia Numorum. A Manual of Greek Numismatics, 2. Aufl., London 1963.
Hoover, Oliver D.: Handbook ... [verschiedene Bandtitel], Lancaster, PA 2009 ff.
Houghton, Arthur/Lorber, Catharine: Seleucid Coins. A Comprehensive Catalogue. With Metrological Tables by Brian Kritt. Part I: Seleucus I through Antiochus III, Lancaster/London 2002; Part II: Seleucus IV through Antiochos XIII, Lancaster/London 2008.
Icard, Severin: Dictionary of Greek Coin Inscriptions, Chicago 1979.
Kraay, Colin M.: Archaic and Classical Greek Coins, London 1976.
Lorber, Catharine: Coins of the Ptolemaic Empire, New York 2018 ff.
Mattingly, Harold u. a.: Roman Imperial Coinage, London 1923 ff. (RIC).
Mattingly, Harold: Coins of the Roman Empire in the British Museum, London 1923–1976 (BMCRE).
Price, Martin J.: The Coinage in the Name of Alexander the Great and Philip Arrhidaeus, Zürich/London 1991.
Royal Numismatic Society (Hrsg.): Coin Hoards, London 1975 ff. (CH).
Rutter, N. Keith: Historia Numorum. Italy, London 2001.
Sellwood, David G.: An Introduction to the Coinage of Parthia, 2. Aufl., London 1980.
Sylloge Nummorum Graecorum (SNG)
  Publikation verschiedener großer Sammlungen von verschiedenen Autoren.
Thompson, Margaret/Mørkholm, Otto/Kraay, Colin M. (Hrsg.): An Inventory of Greek Coin Hoards, New York 1973 (IGCH).
Waddington, William Henry: Recueil général des monnaies grecques d'Asie mineure, Paris 1908–1925.
Wolters, Reinhard: Nummi Signati. Untersuchungen zur römischen Münzprägung und Geldwirtschaft, München 1999.

5.4.3 Digitale Hilfsmittel

American Numismatic Society, New York (ANS) – http://numismatics.org/collections [22.7.2022].
Cabinet des Médailles, Paris – http://medaillesetantiques.bnf.fr/ws/catalogue/app/report/index.html [22.7.2022].
Hellenistic Royal Coinages (HRC) – http://numismatics.org/hrc [22.7.2022].
Coinage of the Kings of Macedonia (PELLA) – http://numismatics.org/pella [22.7.2022].
Ptolemaic Coins Online (PCO) – http://numismatics.org/pco [22.7.2022].
Seleucid Coins Online (SCO) – http://numismatics.org/sco [22.7.2022].
Coinage of the Roman Republic Online (CRRO) – http://numismatics.org/crro [22.7.2022].
Coinhoards of the Roman Republic Online (CHRR) – http://numismatics.org/chrr [22.7.2022].
Online Coins of the Roman Empire (OCRE) – http://numismatics.org/ocre [22.7.2022].
Roman Provincial Coinage online – https://rpc.ashmus.ox.ac.uk [22.7.2022].
Münzkabinett im Bodemuseum, Berlin – https://ikmk.smb.museum [22.7.2022].
Münzkabinett des Kunsthistorischen Museums, Wien – https://www.ikmk.at [22.7.2022].
Netzwerk universitärer Münzsammlungen in Deutschland (NUMiD) – http://numid-verbund.de [22.7.2022].
Numismatische Literatur der ANS – https://numismatics.org/about-us/publications [22.7.2022].

6 Klassische Archäologie

Achim Lichtenberger

6.1 Forschungsgeschichte

Der Begriff ›Archäologie‹ leitet sich von griech. *archaios* (ἀρχαῖος, ›alt‹) und *logos* (λόγος, ›Lehre‹) ab und bezeichnet zunächst allgemein die »Lehre vom Alten«. Im engeren Sinn bezieht sich der Begriff auf Altertümer, also materielle Überreste, insbesondere Artefakte. Die Archäologie ist somit der Bereich der Altertumswissenschaften, dessen Quellenbestand nicht primär Texte, sondern Objekte sind. Erst im 19. Jahrhundert hat sich die Klassische Archäologie als eigene universitäre Disziplin herausgebildet, als sich die Klassische Altertumswissenschaft in Klassische Philologie, Alte Geschichte und Klassische Archäologie ausdifferenziert hat.

Die Archäologie wird in verschiedene Teildisziplinen untergliedert, die vor allem Epochen und geographische Räume umfassen. Mit den Mittelmeerkulturen der griechisch-römischen Zeit befasst sich die Klassische Archäologie und steht der Alten Geschichte, Epigraphik und Numismatik (s. Kap. 3 und 5) besonders nahe. Sie behandelt den Zeitraum von der Spätbronzezeit (Ägäische Bronzezeit) bis in die Spätantike. Die Ur- und Frühgeschichte wiederum erforscht die schriftlosen bzw. schriftarmen Kulturen insbesondere Europas. Die Vorderasiatische Archäologie beschäftigt sich mit den Hochkulturen Altvorderasiens in vorchristlicher Zeit und die Ägyptologie neben der Philologie und Papyrologie (s. Kap. 4) auch mit der Archäologie des Alten Ägyptens. Auf die Nordwestprovinzen des Römischen Reichs sowie Militärarchäologie im *Imperium Romanum* konzentriert sich die Provinzialrömische Archäologie. Die Biblische Archäologie fokussiert auf die Länder der Bibel und auf archäologische Befunde, die mit der Bibel in Beziehung stehen, und die Christliche Archäologie konzentriert sich auf spätantike und christliche Denkmäler. Auch für die nachantiken Epochen haben sich archäologische Teildisziplinen wie die Byzantinische Archäologie, die Islamische Archäologie, die Mittelalterarchäologie oder die Industriearchäologie herausgebildet. Außerdem gibt es Spezialfächer zu Gebieten, die nur lose oder gar nicht mit der antiken Mittelmeerwelt in Beziehung standen, wie die Archäologie Ostasiens, die Altamerikanistik und die Afrikanische Archäologie. Sie sind mit den anderen Archäologien durch einen gemeinsamen Methodenkanon verbunden. Schließlich haben sich archäologische Spezialdisziplinen entwickelt, die durch methodische oder thematische Zugänge definiert werden, wie die Archäometrie, die naturwissenschaftlichen Methoden in der Archäologie einsetzt, die Archäoinformatik, die sich mit informationstechnischen Anwendungen beschäftigt, sowie Spezialgebiete wie Bauforschung, Unterwasserarchäologie oder Montanarchäologie (Bergbau); hier ergeben sich viele Bezüge zur Historischen Geographie (s. Kap. 10). Da materielle Hinterlassenschaft zahlreiche Objektgruppen und geographische Räume sowie lange Zeiträume betrifft, arbeiten Archäologien in der Regel eng miteinander zusammen.

Die Anfänge der Klassischen Archäologie gehen auf die Zeit der Renaissance (15./16. Jahrhundert) zurück, als europäische Gelehrte sich verstärkt mit der Antike befassten und neben literarischen Zeugnissen auch begannen, materielle Altertümer zusammenzutragen. Oft waren es antike Münzen (s. Kap. 5), die den Ausgangspunkt bildeten, doch auch andere Denkmäler fanden Interesse. Als einer der ersten, die auch Baudenkmäler und Inschriften studierten und dokumentierten, gilt der Kaufmann und Reisende Cyriacus von Ancona (ca. 1391–1455). In der Folgezeit befassten sich sogenannte Antiquare mit den materiellen Hinterlassenschaften der Antike. Diese legten einen entscheidenden Grundstein der Archäologie, da sie Material sammelten und klassifizierten. Die Methode der Sammlung und Klassifikation ist bis heute der Ausgangspunkt jeder archäologischen Beschäftigung mit Material.

Eine wichtige Etappe in der Herausbildung der Klassischen Archäologie als Wissenschaft war Johann Joachim Winckelmann (1717–1768) und seine Zeit. Winckelmann wird als Gründervater der Klassischen Archäologie verstanden. Sein Verdienst besteht darin, ästhetische Kategorien und kunstwissenschaftliche Methoden der Stil- und Formanalyse in die Beschäftigung mit antiken Kunstwerken und deren Interpretation zu bringen. Zugleich war es die Zeit Winckelmanns, in der erstmals in nennenswertem Umfang archäologische Ausgrabungen durchgeführt wurden. Ausgelöst von der Entdeckung der durch den Vesuvausbruch 79 n. Chr. verschütteten Städte am Golf von Neapel, Herculaneum und Pompeji, fanden dort Ausgrabungen statt, von deren Ergebnissen Winckelmann nach Nordeuropa berichtete. In der Folgezeit entwickelte sich nicht nur ein erhebliches – bis heute anhaltendes – öffentliches Interesse an den Resultaten archäologischer Ausgrabungen, sondern es etablierte sich die Ausgrabung als archäologische Methode.

Abb. 6.1: Johann Joachim Winckelmann (1717–1768), Porträt von Anton von Maron. Winckelmann gilt als Gründervater der Klassischen Archäologie. Das zu seinen Lebzeiten entstandene Bild zeigt den Gelehrten mit einer Büste Homers im Hintergrund als Verweis auf die grundlegende Verbindung literarischer Zeugnisse mit der Kunstbetrachtung.

Es sollte allerdings noch einige Zeit dauern, bis im 19. Jahrhundert das Prinzip der Stratigraphie in die Archäologie eingeführt wurde. Ausgehend von der Beobachtung der Geologie, dass jüngere Schichten über älteren Schichten liegen und Objekte innerhalb einer Schicht in derselben Epoche in diese Schicht gelangten, wurde diese Gesetzmäßigkeit auch auf Kulturschichten, also auf die Überreste menschlicher Aktivitäten, übertragen. Die Schichtenabfolge ist ein entscheidendes Kriterium zur Etablierung einer relativen Chronologie.

In der Archäologie wird zwischen absoluter und relativer Chronologie unterschieden. Fest durch – in der Regel literarische – Zeugnisse datierte Ereignisse, wie etwa der Vesuvausbruch 79 n. Chr., können für eine absolute Chronologie genutzt werden. Die relative Chronologie bezeichnet ein ›früher als‹ oder ›später als‹. Idealerweise werden absolute und relative Chronologie kombiniert und so entstehen ein fester *terminus ad quem* und ein fester *terminus post quem* (s. Kap. 7).

Im 20. Jahrhundert wurde die stratigraphische Ausgrabung immer weiter verfeinert und als wissenschaftliche Methode etabliert. Die Einbeziehung von digitalen Messtechniken und informationstechnischer Verarbeitung haben die Präzision der stratigraphischen Datierung erheblich gesteigert. Zusätzlich genutzt werden dazu non-invasive Techniken der Oberflächendokumentation (Survey) sowie Laser und geophysikalische Prospektionsmethoden. In Kombination mit naturwissenschaftlichen Methoden der Materialcharakterisierung hat sich so in der Feldarchäologie eine Fachrichtung etabliert, die hochauflösende humanwissenschaftliche Daten generiert, welche unter anderem zur Siedlungsgeschichte und Wirtschaftsgeschichte der Antike wichtige Ergebnisse liefern. Solche Ergebnisse wären aus Textzeugnissen alleine nicht zu entwickeln.

Neben feldarchäologischen Methoden wendet die Klassische Archäologie seit Winckelmann kunstwissenschaftliche Methoden der Form- und Stilkunde sowie der Interpretation von Bildern (s. Kap. 6.4.3) an. Dabei kam es, den jeweiligen gesellschaftlichen Umständen entsprechend, zu unterschiedlichen Schwerpunktsetzungen. Während in der Zeit Winckelmanns und bis in das 20. Jahrhundert hinein ein primäres Interesse an Bildwerken (vor allem der Skulptur) der ästhetisch ansprechenden griechischen Klassik und Elitenkultur bestand, haben sich im 20. und 21. Jahrhundert die Interessensschwerpunkte gewandelt. Hellenismus und römische Kaiserzeit, Sozial- und Herrschaftsstrukturen sowie nicht-elitäre Gruppen und ihre materielle Kultur treten nun in das Interesse des Faches. Zudem weitet sich der geographische Rahmen von Italien und Griechenland in periphere Gebiete des antiken Mittelmeerraums und die Epochengrenzen zur Spätantike sowie zur anthropologisch-orientierten Urgeschichte werden aufgebrochen.

Nachdem in der Klassischen Archäologie zunächst vor allem klassifizierende Methoden angewandt und archäologische Artefakte in einer typologischen Abfolge als Objekte taxiert wurden, tritt in den letzten Jahrzehnten immer stärker der Kontext von archäologischen Artefakten in den Vordergrund. Dieser Kontext wird in einem weitreichenden Sinne betrachtet. Er umfasst das räumliche Gefüge und die zeitlichen Dimensionen von Artefakten. Daran schließen sich Fragen an, welche die (eigensinnige) Wirkung von Artefakten in unterschiedlichen kulturellen Zusammenhängen berühren und so vom Objekt zurück zu den Nutzerinnen und Nutzern der Objekte führen.

6.2 Forschungsstand und Ausblick

Die Klassische Archäologie sieht sich heute als eine umfassende Kulturwissenschaft, welche materielle Kultur als Ausgangspunkt nimmt, um antike Lebenswelten zu rekonstruieren und zu verstehen. Sie ist damit inhaltlich und methodisch eine Protagonistin des sogenannten *material turn* in den Kulturwissenschaften.

Seit den 1970er Jahren sind in der Klassischen Archäologie insbesondere bildwissenschaftliche Fragestellungen intensiv verfolgt worden. Diese führten zu einer Abkehr von ästhetischen, form- und stilgeschichtlichen Perspektiven, stattdessen wurde stärker nach dem sozialen und politischen Kontext sowie der repräsentativen Funktion antiker Monumente gefragt. Solche ikonographischen Zugänge prägen aktuell die Klassische Archäologie. Während man zunächst vor allem auf die sozio-politische Repräsentation der Eliten gesehen hat und deren Niederschlag in allen Lebensbereichen verfolgte, sind in den letzten Jahren auch andere Aspekte wie Genderkonstruktionen, Alter und post-koloniale, subalterne Perspektiven in der Klassischen Archäologie bei der Interpretation von Bildzeugnissen fruchtbar gemacht worden. Solche Fragen wurden allerdings nicht nur in der ikonographischen Bildinterpretation verfolgt, sondern auch in anderen Materialgattungen wie Keramik und Architektur, die stärker über habituelle Praktiken Auskunft geben. Neben solchen sozio-politischen Fragestellungen werden im Fach derzeit auch ökonomische Fragen intensiv diskutiert. Dazu eignen sich archäologische Materialien, die – etwa im Fall von Keramik, Münzen oder siedlungsgeographischen Daten – oftmals in sehr großen Quantitäten erhalten sind und damit eine statistisch belastbare Auswertung etwa hinsichtlich Quantifizierung, Nutzungsdauer, Transport und Handel erlauben.

Aktuell erhält die Klassische Archäologie wichtige Impulse aus den Naturwissenschaften. Das betrifft eine Vielzahl an Forschungsfelder. So werden derzeit verstärkt Erkenntnisse der Anthropologie und frühen Menschwerdung für das genetische Erbe der Menschheit im Zusammenhang mit Werkzeuggebrauch, Gemeinschaftsbildung in Siedlungen und Städten oder auch Migration berücksichtigt. Die Naturwissenschaften werden auch in anderen Bereichen gewinnbringend eingebracht. Das betrifft die Charakterisierung von Materialien, über die Herkunft, Datierung und Herstellungsprozesse (*chaîne opératoire*) rekonstruiert werden können. Weitere Bereiche der Naturwissenschaften beziehen sich auf die Rekonstruktion der Umwelt, sei es antiker Landschaften, sei es von Böden oder des Klimas. Solche Daten sind insbesondere in einer Langzeitperspektive aufschlussreich und daher werden von der Klassischen Archäologie mehr und mehr die traditionellen Epochengrenzen des Klassischen Altertums aufgebrochen und sowohl in die Vorgeschichte als auch in die Spätantike und darüber hinaus verlängert. Auf diese Weise erhält die Archäologie zugleich eine gegenwartsbezogene Relevanz, da sie zu Fragen der Nachhaltigkeit und Resilienz von Gesellschaften mit historischer Tiefenschärfe beiträgt. Die dynamische Entwicklung naturwissenschaftlicher Methoden bietet hier in der Zukunft noch großes Innovationspotenzial, wobei es wichtig ist, dass die Auswertung naturwissenschaftlicher Ergebnisse interdisziplinär und unter Einbeziehung kulturwissenschaftlicher Kompetenz erfolgt.

Ein wichtiges Thema, welches für die Klassische Archäologie gegenwärtig an Bedeutung gewonnen hat, betrifft den Kulturgüterschutz und *Cultural Heritage Management*. In der Fachcommunity ist das Bewusstsein für die Zerstörung archäologischer Stätten durch Siedlungswachstum und bewaffnete Konflikte einerseits und Raubgrabungen andererseits, um die Nachfrage auf dem internationalen Kunstmarkt zu befriedigen, gestiegen. Daher ist verstärkt eine Sensibilität für die Provenienz archäologischer Artefakte zu beobachten, ein Thema, das auch im Zusammenhang mit der Frage steht, wem das kulturelle Erbe gehört und wie es interpretiert werden soll. Diese Frage ist von dringender Bedeutung, da ein effektiver Kulturgüterschutz nur unter Einbeziehung der lokalen Bevölkerung funktioniert. Doch auch innerhalb der akademischen Beschäftigung mit antiken Monumenten wird auf die gesellschaftliche Relevanz des Faches Klassische Archäologie und wissenschaftliche Diversität geachtet. Aus dieser Selbstverortung in gesellschaftlichen Debatten erhält die Klassische Archäologie wichtige fachliche Impulse.

6.3 Untersuchungsgegenstände

Die Untersuchungsgegenstände der Klassischen Archäologie erstrecken sich umfassend auf alle Bereiche der materiellen Kultur, beginnend von einfachen Alltagsgegenständen bis zu exklusiven Prestigegütern der Elitenkultur. Abhängig von den jeweiligen zeitgenössischen kulturwissenschaftlichen Ausrichtungen sind jeweils spezifische Interessensschwerpunkte der Klassischen Archäologie zu beobachten. Wegen der kunstgeschichtlichen Wurzeln des Faches, standen und stehen ästhetisch hochwertige Kunstwerke im Zentrum. Einige Gattungen materieller Kultur lassen sich als zentrale Untersuchungsgegenstände der Klassischen Archäologie identifizieren.

6.3.1 Architektur

Architektur wird von der Klassischen Archäologie in einem umfassenden Sinn untersucht. Dazu zählen sowohl größere urbane Gefüge und Siedlungszusammenhänge als auch einzelne Baukomplexe und Bauwerke. Traditionell standen und stehen große öffentliche Bauwerke wie Tempel, Theater und Paläste im Zentrum der Aufmerksamkeit der Forschung, da sie repräsentativ für größere soziale Formationen sind und als Zeugnisse des Selbstverständnisses von Gemeinschaften und Gesellschaften von In-

Abb. 6.2: Ansicht des Parthenon von Athen, fertiggestellt 438 v. Chr. Der Parthenon von Athen ist eines der bedeutendsten Bauwerke der klassischen Zeit und bis heute ein Anziehungspunkt für Touristinnen und Touristen sowie Gegenstand des Kulturerhalts.

teresse sind. Zudem sind es z. B. Bauwerke wie die bronzezeitliche Palastfestung von Mykene, der klassische Parthenon von Athen (s. Abb. 6.2), die hellenistischen Paläste in Alexandria oder das Augustusforum in Rom Monumente, die bereits in der Antike aufgrund ihrer hohen Wertschätzung eine Vorbildfunktion entwickelt haben und rezipiert wurden. Solche Bauwerke werden als materielle Verdichtung kultureller Phänomene verstanden und ihre typologischen und funktionalen Interpretationen sind Gegenstand der Forschung.

Monumentale öffentliche Architektur rekurriert oft auf Bautypen und Bauformen, die einer formalen Entwicklung (*Typologie*; von griech. τύπος, ›Ur-/Vorbild‹) folgen, wodurch bestimmte Leitformen wie architektonische Grundrisse oder Gestaltungen von Kapitellen einen klassifikatorischen Zugriff erlauben. Doch auch mit weniger repräsentativer Architektur befasst sich die aktuelle Forschung, die alle Formen gebauter Räume als architektonische Zeugnisse betrachtet. So werden etwa Wohn- und Grabbauten aller sozialen Schichten gewinnbringend untersucht und ihr Zeugniswert für eine umfassende Sozial- und Kulturgeschichte der Antike ausgewertet.

Während die ältere Forschung insbesondere ästhetische, formale, typologische und technische Aspekte antiker Architektur betrachtet hatte, wurde seit den 70er Jahren des 20. Jahrhunderts verstärkt der repräsentative und sozialgeschichtliche Kontext von Architektur in den Blick genommen. So fragte man nicht mehr alleine nach der zeitlichen Stellung und künstlerischen Qualität eines Tempels, sondern nach der repräsentativen Funktion, die ein Tempel für die eigene Statusbestimmung einer Bauherrin oder eines Bauherrn hatte. Die aktuelle Forschung wiederum fokussiert auf die Akteurinnen und Akteure innerhalb eines gebauten Raumes. Es wird danach gefragt, wie die Architektur als Handlungsraum und performativer Ort genutzt wurde, womit wiederum der Forschungsfokus vom Objekt zu den handelnden Menschen in ihrem sozialen Kontext gelenkt wird.

6.3.2 Skulptur

Ein Charakteristikum griechisch-römischer Kultur ist ein ausgeprägtes Interesse an der Darstellung von Menschen und menschengestaltiger (anthropomorpher) Gottheiten. Solche Darstellungen finden sich in der Flächenkunst (z. B. Reliefs und Friesen), aber auch in der Rundplastik. Rundplastische Skulptur wurde in unterschiedlichen Materialien geschaffen, wobei Metall und Holz durch Wiederverwertung respektive die Vergänglichkeit des Materials oftmals nicht überliefert sind. Besser erhalten sind Steinskulpturen, die von Anfang an das Interesse der archäologischen Forschung gefunden haben.

Besondere Wertschätzung erfuhr dabei die griechische Kunst, die in klassischer Zeit eine besonders naturnahe Darstellung des Menschen bildlich umsetzte. Aufgrund der großen Wertschätzung, die die Griechen solchen Skulpturen entgegenbrachten, sind zahlreiche antike Künstler namentlich aus literarischen und inschriftlichen Zeugnissen bekannt und Skulpturen wurden bereits in der Antike kopiert. Die Bildwerke sind zumeist nur in

Abb. 6.3: Marmorskulptur des Herakles Farnese im Nationalmuseum in Neapel, kaiserzeitliche Kopie eines um 320 v. Chr. gefertigten Werks des Lysipp. Der Herakles Farnese ist eine der am häufigsten kopierten Skulpturen der klassischen Antike.

römischen Kopien überliefert. Im 19. und 20. Jahrhundert war die Forschung daran interessiert, das Œuvre bekannter Künstler der griechischen Klassik wie Phidias, Polyklet oder Lysipp zu rekonstruieren. Auf dieser ›Meisterforschung‹ baut unsere Kenntnis der griechischen Plastik auf, auch wenn einige der von der älteren Forschung postulierten Zuweisungen von Skulpturen an bestimmte Künstler heute nicht mehr ganz so optimistisch wie einst vorgenommen werden und stattdessen auch der eigene Anteil römischer Kopisten an der statuarischen Überlieferung betont wird. Viele der Skulpturen sind der sogenannten Idealplastik zuzuweisen, bilden also idealisierte Gestalten aus der religiös-mythologischen Sphäre ab. Seit dem späten 5. Jahrhundert v. Chr. werden dann auch vermehrt Individuen porträtiert. In der gegenwärtigen Forschung zur griechischen Skulptur wird weniger nach der klassifizierenden Benennung von Bildwerken gefragt als nach der gesellschaftlichen Funktion und dem Kontext der Bilder, wobei die Frage nach dem räumlichen Kontext zur architektonischen Rahmung und den im Raum stattfindenden Handlungen und Aktivitäten führt.

In der archäologischen Erforschung der römischen Skulptur fanden traditionell Kaiserporträts eine besondere Aufmerksamkeit, was sich aus der antiquarischen Tradition des Faches erklären lässt. Die Identifikation von Kaiserporträts erfolgte in der Regel über den Abgleich mit beschrifteten und datierten Münzporträts (s. Kap. 5). Insgesamt können für die meisten Kaiser der ersten drei Jahrhunderte n. Chr. Porträts identifiziert und zum Teil unterschiedliche Porträttypen mit eigenen repräsentativen Aussagen beschrieben werden. Auch hier gilt, dass zunächst eine Identifikation im Zentrum des Forschungsinteresses stand, gefolgt von einer Interpretation der Aussageabsicht. In der aktuellen Forschung wird auf eine kontextuelle Einordnung fokussiert. In der römischen Zeit wurde eine Vielzahl an Skulpturen unterschiedlicher Gattungen (u. a. Idealplastik, Porträts, Sarkophage, Reliefs) hergestellt und die aktuelle Forschung interessiert sich insbesondere für regionale Entwicklungen innerhalb des *Imperium Romanum*. So breiten sich verschiedene Phänomene im Römischen Reich aus, die lokal sehr unterschiedliche Entwicklungen nehmen. Dazu zählt zum Beispiel die Praxis, Porträts aufzustellen (*portrait habit*), die in römischer Zeit in die syrische Oasenstadt Palmyra gelangten und dort kombiniert mit lokalen sozialen und religiösen Eigenheiten eine völlig eigene und reiche Ausprägung erfuhren. Solche lokalen Phänomene, bei denen regionale Gemeinschaften sich gegenüber Einflüssen eines vernetzten Weltreichs positionierten, werden mit dem Begriff der *Glocalization* beschrieben. Es ist ein dynamisches Forschungsfeld der Klassischen Archäologie, das hier im Bereich der römischen Skulptur Anwendung findet.

Abb. 6.4: Palmyrenisches Grabrelief mit einer Mutter und ihren zwei verstorbenen Söhnen, 2./3. Jh. n. Chr. Solche Grabreliefs dokumentieren die Lebenswelten lokaler Eliten und positionieren sie in einer vielfältig vernetzten antiken Welt.

6.3.3 Keramik

Eine Leitgattung der Klassischen Archäologie ist die Keramik. Keramik besteht aus gebranntem Ton. Gebrannter Ton war vielseitig einsetzbar: als Baumaterial, für Skulptur, für Geräte und für unterschiedlichste Formen von Gefäßen. Insbesondere Geschirr- und Gefäßkeramik (darunter auch die griechischen Vasen) wurden zum Teil in industriellem Maßstab in großen Stückzahlen seriell hergestellt und sind in der archäologischen Überlieferung eine der häufigsten Gattungen. Keramische Gefäße waren nach dem Brennen zwar zerbrechlich, aber die Scherben erhalten sich hervorragend im Boden und überdauern die Zeiten. In Siedlungen finden sich daher zahlreiche keramische Scherben, während in verschlossenen Gräbern oft vollständige Gefäße deponiert wurden und bei Ausgrabungen geborgen werden. Keramik ist massenhaft produziert worden, sowohl für den lokalen Gebrauch als auch für überregionale Verbreitung. In archaisch-klassischer

Zeit sind es zunächst die Werkstätten in Korinth und dann in Athen, die hochwertige – oftmals bemalte – Feinkeramik herstellten, mit der im gesamten Mittelmeerraum gehandelt wurde. Seit späthellenistischer Zeit und dann in der römischen Kaiserzeit ist es rote Feinkeramik, sogenannte *Terra Sigillata* (abgekürzt: TS), die aus einigen Produktionszentren überregional vertrieben wurde. Neben der überregional verhandelten Feinkeramik und Spezialprodukten (wie Reibschalen und Amphoren) wurde an den meisten Orten des antiken Mittelmeerraums auch lokal Keramik produziert, die im Alltag Verwendung fand, regional zirkulierte und den größten Anteil am Gesamtvolumen der Keramik ausmacht.

Abb. 6.5: Attisch-schwarzfigurige Schale mit der Darstellung eines Gelages, um 560 v. Chr. Solche Trinkschalen wurden zum männlich dominierten Symposion verwendet, worauf in diesem Fall auch die Abbildung mit gelagerten Zechern verweist.

Im 19. Jahrhundert fanden die bemalten griechischen Vasen insbesondere Athens sowohl in der Forschung als auch in der Öffentlichkeit großes Interesse. Mit kunstgeschichtlichen Methoden wurden Maler und Töpfer identifiziert und die *Ikonographie* der Vasenbilder analysiert und interpretiert. Die Vasenbilder liefern wichtige Informationen zu griechischen Mythen und deren gesellschaftlicher Funktion sowie insgesamt zur Mentalitätsgeschichte griechischer Eliten. Solche ikonographischen Fragestellungen werden in der Klassischen Archäologie fruchtbar an dem reichhaltigen Bildmaterial verfolgt und jeweils mit gegenwärtigen Forschungsfragen aktualisiert, etwa Untersuchungen zu Erzählweisen, Gender und Raumauffassungen, um nur einige Felder zu nennen.

Viele der spätarchaischen und klassischen Vasen aus Athen wurden in Gräbern in Italien gefunden und insbesondere im 20. Jahrhundert hat man nach den lokalen Rezeptionen attischer Feinkeramik im Mittelmeerraum gefragt. So konnte aufgezeigt werden, dass bestimmte Vasenbilder etwa in Etrurien besonders nachgefragt waren, während in anderen Regionen wie zum Beispiel dem Vorderen Orient oder im Schwarzmeerraum andere Bilder bevorzugt wurden. Diese regionale Differenzierung und Kontextualisierung bedeutet eine partielle Abwendung von einem gräkozentrischen Zugang des Faches und eine Wertschätzung vermeintlich peripherer Regionen.

Neben der Ikonographie spielt in der Keramikforschung seit dem 20. Jahrhundert die *Morphologie* (von griech. μορφή, ›Gestalt/Form‹), d. h. Formgeschichte, und *Typologie*, d. h. die Klassifizierung von Gefäßtypen nach funktionalen Eigenschaften, eine deutlich wichtigere Rolle (s. Kap. 6.4.2). Keramische Gefäßformen waren nicht allein funktional, sondern entwickelten sich nach bestimmten Moden und Traditionen. Diese wandelten sich über die Zeiten, so dass der Formwandel, bei zumeist gleichbleibender Funktion bzw. gleichbleibendem Einsatzgebiet eines Gefäßes, als datierendes Charakteristikum dient und die Keramiktypologie für die Datierung herangezogen werden kann. Dabei ist neben der Feinkeramik insbesondere die lokal produzierte Keramik von besonderer Bedeutung, die jedoch oft nicht hinreichend erforscht und klassifiziert ist. Mit dem Gebrauch bestimmter Keramikformen sind oftmals spezifische Praktiken des Essens und Konsumierens verbunden, weshalb die Verwendung von bestimmten Keramikformen in lokalen Kontexten ein wichtiger Hinweis für kulturelle Austauschprozesse ist. Solche Fragestellungen können jedoch nur auf einer robusten statistischen Basis verfolgt werden, weshalb die aktuelle Keramikforschung verstärkt quantifizierende Methoden integriert, um Wandlungsprozesse des Keramikgebrauchs und damit kultureller Praktiken zu verfolgen.

6.4 Methoden

Die Archäologie ist durch Methodenvielfalt geprägt, die insbesondere aus der interdisziplinären Zusammenarbeit mit anderen Fächern angeregt wird. So werden Methoden aus den historischen Kulturwissenschaften, den Kunstwissenschaften, den Naturwissenschaften, der Soziologie und den Informationswissenschaften einbezogen. Gleichwohl gibt es auch genuin archäologische Methoden, von denen einige im Folgenden vorgestellt werden sollen.

6.4.1 Ausgrabung und Survey

Die Archäologie verfügt über einen großen Quellenbestand an Artefakten in Museen, Denkmalschutzbehörden und bereits erschlossenen archäologischen Ausgrabungsstätten. Mit neuen Fragestellungen und verfeinerten technischen Möglichkeiten ergibt sich allerdings der Bedarf zur Erweiterung des Quellenbestandes und diese erfolgt in der Regel durch archäologische Feldforschungen. Kritisch angemerkt sei in diesem Zusammenhang, dass viele bereits vorhandene Quellen in Museen und aus Ausgrabungen nicht publiziert und erschlossen sind. Deshalb ist die Notwendigkeit neuer Feldforschungen im Einzelfall zu hinterfragen und es gibt ernstzunehmende Bedenken gegen neue Ausgrabungen, zumal in der Zukunft die Methoden weiter verfeinert werden und daher Siedlungen nicht vollständig ausgegraben werden sollten, sondern immer Bereiche für zukünftige Forschungen reserviert bleiben sollten.

Unter den archäologischen Feldforschungsmethoden gilt es zu unterscheiden zwischen invasiven, minimalinvasiven und non-invasiven Methoden. Invasiv sind Ausgrabungen, da bei einer Grabung archäologische Be-

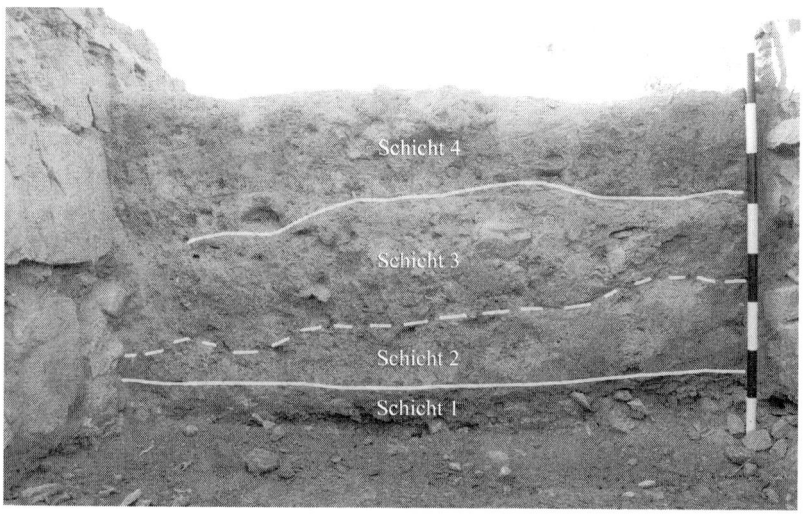

Abb. 6.6: Schaubild eines archäologischen Grabungsschnitts aus Artaxata in Armenien (2020). Die Überreste menschlicher Aktivitäten lagern sich horizontal übereinander an. Im Idealfall liegt das jüngste Material oben.

funde systematisch und im Idealfall kontrolliert und durch Dokumentation nachvollziehbar zerstört werden. Minimalinvasiv sind archäologische Oberflächensurveys bei denen Artefakte (in der Regel Keramik) auf der Oberfläche gesammelt werden und keine Eingriffe in den Boden stattfinden. Noninvasiv sind Prospektionsmethoden, bei denen aus der Distanz zum Beispiel geophysikalische Messungen vorgenommen werden (LiDAR [Airborne Laserscanning], Magnetik, Elektrik etc.). Archäologische Feldforschungsprojekte kombinieren in der Regel mehrere oder alle diese Methoden, um die jeweils spezifischen Aussagefähigkeiten optimal für den zu erforschenden Ort zu nutzen.

Archäologische Ausgrabungen folgen dem Prinzip der Stratigraphie, d. h. der Abfolge von Schichten. Bei einer Ausgrabung wird in einem definierten Bereich (*Grabungsschnitt*) vertikal nach unten gegraben und die Schichtenfolge dokumentiert. Im Ergebnis wird punktuell eine hochauflösende diachrone Nutzungsgeschichte eines einzelnen Platzes ermittelt. Die jeweiligen Schichten werden charakterisiert und datiert, wofür sowohl *Funde*, d. h. Einzelobjekte (z. B. Keramik, Münzen), als auch *Befunde*, d. h. Konstellationen von Artefakten im stratigraphischen Kontext (z. B. Mauern, Erdverfärbungen, Brandreste), beschrieben und genutzt werden. In einem Grabungsschnitt sind die Seiten die vertikalen *Profile*, welche einen diachronen Querschnitt des ausgegrabenen Bereichs zeigen, während die horizontale Fläche, das *Planum*, idealerweise eine synchrone Momentaufnahme des erreichten stratigraphischen Levels anzeigt. Da Befunde häufig durch die Ausgrabung entfernt werden, um darunterliegende Schichten zu erreichen, ist deren exakte Dokumentation und Publikation von entscheidender Bedeutung. Bei einer Ausgrabung wird eine große Anzahl unterschiedlicher Fund- und Befundgruppen angetroffen, weshalb solche Projekte durch interdisziplinäre Teams durchgeführt werden.

Während eine Ausgrabung nur jeweils an einer Stelle durchgeführt wird und mit hoher Genauigkeit zeitliche Abfolgen und Funktionsbestimmungen vornehmen kann, deckt ein archäologischer Oberflächensurvey größere Räume ab, es mangelt ihm aber an ortsspezifischer Präzision. Beim Oberflächensurvey (s. Kap. 10) werden systematisch und großräumig antike Kulturlandschaften abgegangen und alle obertägig sichtbaren Befunde dokumentiert. Es kann sich dabei zum einen um in Originallage (*in situ*) erhaltene Baureste handeln, es können aber auch auf der Oberfläche verstreut liegende Artefakte (zumeist Keramik) sein. Auch natürliche Phänomene werden beschrieben. Es wird davon ausgegangen, dass eine einigermaßen repräsentative Anzahl von Objekten aus den Kulturschichten an der Oberfläche liegt und daher Nutzungszeiten sowie allgemeine Charakterisierungen der antiken Besiedlung über die Oberflächenbefunde möglich sind. Diese Methode ist aber nur eingeschränkt repräsentativ, da jüngerer Epochen zumeist besser an der Oberfläche repräsentiert sind und unterschiedliche Prozesse wie Erosion oder jüngere Aufschüttungen das Bild an der Oberfläche verunklären, d. h. verfälschen, können. Der Vorteil des Oberflächensurveys ist aber, dass große Flächen untersucht und regionale Siedlungsgeschichten und Wirtschaftsstrukturen erfasst werden können. Die Methode ist zudem nützlich, um überhaupt antike Ortslagen zu identifizieren und später etwa durch eine Ausgrabung in der zeitlichen Ausdehnung präzise zu untersuchen. Außerdem ist der minimalinvasive Charakter (Absammeln von Artefakten) ein Vorteil, da Aussagen zur Siedlungsgeschichte möglich werden, ohne die Kulturlandschaft für zukünftige archäologische Forschung zu zerstören.

Vollständig non-invasiv sind Prospektionsmethoden der Fern- und Naherkundung. Satelliten- und Luftbilder können aus der Entfernung Strukturen erkennbar machen, die vom Boden aus nicht sichtbar sind (s. Kap. 10). Airborne Laserscanning (LiDAR) kann zudem spezifische Charakteristika der Oberfläche dokumentieren. Geophysikalische Messmethoden wie Magnet, Elektrik und Radar erlauben die Messung von untertägigen Beschaffenheiten und Anomalien, welche Rückschluss auf vergangene menschliche Aktivitäten zulassen. Durch non-invasive Methoden der Fern- und Naherkundung gewonnene Einsichten müssen aber durch Oberflächensurveys und/oder Ausgrabungen überprüft werden, bevor sie robuste Aussagen zu Überresten der Antike erlauben.

6.4.2 Typologie, Formgeschichte und Stilanalyse

Typologie, Formgeschichte und Stilanalyse sind bewährte kunstwissenschaftliche Methoden zur Klassifikation von Artefakten. Typologie und die damit verwandte Formgeschichte (s. o. Morphologie) setzen voraus, dass Objekte, die eine bestimmte Funktion haben, auch eine entsprechende Form ausprägen. Die formale Gestaltung erfolgt mit dem Wissen um bestimmte Werkstatttraditionen, das heißt, es findet ein Rückbezug auf geläufige Formen statt, die sich nur langsam wandeln. Der Wandel kann dabei einerseits funktional bedingt sein, andererseits sich auch einem Zeitgeschmack anpassen. So wandeln sich Öllampen über die Zeit und auch wenn eine einmal entwickelte Grundform sich kaum noch verändert, so unterziehen sie sich doch über die Zeiten einer wahrnehmbaren Formentwicklung, welche unter anderem durch Innovationen Vorteile in der Nutzung bringt. Doch Formenwandel kann auch durch Moden bedingt sein, so etwa das in verschiedenen Gattungen beobachtbare chronologische Prinzip *from stout to slender*, das sich darin zeigt, dass beispielsweise die Pelike sich von einer eher gedrungenen Gefäßform hin zu einer schlankeren Form entwickelt, wie die drei attischen Peliken und die unteritalische im Archäologischen Museum der Universität Münster zeigen (s. Abb. 6.7). Auch in der Rundplastik lassen sich solche Prozesse beobachten. Formgeschichtliche und typologische Beobachtungen helfen daher bei der zeitlichen Einordnung von archäologischen Artefakten. Voraussetzungen zu solchen Untersuchungen sind allerdings umfangreiche klassifizierende Arbeiten, das heißt, dass eine große Anzahl an Objekten einer Gattung zusammengetragen und diese dann typologisch und formgeschichtlich gruppiert werden. Finden sich unter den so geordneten Objekten festdatierte Stücke, können die anderen relativchronologisch datiert werden. Allerdings gilt es zu beachten, dass weder Typologie noch Formgeschichte nach einer allgemein und zwingend gültigen Entwicklung (*Teleologie*) ablaufen müssen und regionale Traditionen oder bewusste Rückgriffe (*Archaismen*) die Methode verkomplizieren und Ergebnisse jeweils kritisch geprüft werden müssen.

Abb. 6.7: Rotfigurige Peliken im Archäologischen Museum der Universität Münster, datiert von links nach rechts ca. 475, 450, 350 und 330/300 v. Chr. An den typologisch identischen Vasen ist gut der sich über die Zeit vollziehende Formwandel *from stout to slender* (»von gedrungen zu schlank«) nachzuvollziehen.

Unter Stil wird im Rahmen der archäologischen Stilanalyse verstanden, wie etwas als Ganzes oder in seinen Einzelformen gestaltet wurde. Wie etwa die Oberfläche des Gesichtes einer Skulptur modelliert wurde, kann sich für ein und dasselbe Motiv zeittypisch unterscheiden. Auch die Art und Weise, wie Haare oder Gewandfalten herausgearbeitet werden, kann abhängig vom Stil unterschiedliche Wirkungen auf die Betrachterin und den Betrachter haben. Zum Erreichen eines bestimmten visuellen Effektes können unterschiedliche formale Mittel wie etwa Bohrungen eingesetzt werden, so dass ähnlich wie bei der Typologie auch bei der Stilanalyse formale Gestaltungen in die Betrachtung einbezogen werden müssen. Stilistische Beobachtungen an archäologischen Artefakten können nur durch breite Denkmalkenntnis und sorgfältiges ›Sehen‹ erreicht werden. Stilistischen Bewertungen wird in der gegenwärtigen Klassischen Archäologie oft mit Zurückhaltung begegnet, da sie zu Unrecht im Ruf der Subjektivität und fehlender Nachvollziehbarkeit stehen. Ähnlich wie bei der Typologie gilt auch für die Stilanalyse, dass Stil nicht eine lineare Entwicklung nimmt und sowohl ein gleichzeitiger Stilpluralismus möglich ist wie auch archaisierende Rückgriffe auf ältere Stilformen. Auch regionale oder lokale Ausprägungen von Stil mahnen zur Vorsicht vor allgemeingültigen Gesetzmäßigkeiten.

6.4.3 Ikonographie

Die Klassische Archäologie ist auch eine Bildwissenschaft, das heißt, sie befasst sich mit der Analyse und Interpretation antiker Bildzeugnisse, also deren Bildsprache. Mit bildwissenschaftlichen Fragen beschäftigt sich die Ikonographie. Bisweilen wird zwischen Ikonographie und Ikonologie unterschieden, wobei die Ikonographie sich mit der Frage nach Bildtraditionen und formalen Gestaltungsprinzipien befasst, während die Ikonologie nach der Bedeutung der Bilder fragt. Es lohnt sich, diesen methodischen Zwischenschritt zu machen, doch in der Regel wird die bildwissenschaftliche Methode insgesamt als Ikonographie bezeichnet, da sich Ikonographie und Ikonologie überschneiden.

In der Antike mussten Bilder für Betrachterinnen und Betrachter erkennbar und verstehbar sein, weshalb auf bekannte oder bereits eingeführte Schemata zurückgegriffen wurde und diese je nach Darstellungsabsicht neu kombiniert wurden. Die Klassische Archäologie entschlüsselt solche Bildtraditionen und ermittelt die entsprechenden Darstellungsabsichten. Diese ermöglichen es uns, bewusst oder unbewusst formulierte Aussagen über einen kulturellen Kontext zu rekonstruieren und zum Verständnis antiker Mentalitäten und Vorstellungen beizutragen. Die Statue einer männlichen Gestalt in den Vatikanischen Museen in Rom, die bis auf einen Hüftmantel nackt dargestellt ist, in der Hand eine (rezent ergänzte) Schale trägt und an deren Seite ein Adler hockt (s. Abb. 6.8), kann aufgrund des Haltungsschemas und der Attribute als der höchste Gott Zeus-Iuppiter identifiziert werden. Auch der auf dem Kopf getragene Eichenkranz verweist auf den Göttervater. Der Kopf der Statue ist allerdings nicht bärtig, wie es für den Göttervater zu erwarten wäre, sondern der Kopf eines Mannes, der ikonographisch als der römische Kaiser Claudius (reg. 41–54 n. Chr.) angesprochen werden muss.

Abb. 6.8: Claudius, Vatikan, Museo Pio Clementino, Rotunde. Der römische Kaiser Claudius (reg. 41–54 n. Chr.) wird hier ikonographisch als Zeus-Iuppiter dargestellt. Eine Sakralisierung des Kaisertums wird so deutlich, obschon unklar bleibt, wer für diesen Bildentwurf verantwortlich war.

Die Bildsprache der Statue identifiziert also Zeus-Iuppiter mit dem Kaiser, der Kaiser ist als Gott dargestellt. Da wir allerdings nichts darüber wissen, wer die Statue in Auftrag gegeben hat und sie hat aufstellen lassen, bleibt unbekannt, ob der Kaiser diese Vergöttlichung initiierte oder ob sie von außen an ihn herangetragen wurde. So kann die ikonographische Analyse dieses Bildwerkes wichtige Fragen zur Geschichte des römischen Kaisertums ausleuchten.

6.5 Literatur

6.5.1 Einführungen und Überblickswerke

Altekamp, Stefan/Hofter, Matthias R./Krumme, Michael (Hrsg.): Posthumanistische Klassische Archäologie. Historizität und Wissenschaftlichkeit von Interessen und Methoden. Kolloquium Berlin 1999, München 2001.
Bäbler, Balbina: Archäologie und Chronologie. Eine Einführung, Darmstadt 2004.
Bergemann, Johannes: Orientierung Archäologie: Was sie kann, was sie will, Reinbek 2000.
Bernbeck, Reinhard: Theorien in der Archäologie, Tübingen/Basel 1997.
Borbein, Adolf H./Höscher, Tonio/Zanker, Paul (Hrsg.): Klassische Archäologie. Eine Einführung, Berlin 2000.
Hausmann, Ulrich/Brunner, Hellmut (Hrsg.): Allgemeine Grundlagen der Archäologie. Begriff und Methode, Geschichte, Problem der Form, Schriftzeugnisse, München 1969.
Hölscher, Tonio: Klassische Archäologie. Grundwissen, 4. Aufl., Mainz 2014.
Hoff, Ralf von den: Einführung in die Klassische Archäologie, München 2019.
Lang, Franziska: Klassische Archäologie. Eine Einführung in Methode, Theorie und Praxis, Tübingen/Basel 2002.
Niemeyer, Hans G.: Einführung in die Archäologie, Darmstadt 1968.
Renfrew, Colin/Bahn, Paul G.: Basiswissen Archäologie. Theorien, Methoden, Praxis, Darmstadt 2009.
Sinn, Ulrich: Einführung in die klassische Archäologie, München 2000.

6.5.2 Spezialliteratur

Brothwell, Don R./Pollard, A. Mark (Hrsg.): Handbook of Archaeological Sciences, Chichester 2001.
Deckers, Johannes G.: Die frühchristliche und byzantinische Kunst, München 2016.
Eggert, Manfred K. H./Samida, Stefanie: Ur- und Frühgeschichtliche Archäologie, 2. Aufl., Tübingen 2013.

Fischer, Thomas (Hrsg.): Die römischen Provinzen. Eine Einführung in ihre Archäologie, Stuttgart 2001.
Haupt, Peter: Landschaftsarchäologie. Eine Einführung, Darmstadt 2012.
Hauptmann, Andreas (Hrsg.): Archäometrie. Methoden und Anwendungsbeispiele naturwissenschaftlicher Verfahren in der Archäologie, Stuttgart 2008.
Hölscher, Tonio: Die griechische Kunst, München 2007.
Hrouda, Barthel (Hrsg.): Methoden der Archäologie. Eine Einführung in ihre naturwissenschaftlichen Techniken, München 1978.
Lichtenberger, Achim/Raja, Rubina (Hrsg.): The Diversity of Classical Archaeology, Turnhout 2017.
Lichtenberger, Achim: Keine Angst vor dem Zeitgeist. Optionen der Klassischen Archäologie im 21. Jahrhundert, in: Schörner, Günther/Kopf, Julia (Hrsg.): 1869–2019. 150 Jahre Klassische Archäologie an der Universität Wien, Wien 2021, 207–219.
Mannack, Thomas: Griechische Vasenmalerei. Eine Einführung, Darmstadt 2002.
Schmidt-Colinet, Andreas/Plattner, Georg: Antike Architektur und Bauornamentik. Grundformen und Grundbegriffe, Paderborn 2004.
Schollmeyer, Patrick: Die römische Plastik. Eine Einführung, Darmstadt 2005.
Schollmeyer, Patrick: Einführung in die antike Ikonographie, Darmstadt 2012.
Sörries, Reiner: Spätantike und frühchristliche Kunst: Eine Einführung in die Christliche Archäologie, Paderborn 2013.
Wagner, Günther A.: Einführung in die Archäometrie, Berlin 2007.
Wohlmayer, Wolfgang: Die römische Kunst. Ein Handbuch, Darmstadt 2011.
Zanker, Paul: Die römische Kunst, München 2015.

6.5.3 Digitale Hilfsmittel

Arachne. iDAI.objects – https://arachne.dainst.org [22.7.2022].
Objektdatenbank des Deutschen Archäologischen Instituts und der Archäologischen Instituts der Universität Köln.
Prometheus. Das verteilte digitale Bildarchiv für Forschung & Lehre – https://prometheus-bildarchiv.de [22.7.2022].
Digitales Bildarchiv der Universität Köln.
Projekt DYABOLA – http://www.dyabola.de [22.7.2022].
Umfassende Online-Bibliographie für klassisch-archäologische Fachliteratur mit verschiedenen Suchfunktionen.
Propylaeum. Fachinformationsdienst Altertumswissenschaften – https://www.propylaeum.de [22.7.2022].
Digitale Bibliothek für Altertumswissenschaften u. a. m.
VIAMUS. Das virtuelle Antikenmuseum – https://viamus.uni-goettingen.de/fr/pages [22.7.2022].
Hervorragendes e-Learning Programm für Porträtforschung.
Zenon. iDAI.bibliography – https://zenon.dainst.org [22.7.2022].
Online-Katalog des Deutschen Archäologischen Instituts für Literaturrecherche.

II. Benachbarte Disziplinen

7 Chronologie

Michael Zerjadtke

7.1 Einführung

Die Chronologie, die Lehre von der Zeit, hat in den Altertumswissenschaften verschiedene Aspekte. Einerseits sind hierunter die Methoden zusammengefasst, durch die Althistoriker:innen Ereignisse, Personen oder Quellen zeitlich verorten können. Andererseits sind die verschiedenen antiken Methoden, Zeitdauern zu messen oder zeitliche Verortungen vorzunehmen, gemeint. Letzterer Aspekt beinhaltet vorrangig die Benennung und Zählung von Jahren, Monaten und Tagen. Beide Aspekte greifen ineinander, da die Umrechnung von Angaben aus antiken Quellen in die heutige Zeitrechnung die Kenntnis der antiken Kalender voraussetzt.

Aufgrund der kulturellen, religiösen und politischen Fragmentierung der antiken Welt gab es eine Vielzahl von unterschiedlichen Kalendern und Methoden zur Zählung der Jahre. Nahezu jeder Staat und jedes Reich entwickelte im Laufe der Zeit ein eigenes System. Da deren Basis allerdings stets natürliche Rhythmen – wie der Ablauf der Jahreszeiten, die Gestalt des Mondes sowie Sonnenauf- und -untergang – waren, ähneln sich die Kalender. Durch die Verflechtung der antiken Gesellschaften kam es zum Transfer von astronomischen Beobachtungen und Methoden der Zeitmessung. Auch die zunehmende politische Zentralisierung im Rahmen des athenischen Imperiums und der hellenistischen Großreiche führte zu einer Angleichung der lokalen und regionalen Systeme. Die endgültige Vereinheitlichung des offiziellen Kalenders, der zu Verwaltungszwecken gebraucht wurde, erfolgte im Römischen Reich. In den traditionsreichen Regionen nutzte man allerdings parallel weiterhin die vorherigen Kalender für innenpolitische und kultische Zwecke.

Im Folgenden wird vorab auf einige wichtige Grundbegriffe eingegangen. Im Anschluss erfolgt eine knappe Vorstellung der Kalender in Ägypten und in Babylon, da diese eine Vorbildwirkung für die griechischen Stadtstaaten hatten. Diese stehen sowie der römische Kalender danach im Fokus, wobei für die römische Zeit zusätzlich auf einige weitere Datierungsmöglichkeiten anhand von Münzen oder Kaisertitulaturen eingegangen wird.

7.2 Grundbegriffe

Es ist zwischen der *absoluten* und der *relativen Chronologie* zu unterscheiden. Die absolute Chronologie bezeichnet die Zuordnung historischer Sachverhalte oder archäologischer Funde bzw. Fundkomplexe (Befunde) zu einem bestimmten Datum oder einem exakten Jahr. Im Fall einer relativen Chronologie ist die zeitliche Reihenfolge (älter–jünger) gemeint, wobei die absolute historische Verortung unklar ist. In der griechischen und römischen Kultur und deren Archäologie gibt es kaum Funde, die nicht zeitlich eingeordnet werden können; relativchronologische Einordnungen können etwa anhand von Typologie (z. B. Keramik) oder Stilistik und Ikonographie (z. B. Plastik, Wandmalerei) erreicht werden (s. Kap. 6). Allerdings existieren durchaus Objekte, die sich im Laufe längerer Zeit, in manchen Fällen über die gesamte Antike, so wenig verändert wurden, dass sie stilistisch nicht sicher datierbar sind. Oftmals handelt es sich dabei um Alltagsgegenstände (z. B. Gebrauchskeramik oder Werkzeuge) oder um besonders rudimentär bearbeitete Artefakte (z. B. Webgewichte oder Holzbretter). Letztere lassen sich unter Umständen über die naturwissenschaftliche Analysemethodik der Dendrochronologie datieren. Grundlage für die Dendrochronologie ist die Analyse von Jahresringen bei Holzfunden. Durch Unregelmäßigkeiten des Klimas im Laufe des Wachstums entstehen unterschiedlich starke Jahresringe, deren Abfolge ein individuelles Muster für einen Zeitabschnitt in einer bestimmten Region bildet. Im Idealfall kann dieses Muster zeitlich genau verortet werden. Natürlich ist hierbei auf methodische Probleme zu achten: So können beispielsweise Holzbalken, die in einem Gebäude gefunden werden, beim Zusammenbrechen des Bauwerks schon über viele Jahrzehnte oder sogar Jahrhunderte verbaut gewesen sein. Ihr Alter wäre demnach deutlich höher als das der Zerstörung des Gebäudes, auf dessen Datierung abgezielt wird.

Als weitere naturwissenschaftliche Datierungsmöglichkeit kann für organische Fundstücke auch die sogenannte C14-Methode angewandt werden. Die C14-Methode oder Radiokarbondatierung basiert auf der Messung eines Kohlenstoffisotops, dass sich in allen Organismen während ihrer Lebenszeit anreichert. Nach dem Tod zerfällt das Isotop mit einer Halbwertszeit von 5730 ± 40 Jahren. Anhand der verbliebenen Konzentration von ^{14}C ist somit das Alter eines organischen Fundmaterials messbar. Hierfür müssen allerdings Proben entnommen und chemisch verarbeitet werden, wodurch das Fundstück beschädigt wird. Da die Methode relativ ungenaue Altersangaben liefert, ist sie für die Alte Geschichte nur in wenigen Fällen bedeutend.

Terminus ante quem (t. a. q.) ist ein Begriff der relativen Chronologie und bezeichnet den Zeitpunkt, vor dem etwas geschehen ist. Das Gegenstück ist der *terminus post quem* (t. p. q.), der Zeitpunkt, nach dem etwas geschehen ist (s. Kap. 6). Beide finden vorrangig in der Archäologie Verwendung, können jedoch auch in der althistorischen Forschung gebraucht werden. Ihre Bedeutung lässt sich am besten anhand eines Beispiels verdeutlichen. Die Städte Pompeji und Herculaneum wurden im Jahr 79 n. Chr. durch den großen Vesuvausbruch verschüttet. Somit ist für alle archäologischen Funde, die dort heute geborgen werden, der Ausbruch der t. a. q. Denn, um verschüttet werden zu können, mussten sie zuvor entstanden sein. Archäologische Funde aus antiken Gebäuden oberhalb der Ascheschicht ebenso wie literarische Quellen, in denen die Katastrophe erwähnt wird, müssen hingegen danach entstanden sein. Für diese ist der Ausbruch der t. p. q.

Die *Inklusivzählung* bezeichnet eine Zählweise, bei der auch der Beginn bzw. der Startpunkt mitgezählt wird. Sie wurde in der Antike bei der Angabe von Zeiträumen angewendet. Der Zeitabstand von Montag bis Donnerstag beträgt nach dieser Zählweise vier Tage, da der Montag mitgezählt wird. Ein anderes Beispiel sind die (im modernen Verständnis) alle vier Jahre stattfindenden Olympischen Spiele, deren Interwall in der Antike jedoch als fünfjährig beschrieben wurde. Besonders problematisch ist die Inklusivzählung bei der Angabe des Tagesdatums nach römischem Vorbild (s. u.), wobei die Distanz zum nächstfolgenden Fixtag angegeben wurde. Die heute übliche Zählweise, bei der man den Beginn nicht mitzählt, wird Exklusivzählung genannt.

Ära bezeichnet eine Art der Jahreszählung, bei der die Jahre von einem bestimmten Ereignis an durchgezählt werden. Die in der westlichen Welt gebräuchliche Jahreszählung *nach* oder *vor Christi Geburt* wie auch ihre profanen Entsprechungen v. u. Z. (vor unserer Zeit) und u. Z. oder BCE (*before common era*) und CE (*common era*) verwenden die christliche Ära mit der Geburt Jesu als Fixpunkt. Auch wenn die zeitliche Verortung einer Ära historisch nicht eindeutig klar ist, dient doch das Ereignis als Basis der Jahreszählung. In der Antike waren Ärenzählungen vorrangig in den hellenistischen Königreichen in Gebrauch, deren Basis der Herrschaftsantritt der jeweiligen Dynastie war. Auch in Rom existierte schon seit der Republik die Ära *ab urbe condita* (a. u. c., ›seit Gründung der Stadt‹) auf Basis der *ex post* errechneten mythischen Gründung der Stadt durch Romulus. Sie wurde jedoch relativ selten verwendet. Erst in der Spätantike fand die Ärenzählung auf Basis der errechneten Schöpfung, der Schaffung der Welt, oder der Geburt Jesu in den Quellen weite Verbreitung, zumeist in den zahlreichen Chroniken.

Der *lunisolare Kalender* oder das *lunisolare Jahr* vereint den auf dem Umlauf des Mondes aufgebauten lunaren Kalender und das auf dem Lauf der Sonne basierende solare Jahr miteinander. Während die Beobachtung des Mondes einfacher ist, war der Verlauf der Sonne und damit der Jahreszeiten für agrarische Kulturen deutlich wichtiger. Daher versuchte man früh, beide zu verbinden. Doch auch wenn im reinen Mondkalender die Länge der Monate allein nach der Dauer des Mondzyklus ausgerichtet ist, gibt es einen Bezug zum Sonnenjahr, da zwölf lunare Zyklen und damit Monate zu einem lunaren Jahr zusammengefasst wurden, dessen Länge allerdings etwa elf Tage kürzer als das Sonnenjahr ist. Wiederkehrende Termine, die auf dem Mondkalender basieren, wandern somit jährlich um elf Tage. Ein modernes Beispiel ist der am Mond orientierte islamische Kalender, dessen Feiern und Termine – wie der Fastenmonat Ramadan – sich daher im heutigen Jahr jeweils um elf Tage nach vorn verschieben. Das *solare* oder tropische Jahr gibt die Dauer des Umlaufes der Erde um die Sonne wieder und kann von astronomischen Fixpunkten wie Tag-und-Nacht-Gleichen ausgehend gemessen werden. Bereits in den frühen Kalendern des Orients und Ägyptens hat man versucht, beide Systeme zu vereinen, indem man die regulären Mondmonate um einen Schaltmonat ergänzt hat, sodass der Beginn des Sonnenjahres und damit des Zyklus der Jahreszeiten, auch mit dem Beginn des Jahres übereinstimmte. Die Kombination beider Systeme wird als lunisolares Jahr bezeichnet.

7.3 Ägypten und Babylon

Die ersten präzisen Kalender wurden in Ägypten und dem Zweistromland entwickelt. In Ägypten orientierte man sich an den periodisch wiederkehrenden Nilüberschwemmungen, die für die Landwirtschaft von elementarer Bedeutung waren – entsprechend unterschied man als Jahreszeiten Überschwemmung, Aussaat und Ernte. Die Nilflut erreichte etwa zur Sommersonnenwende das Nildelta und zur selben Zeit wurde jährlich das erste Erscheinen des Sirius (auch als Hundsstern bekannt) beobachtet; hieraus ergab sich im Alten Ägypten ursprünglich der Neujahrsbeginn. Auf Basis dieser beiden Ereignisse wurde spätestens seit dem dritten Jahrtausend die Kalenderberechnung vorgenommen. Das entstandene Jahr (aus 12 Monaten zu 30 Tagen sowie 5 sogenannten Epagomenen-Tagen, insgesamt 365 Tage) war allerdings einen Viertel Tag zu kurz (heute ausgeglichen durch einen Schalttag alle vier Jahre), weshalb das Neuerscheinen des Sternes sich mit der Zeit im Kalender verschob; man kann von einem ›Wandeljahr‹ sprechen, da der Jahresbeginn stets auf andere Tage fällt. Erst nach etwa 1460 Jahren, *Sothis-Zyklus* genannt, liegen Jahresbeginn und Aufgang des Sirius wieder genau beieinander.

Von größerer Bedeutung für die griechische Zeitrechnung war der Kalender in Babylon. Dieser hatte sich aus einem sumerischen Vorgänger entwickelt und wies viele Gemeinsamkeiten mit dem ägyptischen Kalender auf. Das Jahr begann mit der Tag-und-Nacht-Gleiche im März (dem Frühjahresäquinoktium) und war in drei Jahreszeiten sowie zwölf Monate eingeteilt. Die Monate selbst waren durch vier Fixtage untergliedert: der erste Tag der sichtbaren Mondsichel, der siebente Tag, der Vollmond am 15. Tag und der 29. Tag mit dem Verschwinden des letzten Mondlichtes. In bestimmten Abständen wurde noch ein Schaltmonat eingefügt, um das lunisolare Jahr mit dem durch Beobachtung ermittelten Jahresbeginn in Einklang zu bringen. Daraus entwickelte sich ein achtjähriger Schaltzyklus, *Oktaëteris* genannt, in dem es fünf reguläre und drei Schaltjahre gab. Allerdings war die Dauer dieses Zyklus eineinhalb Tage zu lang, weshalb ein neunzehnjähriger Zyklus namens *Enneakaidekaëteris* eingeführt wurde, der spätestens um 500 v. Chr. durch Dareios I. verbindlich festgelegt wurde.

7.4 Griechenland

Die griechische Welt war seit der archaischen Zeit durch die regionalen politischen Gemeinwesen der Poleis geprägt. Diese Stadtstaaten waren in der Regel eigenständig und verfügten neben eigenen Verfassungen, Gesetzen und Kulten auch über eigene Systeme zur Bezeichnung der Jahre, Monate und Tage. Da sich viele Poleis allerdings den gleichen Stämmen zuordneten oder auf andere Weise miteinander verbunden waren, beispielsweise als Kolonie einer Mutterstadt, finden sich die meisten Monatsnamen in mehreren Städten wieder und auch die Art der Jahreszählung konnte sich gleichen. Da antike Autoren Ereignisse zumeist nur mit Bezug auf bestimmte Kalendersysteme (zumeist Athen und Sparta) verorteten, ist das Problem der Vielfalt in der Historiographie nicht schwerwiegend. Bei Quellen, die lokale Systeme verwenden (z. B. Inschriften), kann die genaue zeitliche Einordnung hingegen mit Schwierigkeiten verbunden sein.

7.4.1 Jahreszählung

Nicht für alle griechischen Poleis ist überliefert, auf welche Weise die Jahre benannt wurden, doch soweit bekannt, war die *eponyme Datierung* nach Beamten am meisten verbreitet. Bei dieser Praxis, die vermutlich aus dem Orient übernommen wurde, wird das Jahr mit dem Namen eines Beamten verbunden. Die Methode kam spätestens im 6. Jahrhundert v. Chr. auf, als man in vielen Städten begann, bestimmte hohe Beamte jährlich zu wählen. Im Falle Athens war Namensgeber einer der neun Archonten, den man entsprechend als *archon eponymos* (griech. ἄρχων ἐπώνυμος; s. Abb. 3.2) bezeichnete. Die Wahl dieses Archonten und seiner Kollegen am ersten Tag des Monats Hekatombaion (Juli/August) markierte zugleich den Beginn des athenischen Jahres. In Sparta gab einer der fünf Ephoren, die vermutlich im Herbst gewählt wurden, dem Jahr seinen Namen. Durch die von heute abweichende Verortung des Jahreswechsels im Kalender ergibt sich eine gewisse Unklarheit bei der genauen Zuordnung der Jahre anhand der Nennung der Amtsträger. Aus diesem Grund sind in der Literatur manchmal doppelte Jahresangaben für Ereignisse in der athenischen Geschichte zu finden, wie beispielsweise 490/489 v. Chr., da sich das Amtsjahr des entsprechende eponymen Archonten aus heutiger Sicht über zwei Jahre erstreckte.

Mit Archonten und Ephoren sind auch schon die beiden für die griechische Historiographie wichtigsten Beamten genannt, die auch in anderen Städten belegt sind. Ephoren gab es in vielen dorischen Poleis und deren Kolonien wie beispielsweise Thera, Kyrene oder Herakleia am Siris. Archonten sind auch aus Paros und Thasos bekannt, in letzterer Polis wurden dazu auch die Theoroi auf Listen aufgeführt. Weitere eponyme Amtsträger waren beispielsweise die Kosmoi auf Kreta, Stephanephoroi und Aisymneten in Milet oder Prytaneis in Pergamon. Neben Exekutivbeamten konnten auch Priester als Namensgeber eines Jahres dienen, wie der der Athena Alea in Tegea, der des Asklepios in Epidauros und der des Helios auf Rhodos. Auch in überstaatlichen Bündnissen wurden solche Posten gewählt, wie der eponyme Strategos im Akarnanischen Bund oder der Tagos im Thessalischen Bund. Da diese Praxis der Jahreszählung über lange Zeit verwendet wurde, gab es unweigerlich auch Veränderungen, wie beispielsweise der Wechsel des eponymen Beamten von einem Ephoren zu einem Patronomos in Sparta unter Kleomenes III. um 227 v. Chr.

Um die Übersicht über die Namen der Amtsträger und damit die Jahre nicht zu verlieren, wurden Listen angelegt und oftmals öffentlich aufgestellt. Mitunter wurden in der Auflistung auch besondere Vorkommnisse vermerkt, wodurch eine grobe Chronologie von Ereignissen entstand, die späteren Historiographen als Gerüst dienen konnte. Einige sind bis heute erhalten, andere fragmentarisch in der antiken Literatur überliefert. Allerdings ist bei Listen, die besonders weit zurückreichen, wie beispielsweise die Archontenliste in Athen, stets eine gewisse Vorsicht angebracht. Zumeist wurden diese Listen erst später begonnen und damit die vorherigen Amtsträger nachträglich zusammengetragen. Dadurch konnte Einfluss auf ihre Nennung und Abfolge genommen werden.

Die individuelle Jahreszählung der Poleis brachte für antike Autoren das Problem mit sich, dass die genaue Angabe eines Jahres mittels eines einzigen eponymen Beamten nur für die Leser nachvollziehbar war, die mit der Liste der entsprechenden Polis vertraut waren. Um diesen Kreis zu erweitern und die Jahresangabe möglichst exakt zu machen, nannten Historiographen in manchen Fällen mehrere Beamte. Beispielsweise versuchte Thukydides mit folgenden Angaben den Beginn des Peloponnesischen Krieges zeitlich zu verorten (Thuk. 2,2,1):

> »Vierzehn Jahre hatte der auf dreißig Jahre befristete Friedensvertrag, der nach der Einnahme Euboias geschlossen worden war, Bestand gehabt; im fünfzehnten Jahr, als Chrysis in Argos seit achtundvierzig Jahren Priesterin war und Ainesias Ephor in Sparta und Pythodoros noch für zwei Monate Archon bei den Athenern, im sechsten Monat nach der Schlacht von Poteidaia [...].«

Neben der individuellen Jahreszählung der Poleis kam in Griechenland auch eine überregionale Zählweise auf, um dem Problem der Pluralität der Jahresbenennungen zu begegnen. Als Grundlage wurden die alle vier Jahre stattfindenden Olympischen Spiele genutzt. Da Delegationen und Wettkampfteilnehmer aus allen Ecken der griechischen Welt zu diesem panhellenischen Ereignis reisten, konnte man mit der Zählung überall etwas anfangen. Der Autor Timaios von Tauromenion führte die Zählung der Olympiaden im frühen 3. Jahrhundert v. Chr. durch sein Geschichtswerk ein. Bei den Olympiaden handelt es sich um eine Ärenzählung deren Beginn durch die ersten olympischen Spiele markiert ist. Diese wurden von Timaios in das Jahr 776 v. Chr. datiert, indem er die Siegerlisten der Spiele nutzte und zurückrechnete. Jeder weitere Termin der Spiele von diesem

Zeitpunkt an wurde Olympiade genannt, wie an folgendem Beispiel deutlich wird (Timaios frg. 133 (93) = Clem. Al., Strom. 1,64,2):

> »Die Eleatische Schule beginnt mit Xenophanes von Kolophon. Von ihm sagt Timaios, er habe unter Hieron, dem Herrscher von Sizilien, und unter dem Dichter Epicharmos gelebt, Apollodoros hingegen habe ihn, geboren in der 40. Olympiade (580–577), bis in die Zeiten des Dareios und des Kyros leben lassen.«

Innerhalb einer Olympiade wurden wiederum die Jahre durchgezählt. Die Zuverlässigkeit der Siegerlisten und damit auch der Termin der ersten Olympiade ist allerdings unsicher. Analog zu den Beamtenlisten ist auch hier mit Konstruktionen und nachträglichen Veränderungen zu rechnen. Dennoch ist die Olympiadenzählung von Bedeutung, da ihre Nützlichkeit schnell erkannt und sie deshalb auch von anderen Autoren übernommen wurde.

7.4.2 Monate und Tage

Die Unterschiedlichkeit der Kalender in den Städten brachte es mit sich, dass auch die Binnengliederung der Jahre und die Monatsnamen in den Poleis oftmals voneinander abwichen. Dennoch lassen sich viele Bezeichnungen in mehreren Poleis finden, die dadurch eine Systematik erkennbar machen. In drei kulturell und sprachlich abgrenzbaren Regionen tauchen bestimmte Monate häufiger auf, nämlich im ionisch-attischen, im dorisch-nordwestgriechischen und im thessalisch-böotischen Gebiet. Manche Abweichungen bei den Monatsnamen in bestimmten Poleis lassen sich auf Umbenennungen zurückführen, weshalb die älteren Kalender möglicherweise noch ähnlicher waren, als sie später erscheinen. In anderen Bereichen wie Westgriechenland und Äolien lassen sich kaum gemeinsame Bezeichnungen finden. Im Zuge der Kolonisation verbreiteten sich die Kalender der Mutterstädte im gesamten Mittelmeerraum. Die Namen der Monate gehen zumeist auf ein wichtiges, im jeweiligen Monat gefeiertes Fest zurück, wie beispielsweise das Anthesterienfest im Monat Anthesteria. Aufgrund der unterschiedlichen Bezeichnungen und Zählungen zogen antike Autoren analog zur genauen Nennung des Jahres manchmal unterschiedliche Kalender zurate, wie beispielsweise Plutarch, um den Tag der Schlacht von Plataiai exakt zu benennen (Plut. Arist. 19):

> »Die Schlacht wurde geschlagen am vierten Tag des Monats Boedromion nach athenischem oder am 27. Tage des Monats Panemos nach boiotischem Kalender, [...]«

Aus der Verwendung von Monaten ergab sich das Problem der Schaltung, um Mond- und Sonnenjahr im Einklang zu halten. Der oben schon erwähnte Achtjahreszyklus (Oktaëteris) kam im 6. Jahrhundert v. Chr. aus dem Orient über Ionien (die Westküste der heutigen Türkei) nach Griechenland. In dessen Schaltjahren (drittes, fünftes und achtes Jahr) wurde jeweils ein 13. Monat eingebaut. Nachdem die Oktaëteris durch die Priesterschaft in Delphi übernommen worden war, breitete sich die Schaltpraxis im gesamten griechischen Raum aus. Dadurch wurde es möglich, die Opferkalender aufeinander abzustimmen und die panhellenischen Feste zeitgleich zu begehen. Später wurde der genauere 19-Jahreszyklus (Enneakaidekaëteris) aus dem Orient eingeführt, in dem es sieben Schaltjahre gab. Nach einem ersten erfolglosen Versuch der Einführung in Athen durch den attischen Astronomen Meton im Jahr 432 v. Chr. verbreitete sich die auch Meton-Zyklus genannte Enneakaidekaëteris erst in hellenistischer Zeit.

Die kalendarische Praxis der Polis Athen ist am besten bekannt und zudem unter den klassisch-griechischen Kalendern am wichtigsten für das Verständnis der historiographischen Texte. Das attische Jahr begann mit dem ersten Neumond nach der Sommersonnenwende im Monat Hekatombaion (Juli/August). Es folgten die Monate Metageitnion (August/September), Boëdromion (September/Oktober), Pyanopsion (Oktober/November), Maimakterion (November/Dezember), Posideon (Dezember/Januar), Gamelion (Januar/Februar), Anthesterion (Februar/März), Elaphebolion (März/April), Munichion (April/Mai), Thargelion (Mai/Juni) und Skirophorion (Juni/Juli). Der Schaltmonat Posideon befand sich mitten im Jahr. Er wurde nach der Wintersonnenwende eingefügt. Von den attischen Monaten sind Metageitnion, Boëdromion, Maimakterion, Anthesterion und Thargelion auch in anderen ionischen Städten zu finden, der von dort bekannte ionische Monat Lenaion trägt in Athen den Namen Gamelion nach dem Fest Gamelia.

Die attischen Monate waren den Mondphasen entsprechend 29 oder 30 Tage lang. Der erste Tag nach dem Neumond war zugleich der erste Tag eines jeden Monats, womit der letzte Tag stets auf den Neumond fiel. Jeder Monat wurde nochmals in drei Abschnitte von jeweils zehn Tagen unterteilt. Diese Dekadenzählung der Tage ist auch aus Ägypten bekannt. Innerhalb der ersten beiden Dekaden wurden die Tage durchgezählt, doch in der dritten Dekade wurde mitunter auch rückwärts gezählt. Da die griechischen Dekaden an die jeweiligen Monate gekoppelt waren, sind sie nicht mit den aus dem Römischen bekannten acht- oder siebentägigen Wochen zu vergleichen.

Neben dieser astronomischen Einteilung des attischen Jahres existierte auch eine administrative Gliederung nach den Prytanien. Ein elementares Organ der attischen Demokratie war die jährlich neu besetzte Ratsversammlung der Boulé mit 500 Mitgliedern. Jede der zehn Phylen Athens stellte 50 der Bouleuten genannten Ratsmitglieder, die als Prytanen für ein Zehntel des Jahres den Vorsitz der gesamten Boulé übernahmen. Ihre Stellung und deren Dauer wurde Prytanie genannt. Aufgrund der Zehnzahl der Prytanien war deren Länge entsprechend 35 oder 36 Tage. In hellenistischer Zeit wurde ihre Anzahl auf zwölf angehoben. Die Phyle wird häufig in offiziellen Dokumenten verwendet und daher auf Inschriften erwähnt, wie beispielsweise in der Neuaufstellung des Gesetzes über Mord und Totschlag von Drakon im Jahr, in dem ein gewisser Diokles Archon war (IG I^3 104):

> »[...] Diokles war *árchon*. Beschlossen haben der Rat (der 500) und die Volksversammlung (*demos*); (die Phyle) Akamantis hatte die Prytanie inne, Diognetos war Schriftführer, Euthydikos war *epistátes* (hatte den Vorsitz) [X?]e[noph?]anes stellte den Antrag [...].«

7.4.3 Hellenismus

Der griechische Kalender hatte sich schon im Rahmen der Kolonisation im Mittelmeerraum verbreitet. Doch durch die Eroberungen Alexanders und seiner Nachfolger wurde die Situation noch einmal komplizierter. Anders als in den Koloniestädten handelte es sich bei den Diadochenreichen in Kleinasien, der Levante und Ägypten nicht um Stadtstaaten, sondern um multiethnische und multikulturelle Konstrukte, in denen eine Vielzahl von Poleis, Stämmen oder früheren Königreichen vereint war. Wie die Perser vor ihnen verzichteten auch die makedonisch-griechischen Herrscher darauf, alle Städte und Regionen rechtlich und administrativ vollkommen zu vereinheitlichen. Stattdessen blieben ältere, etablierte und kulturell gewachsene Strukturen bestehen. Auf lokaler und regionaler Ebene wurden weiterhin die bereits unter persischer Herrschaft oder zuvor genutzten Kalender gebraucht, wie die jeweiligen Stadtkalender in den griechischen Poleis, der babylonische Kalender im Orient und der ägyptische Kalender im Ptolemäerreich.

Um dennoch eine einheitliche Verwaltung der Gebiete zu ermöglichen, wurde parallel zu diesen Kalendern ein Reichskalender eingeführt. Da an der Spitze der Diadochenreiche Könige standen, war eine Benennung des Jahres nach jährlich neu bestimmten Oberbeamten nicht möglich. Stattdessen wurde die Ärenzählung auf Basis der jeweiligen Herrscherdynastie eingeführt. Die seleukidische Ära begann 312/311 v. Chr. nach der Eroberung Babylons durch den namensgebenden Herrscher Seleukos I. Andere Herrscher Kleinasiens, beispielsweise in Pontos und Bithynien, orientierten sich an diesem Vorbild und führten ähnliche Ären ein. Die Unterteilung des Jahres wurde in den Diadochenreichen unterschiedlich gehandhabt, wobei der lunisolare makedonische Kalender stets eine Bezugsgröße bildete. Im Seleukidenreich orientierte man sich am babylonischen Kalender und legte den Jahresbeginn auf Anfang Oktober. Das ägyptische Ptolemäerreich versuchte unter Ptolemaios III. den makedonischen Kalender an den ägyptischen anzugleichen; wobei in ptolemäischer Zeit Doppeldatierungen nach makedonischem und ägyptischem Kalender in Papyri und Inschriften üblich waren. In römischer Zeit wurde später der 29. August zum Neujahrstag in Ägypten. Gut bezeugt ist auch die Angabe von fortlaufend gezählten Herrschaftsjahren eines Einzelherrschers (s. Abb. 7.1) als datierendes Merkmal, was uns besonders für die ptolemäischen Könige sowie die römischen Kaiser dank der papyrologischen und numismatischen Überlieferung gut bekannt ist (s. Kap. 4).

Die Parallelität der Kalendersysteme im östlichen Mittelmeerraum und innerhalb der Reichsgebiete blieb auch nach deren Eroberung durch die Römer bestehen. Zwar wurde bisweilen eingegriffen, um eine Harmonisie-

Abb. 7.1: Alexandrinische Münze aus der Zeit Neros. Auf dem Revers ist vor dem Kinn der mit Elefantenskalp dargestellten Personifikation der Stadt Alexandria die Angabe L IB zu sehen; L ist die Abkürzung für *etos* (ἔτος, ›Jahr‹; bzw. den Genitiv Sg. ἔτους) und Iota (in diesem Beispiel stark abgerieben) und Beta sind als Zahlzeichen zu verstehen, die zusammengezählt werden müssen (10 + 2 = 12): 12. Jahr Neros = 65/66 n. Chr.

rung zu erreichen, beispielsweise in Ägypten durch die Einführung weiterer Schalttage, doch die Ärenzählungen blieben noch lange bestehen, in vielen Gebieten bis in die Zeit der römischen Herrschaft, in manchen sogar noch weit darüber hinaus.

7.5 Rom

In Rom waren die Gestaltung des Jahresablaufes und die Festlegung der Feiertage eine religiöse Angelegenheit. Daher waren es auch die Pontifices, die über den Kalender geboten. Im Jahr 304 v. Chr. wurde diese Entscheidungsgewalt, die politisch instrumentalisiert werden konnte, durch die Initiative des kurulischen Ädils Cn. Flavius eingeschränkt, der die *Fasti* (Listen von Tagen in den Monaten) schriftlich fixieren und öffentlich bekanntmachen ließ. Von nun an waren die Abfolge der Feiertage sowie die Termine für Gerichte und Volksversammlungen festgelegt und das öffentliche Leben besser planbar. Allerdings verblieben den Pontifices einige Gestaltungsmöglichkeiten. So konnte Caesar im Jahr 45 v. Chr. nur in seiner Funktion als Pontifex Maximus die julianische Kalenderreform durchführen.

7.5.1 Jahreszählung

In Rom wurden die Jahre seit der frühen Republik, soweit dies aufgrund der sehr dürftigen Quellenlage überhaupt nachvollziehbar ist, nach eponymen Beamten benannt. Spätestens seit den *leges Liciniae Sextiae* 367 v. Chr. waren dies die beiden am Beginn eines jeden Jahres gewählten Konsuln (s. Abb. 3.3). Anders als in Athen oder Sparta wurden in Rom stets beide Konsuln genannt, um ein bestimmtes Jahr kenntlich zu machen. Dies wurde nicht nur in den offiziellen Dokumente so gehandhabt, sondern auch in der Historiographie. Insbesondere in der Annalistik (s. Kap. 2) wird der Beginn eines neuen Jahres zumeist an der Nennung der beiden im jeweiligen Jahr amtierenden Konsuln erkennbar. So leitete beispielsweise Livius seine Darstellung des ersten Jahres des dritten Makedonischen Krieges 171 v. Chr. auf folgende Weise ein (Liv. 42,29,1):

> »Unter dem Konsulat des Publius Licinius und Gaius Cassius beschäftigten sich nicht allein die Stadt Rom und ganz Italien, sondern auch alle Könige und Staaten, mochten sie in Europa, mochten sie in Asien sein, in Gedanken mit dem Krieg zwischen Makedonien und Rom.«

Ein römisches Jahr begann bis ins 2. Jahrhundert v. Chr. am ersten März. Allerdings hatten sich mit diesem Jahresanfang zunehmend Probleme ergeben. Da die neuen Konsuln jeweils Heere ausheben und damit in die aktuellen Kriegsgebiete marschieren mussten, die mit zunehmender Reichsausdehnung immer weiter von Rom entfernt lagen, kamen die Truppen teilweise erst im Sommer an. Wertvolle Monate, in denen effektiv hätte Krieg geführt werden können, blieben ungenutzt. So wurde im Jahr 153 v. Chr. der Jahresanfang und damit die Konsulwahl auf den Januar vorverlegt, um zwei Monate für die Kriegsvorbereitungen und den Anmarsch zu gewinnen. Dieser Termin ist bis heute als Jahresbeginn bestehen geblieben.

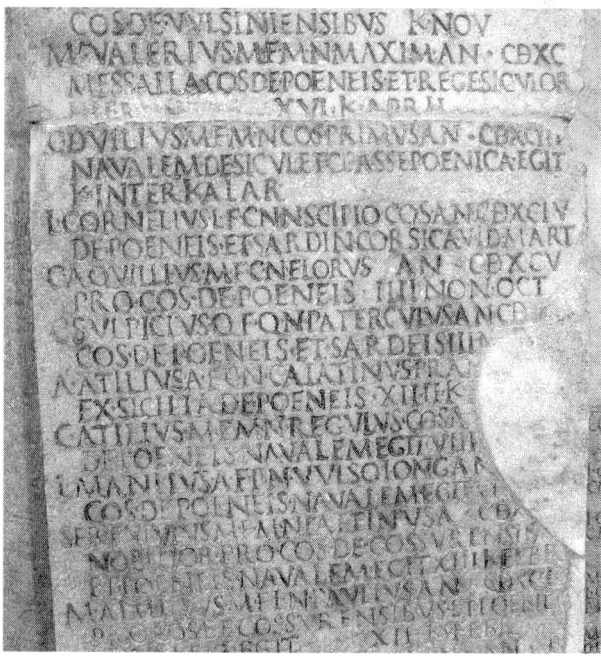

Abb. 7.2: Fragment der *Fasti triumphales*; Kapitolinisches Museum. Die Auflistung der Triumphatoren war vermutlich zusammen mit der Liste der Konsuln an einem Augustusbogen auf dem Forum befestigt. Im Bild ist das Jahr CDXC in der zweiten Zeile erkennbar, also 390 a. u. c. Auf Basis von Roms Gründungsjahr 753 v. Chr. ergibt sich daraus in Inklusivzählung das Jahr 262 v. Chr.

Wurde im Laufe eines Konsulatsjahres einer oder beide ordentlich gewählten Amtsträger handlungsunfähig, so mussten neue Konsuln gewählt werden. Sie werden als ›Suffektkonsuln‹ bezeichnet und waren, anders als ihre ordentlich gewählten Kollegen, nicht namensgebend für das jeweilige Jahr. In manchen offiziellen Listen werden sie dennoch erwähnt. Da man unmöglich alle Konsulpaare im Gedächtnis behalten konnte, wurden entsprechende Listen zur Übersicht angelegt. Ein Exemplar einer solchen Liste sind die *Fasti consulares*, die gegen Ende des 1. Jahrhunderts v. Chr. vermutlich an einem Triumphbogen des Augustus angebracht wurden, der auf dem Forum neben dem Caesartempel stand. Die Reste dieser Konsullisten sind seit 1547 zusammen mit den vermutlich ebenfalls von diesem Augustusbogen stammenden *Fasti triumphales* (Liste der Triumphatoren) in den Kapitolinischen Museen ausgestellt. Beide werden dementsprechend unter dem Namen *Fasti Capitolini* zusammengefasst. In den Listen sind neben den Namen hin und wieder auch wichtige Ereignisse der jeweiligen Jahre aufgeführt. Weitere Funde wie die fragmentarisch erhaltenen *Fasti Ostienses* aus Ostia mit der Auflistung der Konsuln, der Suffektkonsuln sowie der städtischen Oberbeamten (*duumviri*) zeigen, dass auch andernorts solche Listen aufgestellt wurden.

Auf den *Fasti consulares* sind die Konsuln ab 509 v. Chr. aufgeführt, dem Jahr der halbmythischen Vertreibung des letzten Königs Tarquinius Superbus. Es ist allerdings unklar, inwiefern diesen Angaben vertraut werden kann. Die Details der Verfassung Roms in der Frühzeit sind in der Forschung stark umstritten und es herrscht kein Konsens, wann die Konsuln zu den höchsten Beamten im Staat wurden. Dementsprechend kann auch den Listen der ersten Jahrhunderte kein Glauben geschenkt werden. Stattdessen spiegeln die Angaben dieser Zeit vermutlich spätere Machtverhältnisse wider. Mächtige Familien versuchten in diesen Listen, ihre Bedeutung für die römische Vergangenheit hervorzuheben, indem sie ihre Ahnen in die nicht mehr nachprüfbaren Listen der frühen Republik einfügten. Spätestens ab dem 3. Jahrhundert v. Chr. können die *Fasti consulares* als zuverlässig angesehen werden.

Die Praxis der Bezeichnung der Jahre nach den Konsuln wurde auch unter den Kaisern fortgesetzt. Aus heutiger Sicht wird zwischen Republik und Kaiserzeit zwar unterschieden, doch unter den Zeitgenossen wurde versucht, den faktischen Übergang zur Monarchie zu verschleiern und die Illusion der republikanischen Regierungsform aufrechtzuerhalten. Insofern war es nur konsequent, wenn die Jahre auch weiterhin nach den höchsten Beamten benannt wurden. Mit der Umbenennung der Monate Quintilis und Sextilis in Julius und Augustus manifestierte sich der politische Wandel allerdings bereits während der Herrschaft des Augustus im römischen Kalender.

Neben der eponymen Jahresbenennung kam auch eine Ärenrechnung mit der Gründung Roms als Anfangspunkt auf, die *ab urbe condita* (a. u. c.) genannt wird. Am bekanntesten ist die Berechnung des Marcus Terrentius Varro, der von der Zerstörung Trojas ausging und für die Stadtgründung Roms auf das Jahr 753 v. Chr. kam. Wenngleich dieses Ergebnis schon unter seinen Zeitgenossen des 1. Jahrhunderts v. Chr. umstritten war, wirkt seine Angabe noch bis heute nach. In der späten Republik und der Kaiserzeit wurde die Jahresangabe *ab urbe condita* nur selten verwendet, beispielsweise von Cicero in seinen *Epistulae ad familiares*. Manchmal wurden noch weitere Arten der Jahresangabe ergänzt, wie das nachfolgende Beispiel aus Tacitus' *Germania* zeigt. Im Alltag oder in offiziellen Dokumenten spielte die Ära *ab urbe condita* kaum eine Rolle (Tac. Germ. 37,2):

> »Unsere Stadt stand in ihrem 640. Jahr, als man zum ersten Mal von den Waffen der Kimbern hörte, unter dem Konsulat des Caecilius Metellus und Papirius Carbo. Zählt man von da bis auf das zweite Konsulat des Kaisers Trajan, so ergeben sich etwa zweihundert und zehn Jahre; so lange wird Germanien siegreich bekämpft.«

Es handelt sich um das Jahr 113 v. Chr. Das zweite Konsulat Trajans fällt in das Jahr 98 n. Chr., das erste Mal war er sieben Jahre zuvor Konsul gewesen.

Als während der Ausbreitung des Reiches mehr und mehr Regionen unter römische Kontrolle kamen, wurde dort auch der römische Kalender eingeführt. Dies war notwendig, um die Kommunikation und Koordination innerhalb des ausgedehnten Gebietes zu gewährleisten. Jedoch blieb in den sich selbst verwaltenden Städten und innerhalb der Bevölkerung oftmals der vorherige Kalender mitsamt der Jahreszählung, der Monatseinteilung und den Festen in Gebrauch.

Mit der Etablierung des Kaisertums wurden auch manchmal die Regierungszeiten der Kaiser zur Benennung der Jahre verwendet. Auf staatlichen oder offiziellen Medien konnte diese Praxis aufgrund der hybriden Natur des Status als Kaiser nicht umgesetzt werden, auch wenn die Illusion der Fortdauer der Republik schon lange nicht mehr aufrechtzuerhalten war. Allerdings gibt es mit der *tribunicia potestas* ein Element der kaiserlichen Befugnisse, das stellvertretend für die Dauer der Regierungszeit gezählt werden konnte. Die *tribunicia potestas* wurde jährlich am 10. Dezember erneuert und verlieh den Kaisern die Kompetenzen eines Volkstribuns, ohne das Amt innezuhaben. Sie ist beispielsweise auf Münzen oft mitsamt der Angabe der

Neuverleihungen zu finden, wodurch die jeweilige Prägung auf das Jahr genau datiert werden kann; gelegentlich erfolgt die Nennung aber auch ohne Zählung (s. Abb. 7.3). Auf Münzen sowie Inschriften können auch weitere Bestandteile der kaiserlichen Titulatur zu finden sein, die Hinweise auf die zeitliche Verortung geben. Dies sind neben der *tribunicia potestas* vor allem die Angabe der Konsulate, der Imperatorenakklamationen oder die Nennung von Triumph- bzw. Siegernamen (s. Kap. 3 und 5). Allerdings können diese Angaben – anders als die Zählung der *tribunicia potestas* – zumeist nur als *terminus post quem* dienen und nicht zur genauen Identifikation des Jahres. Wenn jedoch bekannt ist, wann eine zusätzliche Imperatorenakklamation erfolgte oder ein weiteres Konsulat angetreten wurde, dann ergibt sich nicht nur ein t. p. q., sondern auch ein t. a. q. und man kann einen Zeitraum für die Entstehung der Münze oder Inschrift erschließen (s. Abb. 5.4).

Abb. 7.3: Sesterz Neros; in der Umschrift werden lediglich TR(ibunicia) P(otestas) und IMP(erator) ohne Zählung angegeben; durch die Nennung des P(ontifex) M(aximus)-Titels entsteht ein t. p. q. 55 n. Chr.; Lehrmünzsammlung der Universität Trier.

Eine reichsweite Ära auf Basis der kaiserlichen Herrschaft kam erst im 3. Jahrhundert n. Chr. auf. Diokletian stieß nicht nur bedeutende administrative, wirtschaftliche und militärische Reformen an und begründete die vorübergehend bestehende Herrschaftsform der Tetrarchie, er schuf auch die Diokletianische Zeitrechnung. Sie begann mit dem Jahr seines Herrschaftsantritts 284 n. Chr. und wurde vor allem im Osten genutzt. In der koptischen Kirche ist die Diokletianische Ära unter der Bezeichnung A. M. (*Anno Martyrum*) noch immer in Gebrauch. Dieser Name bezieht sich auf die letzten größeren staatlichen Christenverfolgungen, die unter Kaiser Diokletian (284–305 n. Chr.) durchgeführt wurden.

Als letztes sind die Indiktionen zu nennen, die im frühen 4. Jahrhundert n. Chr. eingeführt wurden. Bei den *indictiones* handelte es sich um Steuerfestsetzungen für Landgüter durch kaiserliche Edikte, die nach 15 Jahren neu festgelegt wurden. In manchen administrativen Schreiben (z. B. auf Papyrus vielfach erhalten) oder Rechtstexten wurden die Jahre innerhalb einer 15-jährigen Indiktionsperiode angegeben. Unter Kaiser Justinian I. (527–565 n. Chr.) wurde im Jahr 537 n. Chr. die Nutzung der Indiktionen in der Novelle 47 gesetzlich vorgeschrieben. Die Indiktionen finden beispielsweise häufig in den Briefen Cassiodors aus der Herrschaft der Ostgotenkönige in Italien Erwähnung (Cassiod. Var. 11,38,6):

> »Daher bestimmen wir, dass Du die vorgesehene Summe so und so vieler Goldmünzen aus der dritten Besteuerung der Provinz Tuscia jenem Assistenten zahlen und auf die Rechnung der 13. Indiktion setzen sollst.«

7.5.2 Monate, Wochen und Tage

In Rom war das lunisolare Jahr in Gebrauch. In der Frühzeit der Stadt gab es zehn Monate, die in nicht genau bekannter Weise auf das Jahr verteilt waren. Vielleicht war das Jahr insgesamt kürzer oder aber die beiden letzten Monate des Jahres nach dem Zehnten (*december*) wurden nicht gezählt. Der Wechsel zu einem der Dauer des Sonnenjahres angepassten Jahr mit zwölf Monaten wird in der römischen Tradition dem zweiten König Numa Pompilius zugeschrieben. Um die Differenz von elf Tagen zwischen dem Mondjahr und dem Sonnenjahr zu schließen, war es notwendig, alle zwei Jahre einen Schaltmonat von abwechselnd 22 oder 23 Tagen einzufügen. Er wurde nach dem Februar ergänzt, da dieser Monat bis 153 v. Chr. der letzte des Jahres war. Der Schaltmonat wurde als *mensis intercalaris* oder auch *Mercedonius* bezeichnet. Somit ergab sich ein vierjähriger Schaltzyklus.

Die Namen der römischen Monate sind mit den heutigen Bezeichnungen im Wesentlichen identisch. Ihre ursprüngliche Wortbedeutung bzw. etymologische Herleitung ist oft unklar. Bis zum Ende der Republik lauteten sie: *Martius, Aprilis, Maius, Iunius, Quintilis, Sextilis, September, October, November, December, Ianuarius, Februarius* und alle zwei Jahre noch *Mercedonius*. Mit der o. g. Verlegung von 153 v. Chr. wurde der *Januarius* zum ersten Monat. Bei Betrachtung der älteren Abfolge wird deutlich, woher die heutigen Monate September bis Dezember ihre Namen haben. Sie gaben schlicht ihre Position im Kalender (7.–10. Monat) wieder. Dies galt auch für den *Quintilis* und den *Sextilis*, bevor sie zu Ehren von Gaius Julius Caesar und Augustus in *Julius* und *Augustus* umbenannt wurden.

Es gab eine ganze Reihe weiterer Umbenennungen von Monaten, oftmals durch Kaiser, denen tyrannische Züge nachgesagt werden. So machte beispielsweise Caligula den September zum *Germanicus*, Nero den *Aprilis* zum *Neroneus*, Domitian den *October* zum *Domitianus* und Commodus benannte gleich alle Monate nach von ihm angenommenen Namensbestandteilen. Keine dieser Veränderungen konnte sich jedoch dauerhaft durchsetzen, was sicher zum Teil mit der *damnatio memoriae* der jeweiligen Kaiser zu tun hatte. Andere wie Tiberius und Antoninus Pius lehnten die Angebote des Senates ab, Monate nach ihnen zu benennen. *Martius* war nach dem Gott Mars benannt und wahrscheinlich verweisen auch die Namen *Ianuarius*, *Aprilis*, *Maius* und *Iunius* auf die Götter Janus, Aphrodite bzw. Venus, Maia und Juno. Jedoch gibt es für diese Namen auch andere Erklärungen und im Fall des doppelgesichtigen Janus, der auf den Neubeginn des Jahres verweist, ist unklar, warum der ursprünglich vorletzte Monat mit diesem Gott in Verbindung gebracht worden sein soll. Der Name des letzten Monates, *Februarius*, ist wohl von lat. *februare*, dem rituellen Reinigen oder Sühnen abgeleitet, und verweist auf das Fest der Mitte Februar gefeierten Luperkalien.

Die Binnengliederung der einzelnen Monate und damit auch die genaue Bezeichnung der Monatstage orientierte sich am Verlauf des Mondes. Solange der tatsächliche Mondzyklus mit den Monaten identisch war, bestimmte die Priesterschaft der Pontifices den Beginn eines neuen Monats. Sobald der verantwortliche Priester vom Kapitolshügel aus das erste Tageslicht sah, wurde der erste Tag eines neuen Monats ausgerufen (lat. *calare*). Nach diesem Vorgang wurde der erste Tag eines jeden Monats als Kalenden (*Kalendae*) bezeichnet. Daneben gab es noch die beiden weiteren Fixtage der Iden (*Eidus*) zum Vollmond in der Mitte des Mondzyklus und der Nonen (*Nonae*) zwischen Iden und Kalenden. Im März, Mai, Juni und Oktober fielen die Nonen auf den siebten Tag des Monats und die Iden auf den 15. Tag. In allen anderen Monaten waren es der fünfte und der 13. Tag. Nach der Kalenderreform Caesars, in der die Längen der Monate so festgelegt wurden, dass kein Schaltmonat nach dem Februar mehr notwendig war, stimmten die Monatsübergänge nicht mehr mit den Neumonden überein. Dennoch wurde an der Einteilung der Monate festgehalten.

7 Chronologie

Die drei Fixtage der Kalenden, Nonen und Iden wurden auch für exakte Datumsangaben genutzt. Allerdings war die römische Praxis etwas komplizierter als in heutiger Zeit. Für die genaue Nennung eines Tages wurde der nächstfolgende Fixtag als Ausgangspunkt genutzt, um dann den Abstand anzugeben. Hierbei wurde entsprechend der Inklusivzählung auch der Tag selbst mitgezählt. Um beispielsweise den 13. März anzugeben, wurde auf die Iden am 15. März Bezug genommen. Inklusive des 13. März wären es dann drei Tage bis zu den Iden, was in der Antike als *III Id Mar* abgekürzt worden wäre. Einzige Ausnahme ist der jeweils vor einem Fixtag befindliche Tag, der als *pridie* bezeichnet und mit oftmals mit *pr* abgekürzt wurde. Beide Angaben sind in einem Brief Ciceros vom 29. April 58 v. Chr. zu finden. Da dieser Monat im römischen Kalender vor der Julianischen Reform nur 29 Tage hatte, war der 29. April der *pridie* bzw. der zweite Tag in Inklusivzählung vor den Kalenden des Mai (Cic. fam. 14,4):

> *IV. Scr(iptus). Brundisii prid(ie). Kalendas Maias a. u. c. 696. [...] Brundisio profecti sumus a. d. II K. Mai.: per Macedoniam Cyzicum petebamus.*
> »[Brief Nummer] vier, geschrieben in Brundisium am Vortag der Kalenden des Mai (im Jahr) 696 ab Gründung der Stadt. [...] Am zweiten Tag vor den Kalenden des Mai sind wir von Brundisium aufgebrochen: wir versuchten über Makedonien nach Kyzikus zu eilen.«

Bei der Umrechnung römischer Datumsangaben ist auf einen paradoxen Effekt zu achten, der sich ergibt, wenn sich der zu bezeichnende Tag nach den Iden eines Monats befindet und daher die Kalenden des nachfolgenden Monats der nächste Fixtag sind. In diesem Fall wird mit den Kalenden auch der nächste Monat genannt. Der 27. September wäre somit der fünfte Tag (aufgrund der Inklusivzählung: vier Tage plus der Tag selbst) vor den Kalenden des Oktobers oder kurz *V Kal Oct*. Offenbar bereitete schon den Römern diese komplizierte Art der Tagesbenennung Probleme, weshalb auf manchen Kalendern, wie beispielsweise den *Fasti Praenestini* des Verrius Flaccus aus dem italischen Palestrina (s. Abb. 7.4), bei jedem Tag die korrekte Zählung bis zum nächsten Fixtag angegeben war.

Analog zum Festhalten an traditionellen Jahresrechnungen in vielen provinzialisierten Regionen des Römischen Reiches wurde dort oftmals auch an der althergebrachten Monatszählung und -unterteilung festgehalten. Dies betont Plutarch im Anschluss an die oben bereits zitierte zeitliche Verortung der Schlacht bei Plataiai am 4. Boëdromion bzw. am 27. Panemos. Er meint (Plut. Arist. 19):

»Über die Unstimmigkeit der Tage darf man sich nicht verwundern, da selbst in gegenwärtigen Zeiten [2. Jh. n. Chr.], wo man es doch in der Astronomie viel weitergebracht hat, noch viele Völker hinsichtlich des Anfanges und des Endes ihrer Monate sehr voneinander abweichen.«

Parallel zu den Monaten und ihren Fixtagen gab es noch eine zweite Jahreseinteilung. Die Tage eines Jahres wurden, beginnend mit dem ersten Januar, nämlich in zyklische Abschnitte von acht Tagen eingeteilt. In der Inklusivzählung der antiken Zeit war ein solcher Abschnitt neun Tage lang, wovon sich dessen Name *nundinae* (›neuntätig‹), ableitet. Auf Kalendern waren diese Tage mit den Buchstaben A bis H versehen, sie verfügten allerdings nicht über spezielle Eigennamen (s. Abb. 7.4). Anders als die Untergliederung der Monate, die hauptsächlich von ritueller und politischer

Abb. 7.4: Fragment der *Fasti Praenestini*; Palazzo Massimo alle Terme in Rom. Der Ausschnitt beginnt mit dem 21. April (XI) und den Pa[rilia], einem Hirtenfest, und endet mit dem 26. April (VI). In den Tagen dazwischen fanden die Vin[alia] sowie die Rob[igalia] statt, deren abgekürzte Namen deutlich hervorgehoben sind. Rechts wurde in deutlich kleinerer Schrift kurz und knapp der mythisch-traditionelle Hintergrund des jeweiligen Festes beschrieben.

Bedeutung war, hatten die *nundinae* eine praktische Funktion für einen großen Teil der Bevölkerung, da sie den zeitlichen Abstand der alle acht Tage stattfindenden Markttage wiedergaben, an denen man sich auf den Foren traf oder zum Handeln in die Städte fuhr. Solche Markttage sind auch außerhalb Italiens in unterschiedlichen Regionen des Reiches belegt. Seit 287 v. Chr. deckten sich die Markt- mit den Gerichtstagen, sodass die Reisen in das regionale Zentrum für mehrere Zwecke genutzt werden konnten. Somit strukturierten die *nundinae* das Leben der Menschen im Römischen Reich in hohem Maße, da die alltägliche Arbeit regelmäßig unterbrochen wurde. Auch von offiziellen Stellen wurde der Bedeutung Rechnung getragen, indem der Achttagezyklus als Basis für das *trinundinum* genutzt wurde. Dabei handelt es sich um eine Frist von drei *nundinae*, beispielsweise zwischen Einbringen einer Gesetzesinitiative und der Abstimmung, zwischen Kandidatur für ein Amt und der Abstimmung oder zwischen Verkündung und Umsetzung eines Urteils.

Zusätzlich zu den Monaten, Fixtagen und *nundinae* waren alle Tage des Jahres noch in Kategorien eingeteilt, die als *Tagescharakter* bezeichnet wur-

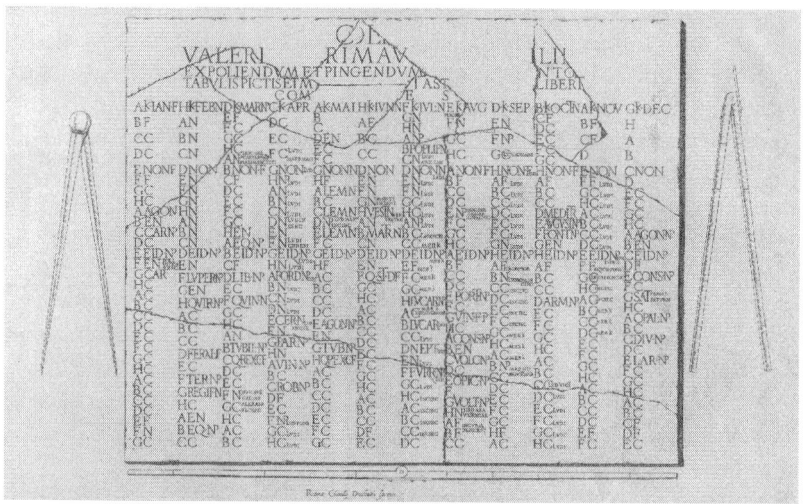

Abb. 7.5: Zeichnung der *Fasti Maffeiani* aus dem 16. Jahrhundert, Metropolitan Museum of Art; vgl. auch *Electric Archive of Greek and Latin Epigraphy* (EGALE), EDR 123627. Auch wenn dieser Kalender nur noch in Umzeichnung überliefert ist, handelt es sich dennoch um die am besten erhaltenen Fasti.

den. Anhand dieser wurde festgelegt, ob bestimmte Aktivitäten erlaubt waren oder nicht. Die Einschränkungen betrafen vor allem Opferungen, religiöse Feste, Gerichtsverfahren und Volksversammlungen. Da die Verteilung der Charaktere auf die Tage keiner Systematik folgte, waren sie auf öffentlichen Kalendern vermerkt, die jeder bei Bedarf einsehen konnte. Im Folgenden soll anhand der gut dokumentierten *Fasti Maffeiani* eine Übersicht über die Verteilung der Tage gegeben werden (s. Abb. 7.5). Jede der zwölf Spalten des Kalenders gibt einen Monat wieder, beginnend mit dem Januar links. Der erste Buchstabe jeder Zeile gibt den Tag innerhalb des *nundinae*-Zyklus an, beginnend mit A am ersten Januar. An den Übergängen vom Ende des einen zum Anfang des anderen Monates wird deutlich, dass die *nundinae* die Monatsgrenzen ignorieren. In den meisten Zeilen folgt dann nur noch ein weiterer Buchstabe, der den Tagescharakter anzeigt. Der Buchstabe F stand für *dies fastus*, also Tage, an denen Gerichtsprozesse durchgeführt werden konnten, C für *dies comitalis*, an denen Magistrate Volksversammlungen einberufen konnten, N für *dies nefastus*, an denen beides nicht geschehen durfte, NP vermutlich für *nefas piaculum*, einen öffentlichen Feiertag, und EN für *endoitio exitio nefas*, der nur morgens und abends als Feiertag galt. In den Zeilen, in die noch weitere Abkürzungen geschrieben wurden, ist der Tagescharakter jeweils am Ende zu finden. Weiterhin sind auch die Fixtage der Monate vermerkt, nämlich die als K wiedergegebenen Kalenden in der jeweils ersten Zeile zwischen *nundinae*-Buchstabe und abgekürztem Monat sowie die Nonen (NON) und Iden (EID) an ihrer entsprechenden Stelle. Die übrigen Abkürzungen verweisen zumeist auf Feste, im Januar beispielsweise AGO für Agonalia, CAR für Carmentalia und im Februar LUPER für die bereits erwähnten Luperkalien.

Die heute gebräuchliche *hebdomas* (griech. ἑβδομάς, ›Sieben-Tage-Woche‹) existierte parallel zu den genannten Einteilungen. Sie entstammt der jüdischen Kultur und ist bis auf die Zeit des Exils von 587–539 v. Chr. zurückverfolgbar. Jedem der sieben Tage war ein Planet zugeordnet, weshalb diese ›Planetenwoche‹ auch astrologische Bedeutung hatte und Basis für die sogenannte ›Tagewählerei‹ war. Der Sabbat als erster Tag der jüdischen Woche entsprach dem Tag des Saturn, dem *dies Saturni*, dem heutigen Samstag. Es folgten der Tag des Sonnengottes Sol, der *dies Solis* (Sonntag), der *dies Lunae* (Montag), der *dies Martis* (Dienstag), der *dies Mercurii* (Mittwoch), der *dies Iovis* (Donnerstag) und der *dies Veneris* (Freitag). Die deutschen Namen der Wochentage gehen auf Lehnübersetzungen ihrer lateinischen Bezeichnungen zurück, teilweise unter Verwendung germanischer anstatt der römischen Götternamen. Der Tag des Kriegsgottes Mars wurde zum Tag des Tyr oder Tiu (Dienstag), des Gottes für Kampf und Sieg. Aus der englischen Bezeichnung des Mittwochs, *Wednesday*, ist die Verbindung zu Wodan bzw. Odin ersichtlich, der in einigen Quellen mit Merkur gleichgesetzt ist. Der Tag des Jupiters wurde zu jenem des Thor bzw. Donar (Donnerstag) und der Tag der Venus zu dem der Freia (Freitag).

Abb. 7.6: Keramikrelief eines Steckkalenders aus Trier. Die Köpfe unterschiedlicher Götter repräsentierten die jeweiligen Wochentage. Links ist der bärtige Saturn (Samstag) zu sehen, es folgen der am Strahlenkranz erkennbare Sol (Sonntag), die Luna mit der Mondsichel (Montag), Mars mit einem Kriegshelm (Dienstag) und Merkur mit einem geflügelten Helm (Mittwoch). Die Darstellungen von Jupiter und Venus sind verloren.

Während der späten Republik erfreute sich die Sieben-Tage-Woche bereits großer Beliebtheit und breitete sich mit dem Christentum weiter aus. Der Wochenanfang verschob sich im 2. Jahrhundert n. Chr. im Rahmen des Bedeutungszuwachses von Sonnen- und Mithraskult auf den *dies Solis* bzw. Sonntag. Unter Konstantin wurde die Sieben-Tage-Woche 321 n. Chr. dann offiziell eingeführt und verdrängte im 4. Jahrhundert n. Chr. die *nundinae*. Zudem verbot es der Kaiser, am Sonntag ein Gewerbe zu betreiben oder Gerichtssitzungen abzuhalten.

Die Einteilung des Tages wurde im griechischen und römischen Kulturraum sehr ähnlich gehandhabt und die Werkzeuge zur Zeitmessung waren im Wesentlichen dieselben. In der agrarisch geprägten Frühzeit Griechenlands und Roms war keine genauere Einteilung eines Tages über morgens, mittags und abends hinaus notwendig. Der Lauf der Sonne bestimmte den Tagesrhythmus und mit Sonnenaufgang, der Mittagssonne und dem Sonnenuntergang waren die wichtigsten Tagesabschnitte problemlos wahrnehmbar. Neben dem Sonnenstand konnte die Länge des Schattens als Anhaltspunkt für die Uhrzeit dienen. Auch Ereignisse, die diesen Alltag unterbrachen, mussten nicht genauer festgelegt werden als auf den Tag. Märkte, Volksversammlungen oder Gerichtsprozesse kosteten vielen Bürgern mitsamt der An- und Abreise zu Fuß oder mit dem Ochsenkarren ohnehin einen Großteil des Tages. In Rom wurden die Tagesabschnitte dreimal täglich durch einen Amtsdiener ausgerufen, um zumindest eine gewisse Koordination des politischen Tagesgeschäftes zu ermöglichen.

Die genauere Tageseinteilung in zwölf Stunden wurde laut Herodot im 6. Jahrhundert v. Chr. von den Babyloniern übernommen (Hdt. 2,109,3). In Rom wurde sie laut dem älteren Plinius erst im 3. Jahrhundert v. Chr. eingeführt (Plin. nat. 7,212). Bei den Stunden handelte es sich um sogenannte Temporalstunden, deren zeitliche Länge relativ war. Sie hing von der Zeit zwischen Sonnenauf- und -untergang ab, die in zwölf gleiche Abschnitte eingeteilt wurde. Im Sommer, wenn der zeitliche Abstand zwischen Sonnenauf- und -untergang deutlich länger ist als im Winter, waren dementsprechend auch die einzelnen Stunden deutlich länger. Gleiches gilt auch für die Nächte, die ebenfalls in zwölf Stunden eingeteilt wurden. Die heutige Länge von 60 Zeitminuten hatten die Tage in der Antike nur bei Tages- und Nachtgleiche.

Da die Temporalstunden auf der Dauer des Tages beruhten, konnte der Lauf der Sonne herangezogen werden, um die zwölf Stunden genauer zu erfassen. Die entsprechenden Sonnenuhren waren zusammen mit den Stunden aus dem Osten übernommen und in Sparta durch den milesischen Naturphilosophen Anaximandros eingeführt worden. Er stellte dort als erster einen Stab senkrecht zu dem Zweck auf, den Verlauf seines Schattens auf dem Boden zu messen. Diese sehr einfache Vorrichtung wurde *gnomon* (griech. γνώμων) oder *horologion* (›Stundenzeiger‹) genannt und war in ihrer Grundkonzeption über die gesamte Antike hinweg gleich. Der Bereich, auf den der Schatten des *gnomon* fällt, ist jedoch von der geographischen Lage abhängig, da der Schatten eines senkrechten Zeigers aufgrund der Erdkrümmung weiter nördlich oder südlich zur gleichen Zeit anders fällt. Auch die Jahreszeiten spielten eine Rolle, da durch den niedrigeren bzw. höheren Sonnenstand im Winter oder Sommer die Länge des Schattens und damit auch die Position von dessen Spitze variieren, an der die

Stunde abgelesen wurde. Als die Römer am Beginn des Ersten Punischen Krieges im Jahr 263 v. Chr. eine Sonnenuhr in der griechischen Stadt Katane auf Sizilien erbeuteten, stellten sie diese in Rom auf. Da das heutige Catania allerdings beinahe 500 km weiter südlich liegt als Rom, waren die Linien auf eine andere geographische Breite ausgelegt. Plinius behauptet, dass es 99 Jahre gedauert habe, bis man bemerkte, dass die Sonnenuhr die falsche Zeit anzeigte (Plin. nat. 7,214).

Sonnenuhren sind in größerer Zahl erhalten. Neben solchen mit ebener Fläche zur Anzeige der Zeit gibt es auch solche, deren Skala konkav oder halbkugelförmig war. Diese Sonnenuhren hatten aufgrund der geneigten Projektionsflächen den Vorteil, dass der Schatten des Zeigers auch in den Morgen- und Abendstunden, wenn der Sonnenstand tiefer war, stets gleich lang blieb. Neben feststehenden Sonnenuhren wurden auch kleinere für die Reise hergestellt, die man vom Prinzip her durchaus als ›Taschenuhren‹ bezeichnen kann.

Eine besonders monumentale Konstruktion in Form einer Sonnenuhr ließ Kaiser Augustus zusammen mit der Ara Pacis im Jahr 10/9 v. Chr. auf dem Marsfeld in Rom errichten. Als Zeiger des *Solarium Augusti* oder *Horologium Augusti* diente ein 30 m hoher ägyptischer Obelisk aus dem 6. Jahrhundert v. Chr., der zu diesem Zweck aus Heliopolis nach Rom gebracht worden war. Er ist später in mehrere Teile zerbrochen, wurde rekonstruiert und befindet sich heute auf dem Platz vor dem Palazzo Montecitorio. Durch Ausgrabungen konnte ein kleiner Teil des Feldes freigelegt werden, auf das der Schatten des Obelisks fiel und der heute 8 m unterhalb des Laufhorizontes liegt. Durch die Ergebnisse wurde auch klar, dass es sich nicht um eine Sonnenuhr handelte, wie lange Zeit angenommen wurde, sondern um ein Meridianinstrument bzw. einen Jahreskalender.

Das zweite in der Antike verbreitete Werkzeug zur Zeitmessung war die ›Wasserdieb‹ (griech. κλεψύδρα, *klepsydra*) genannte Wasseruhr (s. Abb. 9.2). Sie wurde seit dem 6. Jahrhundert v. Chr. in Griechenland erwähnt und war seit republikanischer Zeit auch in Rom in Gebrauch. Anders als eine Sonnenuhr eignete sich eine Wasseruhr nur zur Messung eines bestimmten Zeitabschnittes. Die Bauweise und Komplexität der Wasseruhren entwickelten sich im Laufe der Jahrhunderte, doch im Kern basierten alle auf dem gleichen Prinzip. In einem Behälter befand sich eine bestimmte Menge an Wasser, das durch eine kleine Öffnung ausströmte. Wenn die gleiche Wassermenge in den Behälter gegeben wurde, dann war aufgrund der fixierten Größe des Loches die Zeit, die es brauchte, bis das Wasser vollständig ausgeströmt war, stets dieselbe. Wurden vielfache Mengen an Wasser eingefüllt, dann erhöhte sich diese Zeit allerdings nicht linear, da durch den größeren Wasserdruck auch die Ausströmungsgeschwindigkeit höher war. Dieses Problem wurde umgangen, indem nach dem Auslaufen des Wassers wieder die gleiche Menge in den leeren Behälter eingefüllt wurde. So konnte auch ein Vielfaches der festgelegten Zeitdauer gemessen werden. Entsprechend wurde in Griechenland die Redezeit vor Gericht oftmals in *chous* (χοῦς, ›Kanne‹) angegeben (Ath. pol. 67,2). Neben der Begrenzung der Redezeit für Anklage und Verteidigung kamen Wasseruhren beispielsweise auch bei der Verteilung der Wasserzufuhr bei kollektiv genutzten Bewässerungsanlagen zur Anwendung oder bei der gleichmäßigen Einteilung der Nachtwachen. Bei sorgfältiger Kalibrierung einer Wasseruhr war es möglich, ihre Laufzeit auf die natürliche Tageslänge von Sonnenauf- bis -untergang anzupassen, sodass an ihr ebenfalls die Temporalstunden abgelesen werden konnten. Ein großer Vorteil solcher Wasseruhren war, dass sie auch bei bedecktem Himmel oder nachts die Zeit anzeigten.

7.6 Literatur

7.6.1 Einführungen und Überblickswerke

Bäbler, Balbina: Archäologie und Chronologie. Eine Einführung, 2. Aufl., Darmstadt 2012.
Bickerman, Elias: Chronology of the Ancient World. Aspects of Greek and Roman Life, 2. Aufl., London 1980.
Brandt, Ahasver von: Werkzeug des Historikers. Eine Einführung in die Historischen Hilfswissenschaften, 18. Aufl., Stuttgart 2012.
Deißmann, Marieluise (Hrsg.): Daten zur antiken Chronologie und Geschichte, Stuttgart 1990.
Demandt, Alexander: Zeit. Eine Kulturgeschichte, Berlin 2015.
Eder, Walter/Renger, Johannes (Hrsg.): Herrscherchronologien der antiken Welt. Namen, Daten, Dynastien, DNP Suppl. 1, Stuttgart 2004.
Elias, Norbert: Über die Zeit. Arbeiten zur Wissenssoziologie, Bd. 2, Frankfurt a. M. 1984.
Färber, Roland/Gautschy, Rita (Hrsg.): Zeit in den Kulturen des Altertums. Antike Chronologie im Spiegel der Quellen, Köln 2020.
Hunger, Hermann: Kalender, in: Reallexikon der Assyrologie und Vorderasiatischen Archäologie, Bd. 5, Berlin 1980, 297–303.
Kienast, Dietmar/Eck, Werner/Heil, Matthäus: Römische Kaisertabelle. Grundzüge einer römischen Kaiserchronologie, 6. Aufl., Darmstadt 2017.

Lauffer, Siegfried: Daten der griechischen und römischen Geschichte, München 1987.
Lietzmann, Hans: Zeitrechnung der römischen Kaiserzeit, des Mittelalters und der Neuzeit für die Jahre 1–2000 n. Chr., 4. Aufl. durchg. von Kurt Aland, Berlin 1984.
Samuel, Alan E.: Greek and Roman Chronology. Calendars and Years in Classical Antiquity, München 1972.
Trapp, Wolfgang: Kleines Handbuch der Maße, Zahlen, Gewichte und der Zeitrechnung, 4. Aufl., Stuttgart 2001.
Vogtherr, Thomas: Zeitrechnung. Von den Sumerern bis zur Swatch, München 2006.

7.6.2 Spezialliteratur zu Einzelthemen

Bagnall, Roger S./Worp, Klaas A.: Chronological Systems of Byzantine Egypt. 2. Aufl., Leiden/Boston 2004.
Bennett, Chris: Alexandria and the Moon. An Investigation into the Lunar Macedonian Calender of Ptolemaic Egypt, Leuven 2011.
Buchner, Edmund: Die Sonnenuhr des Augustus. Nachdruck aus RM 1976 und 1980 und Nachtrag über die Ausgrabung 1980/1981, Mainz 1982.
Depuydt, Leo: Civil Calendar and Lunar Calendar in Ancient Egypt, Leuven 1997.
Graf, Fritz: Der Lauf des rollenden Jahres. Zeit und Kalender in Rom, Stuttgart/Leipzig 1997.
Hollstein, Ernst: Mitteleuropäische Eichenchronologie. Trierer dendrochronologische Forschungen zur Archäologie und Kunstgeschichte, Mainz 1980.
Kosmin, Paul J.: Time and its Adversaries in the Seleucid Empire, Cambridge 2018.
König, Angelika/König, Ingemar: Der römische Festkalender der Republik, Stuttgart 1991.
Krauss, Rolf: Sothis- und Monddaten. Studien zur astronomischen und technischen Chronologie Altägyptens, Hildesheim 1985.
Leschhorn, Wolfgang: Antike Ären. Zeitrechnung, Politik und Geschichte im Schwarzmeerraum und in Kleinasien nördlich des Tauros, Stuttgart 1993.
Michels, Agnes K. L.: The Calendar of the Roman Republic, Princeton, NY 1967.
Nollé, Johannes: Nundinas instituere et habere. Epigraphische Zeugnisse zur Einrichtung und Gestaltung von ländlichen Märkten in Afrika und in der Provinz Asia, Hildesheim u. a. 1982.
Parker, Richard A.: The Calendars of Ancient Egypt, Chicago 1950.
Pestman, Pieter W.: Chronologie égyptienne d'après les textes démotiques (332 av. J. C. – 453 ap. J. C.), Leiden 1967.
Radke, Gerhard: Fasti Romani. Betrachtungen zur Frühgeschichte des römischen Kalenders (Orbis antiquus 31), Münster 1990.
Rüpke, Jörg: Kalender und Öffentlichkeit. Die Geschichte der Repräsentation und religiösen Qualifikation von Zeit in Rom, Berlin u. a. 1995.
Rüpke, Jörg: Zeit und Fest. Eine Kulturgeschichte des Kalenders, München 2006.
Samuel, Alan E.: Ptolemaic Chronology, München 1962.
Schaldach, Karlheinz: Römische Sonnenuhren. Eine Einführung in die antike Gnomonik, 3. Aufl., Frankfurt a. M. 2001.

Schaldach, Karlheinz: Die antiken Sonnenuhren Griechenlands. Festland und Peloponnes, Frankfurt a. M. 2006.
Scullard, Howard H.: Römische Feste. Kalender und Kult, Mainz 1985.
Stutzinger, Dagmar: Eine römische Wasserauslaufuhr, hrsg. von der Kulturstiftung der Länder in Verbindung mit dem Museum für Vor- und Frühgeschichte, Archäologisches Museum Frankfurt a. M., Berlin 2001.
Wagner, Günther A. (Hrsg.): Einführung in die Archäometrie, Berlin/Heidelberg 2007.

8 Prosopographie

Werner Eck

8.1 Einleitung

Geschichte ereignet sich nicht im abstrakten Raum, sie wird auch nicht von namenlosen Mächten geschaffen, es sind die Menschen, die sie gestalten und erleiden. Das heißt zwingend, dass auch die historischen Quellenzeugnisse jeder Art über das, was einst geschehen ist, oft, wenn nicht immer mit einzelnen oder vielen Menschen verbunden sind. Ein Versuch wie in Catos *Origines*, Geschichte weitgehend unabhängig von Personen zu schreiben, wurde deshalb auch – zumindest in der Antike – nicht nachgeahmt. In der griechisch-römischen Welt trifft diese Konzentration der historischen Überlieferung auf Personen für die meisten Zeiten und für fast alle sachlichen und regionalen Phänomene zu. Sie gilt für die Antike – von der Mykenischen Zeit bis zum Ende des Weströmischen Reichs – weit mehr als für spätere Epochen, weil die Überlieferung aus dieser Zeit zu wesentlichen Teilen aus Zeugnissen besteht, die unabhängig von einer bewussten Weitergabe späterer Generationen die Jahrtausende bis heute überleben konnten. Diese Zeugnisse bestehen aber für die meisten Länder der Alten Welt zu einem erheblichen Teil aus Inschriften (s. Kap. 3), partiell aus Münzen, auf denen sehr oft die für die Prägung Verantwortlichen erscheinen (s. Kap. 5), und aus Papyri, die sich aber größtenteils nur in und damit sachlich für Ägypten erhalten haben (s. Kap. 4). Fast alle diese Dokumente nennen nicht nur einzelne oder mehrere Personen, sie sind sogar in einem großen Umfang wegen dieser Personen entstanden. Besonders deutlich wird dies an Grabinschriften, die beinahe überall die übergroße Masse aller epigraphischen Dokumente darstellen und gerade deshalb geschaffen wurden, um die Erinnerung an die Personen, die auf ihnen genannt werden, über den Tod hinaus zu bewahren. Aber auch andere Typen von Inschriften wie Weihungen an Gottheiten, Ehrenmonumente, Bauinschriften, Produzentenstempel, Besitzerinschriften auf Gegenständen verschiedenster Art oder schließlich die Graffiti an Wänden (s. Kap. 3) führen fast ohne Ausnahme die Namen von Personen an, verbunden mit mehr oder weniger langen Aussagen zum politischen, sozialen, ökonomischen, kulturellen und rechtlichen Leben der jeweiligen Periode. Gleiches gilt für die papyrologischen Dokumente, angefangen von den Amtsträgern des Ptolemäerreichs über die römischen *praefecti Aegypti et Alexandriae* (römische Statthalter) bis zu den Steuerzahlern in den einzelnen Gauen oder den Bewohnern des Landes, die jährlich die Bewässerungskanäle säubern mussten und dafür eine Quittung erhielten. Viele der Papyri bieten zumeist ausführlichere Aussagen zu sachlichen Aspekten. Doch verbunden sind alle Aussagen mit den Namen konkreter Personen, die in unterschiedlicher Intensität am historischen Geschehen ihrer jeweiligen Zeit beteiligt waren, sei es als Gestalter oder zumindest als diejenigen, die von diesem Geschehen betroffen waren.

Alle antiken Personen, die uns über solche Quellenzeugnisse bekannt sind, können über die Indizes einschlägiger Publikationen oder heute über Datenbanken gefunden werden. Für die meisten Menschen der griechisch-römischen Welt hat sich, soweit überhaupt eine Nachricht über sie bis heute bekannt ist, nur ein einziges Zeugnis erhalten – etwa ihre Grabinschrift oder eine Quittung für erbrachte Arbeiten in Ägypten –, das ist alles, was zu dieser Person bekannt ist. Doch für manche Personen hat mehr als ein Zeugnis überlebt, für manche kennen wir auch viele oder sehr viele Zeugnisse. Das gilt im Allgemeinen vor allem für diejenigen, die in ihrer jeweiligen Gesellschaft eine höhere Stellung einnahmen. Diese Aussage gilt generell, gleichgültig wie die politische Struktur gestaltet war. Sie trifft für die meisten griechischen Poleis ebenso zu wie für die römische Republik, obwohl eine große Zahl von Bürgern am politischen, religiösen und kulturellen Leben teilnehmen konnte, wenn auch in unterschiedlicher Intensität. Noch weit stärker beschreibt diese Aussage die Realität der hellenistischen Königreiche sowie der römischen Kaiserzeit von Augustus bis zum Ende der Spätantike.

8.2 Forschungsgeschichte

Als Theodor Mommsen seit 1844 in Italien mit der gewaltigen Masse der lateinischen Inschriften konfrontiert wurde, entwickelte er den Plan, alle diese Texte in einem umfassenden Corpus zu vereinen, um so eine verlässliche Grundlage für die Kenntnis der römischen Geschichte in all ihren Facetten zu schaffen. Gleichzeitig erkannte er aber auch mit aller Deutlichkeit, dass die Informationen, die in der gewaltigen Masse der Inschriften vorhanden waren, erschlossen werden mussten, damit sie direkt verwendbar waren, zumal für die zahllosen mit jeder Inschrift verbundenen Personen, angefangen von der frühen Republik über die Kaiserzeit bis zum Ende des Weströmischen Reiches in den Germanenstaaten der Völkerwanderung. Dabei dachte er von Anfang an nicht nur an die lateinischen, sondern auch an die griechischen Inschriften, die während der Zeit der römischen Herrschaft ebenfalls in großer Zahl entstanden waren. Als er im Jahr 1847 seine berühmte Denkschrift zur Verwirklichung des *Corpus Inscriptionum Latinarum* (CIL; s. Kap. 3) an die Königlich Preußische Akademie der Wissenschaften in Berlin entwarf, erläuterte er gleichzeitig, wie die Informationen, die in den einzelnen Inschriften vorhanden waren, sachlich zusammengeführt und für die historische Erkenntnis direkt verwendet werden könnten. Das betraf vornehmlich die in den epigraphischen Dokumenten genannten Personen und all das, was an öffentlichen Tätigkeiten mit ihnen verbunden war. Da sich sein ursprünglicher, direkt mit dem CIL verbundener Plan nicht in absehbarer Zeit verwirklichen ließ, richtete er 1874 einen neuen Antrag an die Akademie. Darin erläuterte er, dass »das Unternehmen der Akademie, die griechischen und lateinischen Inschriften zu sammeln«, nur dann »vollständig seinen Zweck erreichen« könne, wenn auch eine »relativ vollständige[n] Prosopographie der namhaften Männer dieser Epoche« (Eck 2003, 21) erarbeitet würde, natürlich unter Einbeziehung aller in anderen Quellenarten überlieferten Informationen. Aus diesem Antrag entstand ein 1897/99 in drei Bänden publiziertes, umfassendes Personenlexikon (die *Prosopographia Imperii Romani*, PIR). Es konzentrierte sich auf die Personen, die während der frühen und hohen Kaiserzeit innerhalb der *res publica* eine offizielle Rolle gespielt hatten. Das waren einerseits alle Senatoren sowie diejenigen Ritter, die Funktionen im Dienst der Kaiser übernahmen, andererseits aber auch alle Personen, die irgendwo in der gesamten literarischen Überlieferung erwähnt sind; denn, so die durchaus realistische Überlegung Mommsens, alle diese Personen könnten auch in Inschriften auftauchen, die später einmal gefunden würden. Zeitlich sollten alle Personen zwischen der augusteischen Zeit und dem Ende des 3. Jahrhunderts aufgenommen werden. Diesen Zeitraum hat Mommsen sehr pragmatisch festgelegt, weil die Masse aller epigraphischen Dokumente aus dieser Zeit stammt. Das zeigt, dass CIL und PIR in Mommsens Arbeit eine Einheit bilden. Die PIR waren in jeder Hinsicht der Anstoß für die Forschungsrichtung, die wir heute mit Prosopographie als wissenschaftlicher Methode innerhalb der Alten Geschichte und darüber hinaus verbinden.

Was Mommsen dazu brachte, den Begriff ›Prosopographie‹ zu verwenden, wissen wir im Einzelnen nicht. Für Mommsen war der Begriff unmittelbar sprechend. Denn das griechische Wort *prosopon* (πρόσωπον) bezeichnet die Person und entspricht dem lateinischen *persona*. Der Begriff ist jedenfalls für seine Zeitgenossen nicht neu gewesen, war vielmehr schon seit langem in Gebrauch, um die antiquarische Beschäftigung mit Personen der Vergangenheit zu beschreiben. Prosopographie ist somit als die wissenschaftliche Untersuchung von Personen und Personengruppen zu verstehen, die durch bestimmte gemeinsame Züge gekennzeichnet sind.

8.3 Forschungsstand

Die drei Bände der PIR waren als reines Lexikon konzipiert, als Nachschlagewerk; sie waren aber noch nicht mit einer spezifischen Forschungsmethode und spezifischen Fragen verbunden. Die drei Volumina sollten dazu dienen, einzelne Personen mit all den Informationen, die für sie überliefert waren, zu erfassen und, soweit nötig, in einen sachlichen Zusammenhang einzubinden. Wenn man so will, sollten daraus kleine Biographien entstehen. Die Möglichkeit, damit auch zu bestimmten Gruppen oder sachlichen Aspekten analytisch zu arbeiten, entwickelte sich erst im Verlauf der folgenden Jahrzehnte. Unmittelbar nachgeahmt aber wurde die Idee des Personenlexikons. So entstand kurz darauf ebenfalls an der Berliner Akademie schon 1901–1903 die *Prosopographia Attica*; das geschah nicht zufällig, sondern war vielmehr wie bei CIL und PIR die Folge des an der Akademie herausgegebenen *Corpus Inscriptionum Graecarum* (CIG) sowie dessen Fortsetzung durch die *Inscriptiones Graecae* (IG; s. Kap. 3). In der *Prosopographia Attica* waren alle athenischen Bürger erfasst, von den frühesten schriftlichen Dokumenten bis zur Herrschaft des Augustus. Da diese Sammlung inzwischen längst überholt ist, wurde sie durch eine Reihe von zwölf Bänden ersetzt: *Persons of Ancient Athens*, herausgegeben von J. S. Traill. In diesem Werk sind alle Bewohner Attikas von der frühesten Zeit bis zum Beginn der byzantinischen Zeit eingeschlossen, gleichgültig welchen rechtlichen oder sozialen Status sie hatten. Sammlungen ähnlicher Art wurden in großer Zahl veröffentlicht, stets mit einem zeitlichen oder sachlichen Schwerpunkt. Dazu gehören Werke über alle Magistrate der Polis Athen, über Sparta von der Alexanderzeit bis zur Zerstörung der Stadt durch die Westgoten am Ende des 4. Jahrhunderts, über das Seleukidenreich und besonders über das hellenistische Ägypten der Ptolemäerzeit; letztgenannte Sammlung (*Prosopographia Ptolemaica*) umfasst insgesamt zehn Bände, jeweils geordnet nach den Funktionen, die die Personen in Staat, Religion, Heer, Gesellschaft und Wirtschaft erfüllten. Umgekehrt wurde von A. B. Tataki untersucht, inwieweit Bewohner Makedoniens, dem Ausgangspunkt der hellenistischen Reiche, in der Zeit nach Alexander dem Großen in den neuen politischen Gebilden eine Rolle spielten.

Für die römische Republik wurde bisher kein umfassendes prosopographisches Werk publiziert, vermutlich deswegen, weil in der *Realencyclopädie der classischen Altertumswissenschaft* (RE) insbesondere die Personen dieser Epoche von Anfang an umfassend vertreten waren. Hervorzuheben ist jedoch das grundlegende Werk von T. R. S. Broughton, *Magistrates of the Roman Republic*, das Jahr für Jahr die gesamte politische Führung der Republik präsentiert. Vergleichbares hat C. Nicolet für den vorkaiserzeitlichen Ritterstand erarbeitet.

Vor allem die römische Kaiserzeit ist in Nachfolge der ersten Auflage der PIR wegen der speziellen Dichte der Zeugnisse umfassend prosopographisch erschlossen worden, partiell gleichzeitig mit der zweiten Auflage der PIR. Deren erster Band erschien schon 1933, sie konnte aber erst 2015 mit Band VIII abgeschlossen werden. Daneben wurden zum einen zeitlich oder regional begrenzte Ausschnitte des Senatorenstandes erarbeitet, womit spezifische Fragen zur Entwicklung des kaiserzeitlichen Herrschaftssystems verbunden waren; verwiesen sei etwa auf die in der Bibliographie aufgeführten Arbeiten von G. Alföldy, P. M. M. Leunissen und M. Christol. Zum andern wurden für zahlreiche Ämter, auch die von Priestern, in Rom und vor allem in den Provinzen spezielle Arbeiten vorgelegt. So liegen für alle Konsuln, ordentliche und *suffecti*, von der augusteischen Zeit über das Ende des Amtes hinaus bis zum Jahr 613 die *Fasti consolari* von A. Degrassi vor, die freilich inzwischen durch zahlreiche Neufunde nicht mehr dem neuesten Stand entsprechen. Zumindest für die Spätantike von 260 bis 541 n. Chr. ist die Liste der ordentlichen Konsuln durch ein umfassendes Werk 1987 erneuert worden. Eine Liste der Konsuln der ersten drei Jahrhunderte wird in Kürze fertig gestellt. Daneben sind fast alle stadtrömischen senatorischen Ämter prosopographisch untersucht worden, etwa das Amt des *praefectus urbi*, das Amt der Aufseher über die religiösen und profanen Bauten der Stadt oder die Präfekten des *aerarium Saturni* und *militare* und andere. Außerhalb Roms wurden besonders die senatorischen und ritterlichen Statthalter der Provinzen frühzeitig prosopographisch untersucht, zum einen, weil sie für das Funktionieren des Reiches essentiell waren, zum andern aber auch, weil sie in vielen dieser Bezirke durch eine dichte epigraphische, in Ägypten papyrologische Überlieferung in fast kontinuierlicher Abfolge bekannt sind, wie z. B. in den Provinzen Asia, Africa, Lycia-Pamphylia, Ägypten oder Niedermösien. Die für die römische Zeit optimale Überlieferung erleichtert verständlicherweise allgemeinere Aussagen.

Ebenso wurden die seit Augustus zunehmend von Personen ritterlichen Standes übernommenen sogenannten prokuratorischen Funktionen nach ihren Trägern untersucht, wobei wie bei den Senatoren neben der absolvierten Laufbahn nach der regionalen und sozialen Herkunft gefragt wurde. Den nachhaltigsten Eindruck auf die internationale prosopographische Forschung machte Hans-Georg Pflaum mit seinen Arbeiten zu den Personen, die Aufgaben in den von den Kaisern entwickelten neuen Ämtern übernahmen. Andere Arbeiten stellten alle bekannten Mitglieder des Ritterstandes zusammen oder diejenigen, die im Heer die mittleren Offizierspositionen zwischen den senatorischen Kommandeuren und den aus den Mannschaften aufgestiegenen Zenturionen übernahmen.

In all diesen Arbeiten wurden – wie auch in der PIR – die weiblichen Mitglieder der jeweiligen Familien, Ehefrauen und Töchter, eingeschlossen, da auf diese Weise die Vernetzung zwischen verschiedenen Familien regionaler und überregionaler Bedeutung verfolgt und deren Auswirkungen erkannt werden können. Für den höchsten Ordo des Reiches, den Senatorenstand, wurden die Frauen aufgrund ihrer sozio-politischen und ökonomischen Bedeutung eigens erforscht – speziell diejenigen, die als *Virgines Vestales* eine herausragende Stellung in Rom einnahmen.

Relativ spät, aber seitdem mit besonderer Intensität wurde auch das prosopographische Material der Spätantike erschlossen, obwohl die Idee dazu bereits zu Beginn des 20. Jahrhunderts an der Berliner Akademie entwickelt worden war. Zwischen 1971 und 1992 wurden vier monumentale Bände mit den Personen des spätrömischen Reiches und der angrenzenden Staaten für die Zeit von 260 bis 641 n. Chr. publiziert (*The Prosopography of the Later Roman Empire*, PLRE). In digitaler Form ist diese Prosopographie für die Jahre von 641 bis 867 n. Chr. fortgeführt worden. Allerdings hat die PLRE keine Personen aufgenommen, die seit dem 3. Jahrhundert n. Chr. zwar als Christen bekannt sind, aber nicht gleichzeitig ein profanes öffentliches Amt ausgeübt haben. Deshalb wurden bisher fünf Bände der *Prosopographie chrétienne du Bas-Empire* für vier große territoriale Bereiche veröffentlicht: für Afrika, Italien, die Diözese Asia und Gallien, die stets neben der PLRE zu konsultieren sind.

Am Beginn prosopographischen Arbeitens stand die PIR, die als Personenlexikon konzipiert war; diesem Beispiel folgt auch ein Teil der bisher angeführten Werke. Doch frühzeitig wurde das prosopographische Material zu einzelnen Regionen, Zeiten oder Sachthemen nicht nur gesammelt und gegliedert präsentiert, vielmehr diente dieses vor allem als Basis für die Analyse historischer Fragen. Schon im Jahr 1926 hat H. Berve auf diese Weise das Alexanderreich in einer umfassenden, vorher unbekannten Breite und Tiefe untersucht. Auch die »Freunde des Königs« (φίλοι, *philoi*), enge Vertraute und Helfer an den hellenistischen Herrscherhöfen, wurden auf diese Weise als militärische und administrative Elite erschlossen. S. Demougin analysierte auf der Basis ihrer Prosopographie der Ritter während der julisch-claudischen Dynastie die Entwicklung dieser sozio-politischen Bevölkerungsgruppe. Mit der Veränderung der Bevölkerungsstruktur Athens in der hellenistischen Zeit hat sich C. Habicht befasst, was M. Wolloch und S. Follet für das 2. und 3. Jahrhundert unter dem Einfluss der römischen Herrschaft weitergeführt haben. Ähnliches wurde für andere Städte des Imperium Romanum versucht. Auf diese Weise gelang es, die innere Vielfalt bei den Gemeinden oder Stämmen des Reiches durch genauere Details zu untermauern. Zudem wurden Teile der Elite in einzelnen Provinzen Gegenstand der Analyse.

Besonders vielfältig waren wegen der vom 1. bis 3. Jahrhundert besonders guten Quellenlage die Untersuchungen zur römischen Führungsschicht. Während der Republik hatte die stadtrömische Aristokratie mit ihrer Politik das Imperium Romanum geschaffen. Doch bereits in der republikanischen Zeit erweiterte sich der Kreis dieser Elite auf Familien aus den einst unterworfenen italischen Stämmen und Städten, so dass man bereits am Ende der augusteischen Zeit von einer italischen Elite sprechen kann. Seine klassische Darstellung, beruhend auf einer meisterlichen Kenntnis der gesamten Elite, fand dieser Prozess, eingebunden in die Ausbildung des augusteischen Prinzipats, in R. Symes *The Roman Revolution*. Diese Ausdehnung der Elite über Italien hinaus, war ein entscheidendes Element für die Stabilität des Reiches, da die Sicherung durch das römische Heer allein nicht genügte. Die Wege und die Phasen dieser Integration von provinzialen Familien haben zahlreiche prosopographische Werke untersucht, teils für bestimmte Zeiten, teils für bestimmte Regionen des Reichs. Frühzeitig, d. h. schon in augusteischer Zeit, erschienen Senatoren von der iberischen Halbinsel im Senat, ebenso aus dem Süden Galliens, worauf seit dem späten 1. Jahrhundert n. Chr. Afrika und mit besonderer Intensität die meisten griechisch geprägten Provinzen des Ostens ihre Vertreter in den Senat entsandten. Ein Kongress in Rom hat diese tiefgreifende Veränderung innerhalb des gesamten Reiches untersucht; die Publikation zeigt in geradezu exemplarischer Weise, wie nur durch prosopographische Forschungen historische Entwicklungen erkannt werden können;

durch die Integration wurde das Kaiserreich quasi zu einem ›Imperium vieler Nationen‹.

8.4 Methoden: Onomastik und Ämterlaufbahnen

Freilich zeigt sich in nicht wenigen Beiträgen auch, wie notwendig es ist, Unsicherheiten prosopographischer Forschung zu erkennen und die Grenzen der Erkenntnis nicht zu überdehnen. Es sei z. B. auf die Benutzung von Namen (Onomastik; griech. ὄνομα, ›Name‹) bei der Herstellung von Verwandtschaftsbeziehungen zwischen Personen hingewiesen, für die die Zeugnisse keinerlei weitere Kriterien bereitstellen. Das gilt etwa für das demokratische Athen oder auch für das kaiserzeitliche Ägypten mit seiner großen Zahl von Personen, die nur mit einem einzigen Namen überliefert sind. Manche Namen sind sehr verbreitet; kommen dann nicht andere Indizien hinzu, führen Identifizierungen leicht in die Irre. Gleiches gilt für Rom trotz seines dreiteiligen Namenssystems aus Prae-, Gentil- und Cognomen (Vor-, Familien- und Beiname). Denn gerade infolge der großzügigen Verleihung des römischen Bürgerrechts durch die Kaiser oder der Vermittlung durch Mitglieder der Elite sind manche Gentilnomina außerordentlich verbreitet, weil die Neubürger sehr oft das Gentilnomen desjenigen übernahmen, dem sie die *civitas*, das Bürgerrecht, verdankten. Deshalb finden sich noch aus der Zeit der Republik massenhaft die Gentilizia Cornelius, Pompeius oder Antonius, was noch weit mehr bei den Kaisergentilizia wie Iulius, Claudius, Flavius, Ulpius, Aelius und Aurelius gilt. Wenn eine Person nicht ein sehr spezifisches Cognomen aufweist, ist schwerlich eine Identifizierung möglich. Zudem wird öfter nicht beachtet, dass nicht alle Dokumenttypen, in denen entsprechende Informationen für einzelne Personen zu finden sind, in allen Regionen des Reiches gleichermaßen zu finden sind. So hat man immer wieder angenommen, Personen aus den gallischen Provinzen seien wegen des Schocks, der durch den Bataveraufstand der Jahre 69–70 n. Chr. ausgelöst wurde, seltener in die römische Führungsschicht aufgenommen worden. Doch hat man dabei übersehen, dass sich gerade in diesen Provinzen die Inschriftentypen, die die Herkunft solcher Mitglieder der Elite erschließen lassen, weit weniger finden. Das *argumentum e silentio* ist also zu beachten.

Andere Probleme ergeben sich bei der inhaltlichen Auswertung von senatorischen oder ritterlichen Laufbahnen, wie sie seit augusteischer Zeit zahlreich bekannt sind. Solche Laufbahnen im Staatsdienst (*cursus honorum*) sind zunächst einmal eine rein äußerliche Aufzählung von Ämtern in den jeweiligen Quellenzeugnissen; warum welche Personen welche Funktionen erhielten, ist den Texten nie direkt zu entnehmen. Dennoch hat man nicht selten angenommen, die Gründe hätten in Spezialisierung, Erfahrung, Brillanz bei der Erfüllung von Aufgaben gelegen. Dies ist zutreffend als Überforderung der prosopographischen Methode kritisiert worden. Man darf den Quellen nicht mehr entnehmen, als in ihnen enthalten ist. Doch darüber sollte man nicht vergessen: Für nicht wenige Perioden oder Sachthemen der Alten Geschichte ermöglicht nur die Auswertung prosopographischer Quellen überhaupt eine historische Aussage; andernfalls wären solche Perioden und Sachthemen historische *terra incognita*.

8.5 Literatur

8.5.1 Einführungen und Überblickswerke

Den Boer, Willem: Die prosopographische Methode in der modernen Historiographie der hohen Kaiserzeit, Mnemosyne 22, 1969, 268–280.
Eck, Werner (Hrsg.): Prosopographie und Sozialgeschichte. Studien zur Methodik und Erkenntnismöglichkeit der kaiserzeitlichen Prosopographie, Köln u. a. 1993.
Eck, Werner: The Prosopographia Imperii Romani and Prosopographical Method, in: Cameron, Averil (Hrsg.): Fifty Years of Prosopography. The Later Roman Empire, Byzantium and Beyond, Oxford 2003, 11–22.
Eck, Werner: Prosopography, in: Barchiesi, Alessandro/Scheidel, Walter (Hrsg.): The Oxford Handbook of Roman Studies, Oxford 2010, 146–159.
Eck, Werner/Heil, Matthäus (Hrsg.): Prosopographie des Römischen Kaiserreichs. Ertrag und Perspektiven. Kolloquium aus Anlass der Vollendung der Prosopographia Imperii Romani, Berlin 2017, 1–94.

8.5.2 Spezialliteratur

Griechische Welt

Berve, Helmut: Das Alexanderreich auf prosopographischer Grundlage, 2 Bde., München 1926.
Bradford, Alfred S.: A Prosopography of Lacedaemonians from the Death of Alexander the Great, 323 B.C., to the Sack of Sparta by Alaric, A.D. 396, München 1977.
Develin, Robert: Athenian Officials 684–321 B.C., Cambridge 1989.
  Zu verbinden mit den beiden folgenden Titeln.
Davies, John K.: Athenian Propertied Families 600–300 B.C., Oxford 1971.

Clinton, Kevin: The Sacred Officials of the Eleusinian Mysteries, Philadelphia 1974.
Follet, Simone: Athènes au IIe et au IIIe siècle. Etudes chronologiques et prosopographiques, Paris 1976.
Grainger, John D.: A Seleucid Prosopography and Gazetteer, London 1997.
Habicht, Christian: Athen in hellenistischer Zeit. Gesammelte Aufsätze, München 1994.
Habicht, Christian: Athen. Die Geschichte der Stadt in hellenistischer Zeit, München 1995.
Savalli-Lestrade, Ivana: Les philoi royaux dans l'Asie hellénistique, Genf 1998.
Tataki, Argyro B.: Macedonians Abroad. A Contribution to the Prosopography of Ancient Macedonia, Athen 1998.
Wolloch, Michael: Roman Citizenship and the Athenian Elite A.D. 96–161, Amsterdam 1973.

Römische Welt

Alföldy, Géza: Fasti Hispanienses: Senatorische Reichsbeamte und Offiziere in den spanischen Provinzen des römischen Reiches von Augustus bis Diokletian, Wiesbaden 1969.
Alföldy, Géza: Die Legionslegaten der römischen Rheinarmeen, Köln 1971.
Alföldy, Géza: Konsulat und Senatorenstand unter den Antoninen. Prosopographische Untersuchungen zur senatorischen Führungsschicht, Bonn 1977.
Andermahr, Anna Maria: Totus in praediis. Senatorischer Grundbesitz in Italien in der Frühen und Hohen Kaiserzeit, Bonn 1998.
Bagnall, Roger S./Cameron, Alan/Schwartz, Seth R./Worp, Klaas A.: Consuls of the Later Roman Empire, Atlanta 1987.
Barbieri, Guido: L'albo senatorio da Settimio Severo a Carino (193–285), Rome 1952.
Birley, Anthony R.: The Roman Government of Britain, Oxford, 2005.
Broughton, T. Robert S.: Magistrates of the Roman Republic, 2 Bde. und Supplement, New York 1915–1960 [erweiterte Neuauflage Supplement: Atlanta 1986].
Caballos Rufino, Antonio: Los senadores hispanoromanos y la romanizacion de Hispania, Ecija 1990.
Chastagnol, André: Les Fastes de la Préfecture de Rome au Bas-Empire, Paris 1962.
Christol, Michel: Essai sur l'évolution des carrières sénatoriales dans la seconde moitié du IIIe siècle ap. J.-C., Paris 1986.
Corbier, Mireille: L'aerarium Saturni et l'aerarium militare. Administration et prosopographie sénatoriale, Rom 1974.
Dąbrowa, Edward: Legio X Fretensis: A Prosopographical Study of its Officers (I–III c. A.D.), Stuttgart 1993.
Degrassi, Attilio: I fasti consolari dell'impero Romano dal 30 avanti Cristo al 613 dopo Cristo, Rom 1952.
Demougin, Ségolène: L'ordre équestre sous les Julio-Claudiens, Rome 1988.
Demougin, Ségolène: Prosopographie des chevaliers romains julio-claudiens (43 av. J.-C. – 70 ap. J.-C.), Rom 1992.

8 Prosopographie

Devijver, Hubert: Prosopographia militiarum equestrium quae fuerunt ab Augusto ad Gallienum, 6 Bde., Leuven 1976–2001.

Eck, Werner: Senatoren von Vespasian bis Hadrian. Prosopographische Untersuchungen mit Einschluß der Jahres- und Provinzialfasten der Statthalter, München 1970.

Eck, Werner: Die Statthalter der germanischen Provinzen vom 1.–3. Jahrhundert, Köln 1985.

Faoro, Davide: I prefetti d'Egitto da Augusto a Commodo, Bologna 2016.

Faure, Patrice: L'aigle et le cep. Les centurions légionnaies dans l'Empire des Sévères, 2 Bde., Bordeaux 2013.

Halfmann, Helmut: Die Senatoren aus dem östlichen Teil des Imperium Romanum bis zum Ende des 2. Jh. n. Chr., Göttingen 1979.

Hächler, Nikolas: Kontinuität und Wandel des Senatorenstandes im Zeitalter der Soldatenkaiser. Prosopographische Untersuchungen zu Zusammensetzung, Funktion und Bedeutung des amplissimus ordo zwischen 235–284 n. Chr., Leiden 2019.

Leunissen, Paul M. M.: Konsuln und Konsulare in der Zeit von Commodus bis Severus Alexander (180–235 n. Chr.). Prosopographische Untersuchungen zur senatorischen Elite im römischen Kaiserreich, Amsterdam 1989.

Mekacher, Nina: Die vestalischen Jungfrauen in der römischen Kaiserzeit, Wiesbaden 2006.

Nicolet, Claude: L'ordre équestre à l'époque républicaine (312–43 av. J.-C.). Bd. 1: Définitions juridiques et structures sociales, Paris 1966; Bd. 2: Prosopographie des chevaliers romains, Paris 1974.

Pflaum, Hans-Georg: Les carrières procuratoriennes équestres sous le Haut-Empire romain, 3 Bde., Paris 1960–1961; Supplément, Paris 1982.

Piso, Ioan: Fasti Provinciae Daciae. Bd. 1: Die senatorischen Amtsträger; Bd. 2: Die ritterlichen Amtsträger, Bonn 1993/2013.

Raepsaet-Charlier, Marie-Thérèse: Prosopographie des femmes de l'ordre sénatorial (Ier–IIe siècles), 2 Bde., Leuven 1987.

Raepsaet-Charlier, Marie-Thérèse: Les femmes sénatoriales du IIIe siècle. Étude préliminaire, in: Eck, Werner (Hrsg.): Prosopographie und Sozialgeschichte. Studien zur Methodik und Erkenntnismöglichkeit der kaiserzeitlichen Prosopographie, Köln 1993, 147–164.

Reitzenstein, Denise: Die lykischen Bundespriester. Repräsentation der kaiserzeitlichen Elite Lykiens, Berlin 2011.

Rüpke, Jörg: Fasti sacerdotum. Die Mitglieder der Priesterschaften und das sakrale Funktionspersonal römischer, griechischer, orientalischer und jüdisch-christlicher Kulte in der Stadt Rom von 300 v. Chr. bis 499 n. Chr., 3 Bde., Stuttgart 2005.

Scheid, John: Les Frères Arvales. Recrutement et origine sociale sous les empereurs Julio-Claudiens, Paris 1975.

Scheid, John: Le collège des Frères Arvales. Etude prosopographique du recrutement (69–304), Rome 1990.

Thomasson, Bengt E.: Fasti Africani. Senatorische und ritterliche Amtsträger in den römischen Provinzen Nordafrikas von Augustus bis Diokletian, Stockholm 1996.

Thomasson, Bengt E.: Laterculi praesidum Vol. I (addendis et corrigendis inclusis), Göteborg 2011.

Ventroux, Olivier: Pergame. Les élites d'une ancienne capitale royale à l'époque romaine, Rennes 2017.
Wiseman, Timothy P.: New Men in the Roman Senate, 139 B.C.–A.D. 14, Oxford 1971.
Wojciech, Katharina: Die Stadtpräfektur im Prinzipat, Bonn 2010.

8.5.3 Die wichtigsten Prosopographien

Traill, John S.: Persons of Ancient Athens, 21 Bde., Toronto 1994–2012.
Prosopographia Ptolemaica, 10 Bde., hrsg. von W. Peremans, E. Van't Dack, W. Clarysse und C. A. La'da, Löwen 1950–2002, URL: https://web.archive.org/web/20130512200157/http://prosptol.arts.kuleuven.ac.be/index.html [22.7.2022].
Prosopographia Imperii Romani, 2. Aufl. in 8 Bde., hrsg. von E. Groag, A. Stein, L. Petersen, K. Wachtel, W. Eck, M. Heil und J. Heinrichs, Berlin 1933–2015, URL: http://pir.bbaw.de [22.7.2022].
Über eine Liste können die einzelnen Namensbestandteile gesucht werden: https://pir.bbaw.de/#/search
The Prosopography of the Later Roman Empire (A.D. 260–641), 3 Bde., hrsg. von A. H. M. Jones, J. R. Martindale, Cambridge 1971–1992.
Zahlreiche Nachträge, siehe: https://de.wikipedia.org/wiki/The_Prosopography_of_the_Later_Roman_Empire#cite_note-6 [22.7.2022].
Prosopography of the Byzantine Empire. Bd. 1: 641–867, hrsg. von J. R. Martindale, URL: http://www.pbe.kcl.ac.uk/data/index.htm [22.7.2022].
Fortsetzung des vorigen Werks.
Prosopographie chrétienne du Bas-Empire. Bd. 1: Prososopographie de l'Afrique chrétienne (303–533), hrsg. von A. Mandouze, Paris 1982; Bd. 2,1-2: Prosopographie de l'Italie chrétienne (313–604), hrsg. von C. und L. Pietri, Paris 1999/2000; Bd. 3: Diocèse d'Asie (325–641), hrsg. von S. Destephen, Paris 2008; Bd. 4,1-2: La Gaule Chrétienne (314–614), hrsg. von L. Pietri und M. Heijmans, Paris 2013.

8.5.4 Digitale Hilfsmittel

http://bcs.fltr.ucl.ac.be/Proso.html [22.7.2022].
Nützliche, aber nicht vollständige Übersicht verschiedener Gegenstände prosopographischen Arbeitens.

9 Antike Rechtsgeschichte

Kaja Harter-Uibopuu

9.1 Einführung

Recht regelt auf unterschiedliche Art und Weise das Zusammenleben der Mitglieder jeder menschlichen Gemeinschaft und bindet sie damit aneinander. Nicht von Anfang an hat man es sich als ›positives‹ oder ›gesatztes‹ Recht vorzustellen, das in Normen und Sanktionen wohl formuliert ist, und hinter dem eine staatliche Autorität steht, die seine Durchsetzbarkeit garantiert. Allerdings sind die frühesten Stufen des Rechts – zu denen etwa die Entstehung der Vorstellung von Besitz als Zugriff unter Ausschluss anderer, von Weitergabe dieses Besitzes an bestimmte Nachkommen oder von friedlicher Konfliktlösung gehören – als sozialverträgliches Verfahren nur unter Vorbehalt zu rekonstruieren. Schriftliche Quellen fehlen und die archäologischen Zeugnisse sind zumeist im Lichte der Rechtsanthropologie und Rechtsethnologie interpretiert worden. Wenn auch die Entwicklung von solchen Rechtsvorstellungen eng mit der Entwicklung des Eigentums und der Produktionsweisen verbunden zu sein scheint, bleiben doch alle Details Hypothesen (Manthe 1997, 7–9; Wesel 2003). Die Omnipräsenz von Vorschriften in allen Bereichen menschlichen Lebens zeigt aber die enge Verbindung zu verschiedenen Perspektiven der Geschichtswissenschaft: Sozialgeschichte, Wirtschaftsgeschichte, Kulturgeschichte, aber auch politische Geschichte kommen kaum ohne ein vertieftes Verständnis der Mechanismen aus, auf deren Regelungen die Gemeinschaften aufgebaut sind. Im Folgenden werden anhand von ausgewählten Beispielen aus unterschiedlichen Quellengattungen Phänomene des öffentlichen ebenso wie des Privatrechts in den griechischen Stadtstaaten, Rom und dem Römischen Reich angesprochen. Dabei kann in der gebotenen Kürze kein allgemeiner Überblick vorgelegt werden, der Anspruch auf Vollständigkeit erheben könnte. Vielmehr sollen Schlaglichter auf einzelne Quellengattungen und ihren Erkenntniswert für die Rechtsgeschichte, sowie umgekehrt auf die Möglichkeiten juristischer Analysen und ihre Auswirkungen auf das historische Bild geworfen werden.

Abb. 9.1: Mosaik aus San Vitale in Ravenna (6. Jh. n. Chr.): Kaiser Justinian I. – u. a. mit Diadem, Scheibenfibel und Paludamentum reich gekleidet – umgeben von Würdenträgern; darunter zu seiner Linken Maximianus, Bischof von Ravenna.

Bevor allerdings die Bedeutung der antiken Rechtskultur und ihrer Darstellung in den antiken Quellen gewürdigt werden kann, ist es notwendig, die inhaltliche Breite des hier gewählten Zugangs zu erläutern. Sowohl die Beziehungen zwischen einzelnen Personen, also im weitesten Sinn das Privatrecht, als auch die Rahmenbedingungen der Gemeinschaft, in der sie leben, also das öffentliche Recht, sollen betrachtet werden. In seinem Einführungswerk für Studierende – den Institutionen – trifft der römische Kaiser Justinian I. (482–565 n. Chr.; s. Abb. 9.1) eben diese Unterscheidung, bevor er damit fortfährt, weitgehend das *ius privatum* zu erläutern, zu dem auch die Vorschriften für die Gerichtsverfahren zählen (Inst. 1,1,4):

> *Huius studii duae sunt positiones, publicum et privatum. Publicum ius est, quod ad statum rei Romanae spectat, privatum, quod ad singulorum utilitatem pertinent.*

»Für das Studium des Rechts gibt es zwei Ansatzpunkte, das öffentliche Recht und das Privatrecht. Öffentliches Recht ist das, was sich auf die Ordnung des römischen Staatswesens bezieht, Privatrecht das, was das Interesse der Einzelnen betrifft.«

Während für Juristen vielfach das Privatrecht im Mittelpunkt des Interesses steht, wie bereits die Stoffauswahl des oströmischen Kaisers zeigt, konzentrieren sich Historiker zumeist auf das Staatswesen und analysieren Verfassungsentwicklungen und Verwaltung. Dennoch ist ein Verlassen der eigenen ›Komfortzone‹ in jedem Fall zielführend und kann den Forschungshorizont beider Fachdisziplinen deutlich erweitern.

9.2 Forschungsgeschichte

Um die Traditionen der juristischen Gräzistik besser verstehen zu können, muss man mit den Forschungen zum römischen Recht beginnen: Die Sammlung der Schriften der Juristen aus der Prinzipatszeit, die *Digesta*, als Ergebnis der justinianeischen Gesetzgebung (s. Kap. 9.4.2) war für den praktischen Gebrauch sowohl im Westen des ehemaligen römischen Reichs als auch zeitlich verzögert im byzantinischen Osten zu komplex. In beiden Bereichen setzten sich einfachere, an der Gesetzgebung der Kaiser orientierte Vorschriften (»Vulgarrechte«) durch. Diese war wiederum im *Codex* gesammelt worden. Die Kenntnisse des klassischen Römischen Rechts gingen wohl nie ganz verloren, doch erst das ausgehende 11. Jahrhundert n. Chr. brachte eine wesentliche Neuerung. Das *Corpus Iuris Civilis* (CIC) wurde zum ersten Mal vom Bologneser Rechtsanwalt Irnerius (1050–1130) im Unterricht verwendet und als Basis für Streitentscheidungen herangezogen. Er begründete damit die erste juridische Universität Europas. Durch die Einrichtung weiterer, ähnlicher Ausbildungsstätten, sowie durch die Förderung des römischen Rechts durch die römisch-deutschen Kaiser breiteten sich die ursprünglich antiken Vorstellungen aus und bildeten die Basis für das geltende Recht (*ius commune*, »gemeines Recht«) sowie seine Weiterentwicklung.

Die Texte der römischen Juristen wurden zunächst in intensiver Exegese analysiert und einem neuen Verständnis zugeführt, das den dabei entstehenden Glossen (Erläuterungen in knappen Anmerkungen interlinear oder am Rand der Handschrift) zu entnehmen ist. Bald darauf erkannte man die Notwendigkeit, die Vorschriften den praktischen Anforderungen der aktuellen, soziopolitischen Verhältnisse Italiens im Hochmittelalter anzupassen.

Diese Aufgabe erfüllten die Kommentatoren, die für eine Weiterentwicklung römischen Gedankenguts Sorge trugen. So stehen der Wunsch nach einem tieferen Verständnis der Rechtsquellen und die Notwendigkeit, neue Regelungen für die Zukunft daraus entstehen zu lassen, gleichbedeutend nebeneinander. Die Rezeption des römischen Rechts beeinflusst in Europa (mit der Ausnahme Englands) die Entwicklung der Rechtskultur nachhaltig und findet ihren Niederschlag auch in den Kodifikationen an der Wende vom 18. zum 19. Jahrhundert. Es ist damit in vielem die Basis des heute geltenden Rechts und lebt, um nur einige zu nennen, im deutschen Bürgerlichen Gesetzbuch (BGB, 1900), dem österreichischen Allgemeinen Bürgerlichen Gesetzbuch (ABGB, 1811) oder etwa dem französischen Code Civil (1804) weiter. Nach Ulrich Manthe (2019) liegen die Gründe dafür vor allem im hohen Abstraktionsgrad der klassischen Falllösungen, die für viele Gesellschafts- und Wirtschaftsformen angewendet werden können, sowie in der Tatsache, dass religiöse Legitimierung und nationale ethische Vorgaben weitgehend fehlen. Als Teil der Ausbildung im Jura-Studium ist das Römische Recht daher noch immer an den Universitäten fest verankert und die Schriften der antiken Juristen bieten auch heute die Basis für umfassende Forschung.

Mit Friedrich Carl von Savigny (1779–1861) begann die Bemühung, das klassische römische Recht von den eben genannten Weiterbildungen zu befreien: Die »historische Schule« war damit begründet. Für die Weiterentwicklung des geltenden Rechts legte sie klare Grundlagen fest. Zusätzlich war auch das Fach »Antike Rechtsgeschichte« damit geboren. Es war in einem nächsten Schritt das Verdienst des Historikers Theodor Mommsen (1817–1903), die Verbindung zwischen dem analytisch-systematischen Denken der Rechtswissenschaften und den philologisch-historischen Altertumswissenschaften herzustellen.

Das römische Recht, vor allem das öffentliche Recht, war von jeher auch für Historiker von großem Interesse. Gerade die Entwicklung der Staatswesen, sei es die der römischen Frühgeschichte, als die Republik Form annahm, sei es diejenige des 1. Jahrhundert v. Chr., als der Übergang von der Republik zum Prinzipat und zum Kaisertum stattfand, steht im Mittelpunkt zahlreicher Studien. Dagegen scheint das weite Feld des Privatrechts den Juristen überlassen zu sein, einige Aspekte (etwa Fragen der Sklaverei und Freilassung sowie Fragen von Ehe und Familie) bilden hierzu die Ausnahme.

Die Trennung in unterschiedliche Zugänge und Methoden sowie in verschiedene Ziele der Erforschung des römischen Rechts findet damit ihre Parallele auch in einer inhaltlichen Aufteilung. Auf der einen Seite interessieren sich Juristen für die systematischen Zusammenhänge, die Ideen hinter den Einzelvorschriften und die Lösungsansätze, die sich aus dem umfangreichen Befund herausarbeiten lassen. Bisweilen werden Forschungen aber losgelöst von den sozio-kulturellen Verhältnissen der jeweiligen Zeit betrieben. Auf der anderen Seite stellen Historiker gerade die zuletzt genannten Parameter in den Vordergrund, da sie an einer Verortung der Rechtsvorschriften in bestimmten politischen und sozialen Strukturen interessiert sind und enge Verbindungen zur Ereignisgeschichte ziehen können. Allerdings entgehen ihnen durch diesen – zeitlich und lokal oftmals engen – Blick manchmal die dogmatischen Grundsätze, denen Rechtseinrichtungen über Jahrhunderte hinweg folgten.

Vor dem Hintergrund dieser Dichotomie ist nun auch die Forschungsgeschichte des griechischen Rechts zu betrachten. Die rechts- und staatsphilosophischen Schriften Platons und Aristoteles' waren sowohl in der Antike als auch in der Moderne Ausgangspunkt für philosophische Abhandlungen verschiedener Richtungen und Schulen. Weiters verwundert es nicht, dass die Entwicklung der Verfassungen und der Verwaltungsapparate griechischer Poleis, Staatenbünde und schließlich der Königreiche unter den Nachfolgern Alexanders III. von Makedonien (des Großen) im Mittelpunkt der historischen Forschung stand. Das Privatrecht der griechischen Poleis auf der anderen Seite war – im Unterschied zum römischen Privatrecht – schon in der Antike nicht Gegenstand einer dogmatischen Auseinandersetzung gewesen. Die Ausbildung zum Juristen, die im römischen Reich durchaus üblich und formalisiert war, findet sich in den griechischen Stadtstaaten nicht, obwohl die pragmatischen Lösungen anstehender Probleme phantastische Beispiele für kreatives juristisches Denken sind. Da nun zusätzlich aus den zahlreichen verstreuten literarischen und epigraphischen Quellen kein einheitliches, »gesamtgriechisches« Rechtssystem zu entnehmen war, das als Basis für die Weiterentwicklung des jeweils geltenden Rechts hätte herangezogen werden können, wurde das Interesse der juristischen Forschung zum griechischen Recht erst vergleichsweise spät geweckt. Thür (1991) sieht erste Ansätze um 1800. Hans Julius Wolff (1902–1983) fasste die Herausforderungen, vor denen die Forschung in der griechischen Rechtsgeschichte steht, bereits 1975 umfassend zusammen und regte im Weiteren Kooperationen vor allem zwischen Rechtshistorikern und Epigraphikern einerseits, sowie Papyrologen andererseits an. Die engen Verbindungen, die im deutschen Sprachraum und auch darüber hinaus damit entstanden, gehen vielfach auf seine Initiative zurück.

9.3 Forschungsstand und Ausblick

Die Gegenwart und die Zukunft gehören daher Forschungsinitiativen und Projekten, die sich den Quellen zum antiken Recht aus verschiedenen Perspektiven unterschiedlicher Disziplinen gemeinsam nähern. Obwohl die traditionelle antike Rechtsgeschichte an den juridischen Fakultäten in Europa immer weiter in den Hintergrund gedrängt wird, gelingt es einer durchsetzungskräftigen Generation von Jurist:innen und Historiker:innen, sich dem Ziel eines umfassenden Verständnisses für Antikes Recht immer weiter zu nähern. Dabei spielt auch die Grundlagenforschung eine wichtige Rolle. Epigraphik und Papyrologie stellen oftmals das Ausgangsmaterial für die Fragestellungen bereit oder werden selbstverständlich bei weiterführenden Überlegungen miteinbezogen. So zeugen die neuen Handbücher zum griechischen und römischen Recht, die vor allem im englischen Sprachraum entstehen von diesen erfolgreichen Kooperationen. Auch das »Handbuch zur Geschichte der Konfliktlösung in Europa«, dessen erster Band sich der Antike widmet (Grotkamp/Seelentag 2021), wählt diesen Ansatz und vereint die Beiträge von Historiker:innen und Jurist:innen in beispielgebender Weise.

9.4 Möglichkeiten und Methoden der antiken Rechtsgeschichte

Es verwundert nicht weiter, dass sowohl die frühesten literarischen als auch die epigraphischen Quellen aus dem antiken Griechenland Informationen zum Recht bereithalten. An dieser Stelle ist auf einen wichtigen Unterschied hinzuweisen: Während die literarischen Quellen zumeist über Recht sprechen und damit indirekte Zeugnis darüber ablegen, enthalten die Inschriften zahlreiche Gesetze und Beschlüsse staatlicher Autoritäten. Die unterschiedlichen Gattungen müssen gemeinsam betrachtet werden. In der Ilias findet sich auf dem im Detail geschilderten Schild, den Hephaistos für Achilles schmiedet, die Darstellung zweier Städte – einer im Frieden und einer weiteren im Krieg. Zentrales Motiv der ersten ist eine Szene zur Streitschlichtung auf dem Marktplatz, die unter Leitung einer Gruppe von Ältesten in Anwesenheit des Volks in einem Verfahren wegen Blutgelds für einen erschlagenen Mann durchgeführt wird (Ilias 18, 497–508). Auch der Dichter Hesiod aus Askra in Boiotien (geb. um 700 v. Chr.) verweist auf einen Rechtsstreit, in den er mit seinem Bruder Perses aufgrund des Erbes ihres Vaters verwickelt ist. Beide Werke können damit als Beleg dafür herangezogen werden, dass die geregelte, oft sogar bereits institutionalisierte, Konfliktbeilegung das Zusammenleben der Bevölkerung einer Stadt- oder Landgemeinde bestimmte. Auch die ältesten Inschriften widmen sich diesen Themen: so etwa in Dreros (Kreta, ca. 650–600 v. Chr., Koerner 1993, Nr. 90), wo das Richteramt des obersten städtischen Amtsträgers im Mittelpunkt steht, oder in Chios (575–550 v. Chr., Koerner 1993, Nr. 61), wo der »Rat des Volks« als Gerichtshof eingesetzt wird.

Allerdings muss davor gewarnt werden, in den frühen Epen Quellen zum Recht zu sehen, das allen griechischen Stadtstaaten gemeinsam war. Diese Frage nach der »Einheit des griechischen Rechts« hat die Rechtsgeschichte lange Zeit intensiv beschäftigt und dabei wiederholt die unterschiedlichen Methoden und Ziele juristischer und historischer Forschung aufgezeigt. Gleichzeitig scheint es sich um einen Disput zwischen angloamerikanischen und kontinentaleuropäischen Forschern zu handeln. So hält Michael Gagarin (2005) fest, dass das materielle Recht der griechischen Poleis zu viele Unterschiede aufweise, um mit Hans J. Wolff (1975) von gemeinsamen Grundvorstellungen zu sprechen. Konsequent warnt er davor, Lücken im Wissen um das Recht einer bestimmten Polis, mit Quellen zu einer anderen aufzufüllen. Lediglich im Prozessrecht findet er Prinzipien, die über Einzellösungen hinausgehen und möchte das athenische Recht, zu dem bei weitem die umfangreichsten Informationen in antiken Quellen erhalten sind, in einen allgemeingriechischen Kontext stellen. Gerhard Thür (2007) gibt sich aber damit nicht zufrieden: neben der Säkularisierung von Eiden im Prozess von Homer bis Athen und Gortyn versucht er erneut, weitere Grundprinzipien auch im materiellen Recht aufzuzeigen. Einheit oder Vielfalt liege weniger im betrachteten Objekt als vielmehr in der Gedankenwelt der betrachtenden Subjekte, hält er als Fazit fest. Gerade aus dieser Perspektive wird die Notwendigkeit deutlich, alle antiken Quellen mit der unentbehrlichen Sorgfalt und kritischen Methode der Grundwissenschaften zu betrachten und auszuwerten, die in diesem Band aufgezeigt werden.

Am Anfang des römischen Rechts stehen – der eigenen Tradition nach – die XII-Tafeln (ca. 450 v. Chr.), in weiterer Folge wird geltendes Recht durch Adaption der Gerichtsverfahren von Magistraten und durch Beratung von Juristen geschaffen. Nur dort setzen sich gebildete Honoratioren wissenschaftlich mit den Rechtsfragen des täglichen Lebens auseinander, und erarbeiten juristische Literatur. In der Spätantike werden systematisch die Verordnungen der Kaiser (lat. *constitutiones*) gesammelt, bevor unter Justinian I. (s. Abb. 9.1) das erste Mal der Versuch einer umfassenden Kodifikation unternommen wird. Es steht außer Zweifel, dass hier zunächst das Recht eines einzelnen Stadtstaates vorliegt, das Schritt für Schritt an die Bedürfnisse des immer weiterwachsenden Imperium Romanum angepasst wurde. Von besonderem Interesse ist das Aufeinandertreffen zweier Rechtskreise, als die griechische Staatenwelt unter römische Herrschaft geriet. Ausgehend von dokumentarischen (s. Kap. 3 und 4) und literarischen Quellen (s. Kap. 2) bietet das Problem des Umgangs mit »fremdem Recht«, sei es durch Anerkennung als gleichrangig, durch Verdrängung oder durch Einbindung in das eigene Rechtsverständnis, einen attraktiven Ausgangspunkt für aktuelle Forschungen (Kantor/Grotkamp in Grotkamp/Seelentag 2021 sowie immer noch Wolff 1979).

Im Weiteren sollen anhand von literarischen, juristischen, epigraphischen und papyrologischen Quellen einige Aspekte des antiken Rechts vorgestellt werden. Vor allem aber werden die methodischen Zugänge zu seiner Erschließung im Mittelpunkt der Erläuterungen stehen.

9.4.1 Literarische Quellen

Auch für Rechtshistoriker:innen gilt es, die antike Geschichtsschreibung sowie alle weiteren literarischen Werke einer kritischen Prüfung zu unterziehen. Die Notwendigkeit lässt sich anhand eines Beispiels aus dem Völkerrecht gut demonstrieren. Sowohl griechische als auch römische Historiographen, die vor allem an politischer Geschichte und an einer Abfolge von Konflikten und Perioden des Friedens interessiert waren, informieren immer wieder über Vereinbarungen zwischen zwei oder mehr Staaten. Manchmal erfährt der Leser dabei auch Details aus den Verhandlungen oder sogar den genauen Wortlaut des Vertrags. So berichtet Polybios, der es sich zur Aufgabe gesetzt hatte, die Geschichte des Aufstiegs Roms einem griechischen Publikum näher zu bringen, von den Punischen Kriegen und überliefert in diesem Zusammenhang auch drei Verträge. Nach eigener Aussage geschieht dies, damit nicht (Pol. 3,21,10) »die Leser, die sachliche Belehrung suchen, durch Unwissenheit und Parteilichkeit der Geschichtsschreiber auf Irrwege geführt, über diesen Punkt im Dunkeln bleiben, sondern eine klare Vorstellung von den seit den Anfängen bis auf unsere Tage bestehenden Rechtsverhältnissen zwischen Römern und Karthagern erhalten.« Bevor er im Folgenden den ersten von drei Verträgen zwischen Römern und Karthagern vorstellt, den er in das erste Jahr der Republik (508/ 7 v. Chr.) datiert, versichert er, den Vertrag in möglichst genauer Übersetzung mitzuteilen. Dies sei notwendig, da das »alte Latein« zu seiner Zeit kaum mehr verstanden worden sei (3,22,3). Die Verträge waren auf Bronzeinschriften im Tempel des Iupiter Capitolinus im Aerarium der Aedilen aufbewahrt worden (3,26,1). Den ursprünglich lateinischen Text des Vertrags gibt er in griechischer Sprache wieder (3,22,4–13) und kommentiert ihn im anschließenden Kapitel kurz, bevor er zum zweiten Karthager-Vertrag übergeht (3,23).

In der Forschung wird dieser Vertrag intensiv diskutiert, zumal Diodor (1. Jh. v. Chr.) nur zwei Vereinbarungen kennt und auch Livius den ersten Vertrag in das Jahr 348 v. Chr. datiert. An der Historizität des Ereignisses bestehen kaum Zweifel und auch der Inhalt, vor allem die Festschreibung der jeweiligen Herrschaftsbereiche, wird weitgehend akzeptiert. Allerdings muss man sich als Rechtshistoriker:in die Frage stellen, ob der Wortlaut der Klauseln bei Polybios als Quelle für die karthagische und römische Vertragspraxis der frühen Republik herangezogen werden darf. In Ermangelung von Parallelüberlieferungen, v. a. von unbestreitbar zu datierenden epigraphischen Zeugnissen, wird man sie nicht zufriedenstellend beantworten können. Zweifel bleiben in jedem Fall angebracht – und Einschränkungen hatte Polybios selbst ja formuliert: Hatte er die Originalverträge im Wortlaut verstanden oder musste er auf die Interpretation anderer vertrauen? Hat er – so wie es auch heute immer wieder passiert – sich in deren »Übersetzung« an der Zielsprache orientiert und enthält damit seinem Leser wichtige Informationen vor? Hat er wirklich den gesamten Vertragstext wiedergegeben, oder fehlen Passagen? Inwieweit haben der zeitliche Abstand und die Tatsache, dass der Ausgang der Punischen Kriege bekannt war, den Historiographen in seiner Darstellung beeinflusst? Mit großer Selbstverständlichkeit gehen wir heute davon aus, dass wir die juristischen Spezifika eines Texts nur am Original feststellen können und uns nicht auf Übersetzungen verlassen dürfen; das gleiche Maß muss an antike Texte angelegt werden.

Aus den unterschiedlichen Stadtstaaten Griechenlands sind für das Recht der Polis Athen bei weitem die meisten literarischen, aber auch epigraphischen Zeugnisse erhalten. Wenn man nun die Darstellung des Polybios kritisch betrachtet hat, da ihm der direkte Zugang zu den Ereignissen fehlte, müssten eigentlich die zahlreichen Texte der attischen Gerichtsredner ideale Zeugnisse für Rechtshistoriker:innen sein: Sie befassen sich direkt mit kontemporären Ereignissen und haben unmittelbare Kenntnisse über Akteure und Umstände. Doch auch diese Quellen sind nur mit Vorsicht heranzuziehen, wenn auch aus anderen Gründen.

Im ausgehenden 5. und im 4. Jahrhundert v. Chr. wurden in Athen Gerichtsverfahren ab einem bestimmten Streitwert grundsätzlich vor Geschworenengerichten durchgeführt, in denen zwischen 201 und 2501 ausgeloste Richter über den ihnen dargelegten Fall entschieden. Die Organisation des Gerichtswesens wird systematisch in der *Athenaion Politeia* (griech. Ἀθηναίων πολιτεία, ›Der Staat der Athener‹), einer Schrift aus der Schule des Aristoteles (s. Kap. 2 und 4), beschrieben (Ath. Pol. 63–69), die unter anderem über die Zuständigkeitsbereiche der Amtsträger informiert. Insgesamt werden dem klassischen Corpus der zehn bekanntesten Vertreter des Genres 150 Reden, sowohl in politischen Angelegenheiten als auch in Gerichtsverfahren zugeschrieben. Die meisten Prozessreden stammen von Lysias (445–380 v. Chr.) und Isaios (Ende 5. Jh.–Mitte 4. Jh. v. Chr.) und Demosthenes (384–322 v. Chr.).

Obwohl jeder Athener, der vor Gericht um sein Recht stritt, selbst auftreten und sprechen musste und nicht von Anwälten vertreten wurde, war es üblich, dass *logographoi* (griech. λογογράφοι, ›Redenschreiber‹) die Argumente in die richtige Form brachten. Kläger und Beklagte hatten die gleiche Redezeit, die mit einer Wasseruhr (s. Kap. 7; s. Abb. 9.2) akribisch überwacht wurde. Nach den Hauptreden, in denen in der Regel die Seite des Klägers zuerst vorgestellt wurde, folgten kürzere zweite Reden, die den Parteien die Möglichkeit gaben, auf Argumente des Gegners noch einmal einzugehen. Warum ist hier also Vorsicht geboten?

Zunächst ist zu beachten, dass die vorliegenden Textversionen spätere Verschriftlichungen durch die Logographen darstellen, also nicht unbedingt wortwörtlich der gehaltenen Rede entsprechen. Natürlich war der Logograph (und mit ihm der Redner) bereits für die mündliche Version in keiner Weise unparteiisch oder unvoreingenommen, sondern verfolgte mit den klug verfassten Worten eine deutliche Absicht. Daher ist das Ziel der Gerichtsrede nicht die wahrheitsgemäße Darstellung von Geschehnissen, sondern die Beeinflussung der Geschworenen, deren Wohlwollen für die Abstimmung über die Anträge der Parteien direkt im Anschluss an die Reden gesichert werden soll. Bewusst werden Emotionen geweckt und Tatsachen manipuliert, da in der Hauptverhandlung eine kritische Überprüfung des Vorgebrachten nicht vorgesehen war. Differenzierte Auslegungen bestehender Gesetze, die heute das Geschehen in den Gerichten prägen, waren nicht notwendig: die athenischen Richter hatten weder die Möglichkeit, vor der Entscheidung zu beraten, noch mussten sie diese begründen.

9 Antike Rechtsgeschichte 199

Abb. 9.2: Athenische Wasseruhr (griech. κλεψύδρα, *klepsydra*, ›Wasserdieb‹) aus dem 5. Jh. v. Chr.

Der historisch kritische Blick auf das Dargebotene ist also auch in diesem Fall unersetzlich.

Dennoch sind die Gerichtsreden die wichtigsten Quellen bei der Rekonstruktion des athenischen Rechts. Zwar werden wir kaum entscheiden können, ob der Athener Euphiletos den Liebhaber seiner Frau, Eratosthenes, wirklich in eine Falle gelockt hatte, um ihn zu ermorden, wie die Kläger behaupten, oder ob er im Rahmen erlaubter Selbsthilfe handelte (Lysias 1 ist die Rede zur Verteidigung des Euphiletos), oder wem das Erbe des reichen Trierarchen Philoktemon angesichts der komplizierten Familienverhältnisse wirklich zustand (Isaios 6). Aber die rechtlichen Rahmenbedingungen und die prozessvorbereitenden Schritte werden natürlich deutlich. Lysias' Rede informiert so nicht nur über ein Gesetz Drakons, das die Tötung des in flagranti ertappten Ehebrechers erlaubt, und auch später von Demosthenes zitiert wird, sondern auch über die Rolle der Zeugen in diesem Akt der Selbsthilfe (Lys. 1,26). Bei Isaios werden die Verfahren der

Erbzuweisung (griech. ἐπιδικασία, *epidikasia*) und der dagegen mögliche Einspruch in Form eines Zeugnisses (griech. διαμαρτυρία, *diamartyria*) vorgestellt, die den Kläger Chairestratos erst in die Notwendigkeit versetzten, eine Klage wegen falschen Zeugnisses anzustrengen. Die Geschworenen kannten die Rechtsinstrumente gut genug, dass ihnen falsche Informationen dazu aufgefallen wären. Dies hätte einen Nachteil für die sie vorbringenden Partei bedeutet, und lag somit nicht im Interesse der Logographen. Ob es andere Bestimmungen gegeben haben mag, die die Gegenpartei vorbrachte, bleibt wiederum verborgen, denn in kaum einem Fall sind Rede und Gegenrede erhalten. Die Gerichtsreden können somit zwar nicht zur Rekonstruktion von einzelnen Tathergängen herangezogen werden, wohl aber haben sie einen hohen Quellenwert bei der Rekonstruktion geltenden prozessualen und materiellen Rechts.

Auch für das römische Recht gibt es mit den Prozessreden des M. Tullius Ciceros (106–43 v. Chr.) eine ähnliche Gruppe von Texten. Der Politiker aus dem Ritterstand, der nicht einmal aus Rom selbst stammte, hatte seine Karriere dort als Rechtsvertreter in privaten Gerichtsverfahren begonnen. Er vertrat die Parteien (lat. *clientes*) so erfolgreich vor Gericht, dass er Einfluss und Ansehen auch in der Politik gewinnen konnte. Während aber in Athen die Prozessparteien selbst sprachen und die Logographen nicht in den Vordergrund traten, war es die Aufgabe des Anwalts in Rom, selbst aufzutreten und das Wort zu ergreifen. So konnte er nicht nur versuchen, durch kluge Argumente und rhetorische Mittel zu überzeugen, sondern auch seinen sozialen Status und sein Ansehen in den Gerichtsraum einzubringen und aus diesem gestärkt herauszugehen. Neben den politischen Reden sind also gerade die erhaltenen Prozessreden herausragende Quellen zu den Verhältnissen in der ausgehenden Republik. Zumeist übernahm Cicero die Verteidigung. Die berühmten der Anklage dienenden Reden gegen den Statthalter C. Verres (70 v. Chr.) und gegen die Anhänger des L. Sergius Catilina (63 v. Chr.) bilden Ausnahmen und zählen inhaltlich eher zu den politischen Werken des Rhetors. Dabei gibt er offen zu, parteiisch zu argumentieren und auch Menschen zu verteidigen, die offensichtlich schuldig waren, solange sie nicht Frevler (lat. *nefarii*) und Gottlose (lat. *impii*) seien (de off. 2,51).

Von besonderem Interesse für Historiker:innen ist unter anderem die Rede *Pro Sextio Roscio Amerino* aus dem Jahr 80 v. Chr., die unmittelbar in die Reformen des L. Cornelius Sulla im Gerichtswesen Roms einführt, ebenso aber ein Spiegel der Proskriptionen unter dem Diktator ist (Liebs 2007; Heftner 2006). Verhandelt wird vor dem Gerichtshof für Mord, Giftmord und Gefährdung der öffentlichen Sicherheit (lat. *quaestio de sicariis et veneficis*), in dem ausgeloste Geschworene den Reden und Kreuzverhören schweigend zuhörten, bevor sie über die Schuld oder Unschuld des Angeklagten entschieden. Die Anklage wurde stets von einem Privatmann, in diesem Fall von C. Erucius, erhoben. Mord zählte nunmehr zu den öffentlichen Strafverfahren, in denen die Verfolgung sowie Sanktionierung nicht nur den Geschädigten und deren Familie, sondern der Öffentlichkeit zukam. Die siegreichen Ankläger erhielten für ihren Einsatz hohe Prämien; unterlagen sie, waren sie aber dem Risiko einer Anklage wegen Verleumdung (lat. *calumnia*) ausgesetzt. Vor diesem Hintergrund muss Ciceros Verteidigung betrachtet werden, der vor allem zum Schluss seiner Rede nicht nur Erucius als gewerbsmäßigen Ankläger bloßstellte, sondern auch Chrysogonus, einen Freigelassenen Sullas als Hintermann des Komplotts benannte. Dieser hätte den Namen des Ermordeten nach dem Ende der Proskriptionen illegal auf die Listen gesetzt, um so das Vergehen zu legitimieren.

Allerdings ist auch hier Vorsicht geboten: Ciceros umfangreiche Rede ist die einzige Quelle zu diesem spezifischen Fall. Es kann wohl nicht bezweifelt werden, dass Cicero erfolgreich blieb und der Angeklagte Sextus Roscius freigesprochen wurde. Dies bestätigen spätere Schriften aus seiner Hand (de off. 2,51a; Brut. 312) und auch Plutarch (Cic. 3,2) berichtet davon. Die zahlreichen Details müssen dennoch kritisch beleuchtet werden, um einordnen zu können, ob sie um des Erfolgs willen rhetorisch verfälscht wurden. Oftmals lohnt dabei ein Blick von der »anderen Seite«, das heißt der Versuch die Argumente des Anklägers zu rekonstruieren, um mögliche Inkonsistenzen aufzuzeigen (Alexander 2002).

Als letztes Beispiel für literarische Quellen (s. Kap. 2) zur antiken Rechtsgeschichte seien die Komödien angesprochen. Die sarkastischen Persiflagen hatten Aristophanes (450/444–380 v. Chr.) nicht nur zum preisgekrönten Liebling des athenischen Publikums gemacht, sondern haben ihm auch als Vertreter der »Alten Komödie« (5. Jh. v. Chr.) einen unumstrittenen Platz in der Weltliteratur verschafft. Voraussetzung waren profunde Kenntnisse des athenischen Rechts und des Gerichtswesens. Immer wieder wird der erfolgversprechende Versuch unternommen, das juristische Vokabular in den Texten zu untersuchen und unter der gebotenen Vorsicht Schlüsse auf das Rechtsleben in der Großpolis zu ziehen (Buis 2014, Wallace 2005). Während in dieser Phase Politiker und tagesaktuelle Themen im Mittelpunkt stehen, findet in der »Neuen Komödie« (ab ca. 320 v. Chr.) ein Wandel statt: Menander (342/41–291/90 v. Chr.) widmet sich unter veränderten politischen Umständen privaten Themen: Liebe, Ehe, Geld und Familienverbindungen. Neben dem Privatrecht können gerade seinen Texten aber auch Informationen zur Gerichtsorganisation und den verfahrenseinleitenden Schritten entnommen werden (Scafuro 1997).

Die Konzentration auf Charakterdarstellungen und Privatpersonen ermöglichte es, die Stücke Menanders zu rezipieren und auf andere Spielorte relativ problemlos zu übertragen, wie der Import nach Rom eindrucksvoll zeigt. Die Stücke des T. Maccius Plautus (254–184 v. Chr.) und des P. Terentius Afer (ca. 195/184–159 v. Chr.) gehören alle zu den sogenannten *comoediae palliatae*, benannt nach dem *pallium*, dem typisch griechischen Obergewand (im Gegensatz zu der Toga), das die Schauspieler trugen. Die Handlung spielt stets in griechisch-sprachigen Städten der hellenistischen Welt und ist Adaption griechischer Originale; d. h. es handelt sich um ins Lateinische übertragene Werke, die an ein italisches Publikum adressiert sind.

Was bedeutet dies nun für Rechtshistoriker:innen? Waren die Themen allgemein genug, um Römerinnen und Römer zu unterhalten, auch wenn athenisches Recht rezipiert wurde? Oder wurden sie doch so weit angepasst, dass Anspielungen auf das geltende Recht dem veränderten Publikum Rechnung trugen? In der Forschung entstand zu dieser Frage erwartungsgemäß ein reger Disput zwischen Vertretern der »griechischen« und der »römischen« Seite. Minutiöse philologische Untersuchungen sowie rechtshistorische Vergleiche mit anderen, im besten Fall zeitgenössischen, Quellen erlauben den Schluss, dass vor allem Plautus aber auch Terenz die Vorlagen klug adaptierten und genuin römische Elemente einführten. Vor allem die Formgebundenheit des römischen Prozessrechts erweitert die Möglichkeiten, komische Situationen zu entwerfen und Dialoge darauf abzustimmen (Scafuro 1997, Gaertner 2014).

9.4.2 Rechtswissenschaftliche Literatur in Rom und das *Corpus Iuris Civilis*

Auch wenn die folgenden Quellen rein technisch literarische Texte sind, müssen sie wegen ihrer besonderen Geschichte doch getrennt betrachtet werden, da nur für Rom rechtswissenschaftliche Schriften vorliegen, die Gesetzeskraft erlangt haben. Bereits in republikanischer Zeit wurden Rechtsfragen nicht nur in der Praxis behandelt und geklärt, sondern auch theoretisch durchdacht. Seit Augustus wurden die Juristen, die sich um die anstehenden Probleme im öffentlichen, aber auch im Privatrecht bemühten, immer weiter an den Kaiser gebunden und in Rechtsschulen ausgebildet. Ihre *responsa* (lat. ›Antworten‹) mussten unter bestimmten Umständen von den Gerichten zur Entscheidung herangezogen werden und die Juristen unterstützten die Kaiser in deren Rechtsprechung. Bis in die Mitte des 3. Jahrhunderts n. Chr. erlebte die klassische Rechtsliteratur eine Blüte, wie die zahlreichen Kommentare und Darstellungen des Rechts belegen. Da die inhaltlichen Kontroversen unter den Juristen die Richter verunsicherten, erließ Valentinian III. (419–455 n. Chr.) 426 n. Chr. das Zitiergesetz, in dem er die Gerichte anwies, den Meinungen des Papinianus, Paulus, Gaius, Ulpianus und Modestinus zu folgen. Bei Auffassungsunterschieden zwischen diesen Gelehrten gelte die Stimme der Mehrheit, bei Stimmengleichheit die Meinung Papinians.

Erst der oströmische Kaiser Justinian I. (527–565 n. Chr.; s. Abb. 9.1) begann, das geltende Recht seiner Zeit sammeln und sortieren zu lassen, und setzte dazu ab 528 n. Chr. eine Kommission von hohen Beamten ein. Unter dem Juristen Tribonianus und dem Lehrer der Rechtsschule von Konstantinopel, Theophilus, wurden zunächst auf Basis der vorangegangenen Sammlungen (*Codices Gregorianus, Hermogenianus* und *Theodosianus*) die Kaisergesetze zusammengefügt, auf inhaltliche Kohärenz untersucht und etwaige Widersprüche beseitigt. Das Ergebnis trat als *Codex Iustinianeus* 529 n. Chr. in Kraft. Alle älteren Kaisergesetze, die nicht in den neuen Codex aufgenommen worden waren, verloren ihre Gültigkeit. Wesentlich umfangreicher war das nächste Unternehmen. Insgesamt lagen zu Beginn des 6. Jahrhundert n. Chr. rund 1500 *libri* (Buchrollen) an rechtswissenschaftlicher Literatur vor. Unter der Leitung Tribonians begann am 15. Dezember 530 n. Chr. eine weitere Kommission ihre Arbeit, die aus diesem Material 9950 Fragmente exzerpierte. In weiterer Folge wurden diese nach dem jeweiligen Inhalt sortiert und 50 Büchern und 143 Titeln der neuen *Digesta* (von lat. *digere*, ›systematisch sortieren‹) zugeordnet. Sie wurden bereits nach drei Jahren publiziert und traten durch eine Verfügung (lat. *constitutio*) des Kaisers am 30. Dezember 533 n. Chr. in Kraft. Die Digesten umfassen Personenrecht, Schuldrecht, Sachenrecht, Erbrecht und Familienrecht und bilden noch heute den Aufbau der modernen kontinentalen Privatrechtsdogmatik. Die in diesem Werk überlieferten Fragmente werden nach dem System Buch, Titel, Fragment und Paragraph zitiert und um die Angabe des Ursprungswerks erweitert. So enthält Dig. 15,11,2,1 unter dem Digestentitel *de aleatoribus* (›über Spieler‹) ein Fragment aus Paulus' Kommentar zum Edikt, in dem festgehalten ist, dass nach einem Senatsbeschluss jegliches Spiel um Geld verboten ist, es sei denn, es handelt sich um Sportwetten. Ein Manuskript aus dem 6. Jahrhundert n. Chr. (sog. *littera Florentina*), die im 9. oder 10. Jahrhundert in Italien entdeckt wurde und sich seit 1406 in der Biblioteca Medicea Laurenziana befindet, ist die älteste handschriftliche Überlieferung der Digesten.

Allerdings bereitet auch dieser Text methodische Schwierigkeiten, die die Forschung bis heute beschäftigen. Justinian hatte die Kommission ermächtigt, Änderungen an den Originaltexten vorzunehmen, um diese den Anforderungen des geltenden Rechts anzupassen. Diesem Wunsch kamen die Kompilatoren durch Auslassungen, Zusätze und Verbesserungen nach, sodass zwar die Vorschriften zur Zeit Justinians klar und deutlich vor uns liegen, nicht aber die ursprünglichen aus der Zeit der jeweiligen Juristen, deren Schriften sie entnommen sind. Philologische, juristische und historische Kriterien dienten der Suche nach derartigen Interpolationen und schossen zuweilen weit über das Ziel hinaus. Dennoch betonen Kunkel und Schermaier (2005) zu Recht, dass gerade diese Unsicherheit in der Überlieferung historische Perspektiven und Fragestellungen in der Rechtswissenschaft erlaubt und damit der stärkeren Differenzierung und Erkenntnis des klassischen Rechts Rechnung trägt.

Aufbauend auf dem Anfängerlehrbuch *Institutiones* des Juristen Gaius (um die Mitte des 2. Jh. n. Chr., der vollständige Name ist nicht erhalten), verfassten die Rechtslehrer Theophilus aus Konstantinopel (6. Jh. n. Chr.) und Dorotheus aus Berytos (gest. vor 542 n. Chr.) eine gleichnamige Einführung für den Rechtsunterricht, die ebenfalls Gesetzeskraft erhielt (21. November 533 n. Chr.). Damit lagen – gemeinsam mit den Digesten – gesetzlich vorgeschriebene Unterlagen für den Rechtsunterricht vor. Die *Institutiones* sind auch heute noch als Lehrbuch brauchbar, da sie in bestechender Klarheit und hoher Abstraktion in das juristische Denken einführen. Digesten, Codex und Novellen (letztere enthalten Neuerungen und Anpassungen aus den Jahren 535–578 n. Chr.) bilden zusammen das Kompendium *Corpus Iuris Civilis*; die Bezeichnung stammt allerdings erst aus dem Mittelalter.

9.4.3 Epigraphische Quellen

Sowohl für Athen als auch für Rom ist überliefert, dass die frühesten Sammlungen von Gesetzen, die das Zusammenleben der Bewohner der jeweiligen Stadt nachhaltig regeln sollten, als Inschriften (s. Kap. 3) im öffentlichen Raum ausgestellt waren.

Solon ließ Anfang des 6. Jahrhundert v. Chr. seine Gesetzessammlung auf der Akropolis aufstellen: in einen Rahmen waren hölzerne Pfeiler (griech. ἄξονες, *axones*, eig. ›Wagenachsen‹) eingelassen, die sich drehen ließen und auf allen Seiten beschriftet waren. Im 5. Jahrhundert v. Chr. wurden sie auf die Agora, den zentralen Marktplatz von Athen, gebracht und später im Prytaneion (griech. πρυτανεῖον), dem Sitz der Vorsteher der Ratsversammlung, aufbewahrt, wo Plutarch (45–125 n. Chr.) noch Überreste davon sah.

Auch die Geschichte des Römischen Rechts beginnt nach eigener Tradition mit einer inschriftlichen Aufzeichnung. Livius (59 v. Chr.–17 n. Chr.) berichtet, dass 451 v. Chr. Gesandte von Rom nach Athen gereist waren, um die Gesetze Solons aufzuzeichnen. Aus deren Vorlage bildeten sie zehn Tafeln, die sie dem römischen Volk vorlegten. Das Volk diskutierte den Entwurf und nahm ihn mit einer Erweiterung um zwei Tafeln an (Liv. 3,31–34 und 57). Auch wenn an den Ereignissen in dieser Darstellung gezweifelt werden darf, zeigen sie deutlich die römische Vorstellung von der frühesten Publikation des eigenen Rechts. Die Einbindung der Öffentlichkeit spiegelt sich auch in der Aufstellung der Bronzetafeln vor der Curia, dem Versammlungsgebäude des Senats auf dem Forum Romanum in Rom, wo sie nach ihrer Zerstörung im Galliersturm 387 v. Chr. wiederhergestellt noch im 1. Jahrhundert v. Chr. zu sehen waren (Diod. Sic. 12,26,1).

Während aus den griechischen Poleis ab dem 7. Jahrhundert v. Chr. zahlreiche Inschriften die Texte von Volksbeschlüssen und Gesetzen überliefern, ist der Befund für Rom und den Westen des römischen Reiches ärmer. Einer der Gründe für dieses Phänomen ist das verwendete Material als Grundlage für die Inschriften: Bronze wurde im Osten eher selten, Stein hingegen häufiger als Inschriftenmaterial verwendet. Da Bronze in späteren Zeiten wiederverwendet wurde, führt dies zu einer ungleichmäßigen Inschriftenverteilung. Die inschriftlichen Rechtstexte befinden sich im griechischen Raum sowohl an öffentlichen oder sakralen Gebäuden als auch auf Stelen, die für eigens für die Aufzeichnung der Texte geschaffen wurden. Natürlich ragt bereits durch ihren Umfang die große Gesetzesinschrift von Gortyn (Kreta, Mitte 5. Jh. v. Chr.) aus der Masse der Inschriften heraus. Inhaltlich steht bei ihr vor allem Personen-, Familien- und Erbrecht im Mittelpunkt.

In Rom selbst und im Westen wurden aber bis weit in die Kaiserzeit vor allem Bronzetafeln verwendet. Da das Metall sich hervorragend für die Wiederverwendung in allen möglichen Bereichen eignete und leicht einzuschmelzen war, ist die Anzahl an erhaltenen (Rechts-)Inschriften deutlich geringer. Hervorzuheben sind nicht nur wegen des Umfangs die flavischen Stadtgesetze, die aus dem Süden Spaniens erhalten sind. Die *lex Irnitana* (91 n. Chr.), die *lex Malacitana* (81–84 n. Chr.) und die *lex Salpensana* (90 n. Chr.) übermitteln direkt Vorschriften für die Verwaltung und Rechtsprechung in den Provinzen des Reichs.

Epigraphische Zeugnisse haben auch unter Rechtshistoriker:innen den Ruf, direkte Zeugnisse der jeweiligen Regierungen und damit objektive Quellen zu sein. Allerdings gilt es hier, den von Alison Cooley (2012) geprägten Satz »Monuments not Documents« bei der Interpretation zu beachten: Weder in der griechischen Polis noch in Rom und seinen Provinzen war die Publikation eines Beschlusses oder Gesetzes die Voraussetzung für seine Wirksamkeit. Daher war es auch nicht immer zwingend notwendig, wortgetreu den Text, der etwa in der Volksversammlung, im Senat oder vom Kaiser genehmigt wurde, auf der Inschrift wiederzugeben. So ist etwa der auf einer Bronzetafel publizierte Text, der in der Forschung als *Senatus Consultum de Cn. Pisone patre* bekannt ist, eine Kompilation unterschiedlicher Dekrete, die sogar in zwei unterschiedlichen Versionen existiert (Eck et al. 1996; Eich 2009). Er vereint eine Beschreibung der Verhandlung gegen Cn. Calpurnius Piso (10, 12 und 20 n. Chr.), der des Mordes an Germanicus, dem Adoptivsohn des Kaisers Tiberius, angeklagt war, und das Urteil des Senats und sollte in allen Provinzhauptstädten und Legionslagern publiziert werden. Geringe Abweichung im Wortlaut war also akzeptabel, solange der Nutzen der Inschrift in der Dissemination von Information und nicht in der verbindlichen Publikation der Anordnung lag. Dieser Umstand ist jedenfalls bei der Interpretation der Texte als Quellen für geltendes Recht immer zu beachten.

Auch private Rechtsgeschäfte sind immer wieder durch Inschriften überliefert, und erneut ist Vorsicht bei der Deutung geboten. Weder die zahlreichen Freilassungsinschriften, die vor allem aus dem Heiligtum des Apollon in Delphi, aber auch aus anderen mittel- und nordgriechischen Städten erhalten sind, noch die Grabinschriften, die auch Verbote und Sanktionen enthalten, sind getreue Abschriften von Rechtsurkunden. Erst die juristische Analyse der Texte erlaubt es, anhand der Formulierungen oder des Fehlens konstituierender Elemente des Rechtsgeschäfts zu zeigen, dass es sich um Zusammenfassungen handelt. Diese sollen also die wichtigsten Informationen dem Leser zur Verfügung stellen und dienen nicht in erster Linie – wie oft angenommen – der Sicherung des Vorgangs (Harter-Uibopuu 2013).

Anders verhält es sich mit einer Gruppe von Texten, die deutlich Urkundencharakter haben: den Militärdiplomen. Wenn ein Soldat 25 Jahre lang in einer römischen Hilfseinheit oder der Flotte gedient hatte, wurden ihm als Veteran das römische Bürgerrecht und andere Privilegien verliehen. Die jeweilige kaiserliche *constitutio* (Anordnung) wurde einerseits auf Bronzetafeln in Rom ausgestellt, andererseits erhielten die Veteranen personalisierte Kopien, die sie als Beweis ihres Status und ihrer Rechte aufbewahrten. Während von den originalen Inschriftentafeln am Kapitol kaum Reste erhalten sind, gibt es hunderte Abschriften in Form von Einzeldiplomen. Sie bestanden jeweils aus zwei kleinen Bronzetafeln, die mit einem Kupferfaden als Diptychon zusammengebunden wurden. Außen und innen war derselbe Text enthalten, das Diplom wurde versiegelt und sieben Zeugen bestätigten, dass es sich um eine getreue Abschrift der *constitutio* handelte. Im Rahmen von Rechtsstreitigkeiten oder von Zweifeln an den Privilegien der Veteranen konnten die Siegel aufgebrochen und der Inhalt der Abschriften überprüft werden. Damit unterscheiden sich diese Diplome lediglich in ihrem dauerhafteren Material von den Wachstafeln aus Italien oder Rumänien und von der Doppelurkunde, die auf Papyrus aus Ägypten überliefert ist. Die Aufzeichnungsmodalitäten, der Zweck der sicheren Dokumentation eines Rechtsgeschäfts und die Möglichkeit, das wichtige Dokument in privatem Besitz zu behalten, sind hingegen gleich. Wenn sie auch in der modernen Forschung traditionellerweise von Epigraphikern behandelt werden, sind sie doch Urkunden und Manuskripten näher als Inschriften.

9.4.4 Papyrologische Quellen

Im Unterschied zu den epigraphischen Quellen, die vor allem Aussagen zum öffentlichen Recht erlauben, ermöglichen die Papyri aus Ägypten (s. Kap. 4) einen Blick in das tägliche Leben und die juristische Praxis. Sowohl für die ptolemäische Herrschaft – als neben das lokale ägyptische Recht zunehmend Vorschriften und Regelungen treten, die aus den griechischen Stadtstaaten von Söldnern und Siedlern mitgebracht wurden – als auch für die römische Herrschaft, die diese beiden Systeme erneut überlagerte, sind zahllose Belege zum Strafrecht und Privatrecht erhalten. Sie bezeugen den hohen Grad an Schriftlichkeit, der auch für das Rechtsleben in griechischen Poleis und in Rom aus den literarischen und epigraphischen Quellen indirekt zu erschließen ist.

Für Rechtshistoriker:innen sind unter anderem zwei Gebiete von Interesse, die hier exemplarisch erläutert werden sollen. Nach dem Tod Alexanders III. von Makedonien (des Großen) sicherte sich sein General Ptolemaios I. die Satrapie Ägypten, in der er ab 306 v. Chr. offiziell als *basileus* (griech. βασιλεύς, ›König‹) herrschte. Das Land, für das die jährliche Nilschwemme sowohl Reichtum als auch administrative Herausforderung bedeutete, musste zentral verwaltet werden, um dem König bzw. – vor ihm den Pharaonen – die erhofften Einkünfte zu gewährleisten. Die Ptolemäer übernahmen in Vielem die bestehenden Strukturen und behielten die traditionellen Unterteilungen in Gaue und Distrikte bei, stellten jedoch den zivilen Verwaltern militärische Amtsträger an die Seite. Die griechischen Städte Alexandria, Naukratis und Ptolemais hatten wiederum Strukturen, die den Poleis im Mutterland ähnelten. Aus allen Ebenen der Reichsverwaltung ist umfangreicher Schriftverkehr erhalten, der einerseits die Entwicklung der Ämter sowie ihre Verhältnisse zueinander und zum König erkennen lässt, auf der anderen Seite im Detail Einblicke in die Sorgen und Nöte der Bewohner erlaubt. Neueste Forschungen nehmen daher die ptolemäische Bodenwirtschaft, die Vergabe staatlichen Eigentums, Steuern und Abgaben ebenso in den Blick, wie verschiedene Kontrolleinrichtungen, die das Funktionieren des komplexen Verwaltungsapparats sicherstellten.

Auf spezielle – und in manchen Fällen herausfordernde – Art erweisen sich die Papyri Ägyptens als komplementäre Dokumente zu den juristischen Quellen des römischen Rechts. Während in den Institutionen oder den Digesten oftmals strikte Regelungen vorgeschrieben und Musterformulare zitiert werden, um ein bestimmtes Rechtsgeschäft in all seinen Facetten zu erläutern, zeigen die dokumentarischen Quellen die tatsächliche Rechtspraxis, die durchaus auch von griechischen Vorstellungen beeinflusst war. Éva Jakab legt dies unter anderem an den Vorschriften zum Weinkauf paradigmatisch dar, und vergleicht die Regeln zum Kaufrecht in den Institutionen und Digesten mit der Praxis aus den Urkunden Ägyptens (2009). Fälle aus dem Familienrecht, in denen die Rechtspraxis den juristischen Quellen sogar entgegensteht, zitiert José Luis Alonso (2016). Er nennt Belege für Frauen, für die eine andere Frau als *tutor* verantwortlich ist, oder Hauskinder und Sklaven, die als Eigentümer in Listen eingetragen sind.

Auch in diesem Bereich der Rechtsgeschichte ist eine kritische Überprüfung der juristischen Quellen und der Edition der Papyri notwendig, um einer Lösung der Rätsel näherzukommen.

9.5 Literatur

9.5.1 Einführungen und Überblickswerke

Czajkowski, Kimberley/Eckhardt, Benedikt (Hrsg.): Law in the Roman Provinces, in collaboration with Meret Strothman, Oxford 2020.
Du Plessis, Paul J./Ando, Clifford/Tuori, Kaius: The Oxford Handbook of Roman Law and Society, Oxford 2016.
Gagarin, Michael/Cohen, David (Hrsg.): The Cambridge Companion to Ancient Greek Law, Cambridge 2005.
Grotkamp, Nadine/Seelentag, Anna: Konfliktlösung in der Antike, Handbuch zur Geschichte der Konfliktlösung in Europa 1, Berlin 2021.
Manthe, Ulrich (Hrsg.): Die Rechtskulturen der Antike. Vom Alten Orient bis zum Römischen Reich, München 1997.
Manthe, Ulrich: Die Geschichte des Römischen Rechts, 6. Aufl., München 2019
Selb, Walter: Antike Rechte im Mittelmeerraum. Rom, Griechenland, Ägypten und der Orient, Köln u. a. 1993.
Wesel, Uwe: Geschichte des Rechts. Von den Frühformen bis zum Vertrag von Maastricht, München 2003.
Wolff, Hans-Julius: Das Problem der Konkurrenz von Rechtsordnungen in der Antike, Heidelberg 1979.

9.5.2 Spezialliteratur

Griechische Welt

Armoni, Charikleia: Studien zur Verwaltung des Ptolemäischen Ägypten. Das Amt des Basilikos Grammateus, Paderborn 2012.
Bengtson, Herrmann: Die Staatsverträge des Altertums II. Die Verträge der griechisch-römischen Welt von 700 bis 338 v. Chr., 2. Aufl., München 1975.
Buis, E.: Law and Greek comedy, in: Fontaine, Michael/Scafuro, Adele C. (Hrsg.): The Oxford handbook of Greek and Roman comedy, Oxford 2014, 321–340.
Carawan, Edwin: The attic orators, Oxford 2007.
Gagarin, Michael: Writing Greek Law, Cambridge 2008.
Gagarin, Michael: Rhetoric and law, in: MacDonald, Michael J. (Hrsg.): The Oxford handbook of rhetorical studies, Oxford 2017, 43–52.
Gagarin, Michael: Rhetoric as a source of law in Athens (With a reply by S. C. Todd), in: Gagarin, Michael/Lanni, Adriaan (Hrsg.): Symposion 2013. Vorträge zur griechischen und hellenistischen Rechtsgeschichte, Köln/Wien 2015, 131–152.
Harris, Edward M.: Law and oratory, in: Worthington, Ian (Hrsg.): Persuasion. Greek rhetoric in action, London 1994, 130–150.
Harris, Edward M./Canevaro, Mirko: The Oxford Handbook of Ancient Greek Law (online only), Oxford 2015, DOI: 10.1093/oxfordhb/9780199599257.001.0001.

Harter-Uibopuu, Kaja: Epigraphische Quellen zum Archivwesen in den griechischen Poleis des ausgehenden Hellenismus und der Kaiserzeit, in: Faraguna, Michele (Hrsg.): Archives and Archival Documents in Ancient Societies (Trieste 30 September – 1 October 2011), Triest 2013, 273–305.

Leão, Delfim/Rhodes, Peter J.: The Laws of Solon. A New Edition with Introduction, Translation and Commentary, London/New York 2015.

Nesselrath, Heinz-Günther/Platschek, Johannes (Hrsg.): Menschen und Recht. Fallstudien zu Rechtsfragen und ihrer Bedeutung in der griechischen und römischen Komödie, Tübingen 2018.

Ruschenbusch, Eberhard: ΣΟΛΩΝΟΣ ΝΟΜΟΙ. Die Fragmente des solonischen Gesetzeswerkes mit einer Text- und Überlieferungsgeschichte, Wiesbaden 1966.

Scafuro, Adele: The forensic stage. Settling disputes in Graeco-Roman new comedy, Cambridge 1997.

Thür, Gerhard: Juristische Gräzistik im frühen 19. Jahrhundert, in: Stolleis, Michael (Hrsg.): Die Bedeutung der Wörter. Studien zur europäischen Rechtsgeschichte, München 1991, 521–534.

Thür, Gerhard: Die Einheit des »Griechischen Rechts«. Gedanken zum Prozessrecht in den griechischen Poleis, Etica & Politeia IX (1), 2007, 25–54.

Wallace, Robert W.: Law, Attic comedy, and the regulation of comic speech, in: Gagarin, Michael/Cohen, David (Hrsg.): The Cambridge Companion to Ancient Greek Law, Cambridge 2005, 357–373.

Wolff, Hans-Julius: Das Justizwesen der Ptolemäer, München 1970.

Wolff, Hans-Julius: Juristische Gräzistik. Aufgaben, Probleme, Möglichkeiten, in: Wolff, Hans-Julius (Hrsg.): Symposion 1971. Vorträge zur griechischen und hellenistischen Rechtsgeschichte, Köln/Wien 1975, 1–22.

Römische Welt

Alexander, Michael C.: The Case for the Prosecution in the Ciceronian Era, Ann Arbor 2002.

Alonso, José Luis: Juristic Papyrology and Roman Law, in: Du Plessis, Paul J./Ando, Clifford/Tuori, Kaius (Hrsg.): The Oxford Handbook of Roman Law and Society, Oxford 2016, 56–69.

Ameling, Walter: Karthago. Studien zu Militär, Staat und Gesellschaft, München 1993.

Bringmann, Klaus: Überlegungen zur Datierung und zum historischen Hintergrund der beiden ersten römisch-karthagischen Verträge, in: Geus, Klaus Geus/Zimmermann, Klaus (Hrsg.): Punica – Libyca – Ptolemaica. Festschrift für Werner Huß, Leuven u. a. 2001, 111–120.

Bürge, Alfons: Römisches Privatrecht. Rechtsdenken und gesellschaftliche Verankerung, Damstadt 1999.

Eck, Werner/Caballos, Antonio/Fernández, Fernando: Das senatus consultum de Cn. Pisone patre, München 1996.

Eich, Armin: Diplomatische Genauigkeit oder inhaltliche Richtigkeit? Das Verhältnis von Original und Abschrift, in: Haensch, Rudolf (Hrsg.): Selbstdarstellung und Kommunikation. Die Veröffentlichung staatlicher Urkunden auf Stein und Bronze in der römischen Welt, München 2009, 267–299.

Gaertner, Jan Felix: Law and Roman Comedy, in: Fontaine, Michael/Scafuro, Adele C. (Hrsg.): The Oxford handbook of Greek and Roman comedy, Oxford 2014, 615–633.

Heftner, Herbert: Der Beginn von Sullas Proskriptionen, Tyche 21, 2006, 33–52.

Hoyos, Dexter: A Companion to the Punic Wars, Malden, MA 2011.

Jakab, Éva: Risikomanagment beim Weinkauf. Periculum und Praxis im Imperium Romanum, München 2009.

Johnston, David: The Cambridge Companion to Roman Law, Cambridge 2015.

Kunkel, Wolfgang: Herkunft und soziale Stellung der römischen Juristen, 2. überarbeitete und ergänzte Auflage, Graz/Wien/Köln 1967.

Kunkel, Wolfgang/Schermaier, Martin: Römische Rechtsgeschichte, 14. Aufl., Köln 2005.

Liebs, Detlef: Vor den Richtern Roms. Berühmte Prozesse der Antike, München 2007.

Manthe, Ulrich/von Ungern-Sternberg, Jürgen: Grosse Prozesse der römischen Antike, München 1997.

Powell, Jonathan/Paterson, Jeremy: Cicero the Advocate, Oxford 2004.

9.5.3 Digitale Hilfsmittel

DRoits ANTiques – https://www2i.misha.fr/flora/jsp/index.jsp [22.7.2022].
Die umfangreichste Bibliographie zum antiken Recht findet sich auf der Datenbank des Documentation Centre of Ancient Laws, Paris.

Griechische Welt

Agathe – http://www.agathe.gr/democracy [22.7.2022].
Die Webseite der American School of Classical Studies at Athens führt unter anderem in die Entwicklung der athenischen Demokratie ein und enthält online wichtige Materialien und Quellen.

Nomoi – https://www.sfu.ca/nomoi.html [22.7.2022].
Die Online-Bibliographie Nomoi, betrieben von David Mirhady (Barnaby) und Ilias Arnaoutoglou (Athen), ist sowohl alphabetisch als auch nach Themen sortiert und erleichtert die Literatursuche.

Symposion – https://www.austriaca.at/agr [22.7.2022].
Alle zwei Jahre werden von der Gesellschaft für griechische und hellenistische Rechtsgeschichte internationale Tagungen veranstaltet und deren Beiträge publiziert. Die Bände »Symposion« vermitteln einen guten Eindruck über aktuelle Forschungsdiskussionen und Projekte. Sie sind open access verfügbar.

Römische Welt

Ius Romanum – https://www.youtube.com/channel/UCPloGqIWPnidc27r9zkCV9w [22.7.2022].
Der Youtube-Kanal »Ius Romanum« enthält Vorlesungen und andere Videos von Thomas Rüfner (Trier), die auch Historiker:innen einen guten Einstieg in die Materie ermöglichen.
The Roman Law Library – https://droitromain.univ-grenoble-alpes.fr [22.7.2022].
Eine hervorragende Sammlung von Quellen aller Gattungen im Original und in zahlreichen Übersetzungen.

10   Historische Geographie

Michael Rathmann

10.1   Einleitung

Die Historische Geographie (griech. γῆ, ›Erde‹; γράφειν, ›schreiben‹) ist für die Geschichtswissenschaft eine ›Hilfswissenschaft‹ aus dem Bereich der Geographie. Sie setzt sich mit dem Wechselverhältnis von Mensch und Landschaft in synchroner und diachroner Weise auseinander. Dabei sollen geographische Räume, in denen historische Prozesse stattfanden, verständlich gemacht werden. Ahasver von Brandt definiert die Historische Geographie in seinem Klassiker *Werkzeug des Historikers* wie folgt (Brandt 2012, 23):

> »Unter Historischer Geographie verstehen wir die geographische Untersuchung und Darstellung einzelner Erdräume in einzelnen Geschichtsperioden, und zwar in doppelter Hinsicht: a) indem sie die Einwirkungen der natürlichen geographischen Gegebenheiten auf den Menschen und seine Handlungen, und b) indem sie umgekehrt die Einwirkungen des Menschen auf die geographischen Gegebenheiten untersucht und darstellt.«

Für die Antike hat die Forschung bislang nicht hinreichend kenntlich gemacht, dass historische Prozesse oft durch die naturräumlichen Gegebenheiten determiniert waren oder zumindest nachhaltig beeinflusst wurden. So dürfte die Entwicklung der griechischen Poliskultur beispielhaft auch durch die Landschaftsstruktur in Griechenland geprägt worden sein. Von Bergen oder dem Meer als Raum definierte Landschaften wie Attika, die Argolis oder Lakonien (s. Abb. 10.1) waren dafür prädestiniert einen Zentralpunkt auszubilden, in dem Handel, Kult und Politik kulminierten.

Denn diese Polishauptzentren waren mehr oder weniger von jedem Punkt der sie umgebenden Landschaft in einem Tag zu Fuß erreichbar. Die genaue Lage war dann von weiteren Faktoren, wie dem Vorhandensein von Trinkwasser, natürlichen Schutzmöglichkeiten (Akropolis, griech. ἄκρος, ›höchster‹ und πόλις, ›Stadt‹: ›Oberstadt‹) oder verkehrsgeographischen Faktoren abhängig. Diese geopolitischen Räume, z. B. Attika/Athen, präg-

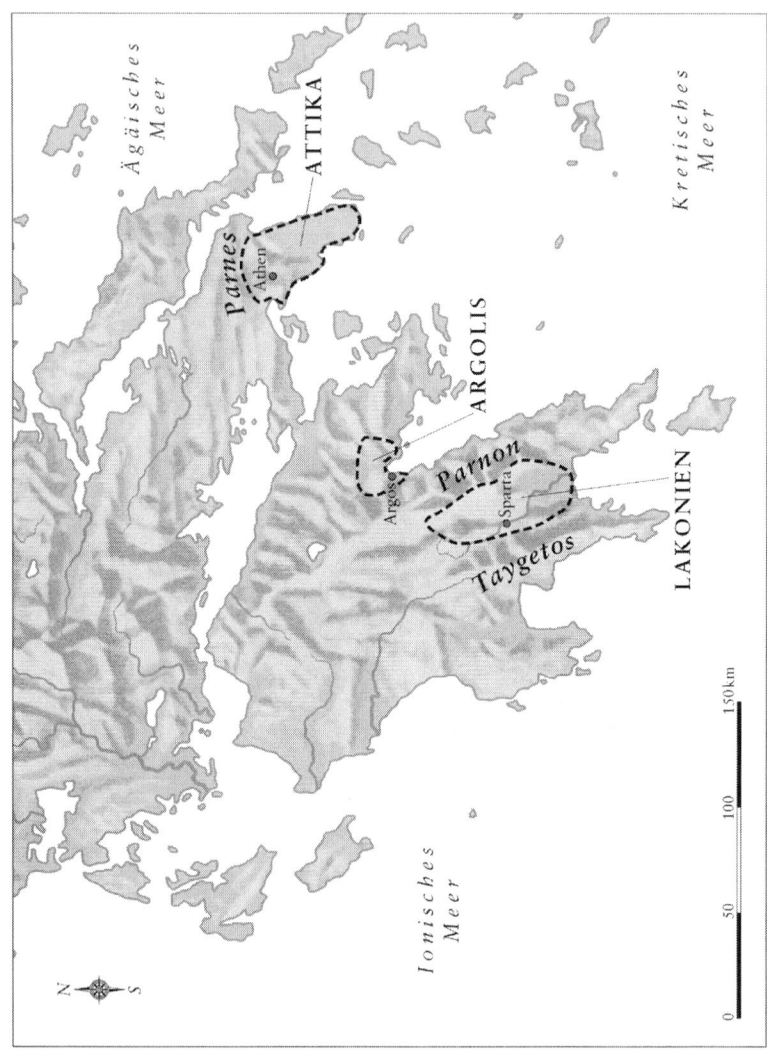

Abb. 10.1: Gut zu erkennen sind die geschlossenen Flächen in den Ebenen Griechenlands, die durch markante Gebirgszüge getrennt werden. Exemplarisch sei auf Lakonien verwiesen, das beidseitig von über 1000 m hohen Gebirgszügen eingefasst wird. Die Argolis ist kreisförmig von Bergen umringt, Attika wird im Norden durch Berge von Boiotien getrennt. Allen Räumen gemein ist zudem das Meer als raumbegrenzender Faktor.

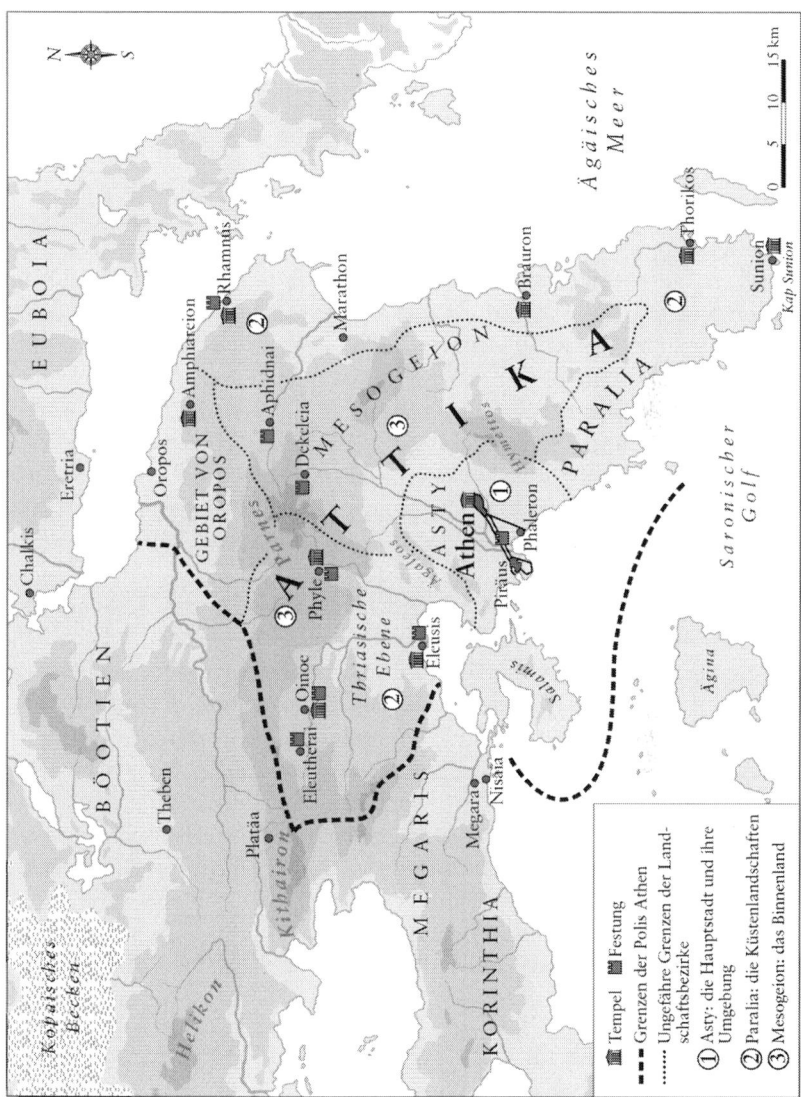

Abb. 10.2: Die Landschaft Attika mit dem annähernd im Mittelpunkt liegenden städtischen Zentrum Athen sowie den relativ gleichmäßig verteilten Subzentren (z. B. Eleusis, Piräus, Thorikos, Sunion, Brauron, Rhamnus), die religiöse, militärische oder administrative Bedeutung haben können.

ten in der Folge entsprechende Strukturen in der Binnengliederung aus (Subzentren, Sakraltopographie; s. Abb. 10.2).

Die Parameter derartiger Entwicklungen werden gerade im Vergleich innerhalb der Mittelmeerwelt deutlich, da andernorts jeweils andere von der Natur vorgegebene räumliche Grundsätze auf das menschliche Handeln wirkten. Verwiesen sei hier auf die wirtschaftlichen und kulturellen Gegebenheiten in Mittel- und Unteritalien oder der Levante. Anders als beispielsweise in Griechenland konnte sich Rom aufgrund der günstigen Faktoren als ein ›Flächenstaat‹ ausbilden, der zunächst zur Vormacht in Mittelitalien und dann über die ganze italische Halbinsel aufsteigen konnte. Rom stand bei seiner Ausdehnung nach Süden kein echtes naturräumliches Hindernis im Wege, was den territorialen und damit den machtpolitischen *Wachstumsprozess* behindert hätte.

Der Nil samt Wüste, Stromschnellen (Nilkatarakt bei Syéne/Assuan) und Mittelmeerküste formt, um ein weiteres Beispiel anzuführen, das geopolitische Gebilde des pharaonischen Ägyptens, das in dieser singulären Struktur selbst im Hellenismus und als Teil des Römischen Reiches Bestand hatte.

Neben den soeben skizzierten politisch-staatlichen Blickwinkeln auf historische Entwicklungen sind beispielsweise auch *Migrationsprozesse* durch geographische Gegebenheiten nachhaltig beeinflusst worden. Exemplarisch sei auf die sogenannte ›Große Griechische Kolonisation‹ im 8.–6. Jahrhundert v. Chr. verwiesen. Da diese nicht gezielt durch eine zentrale staatliche oder religiöse Macht gelenkt wurde, müssen andere Kräfte entscheidend gewesen sein, so etwa freie oder eroberbare und agrarisch nutzbare Siedlungsräume, vorhandene natürliche Ressourcen wie beispielsweise Wasser oder Bodenschätze sowie ein Zugang zu Handelswegen, die z. B. auch durch nautische Gegebenheiten determiniert waren. Als Musterbeispiel für einen solchen Kolonistenzug sei auf die Besiedlung von Kyrene durch Siedler aus Thera (heute Santorin) verwiesen, die Herodot ausführlich beschreibt (Hdt. 4,150–159; SEG 9,3 = StV II 102 = HGIÜ I, Nr. 6).

Der Vergleich mit den zentral gesteuerten Koloniegründungen der Römer, bei denen es stärker um eine machtpolitische Absicherung von erobertem Raum ging, zeigt sowohl Parallelen als auch wesentliche Unterschiede für die einzelnen Themenfelder der Historischen Geographie auf. Auch für die Römer waren die naturräumlichen Faktoren ein wichtiger Grund für die Neugründungen von Niederlassungen: Ohne Ackerfläche, Wasser und günstiges Klima hat eine neue Siedlung keine Chance. Der Unterschied lag jedoch in der staatlichen Planungsabsicht, die bei den politischen Entscheidungsträgern eine Form von Raumwahrnehmung und einen raumpolitischen Gestaltungswillen voraussetzt.

Auch für die *Handels- und Wirtschaftsgeschichte* sind Faktoren der Historischen Geographie von Relevanz. Hier geht es um Fragen wie: Wo sind günstige Häfen? Wie verhält sich die Strömung in verschiedenen Teilen des Meeres? Gibt es schiffbare Flüsse oder natürliche Barrieren (z. B. Sümpfe, Wüsten, Berge)? Wo befinden sich wirtschaftlich interessante Ressourcen oder Absatzmärkte? Solche naturräumlichen Punkte hatten nicht zuletzt Auswirkungen darauf, ob es beispielsweise einen Schwerpunkt im Straßenbau oder in der Schifffahrt gab.

Zum Spektrum der Historischen Geographie gehören ferner Untersuchungen zu *Veränderungen von Naturräumen* durch z. B. tektonische Hebungen oder Senkungen von Landschaften (z. B. durch Erdbeben), die Austrocknung von Feuchtgebieten oder die Verwüstung von Ackerregionen, die Verlandung von küstennahen Regionen, Seewegen oder Hafenbecken. Exemplarisch sei auf die Verlandung von Häfen bzw. vorgelagerten Küstenbereichen in Ionien (z. B. Milet, Ephesos; s. Abb. 10.3) verwiesen, wodurch ehemals prosperierende Hafenstädte vom Meer abgeschnitten wurden, oder an die Veränderung von Seestraßen im Bereich des Kimmerischer Bosporus. Hier haben neue geomorphologische Untersuchen gezeigt, dass die handelspolitisch wichtige Seeroute von Kertsch in der Phase der griechischen Kolonisation durch die Halbinsel von Taman eine zweite Seeverbindung ins Asowschen Meer kannte (vgl. Strab. 11,2,9 f.). Daran sieht man, dass die menschlichen Handlungen in der Landschaft Faktoren unterworfen waren, die sich uns heute nicht auf den ersten Blick erschließen. Selbst Veränderungen durch Vulkanismus (z. B. Santorin, Pompeii) gehörten zu diesem naturwissenschaftlichen Teil der Historischen Geographie.

Die angeführten Beispiele machen in der Gesamtschau transparent, dass sich in den jeweiligen Räumen durch Flüsse, Wüsten, Küsten, Ackerflächen (z. B. Verbreitung von Olivenbäumen, Wein, Getreide, Bodenkunde) usw. jeweils eine individuelle Siedlungsverteilung bzw. -dichte samt einer individuellen politischen Struktur ausprägen konnte.

Die Vielschichtigkeit der Disziplin legt nahe, dass eine zeitgemäße Definition der Historischen Geographie, die alle Teilaspekte im Spannungsfeld zwischen Geschichtswissenschaft und Geographie gleichermaßen abdeckt, schwierig ist. Im Grunde kann die Historische Geographie als eine Zwischenwissenschaft tituliert werden, die aus diversen Fachrichtungen Fragestellungen und Methoden übernehmen muss. Folglich wird diese ›Grundwissenschaft‹ in ihrer jeweiligen Ausprägung über den Fragenkatalog sowie

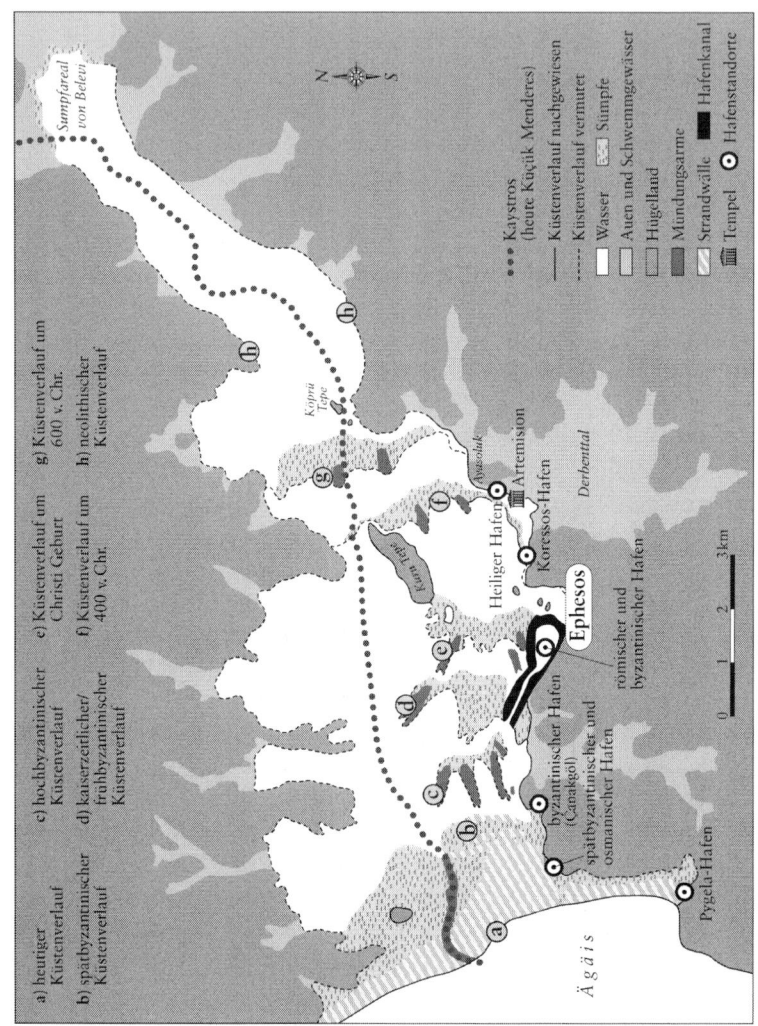

Abb. 10.3: Gut zu erkennen ist die Verlandung des Mündungsdeltas des Mäanders/ Küçük Menderes (antiker Name: Kaystros) über die Jahrhunderte (vgl. Hdt. 2,10; Plin. nat. 2,201; 5,115; Strab. 14,1,24). Die Hafenstadt Ephesos wurde so vom Meer abgeschnitten und liegt heute einige Kilometer im Landesinneren. Wie der Hafenkanal zudem dokumentiert, versuchte die Stadt erfolglos, sich gegen diesen Prozess zu wehren, wie uns Strabon überliefert.

die Teildisziplin definiert, aus der die zu diskutierenden Fragestellungen stammen. Somit beinhaltet die Historische Geographie politische, kulturgeschichtliche, bevölkerungsgeschichtliche, wirtschaftsgeschichtliche und naturräumliche Gesichtspunkte. Mit Ahasver von Brandt kann man folgende Unterteilung vornehmen (Brandt 2012, 23):

> »Die *historische Landschaftskunde* (historisch-physikalische Geographie) behandelt Entstehung und Wandel der (vom Menschen beeinflußten) ›Kulturlandschaft‹. Die *historische Siedlungskunde* (Anthropogeographie, historische Bevölkerungs- und Siedlungsgeographie) behandelt die Geschichte der räumlichen und örtlichen Verteilung der menschlichen Bevölkerung. Die *historisch-politische Geographie* behandelt die Aufteilung der Erdoberfläche nach politischen Gesichtspunkten im Laufe der geschichtlichen Zeiträume.«

10.2 Methoden

Historische Prozesse finden stets in einem naturräumlichen Rahmen statt. Daher können zahlreiche Ereignisse, Entwicklungen oder Tatsachen menschlichen Handelns mit den Methoden der Historischen Geographie erklärt oder die Disziplin zumindest zur Unterstützung ergänzend hinzugezogen werden, indem aus dem Fundus diverser historisch-geographischer, archäologischer oder aus den Naturwissenschaften stammender Quellen vertiefende Erkenntnisse über den jeweiligen Ereignisraum erlangt werden. Ziel der Methodik muss es sein, den jeweiligen geographischen Raum in seiner komplexen Struktur zu begreifen, um den historischen Prozess individuell erklären zu können. Welche Überreste (im Sinne von Johann Gustav Droysen und Ernst Bernheim) und vor allem welche Methode dabei im Zentrum der Untersuchung stehen, hängt von den jeweiligen Fragen der Wissenschaft an das entsprechende historische Ereignis, an die jeweilige Entwicklung oder Tatsache ab. Kap. 10.4 soll hier einige Anwendungsbeispiele liefern.

Bei der *Rekonstruktion von historischen Landschaften* steht oft die Archäologie im Fokus (s. Kap. 6). Dabei können mittels computergestützter Geoinformationssysteme (GIS) Modelle, beispielsweise von Landschaften, auf der Basis der naturräumlichen Gegebenheiten in einem speziellen Raum generiert werden. Ein solches am Computer entwickeltes Bild einer historischen Landschaft lässt sich anschließend mit den Informationen zu archäologischen Funden ergänzen. Umgekehrt können auf der Grundlage solcher idealtypischer Modelle von Landschaften auch gezielt Regionen nach Funden abgesucht werden, weil die Wahrscheinlichkeit menschlicher Artefakte an bestimmten Orten besonders hoch und die Lokalisierung insofern bis zu einem gewissen Grad ›berechenbar‹ ist.

In die gleiche Richtung weisen auch *Least Cost Path* bzw. *Least Cost Area*. Hierbei handelt es sich ebenfalls um Rechenmodelle, die den idealen (d. h. in den meisten Fällen kostengünstigsten) Weg zwischen zwei oder mehr Fixpunkten ermitteln. Derartige Modelle können die Grundlage für *Surveys* (s. Kap. 6) sein, also für die Begehung von Feldern auf der Suche nach Oberflächenfunden bzw. Geländeerkundung zur Gewinnung eines Überblicks über die Besiedlungsstrukturen (s. Abb. 10.4). Surveys haben in den letzten Jahrzehnten für die Historische Geographie grundlegend neue Erkenntnisse geliefert, insbesondere für die Siedlungsforschung oder die Transhumanz (Wanderweidewirtschaft).

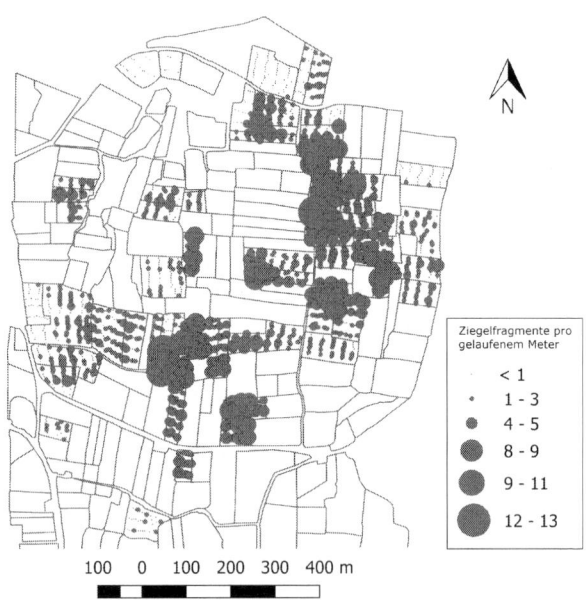

Abb. 10.4: Survey in Doliche (südöstl. Türkei), einem bedeutenden Ort des syrischen Baal-Kults, aus den Jahren 2017–2019. Die Abbildung zeigt die bei Feldbegehungen verzeichneten Ziegel (Oberflächenfunde). Auf diese Weise konnten ohne aufwendige Grabungen oder Technikeinsatz Siedlungskerne aus der Zeit vom Hellenismus bis ins Frühmittelalter dokumentiert werden.

Unterstützung erfährt dieser Zweig der Disziplin durch die *Luftbildarchäologie* sowie die *geomagnetische Prospektion* (s. Kap. 6). Bei der Luftbildarchäologie werden Felder – speziell in Trockenphasen des Hochsommers – im Überflug fotografiert. Sind im Boden archäologische Funde, so stören diese das Pflanzenwachstum und bilden sich folglich in den Luftbildern ab. Vielfach können so Grundrisse von Siedlungen sichtbar gemacht werden. Mit einer ähnlichen Zielsetzung arbeitet die geomagnetische Prospektion, bei der mit einem Magnetometer Störungen im Boden aufgrund veränderter magnetischer Resonanz durch beispielsweise Mauerreste festgestellt werden können.

Bei allen diesen Methoden geht es darum, größere Flächen auf Veränderungen durch menschliches Einwirken zu untersuchen, ohne auf eine kostenintensive Ausgrabung zurückgreifen zu müssen, die zudem niemals so große Räume auf einmal in den Blick nehmen könnte. Dabei zeichnet sich in einigen Bereichen sogar ab, dass Zugänge aus der Soziologie oder der Kognitionsforschung ergänzend genutzt werden können. So kann etwa eine Sakrallandschaft, also eine räumliche Verteilung von Kultplätzen und Heiligtümern, innerhalb der Methodik der Historischen Geographie besser verstanden werden, wenn man über die naturräumlichen Faktoren hinaus auch noch *soziologische Fragestellungen* einbezieht. Ein Kultplatz könnte beispielsweise in seiner Lage auch auf die Nähe eines im Sozialgefüge der Menschen wichtigen Herrensitzes einer dominierenden Führungsperson ausgerichtet gewesen sein. Dies müsste sich folglich, um im Beispiel zu bleiben, idealerweise an der Größe eines nahegelegen archäologischen Überrestes ablesen lassen. Des Weiteren sollten auch *Aspekte der mentalen Raumwahrnehmung* aus der Kognitionsforschung mitbedacht werden. Wie Menschen Raum jenseits der physischen Gegebenheiten in ihrer Gedankenwelt wahrnehmen, ist durchaus von Relevanz.

10.3 Quellengrundlage

Die Quellengrundlage für die Historische Geographie lässt sich vereinfacht in drei Kategorien unterteilen: Schriftquellen, archäologische Zeugnisse und Informationen aus dem Bereich der Naturwissenschaften.

Schriftquellen

Zunächst sind aufgrund ihrer Bedeutung die klassischen *historiographischen Texte* von Herodot aus Halikarnassos (5. Jh. v. Chr.) bis Prokopios von Caesarea

(6. Jh. n. Chr.) zu nennen. Mit dem Aufkommen der Geschichtsschreibung in Griechenland zeigt sich, dass Aspekte der Historischen Geographie zum Genre der Historiographie gehörten, sei es in Randbemerkungen zu Orten, Landschaften oder durch geographische Hintergrundinformationen zu historischen Ereignissen, in entsprechenden Exkursen oder bisweilen in ganzen thematisch gebundenen Büchern. Exemplarisch kann auf Polybios von Megalopolis (ca. 199–118 v. Chr.) verwiesen werden, wenn er in einem historischen Zusammenhang die Lage von Byzanz wie folgt beschreibt (4,38–46; Übers. H. Drexler):

> »Diese Stadt liegt an einem Platz, der nach der Seeseite unter allen Orten der uns bekannten Welt die größten Vorteile bietet für die Sicherheit wie für die Entwicklung des Wohlstands, [...].«

In den antiken Texten zeigt sich die Historische Geographie in Aspekten wie der kognitiven Raumerfassung, der Ethnologie (griech. ἔθνος, ›Volk‹; λόγος, ›Lehre‹), der Kulturgeographie, der Kartographie, der Erdmessung oder der Geodäsie (griech. γεωδαισία, Ausmessung und Abbildung der Erdoberfläche) sowie der physischen Landschaftsbeschreibung bis hin zu Gesichtspunkten rund um Klima und Zoologie (griech. ζῷον, ›Lebewesen‹). So belegen bereits die überlieferten Fragmente des Hekataios von Milet (ca. 560–480 v. Chr.), dass in seinem Werk Gesichtspunkte wie die Größe eines Herrschaftsraums, Ressourcen oder geostrategische Gedanken thematisiert werden. Beispielsweise warnte Hekataios im Verlauf des Ionischen Aufstands (500–493 v. Chr.) seine Mitbürger davor, einen Krieg gegen das Perserreich zu beginnen (Hdt. 5,36,2 = FGrHist 1 F 36b), indem er auf Größe und Potenz des Reiches verwies. Eine umfängliche Bedeutung erhielt die Historische Geographie schließlich beim »Vater der Geschichtsschreibung«, Herodot, der bisweilen ausgedehnte geographisch-ethologische Exkurse in seine Historien einbaute. So bemerkte Herodot (9,122,3; Übers. J. Feix):

> »Weichliche Länder pflegten auch weichliche Männer hervorzubringen; denn es liege keineswegs in der Art desselben Landes, herrliche Früchte und zugleich tapfere Krieger zu erzeugen.«

Mit Bezug auf diese Stelle charakterisiert Bichler (2001, 15) das Werk Herodots mit folgenden Worten: »Die Natur des Landes prägt die Sitten und Bräuche seiner Bewohner und entscheidet über ihre Chancen im historischen Prozeß. Diesen entscheidenden Rang geographischer Aspekte hat Herodot nicht ins Prooimion seines Werkes hineingeschrieben. Aber er trägt ihm in vielen Partien Rechnung und würdigt ihn noch im Schlußkapitel.«

10 Historische Geographie

Die Geographie als zentraler Faktor in antiken Texten prägt sich als eigenständige Ausrichtung des antiken Wissenschafts- und Literaturbetriebs im Hellenismus aus. Der Begriff wie die gesamte Disziplin der Historischen Geographie gehen auf die »Einführung in die Geographie« des Universalgelehrten Eratosthenes von Kyrene (ca. 276–194 v. Chr.) zurück, der an der Bibliothek von Alexandria arbeitete. Dieser entwickelte erstmalig mit wissenschaftlichen Methoden die aus der ionischen Naturphilosophie stammende Kartographie eines Anaximanders von Milet (ca. 610–545 v. Chr.) weiter. Hervorzuheben sind seine recht genauen Berechnungen zum Erdumfang (Kleomedes 1,7,51–110 [96–101] p. 35–37 Todd = Eratosth. Frg. II B 34 Berger). Daneben entwickelte Eratosthenes in Kombination mit den Karten die Kulturgeographie als literarisches Genre weiter, das bis in die Spätantike beliebt war. Gerade geographische Lehrgedichte erfreuen sich einiger Beliebtheit.

Wie deutlich antike Autoren bereits die Faktoren der Historischen Geographie in ihren Werken zur Geltung brachten, zeigt erneut der hellenistische Autor Polybios. In seinen *Historien* beschreibt er die Teilaspekte der Geschichtsschreibung wie folgt (12,25e; Übers. H. Drexler):

> »[...] der zweite befasst sich mit den geographischen und topographischen Voraussetzungen des historischen Geschehens. Man muss sich ein Bild machen von der Lage der Städte, Flüsse, Häfen, von dem Gelände, überhaupt von den örtlichen Besonderheiten zu Lande, wie zur See und von den Entfernungen zwischen den verschiedenen Punkten [...].«

Unter den *fachspezifisch* relevanten Texten sind Periploi, Itinerare und dezidiert geographische Abhandlungen (Geographika) zu nennen.

Unter einem *Periplus* (griech. περίπλους, wörtlich: ›Herumfahrt/Umschiffung‹) sind Seefahrts- und Küstenbeschreibungen zu verstehen, die u. a. zurückgelegte Entfernungen, Hafen- und Ankerplätze, klimatische Faktoren oder örtliche Besonderheiten nennen. Entgegen der allgemeinen Annahme handelt es sich hierbei keineswegs um informationstechnisch auskunftsfreudige Logbücher oder konkrete Handreichungen für Seewege, da Periploi primär als geographische Literatur zu verstehen sind. Handelsrouten samt nautischer Detailkenntnisse oder Navigationshilfen wollten die jeweiligen Autoren als eine Form von ›Herrschaftswissen‹ bzw. als ›Betriebsgeheimnis‹ keineswegs preisgeben (vgl. z. B. *Periplus Maris Erythraei*, »Küstenbefahrung des Roten Meeres«; 1. Jh. n. Chr.). Dies mindert den Informationsgehalt insgesamt nicht, zeigt aber Grenzen der Interpretierbarkeit auf.

Itinerare (lat. *iter*, ›Weg‹; griech. Äquivalent: *stadiasmos*, σταδιασμός) sind meist Listen von Orten/Raststätten (lat. *mansiones*) entlang einer Straße samt

Distanzangaben zwischen den jeweiligen Punkten in römischen Meilen (1 mp = 1,48 km) oder griechischen Stadien (1 Stadion = ca. 162–210 m). Diese hodologische (lineare) Raumerfassung war in der Antike weitverbreitet, da derartige Listen im Gegensatz zu Karten leicht herzustellen oder zu kopieren waren und vor allem unkompliziert nach den jeweiligen Bedürfnissen zusammengestellt werden konnten. Wie zudem der Stadiasmos von Patara aus claudischer Zeit exemplarisch zeigt (Şahin/Adak 2007), lassen sich über ein Netz von Routen in einer Art U-Bahn-Plan ganze Räume erfassen. Wie das *Itinerarium Burdigalense* (333 n. Chr.) oder *Peregrinatio Egeriae/Aetheriae* (um 400 n. Chr.) belegen, war dieses Genre bis in die christliche Spätantike beliebt.

Die für die Historische Geographie vermutlich wertvollste Quellengattung sind die *kulturgeographischen Schriften*, wie wir sie u. a. von Strabon (ca. 63 v. Chr.–23 n. Chr.) oder Pomponius Mela (1. Jh. n. Chr.) kennen. Gerade die 17-bändige *Geographika* (griech. Γεωγραφικά) Strabons, ursprünglich als Ergänzung zu seinem heute weitgehend verlorenen historiographischen Hauptwerk gedacht, ist aufgrund des Umfangs und der Informationsdichte samt der darin verarbeiteten älteren, meist hellenistischen Autoren das bedeutendste Werk seiner Art.

Als Sonderform unter den schriftlichen Quellen muss die *Tabula Peutingeriana* erwähnt werden, die einzige großformatige, in mittelalterlicher Kopie (12. Jh.) überlieferte Weltkarte aus der Antike. Der Archetypus der 680 x 36 cm großen Karte in Rollenform geht vermutlich in die hellenistische Zeit zurück. Karten der bekannten Welt (der *Oikumene*) sowie Regionalkarten waren durchaus vorhanden (z. B. Hdt. 5,49; Aristoph. nub. 201–211; Liv. 41,28,10; Varro de r.r. 1,2,1; Ovid. pont. 2,1,37 ff.; Prop. 4,3,37 ff.; Vitr. 8,2,6; Plin. nat. 3,17; Diog. Laert. 5,51; Suet. Dom. 10,3; Cassiod. Inst. 1,25,2.) und vermutlich meist mit erläuternden Büchern kombiniert, jedoch aufgrund der Kopierkosten und der mangelnden Praxistauglichkeit nicht sonderlich verbreitet. Diese Gruppe an raumvisualisierenden Karten können wir als ›chorographische Karten‹ bezeichnen (Strab. 1,1,10; 2,1,2; 2,5,13; vgl. Ptol. Geogr. 1,1,1). Als rein mathematischen Geographen darf noch auf Klaudios Ptolemaios (2. Jh. n. Chr.) verwiesen werden, dessen Handbuch zur Erstellung von maßstäblichen Welt- und Regionalkarten vor allem über seinen Ortskatalog für die Historische Geographie von Interesse ist.

Archäologische Zeugnisse

Daneben liefert die *archäologische Feldforschung* (s. Kap. 6) eine zweite wichtige Quellengruppe. Hier sind zunächst Ausgrabungsergebnisse von Siedlungen, Gehöften, Straßen oder sonstigen Überresten menschlicher Existenz in der Landschaft zu nennen. Ferner geben Landschaftsdarstellungen in der Wandmalerei und besonders Surveys Auskunft über die Beziehung von Menschen zur Landschaft. In Verbindung mit literarischen Quellen, Altkarten oder GIS-Modellen geht es oft im Detail um das Auffinden oder Zuweisen von Ortsnamen zu ergrabenen Siedlungen oder großräumig betrachtet darum, ganze Landschaften naturräumlich rekonstruieren zu können. Hierbei können Altkarten oder Kataster aus der Zeit vor der industriellen Revolution helfen, da sie oft Toponyme oder allgemeine Informationen konservieren (Erinnerung an Siedlungen, Sakralbauten usw.).

Naturwissenschaften

Aus dem Bereich der Naturwissenschaften kommt die dritte Gruppe an Quellenmaterial, derer sich die Historische Geographie für die Antike bedient. Die Geoarchäologie (und in einem ergänzenden Sinne auch die Archäobotanik (griech. βοτανικός, ›die Kräuter betreffend‹) beschäftigt sich in einem größeren zeitlichen Rahmen mit der *physischen Veränderung von Landschaften*. Hier sind Aspekte wie Verlandungen von Küstenregionen, Wasserstraßen oder Häfen, Austrocknung von Regionen aufgrund von veränderten Wasserläufen oder auch tektonische Veränderungen von Relevanz. Oft auf der Basis von Survey-Ergebnissen werden punktuell Bodenproben (Bohrkerne) genommen, bei denen die Schichtung von Erdtypen, wie beispielsweise Sand, Ackerboden oder Lehm, anzeigen kann, ob die untersuchte Region einmal eine Fluss-, Küsten oder Sumpflandschaft war. Die von den Archäobotanikern untersuchten Pollenproben aus diesen Erdschichten geben zudem Aufschlüsse über die Pflanzenwelt der jeweiligen Zeit. Forschungen auf diesem Sektor sind aufgrund hoher Kosten und grundsätzlich fachübergreifendem Arbeiten seltener, liefern aber bei gezieltem Einsatz erstaunliche Resultate.

10.4 Praktische Anwendung

Bei fast allen Studien zur Antike, wenn sie nicht im unmittelbaren politisch-staatsrechtlichen Fokus stehen, lassen sich historische Ereignisse und Prozesse mit Fragestellungen und Zugängen der Historischen Geographie gewinnbringend beleuchten und analysieren. Wie die spezifischen Aspekte der Historischen Geographie dabei zur Anwendung kommen, soll an einigen Beispielen dargelegt werden.

Einer der markanten Fälle für einen politischen Entscheidungsvorgang, bei dem Gesichtspunkte aus der Historischen Geographie zum Tragen kamen, ist die Unterredung zwischen dem Tyrannen Aristagoras von Milet mit dem spartanischen König Kleomenes (Hdt. 5,49 f.). Die wohl ins Jahr 500 v. Chr. zu datierende Gesandtschaft aus Milet versuchte das militärisch starke Sparta als Verbündeten im *Ionischen Aufstand* gegen Persien zu gewinnen. Aristagoras zählt daher das potenzielle Beutegut auf (Erze, Textilien, Geld, Vieh, Land, Sklaven). Zur argumentativen Unterstützung hatte er sogar eine Weltkarte zur Hand. Kleomenes lehnt das Ansinnen jedoch ab, indem er auf die Entfernung bis ins Zentrum des Gegners verweist. Dies ist insofern interessant, als der Spartanerkönig nicht auf die militärische Stärke der Perser abhebt, sondern geographisch argumentiert. Auch die anschließenden Perserkriege lassen sich mit Fragestellungen aus dem Bereich der Historischen Geographie weiter erhellen, indem man beispielsweise nach der Landschaftsstruktur in Griechenland als entscheidendem Faktor für den Verlauf der Perserkriege fragt, insbesondere für die Relevanz und die Austragungsorte von Seeschlachten. Hier wären etwa die folgenden Fragen von Interesse: Inwieweit spielten die Verkehrsinfrastruktur und die Kommunikationsmöglichkeiten über große Distanzen hinweg eine Rolle? Brachen die militärisch überlegenen Perser den Kampf zuletzt ab, weil ihnen Griechenland als Kriegsbeute zu wenig lukrativ war, wie selbst bei Herodot (7,102,1; 9,82,3) nachzulesen ist?

Auch bei der Seeschlacht von *Actium* zwischen dem späteren Kaiser Augustus mit seinem General Agrippa und Marcus Antonius samt der ptolemäischen Königin Kleopatra VII. (31 v. Chr.), einem welthistorisch herausragenden Ereignis, spielen Gesichtspunkte eine Rolle, die mit Methoden der Historischen Geographie untersucht werden können. Gerne wird das Treffen auf das eigentliche Gefecht sowie mögliche strategische Zielsetzungen reduziert. Dabei sollte Actium in einem größeren geographischen Zusammenhang betrachtet werden, wie beispielsweise am Fall des strategisch wichtigen messenischen Methone zu sehen ist. Dieser schränkte den Handlungsspielraum des Antonius spürbar ein. Des Weiteren lässt sich fragen, welche Bedeutung der räumlich und in den Sommermonaten klimatisch bessere Standort des Truppenlagers des Augustus hatte. Wie zudem neuere Untersuchungen der lokalen Meeresströme zeigen, kann die Seeschlacht mit einiger Wahrscheinlichkeit nicht in der Form stattgefunden haben, wie es uns die aus der augusteischen Perspektive geprägten Quellen suggerieren. Die noch nicht abgeschlossenen Untersuchungen legen nämlich nahe, dass die Frage von Erfolg oder Misserfolg rund um die Schlacht an ein deutlich vielschichtigeres Spektrum von Fakten geknüpft werden muss. Neben den angesprochenen Faktoren deuten die lokalen Strömungsverhältnisse vor und im Ambrakischen Golf darauf hin, dass die Taktik des Antonius für das eigentliche Seegefecht bereits im Ansatz keinen Erfolg haben konnte.

Das letzte Fallbeispiel bezieht sich auf die Eroberungsversuche *Germaniens unter Augustus* und Tiberius. Häufig wird dabei die Elbe als potenzielles Kriegsziel benannt, ein vermutlich anachronistischer Ansatz, der bereits im 2. Jahrhundert n. Chr. aufkam (Tac. ann. 2,14,4) und vor allem in neuzeitliche Vorstellungen passt. Rom habe, so die unausgesprochene Annahme, seine Grenze einen großen Fluss weiter nach Osten (vom Rhein an die Elbe) verlegen wollen. Zu fragen wäre aber welche geographischen Kenntnisse über Germanien in augusteischer Zeit überhaupt existierten, die Voraussetzung für ein geostrategisches Ziel gewesen sein könnten (Cass. Dio 54,32,2; Plin. nat. 2,167; Strab. 7,2,4–3,1; 7,1,2–5; 7,3,1; Vell. 2,120,1–2; Tac. ann. 1,50,1). Auch bei der Frage, wie wir uns das römische Germanien bis zur Zeit der Statthalterschaft des Publius Quinctilius Varus (ca. 7–9 n. Chr.) vorstellen müssen, war man bislang zu stark auf politische Faktoren in den literarischen Quellen fokussiert. War der Statthalter mit dem keineswegs befriedeten Germanien überfordert? Nicht recht ins Bild passt da eine Notiz des Cassius Dio (56,18,2), wonach Rom in Germanien bereits Städte gegründet habe. Zu fragen ist demnach, welche Strukturen Rom im ersten nachchristlichen Jahrzehnt in Germanien bereits etabliert hatte. Einzigartige Einblicke bieten hierbei die Grabungsergebnisse in Haltern und Waldgrimes (bei Wetzlar). Hier ließ sich exemplarisch zeigen, dass zahlreiche römische Truppenlager in Germanien in der Umbauphase zu Zivilsiedlungen weit vorangeschritten waren. So konnte in Waldgirmes eine Forumsanlage mit Teilen eines goldenen Reiterstandbildes des Augustus ausgegraben werden, wodurch die Aussage des Cassius Dio in einem neuen Licht erscheint. Auch auf wirtschaftlicher Ebene sind neue Fragen zu stellen, die sich beispielsweise aus der Entdeckung eines römischen Bleibergwerkes im Sauerland sowie generell durch zahlreiche ergrabene Gehöfte und ferner durch Surveyergebnisse zeigen. Die Summe aller Einzelfunde entwirft ein neues Bild des römischen Germaniens im ersten Jahrzehnt nach der Zeitenwende. Man sieht an diesen Beispielen, dass die Historische Geographie spezielle Fragen und Themen behandelt. Doch dieser spezifische Blick auf die Antike bringt uns die vergangene Realität als Ganzes näher.

10.6 Literatur

10.6.1 Einführungen und Überblickswerke

Bianchetti, Serena/Cataudella, Michele R./Gehrke, Hans-Joachim (Hrsg.): Brill's Companion to Ancient Geography. The inhabited world in Greek and Roman tradition, Leiden/Boston 2015.

Bichler, Reinhold: Herodots Welt. Der Aufbau der Historie am Bild der fremden Länder und Völker, ihrer Zivilisation und ihrer Geschichte, 2. Aufl., Berlin 2001.

Brandt, Ahasver von: Werkzeug des Historikers. Eine Einführung in die Historischen Hilfswissenschaften, 18. Aufl., Stuttgart 2012.

Gisinger, Friedrich: Geographie, in: RE Suppl. 4, 1924, 521–685.

Harley, John B./Woodward, David (Hrsg.): The History of Cartography. Bd. I: Cartography in Prehistoric, Ancient and Medieval Europe and the Mediterranean, Chicago/London 1987.

Hennig, Richard: Terrae incognitae. Eine Zusammenstellung und kritische Bewertung der wichtigsten vorcolumbischen Entdeckungsreisen an Hand der darüber vorliegenden Originalberichte. Altertum bis Ptolemäus, 2. Aufl., Leiden 1944.

Horden, Peregrine/Purcell, Nicolas: The Corrupting Sea. A Study of Mediterranean History, Malden/Oxford 2000.

Kirsten, Ernst: Möglichkeiten und Aufgaben der Historischen Geographie des Altertums in der Gegenwart, in: Olshausen, Eckart (Hrsg.): Stuttgarter Kolloquium zur Historischen Geographie des Altertums 1 (1980), Bonn 1987, 1–50.

Lauffer, Siegfried: Griechenland. Lexikon der historischen Stätten von den Anfängen, München 1989.

Olshausen, Eckart: Einführung in die Historische Geographie der Alten Welt, Darmstadt 1991.

Prontera, Francesco: Geografia e storia nella Grecia antica, Florenz 2011.

Şahin, Sencer/Adak, Mustafa: Stadiasmus Patarensis. Itinera Romana Provinciae Lyciae, Istanbul 2007.

Schmidt-Hofner, Sebastian/Ambos, Claus/Eich, Peter (Hrsg.): Raum-Ordnung. Raum und soziopolitische Ordnung im Altertum, Heidelberg 2016.

Schulz, Raimund: Abenteuer der Ferne. Die großen Entdeckungsfahrten und das Weltwissen der Antike, 2. Aufl., Stuttgart 2016.

Shipley, Graham/Salmon, John (Hrsg.): Human landscapes in classical antiquity. Environment and Culture, London 1996.

Sonnabend, Holger (Hrsg.): Mensch und Landschaft in der Antike. Lexikon der Historischen Geographie, Stuttgart/Weimar 1999.

10.6.2 Speziallitertur

Digital Atlas of the Roman Empire (DARE) – https://dh.gu.se/dare [22.7.2022].
In diesem hilfreichen Atlas des Centre for Digital Humanities (CDH) an der Universität Gothenburg werden über 30 000 antike Orte kartiert.

Geographia Antiqua. Rivista di geografia storica del mondo antico e di storia della geografia (1992 ff.).
Fachzeitschrift zur Historischen Geographie.

Imago Mundi. The International Journal for the History of Cartography (1935 ff.).
Fachzeitschrift mit chronologisch weitem und thematisch engem Zuschnitt.

Kopp, Horst et al. (Hrsg.): Tübinger Atlas des Vorderen Orients (TAVO), Tübingen 1976–1994, https://uni-tuebingen.de/fakultaeten/evangelisch-theologische-fakultaet/lehrstuehle-und-institute/altes-testament/biblisch-archaeologisches-institut/forschung/tavo [22.7.2022].
Ein Großprojekt, das in zwei Teilbereiche (Teil A: Geographie und Teil B: Geschichte) aufgegliedert, bis 1993 Kartenblätter zur historischen Entwicklung des Vorderern Orients vom Neolithikum bis in die Neuzeit erarbeitet hat. Einzelne Karten wurden 2001 verkleinert unter dem Titel »Tübinger Bibelatlas« von Siegfried Mittmann und Götz Schmitt nochmals herausgegeben.

Orbis Terrarum. Internationale Zeitschrift für Historische Geographie der Alten Welt (1995 ff.).
Fachzeitschrift zur Historischen Geographie.

Tabula Imperii Romani (TIR) – https://tir-for.iec.cat [22.7.2022].
Ein in den 1920er Jahren aufgelegtes internationales Forschungsprojekt mit dem Ziel, eine archäologische Karte des Römischen Reichs auf 56 Blättern im Maßstab 1 : 1 000 000 zu erstellen. Ergänzend sollte jedes Kartenblatt in einem Erläuterungsband weiterführende Informationen liefern. Jedoch sind nur Teile mit unterschiedlicher Informationsdichte realisiert worden. Unter der Ägide der Akademie in Barcelona startet aktuell ein Neuanfang.

Tabula Imperii Byzantini (TIB) – https://tib.oeaw.ac.at [22.7.2022].
Ein von der Österreichischen Akademie der Wissenschaften in den 1960er Jahren initiiertes Forschungsprojekt zur historischen Geographie des byzantinischen Reiches.

Talbert, Richard (Hrsg.): Barrington Atlas of the Greek and Roman World, Princeton 2000.
Dieses kartographische Standardwerk wurde von einer internationalen Forschergruppe erarbeitet. Wichtig sind auch die beiden Kommentarbände (Map-by-Map Directory, 2 Bde.,

Princeton/Oxford 2000). *Begleitend zum Atlas erschien mittlerweile eine App, die alle Karten in durchsuchbarer Form bereitstellt: https://press.princeton.edu/books/app/97814 00848768/barrington-atlas-of-the-greek-and-roman-world-for-ipad-app [22.7.2022].*
Wittke, Anne-Maria/Olshausen, Eckart/Szydlak, Richard (Hrsg.): Historischer Atlas der antiken Welt. DNP Suppl. 3, Stuttgart 2007, ND 2012.
Anders als der »Barrington Atlas« ist dieser weniger auf die kartographische Genauigkeit als vielmehr auf die Synthese von Karte und Erläuterungstext ausrichtet. Damit ist er als wertvolle Ergänzung zu verstehen und ersetzt ältere Atlanten wie den »Bayerischen Schulbuchatlas«, den »Putzger. Historischer Weltatlas« oder den »dtv-Atlas Weltgeschichte«.

10.6.3 Digitale Hilfsmittel

ToposText – https://topostext.org/the-places [22.7.2022].
Bietet archäologische Fundstätten rund um das Mittelmeer (der Schwerpunkt liegt auf dem griechischen Raum) mit zum Teil umfangreichen Karten und Begleitinformationen.
Pleiades – https://pleiades.stoa.org/home [22.7.2022].
»Pleiades is a community-built gazetteer and graph of ancient places. It publishes authoritative information about ancient places and spaces, providing unique services for finding, displaying, and reusing that information under open license. It publishes not just for individual human users, but also for search engines and for the widening array of computational research and visualization tools that support humanities teaching and research.« (ebd.)
Ancient World Mapping Center – http://awmc.unc.edu/wordpress [22.7.2022].
HESTIA – https://hestia.open.ac.uk/hestia [22.7.2022].
Kommentar zur Tabula Peutingeriana – https://tp-online.ku.de [22.7.2022].

10.6.4 Institutionen

Ernst-Kirsten-Gesellschaft – https://www.ku.de/ggf/geschichte/alte-geschichte/ernst-kirsten-gesellschaft [22.7.2022].
Die Ernst-Kirsten-Gesellschaft wurde 1989 gegründet, um der Disziplin der HG eine dauerhafte organisatorische Basis zu schaffen. Hierzu gehören regelmäßige Konferenzen sowie die Herausgabe des Orbis Terrarum.

III. Anhang

Verzeichnis der Autorinnen und Autoren

Werner Eck – Studium an der Universität Erlangen-Nürnberg; Promotion 1968; Habilitation 1975 an der Universität zu Köln; 1975/76–1979 ordentlicher Professor an der Universität des Saarlandes; 1979–2007 Professor an der Universität zu Köln; Projektleiter der PIR an der BBAW 1993–2015 sowie des CIL von 2007–2018; Präsident der AIEGL 1997–2002; Mitherausgeber der ZPE sowie des *Corpus Inscriptionum Iudaeae/Palaestinae*; Ehrenmitglied der *Society for the Promotion of Roman Studies*; Dr. h.c. Universität Kassel, Universität Cluj-Naboca und Hebräische Universität Jerusalem.

Lennart Gilhaus – Studium der Alten Geschichte, Mittelalterlichen und Neueren Geschichte und Klassischen Archäologie sowie der Klassischen Philologie/Latein, Deutschen Sprache und älteren deutschen Literatur und der Politischen Wissenschaft in Bonn, Paris und Münster; seit 2010 wissenschaftlicher Mitarbeiter bzw. akademischer Rat auf Zeit im Fach Alte Geschichte an der Universität Bonn; Promotion 2015.

Kaja Harter-Uibopuu – Studium der Alten Geschichte und Altertumskunde und Promotion in Alter Geschichte und Antiker Rechtsgeschichte; 1992–1999 Universitätsassistentin am Institut für Römisches Recht an der Universität Graz; 1999–2015 an der Österreichischen Akademie der Wissenschaften, Wien, zuletzt Leiterin der Kommission für Antike Rechtsgeschichte; seit 2015 Professorin für Alte Geschichte an der Universität Hamburg.

Achim Lichtenberger – Studium der Klassischen Archäologie, Alten Geschichte und Evangelischen Theologie in Münster, Rom und Berlin (HU); Promotion 2001 an der Universität Tübingen; Habilitation 2008 in Münster; 2010–2016 Professor für Klassische Archäologie an der Ruhr-Universität Bochum; seit 2016 Professor für Klassische Archäologie und Direktor des Archäologischen Museums an der Universität Münster.

Krešimir Matijević – Studium der Geschichte, Germanistik und Literaturwissenschaft in Osnabrück und Boston; 2003–2008 wissenschaftlicher Mitarbeiter im Fach Alte Geschichte an der Universität Osnabrück; 2008–2016 Akademischer Rat und Vertretungsprofessor an der Universität Trier; seit 2016 Professor für Alte Geschichte und Geschichtsdidaktik an der Europa-Universität Flensburg.

Peter Franz Mittag – Studium der Alten Geschichte, Klassischen Archäologie und Rechtswissenschaften an der Universität Freiburg; 1998–2004 akademischer Rat auf Zeit am Seminar für Alte Geschichte an der Universität zu Freiburg; seit 2005 Professor für Alte Geschichte an der Universität zu Köln.

Michael Rathmann – Studium der Geschichte und der Klassischen Archäologie an der Universität Bonn; Promotion 1998 an der Universität Bonn; Habilitation 2010; seit 2012 Professor für Alte Geschichte an der Universität Eichstätt-Ingolstadt; Herausgeber der Zeitschrift *Orbis Terrarum*.

Patrick Reinard – Studium der Geschichte, der Lateinischen Philologie und der Klassischen Archäologie an der Universität Trier; 2010–2015 wissenschaftlicher Mitarbeiter im Fach Alten Geschichte an der Philipps-Universität Marburg; Promotion 2014; 2015–2021 wissenschaftlicher Mitarbeiter an der Universität Trier; ebendort seit 2021 Juniorprofessor für Papyrologie.

Patrick Sänger – Studium der Alten Geschichte und Altertumskunde an der Universität Wien; 2005–2009 Assistent (Praedoc) am Institut für Alte Geschichte und Altertumskunde der Universität Wien; 2009–2013 Assistent (Postdoc) am Institut für Papyrologie der Universität Heidelberg; 2013–2016 APART-Stipendiat der Österreichischen Akademie der Wissenschaften; 2014 Member of the Institute for Advanced Study, School of Historical Studies, Princeton (NJ); 2017–2018 Wissenschaftlicher Mitarbeiter am Institut für Klassische Altertumskunde, Abt. Alte Geschichte (Universität Kiel); seit 2018 Professor für Alte Geschichte unter besonderer Berücksichtigung der Hilfswissenschaften an der WWU Münster.

Michael Zerjadtke – Studium der Alten Geschichte, Klassischen Archäologie und Kunstgeschichte an der Martin-Luther-Universität Halle-Wittenberg; 2012–2018 wissenschaftlicher Mitarbeiter am Lehrstuhl für Alte Geschichte an der Universität Hamburg; 2018 PostDoc-Stipendiat der Claussen-

Simon-Stiftung, Hamburg; seit 2019 wissenschaftlicher Mitarbeiter an der Professur für Alte Geschichte an der Helmut-Schmidt-Universität/Universität der Bundeswehr Hamburg.

Abbildungsverzeichnis

Abb. 1.1:	Karte: Peter Palm	25
Abb. 1.2:	Karte: Peter Palm	27
Abb. 1.3:	Karte: Peter Palm	28
Abb. 2.1:	C. Iulii Caesaris Commentarii Rerum Gestarum. Vol. I: Bellum Gallicum, hrsg. von Wolfgang Hering, Leipzig 1987, S. IX	40
Abb. 2.2:	C. Iulii Caesaris Commentarii Rerum Gestarum. Vol. I: Bellum Gallicum, hrsg. von Wolfgang Hering, Leipzig 1987, S. 5	44
Abb. 3.1:	CIL XIII-Photodatei (Flensburg/Trier)	69
Abb. 3.2:	Kerameikos-Museum, Athen (P 1130/I 220); Foto: George E. Koronaios, CC BY-SA 4.0	71
Abb. 3.3:	CIL XIII-Photodatei (Flensburg/Trier)	73
Abb. 3.4:	Foto: Krešimir Matijević	75
Abb. 3.5:	Foto: Krešimir Matijević	78
Abb. 4.1:	Foto: Ägyptisches Museum und Papyrussammlung – Staatliche Museen zu Berlin, Inv.-Nr. P 113; Scan: Berliner Papyrusdatenbank	85
Abb. 4.2:	Foto: Papyrussammlung der Universität Trier; P.Trier I 5 (P. UB Trier S 188-73+74+75+112+120b)	102
Abb. 4.3:	Foto: Papyrussammlung der Universität Trier; P.Nepheros 1 (P. UB Trier S 73-9(3 u. 23)+73-18)	103
Abb. 5.1:	Baldwin's, The New York Sale XIV, 10.1.2007, Nr. 110	108
Abb. 5.2:	Berlin, Münzkabinett, Objektnummer 18214973	109
Abb. 5.3:	Stack's, Tallent & Belzberg Collections auction 24.4.2008, Nr. 2036	114
Abb. 5.4:	Roma Numismatics Ltd, auction XVIII, 29.9.2019, Nr. 1152	115
Abb. 5.5:	Berlin, Münzkabinett, Objektnummer 18201507	118
Abb. 5.6:	Leu Numismatik AG, Auktion 1, 25.10.2017, Nr. 366	121

Abbildungsverzeichnis

Abb. 6.1:	Anton von Maron: *Porträt des Johann Joachim Winckelmann* (Gemälde von 1767); Klassik Stiftung Weimar, G 70	128
Abb. 6.2:	Foto: Wladyslaw Sojka, CC BY-SA 3.0	132
Abb. 6.3:	Nationalmuseum Neapel; Foto: Marie-Lan Nguyen, CC BY 2.5	134
Abb. 6.4:	Ikonen-Museum, Recklinghausen, Inv. Nr. 557	136
Abb. 6.5:	Archäologisches Museum der Universität Münster, Inv. Nr. 579	137
Abb. 6.6:	Schaubild: Armenian-German Artaxata Project	139
Abb. 6.7:	Archäologisches Museum der Universität Münster, Inv. Nr. 66, 677, 732, 978	142
Abb. 6.8:	Museo Pio Clementino, Rotunde; Foto: Montarde, CC BY-SA 3.0	144
Abb. 7.1:	Foto: Münzsammlung des Fachs Papyrologie; Universität Trier	159
Abb. 7.2:	Foto: Kapitolinisches Museum; Foto: Rossignol Benoît, CC BY-SA 3.0	161
Abb. 7.3:	Foto: Lehrmünzsammlung des Fachs Alte Geschichte; Universität Trier	164
Abb. 7.4:	Foto: Marie-Lan Nguyen, CC BY 2.5	168
Abb. 7.5:	Foto: Metropolitan Museum of Art, CC0	169
Abb. 7.6:	Zeichnung: Michael Zerjadtke	171
Abb. 9.1:	Foto: George E. Koronaios, CC BY-SA 4.0	190
Abb. 9.2:	Foto: Agora-Museum Athen, CC BY-SA 2.5	199
Abb. 10.1:	Karte: Peter Palm	214
Abb. 10.2:	Karte: Peter Palm	215
Abb. 10.3:	Karte: Peter Palm (nach H. Brückner/R. Gerlach, Geoarchäologie. Von der Vergangenheit in die Zukunft, in: H. Gebhardt et al. (Hrsg.), Geographie. Physische Geographie und Humangeographie, Heidelberg 2020, Abb. 9.101)	218
Abb. 10.4:	Karte bearbeitet nach S. D. Whybrew/Forschungsstelle Asia Minor (Original in: S. D. Whybrew, The Ubran Survey in Doliche (2017–2019). Methods an Results, in: M. Blömer/E. Winter (Hrsg.), Exploring Urbanism in Ancient North Syria. Fieldwork in Dolice 2015–2020, Berlin 2022, Abb. 15)	220

Index

Sachregister

Ab urbe condita   151, 163
Ädil   160, 197
Aerarium   197
Agora   205
Ägyptologie   22, 29–30, 87, 94–95, 126
Akropolis   205, 213
Al marco   110
Al pezzo   111
Alexanderzug   26, 29
Allgemeines Bürgerliches Gesetzbuch (ABGB)   192
Alte Komödie   55, 201
Annalistik   51, 160
Année Épigraphique (AE)   62
Anno Martyrum   165
Ära   151, 163–164
Ara Pacis   173
Archaismus   142
Archäobotanik   225
Archetypus   40–41, 44, 224
Architektur   13, 130, 132–133, 135
Archiv für Papyrusforschung und verwandte Gebiete   88
Archivalie   35
Archon/Archontat   71–72, 154–155, 158
As   112–113
Athenaion Politeia   39, 90, 198
Athetese   41
Attisch-delischer Seebund   111
Augustusforum   133
Aureus   112–113, 115
Autograph   17, 35

Autopsie   16–17, 61, 99
Avers   108–109, 116–117
Axones   205
Bauinschrift   64, 69, 75, 89, 177
Berichtigungsliste (BL)   89
Bibliotheca Teubneriana   42
Bibliothek   36, 50, 83, 86, 223
Billon   110
Biographie   20, 45, 52, 180
Boustrophedon   76–77
Bronzetafel   60, 64, 205–207
Buchdruck   36
Bürgerliches Gesetzbuch (BGB)   192
Byzantinistik   23
Caesar   24, 160, 166
Cauda   69
Charta Borgiana   86–87
Checklist of Editions   99
Christenverfolgung   165
Christianisierung   24, 36
Chronistik   52
Chronologie, absolute   129, 150
Chronologie, relative   128–129, 150–151
Clientes   200
Codex   37–39, 46
Codex Iustinianeus   203
Codex Theodosianus   203
Cognomen   74, 184
Coin Hoards   107
Commentarii   52
Constitutio   196, 203, 207
Constitutio Antoniniana   93, 100

Corpus Inscriptionum Graecarum
  (CIG) 62, 180
Corpus Inscriptionum Latinarum
  (CIL) 61–62, 179–180
Corpus Iuris Civilis (CIC) 191, 204
Curia 205
Cursus honorum 22, 184
C14-Methode 150
Damnatio memoriae 166
Datenbank 63, 97, 100, 178
Datierung 14–15, 20, 30, 48, 70–72, 75, 79, 101, 107–110, 129, 131, 138
Decennalia 118
Defixiones 64
Denar 112–113, 115, 118, 120
Dendrochronologie 150
Diakritische Zeichen 67, 118
Dichtung 12, 45, 54–56, 156, 194
Didrachme 112, 114
Digamma 77
Digesten 203–204, 208
Diokletianische Ära 165
Dipinto 12
Doppeldatierung 159
Drachme 111–112
Dupondius 112–113, 115
Duumvir 162
Edition 36, 38, 45, 61–63, 65, 96, 99, 208
Edition, digitale 38, 63
Edition, historisch-kritische 37–38, 42–43, 56
Elektron 110
Emendatio 41–42
Epagomenen-Tage 153
Ephor 154–155
Epigramm 12, 56
Epigraphik-Datenbank Clauss/Slaby (EDCS) 63
Epitom 46
Eponyme Datierung 71, 154–155, 160, 163
Epos 16, 39, 54, 90
Ethnologie 222
Etruskologie 29–30

Etymologie 19, 165
Examinatio 41–42
Exzerpt 46
Faksimile 38
Falsae 61
Fälschung 61, 113
Fasti 160
Fasti Capitolini 162
Fasti consulares 162, 181
Fasti Maffeiani 169–170
Fasti Ostienses 162
Fasti Praenestini 167–168
Fasti triumphales 161–162
Feldforschung 139, 224
Fellachen 86–87
Fragmente der griechischen Historiker (FGrHist) 48
Fundmünze 121
Fundmünzen der römischen Zeit in Deutschland (FMRD) 107
Gegenstempel 113
Geldillusion 120
Gentilnomen 74, 184
Geoarchäologie 225
Geodäsie 222
Geoinformationssystem 219
Geomagnetische Prospektion 129, 221
Geophysikalische Messmethode 140
Gesetzesinschrift von Gortyn 205
Glocalization 135
Glosse 191
Gnomon 172
Grabinschrift 60, 64, 78–79, 177–178, 206
Grabungsschnitt 140
Graffito 12–13, 16, 18, 65, 177
Gresham'sches Gesetz 122
Große Griechische Kolonisation 216
Hadernpapier 84
Hafen/Hafenstadt 86, 223
Handschrift 11–12, 15, 93
Haste 77
Hellenika Oxyrhynchia 90
Herakles Farnese 134
Heuristik 39

Historiographie 35, 45, 49–50, 52, 90, 153–155, 157, 160, 196, 221–222, 224
Horologion 172
Hortfund 108, 121–122
Humanismus 37, 47, 85
Hyparchetypus 40
Iden 74–75, 166–167, 170
Ikonographie 13, 18, 106–108, 114, 122, 130, 137–138, 143–145, 150
Imperatorische Akklamation 76
In situ 65, 140
Indiktion 165
Inklusivzählung 151, 167–168
Inkunabel 39
Inschriftduktus 68
Inscriptiones Graecae (IG) 62, 180
Institutiones 204
Interpolation 41, 204
Interpunktion 41–42
Ionischer Aufstand 24, 222, 226
Itinerar 223
Itinerarium Burdigalense 224
Kalenden 74–75, 166–167
Kalender, lunisolarer 152, 159
Kalenderreform 160, 166
Karolingische Renaissance 23, 47
Karte 15, 223–224
Kartographie 222–223
Kleininschriften 65
Klima 131, 216, 222–223, 226
Kloster 37, 46–47
Komödie 43, 45, 55, 201
Konjektur 41–44
Konsul 61, 72, 74, 160–163, 181
Kopist 41, 43, 135
Koptologie 86, 95
Kritischer Apparat 42–43, 101
Kulturgüterschutz 131
Kupferlegierung 110, 113
Kursivschrift 64, 78
Least Cost Path 220
Lectio difficilior 41
Legende/Münzlegende 17, 107, 110, 115–116, 118
Leges Liciniae Sextiae 160

Legierung 110, 123
Leidener Klammersystem/Vereinbarung 63–64, 67–68, 100–101
Leuge 64
Lex de imperio Vespasiani 60
Lex Irnitana 206
Lex Malacitana 206
Lex Salpensana 206
LiDAR 140–141
Ligatur 68, 78
Logograph 198
Lokalgeschichte 50
Luftbildarchäologie 221
Luperkalien 166, 170
Lyrik 55–56, 90
Manuskript 11, 13, 17, 36–43, 48, 67, 191, 204
Material turn 130
Medaillon 122
Meisterforschung 135
Membrana 83
Messtechnik, digitale 129
Migration 92, 131, 216
Militärdiplom 64, 207
Mondzyklus 152, 166
Morphologie 138, 141
Mosaik 65
Münzhort 108
Münzporträt 135
Münzstandard 111
Namenbuch 89
Nautik 14, 216, 223
Neokorie 117
Neue Komödie 55, 201
Nilflut 152
Nominal 107, 110–112, 115, 118–119
Nomisma 119
Nonen 74–75, 166–167, 170
Nundinae 168–171
Obole 111–112
Oikumene 224
Olympiade 155–156
Onomastik 14, 30, 184
Ordo 182
Ostrakon 11–12, 14, 84

Oxford Classical Texts 42
Paläographie 15–16, 86, 100
Palimpsest 39
Panegyricus 46, 53
Papyrusrolle 36, 86, 90
Parallelquelle 21
Parthenon 132–133
Pelike 142
Peloponnesischer Krieg 50, 90, 155
Peregrinatio Egeriae/Aetheriae 224
Pergament 39, 83–84
Perioche 46
Periplus 223
Perserkriege 24, 29, 49, 226
Personifikation 116, 159
Phyle 158
Planum 140
Polis/Stadtstaat 149, 153–155, 157–158, 180, 189, 193, 195–197, 206–207
Praefatio 42
Praenomen 79
Primärquelle 35, 91
Proskription 200–201
Prosopographia Attica 180
Prosopographia Imperii Romani (PIR) 179–182
Prosopography of the Later Roman Empire (PLRE) 182
Prytaneion 205
Punische Kriege 112, 197
Quellenarmut 16, 49
Quellenkritik 11, 17–21, 35, 92
Qumran-Rollen 84
Radiokarbondatierung 150
Randvölker 29
Raumwahrnehmung 14, 217, 221
Realencyclopädie der classischen Altertumswissenschaft (RE) 181
Recensio 39, 42
Renaissance 60, 127
Responsa 203
Revers 109, 112, 114, 116–117
Ritterstand 181, 183
Sammelbuch (SB) 89, 99

Satire 56
Scholien 48
Schreibtafel/Wachstafel/Holztafel 12, 18, 207
Scriptio continua 77
Scriptura actuaria 77
Scriptura capitalis quadrata 77
Searchable Greek Inscriptions 63
Seleukidische Ära 159
Senatorenstand 182
Senatus Consultum de Cn. Pisone patre 206
Sesterz 112–113
Sieben-Tage-Woche 170–171
Siedlungskunde 219
Siegername 164
Solarium/Horologium Augusti 173
Solidus 113
Stadiasmos 223–224
Stater 111
Stemma 40, 42–43
Stempel (Epigraphik) 65
Stempel (Numismatik) 108–109, 113, 123
Stempelkopplung 108
Stoichedon 77
Stratigraphie 128–129, 140
Subaerat 113
Subferrat 113
Suda 47
Supplementum Epigraphicum Graecum (SEG) 62
Survey 65, 129, 139, 220, 225
Tabula Peutingeriana 224
Tagescharakter 169–170
Teleologie 142
Terminus ad quem 129, 151
Terminus post quem 76, 129, 151
Terra Sigillata (TS) 137
Tessera 65
Testimonie 39
Tetradrachme 109, 116–120
Text-Mining-Verfahren 38
Thesaurus Linguae Graeca 38
Thesaurus Linguae Latina 38

Tinte 12, 96
Tituli Picti 12
Topographie 15, 96, 216, 223
Topoi 49
Toponym/Toponymik 14, 19, 225
Tragödie 45, 55
Transhumanz 220
Transkription 68, 100–101
Tribunicia potestas 76, 110, 163–164
Triumphbogen 162
Tutor 208
Typologie 13, 129, 133, 138, 141–143, 150
Universalgeschichte 50
Unterpunktung 68
Urkunde 30, 35, 64, 101
Vesuvausbruch 86, 122, 127, 129, 151
Vicennalia 118
Villa dei Papiri 86
Völkerwanderung 22, 24, 179
Vulgarrecht 191
Wasseruhr 173–174, 198–199
Weihinschrift 30, 64, 69
W-Fragen 20
Zeilenkommentar 101
Zoologie 222

Personenregister

Aischines 38
Aischylos 55
Alexander III. (der Große) 26, 50, 94, 109, 111, 114–115, 117–118, 122, 158, 181, 193, 208
Alonso, José Luis 208
Ammianus Marcellinus 52
Anaximander von Milet 223
Antoninus Pius 166
Apian, Peter 61
Apollonios von Rhodos 54
Appian 51
Archimedes 60
Aristagoras von Milet 226
Aristophanes 55, 201
Aristoteles 39, 90, 193, 198
Artemidoros von Ephesos 90
Augustinus 37, 52
Augustus (Octavian) 17, 24, 26, 115, 162–163, 166, 173, 178, 180, 182, 202, 226–227
Becker, Carl Wilhelm 123
Bernheim, Ernst 219
Bichler, Reinhold 222
Boeckh, August 62
Borghesi, Bartolomeo 61
Borgia, Stefano 86
Brandt, Ahasver von 7–9, 213, 219
Caesar 40–41, 43, 52, 62, 72, 74
Caligula 166
Calpurnius Piso 118, 206
Caracalla 93
Cassiodor 46, 165
Cassius Dio 21, 46, 51, 227
Catilina 200
Cavino, Giovanni 123
Chairestratos 200
Champollion, Jean-François 86
Chrysogonus 201
Ciacconius 43
Cicero 39, 45, 53, 60, 163, 167, 200–201
Claudius 77, 144, 184
Cola die Rienzo 60
Cyprian 54
Cyriacus von Ancona 60, 127
Demosthenes 38, 198–199
Didymos von Alexandria 90
Diodor 50, 197
Diogenes von Oinoanda 17
Diokletian 120, 164–165
Domitian 118, 166
Dorotheus aus Berytos 204
Drakon 158, 199

Droysen, Johann Gustav 219
Eckhel, Joseph Hilarius 106
Eratosthenes 223
Eumenes II. 83
Euripides 55
Franz Joseph I. 87
Gagarin, Michael 195
Gaius (Jurist) 203–204
Galen 37
Germanicus 206
Goltzius, Hubert 106
Graf, Theodor 87
Grenfell, Bernard P. 88
Hadrian 75–76, 115–116
Hagedorn, Dieter 95
Hekataios von Milet 222
Herakleios 23
Hering, Wolfgang 40, 43
Herodian 51
Herodot 24, 49, 83, 172, 216, 221–222, 226
Hesiod 54, 194
Homer 195
Hunt, Arthur S. 88
Huttich, Johannes 61
Irnerius 191
Isaios 198–199
Iversen Schow, Niels 86
Jacoby, Felix 48
Jakab, Éva 208
Justinian I. 23, 165, 190, 196, 203–204
Karabacek, Joseph von 87
Karl der Große 23
Karl IV. 106
Klaudios Ptolemaios 224
Kleomenes 226
Kleomenes III. 155
Kleopatra VII. 26, 116, 226
Konstantin der Große 112, 171
Lachmann, Karl 37
Lazius, Wolfgang 106
Ligorio, Pirro 61
Livius 46, 51, 60, 160, 197, 205
Lucan 54
Lukrez 55

Lysias 198–199
Lysipp 134–135
Manthe, Ulrich 192
Marcus Antonius 184, 226–227
Marini, Gaetano 61
Menander 55, 201–202
Meton 157
Mionnet, Théodore-Edme 107
Mithradates VI. von Pontos 109, 118
Mommsen, Theodor 61, 88, 178–180, 192
Napoleon 87
Nero 159, 164, 166
Nipperdey, Carl 43
Octavian 26
Papinian 203
Paulus 203
Peisistratos/Peisistratiden 24, 60
Petrarca, Francesco 106
Peyron, Amedeo A. M. 86
Phidias 135
Philipp II. von Makedonien 26, 76
Photios 47
Plautus 43, 55, 202
Plinius der Ältere 83, 120, 172–173
Plinius der Jüngere 54
Plutarch 52, 156, 167, 201, 205
Polybios 50, 60, 196–197, 222–223
Polyklet 135
Pomponius Mela 224
Preisigke, Friedrich 88–89, 100
Prokop 52
Ptolemaios I. 116, 208
Ptolemaios III. 159
Ptolemaios V. 83
Rainer von Österreich (Erzherzog) 87
Romulus Augustulus 23
Rupprecht, Hans-Albert 94
Sallust 51
Savigny, Carl von 192
Seleukos I. 159
Seneca 54–55
Servius 48
Sextius Roscius 201
Silius Italicus 54

Solon 71, 205
Sophokles 55
Strabon 224
Sueton 21
Sulla 200–201
Symmachus 54
Tacitus 21, 39, 51, 163
Tarquinius Superbus 24, 162
Terenz 55, 202
Theoderich der Große 46
Theophilus 203–204
Thukydides 49–50, 60, 90, 155
Thür, Gerhard 193, 195
Tiberius 166, 206, 227
Timaios vom Tauromenion 155–156
Trajan 76, 116, 163
Tribonian 203

Valentinian III. 203
Varro 83, 163
Varus 227
Vergil 48, 54
Verres 200
Verrius Flaccus 167
Wilamowitz-Moellendorff, Ulrich von 62
Wilcken, Ulrich 88–89, 97
Winckelmann, Johann Joachim 127–129
Wolff, Hans Julius 193, 195
Xenophanes von Kolophon 156
Xenophon 50, 72
Xiphilinos 46
Zonaras 46